HEYNE BÜCHER

WHITLEY STRIEBER

KATZENMAGIE

Roman

Deutsche Erstausgabe

WILHELM HEYNE VERLAG
MÜNCHEN

HEYNE ALLGEMEINE REIHE
Nr. 01/7666

Titel der amerikanischen Originalausgabe
CATMAGIC
Deutsche Übersetzung von Michael Kubiak

Dieses Buch beruht nicht auf Tatsachen.
Alle Figuren und Ereignisse sind frei erfunden,
und jede Ähnlichkeit mit lebenden Personen
und Geschehnissen ist zufällig.

2. Auflage

Printed in Germany 1988
Umschlaggestaltung: Atelier Ingrid Schütz, München
Gesamtherstellung: Elsnerdruck, Berlin

ISBN 3-453-02526-1

TOM

Dieses Buch ist einem Wesen gewidmet, das ein Kater sein könnte. Er ist riesengroß, schwarz wie der Teufel und gewöhnlich nicht anwesend. Er hat ein zerfetztes Ohr und einen Knick im Schwanz. Wenn er da ist, dann hat er es vielleicht gerne, gestreichelt zu werden, doch genausogut kann er einem auch ins Gesicht springen, wenn man auch nur eine Haarspitze von ihm berührt. Er schnurrt niemals. Er starrt einen gerne an.

Prolog

Stone Mountain ist der einzige wirklich schroffe Berg in den Peconics. Seine grauen, schartigen Grate nehmen in jener ansonsten freundlich wirkenden Bergkette einen Abschnitt von drei Meilen ein. Sie sind so bröckelig und unsicher, daß sogar die eingefleischtesten Felskletterer sie meiden, da sie einem ein eher profanes Ende verheißen. Der Appalachian Trail, sich der Tatsache beugend, daß Old Stone schon so manches Paar Schuhe zerfetzt hat, führt am Rand des Bergs vorbei und windet sich durch die Obstgärten beherrschten Außenbezirke der kleinen Stadt Maywell, die unter dem Berg kauert wie ein Israelit zu Füßen des Pharaoh.

Von dem weitläufigen und zerfallenden Collier-Anwesen am einen Ende der Stadt bis hin zu den dunklen viktorianischen Gebäuden des Maywell College am anderen blicken die Bergketten auf ganz Maywell hinunter. Dies ist keine Welt der Superhighways und dröhnenden Pendlerbusse; Maywell wurde von den Straßen und den Städteplanern links liegengelassen. Und auch daran ist der alte Stone Mountain schuld. Keine Straßenbaugesellschaft wollte sich an eine Straße heranwagen, die durch diese Wüste aus zerrissenem Granit führen würde; daher bleibt Maywell im wesentlichen das, was es schon vor einem Jahrhundert war: eine Stadt, so schön wie sie ist, alleine und im großen und ganzen mit sich selbst zufrieden.

Maywell gedeiht auf stille Art und Weise in den Obstgärten und auf den Farmen, deren Produkte mit Lastwagen nach Philadelphia und New York transportiert werden, und durch die Unterstützung des Maywell College, einer Institution, bescheiden in Größe und Ansehen, doch mehr als ausreichend, um der Stadt ihren vollen Anteil an unruhigen Studenten und Kultur zu liefern.

Im Grunde hat Maywell für die moderne Welt wenig übrig. Es sehnt sich nach gemütlicheren Zeiten, nach gediegener, eleganter Kleidung. Die Stadt ist friedlich, moralisch und respektabel.

Kurz gesagt, es ist jener Typ von Gemeinde, wo seltsame Dinge geschehen können.

Diese Dinge können schlimm und scheußlich sein – wie der Bau des Auferstehungstempels durch Bruder Simon Pierce – oder das genaue Gegenteil von schlimm – wie die seltsamen Hexenaktivitäten draußen auf dem Collier-Anwesen.

Sie können auch seltsam sein, wie im Fall des armen Dr. Walker. Er war ein brillanter Biologe, dessen kantige Persönlichkeit und sture Besessenheit von seinen eigenen bizarren Theorien ihn sogar für seine Kollegen an der Yale-Universität unerträglich machte. Am Ende, als er in den Zeitungen verkündete, er könne tote Frösche wieder zum Leben erwecken, wurde er hinausgeworfen. Daher setzt er seine Tätigkeit nun in diesem vergessenen Winkel des akademischen Lebens fort, lehrt Studienanfänger die Feinheiten der Zygote und plant ansonsten die Durchbrüche, die irgendwann seine Genialität beweisen sollen.

Neben der Schönheit, der Isolation und der Ansammlung von Exzentrikern gibt es in Meywell noch etwas anderes, was seltsam ist. Nur ist dies eine etwas ernstere Sache. Es ist grauenvoll und wunderbar – wenn diese Begriffe überhaupt fassen können, was sie beschreiben. *Grauenvoll* sind Vorstellungen von riesigen, zähnefletschenden Bestien und mordlüsternen Psychopathen; *wunderbar* ist eine Prinzessin in Samt und Seide und eine dornenlose Rose.

Beide Begriffe können auch auf eine Katze zutreffen.

Ganz sicher treffen beide Begriffe auf den großen König der Katzen zu, eine Kreatur, die fast ausschließlich nur denen bekannt ist, die sich mit uralter keltischer Mythologie beschäftigen, und die, laut Robert Graves, ›auf einem Thron aus altem Silber‹ residiert, von wo aus sie die ›schmähte, die versuchten, sie zu betrügen‹. Zweifellos liefert er/sie die Grundlage für die androgyne Erscheinung des Gestiefelten Katers und war auch Auslöser der ersten Cinderella-Geschichte, ›Die Katzen-Cinderella‹, welche an sich eine Überlieferung der alten Legende von der Katze als Freundin Ishtars ist, der wilden Gottmutter, die einst über Sumer herrschte.

Unter den Fragmenten der alten Mysterien-Religion der Griechen findet man auch die Darstellung der Göttin Diana als Katze. Von alters her gilt die männliche Katze als Begleiter der weiblichen Hexe. Und dann waren da natürlich auch noch die ägyptischen Katzen, von denen die meisten mumifiziert wurden und bis heute in den Kellern der Museen überdauert haben.

Die außergewöhnliche Kreatur, welche die Grate und Schroffen des Stone Mountain bewohnte, war allerdings kein Kandidat für ein Museum. Tatsächlich war sie im Moment sehr intensiv lebendig und das nicht draußen zwischen den windumtosten Felsen; sie wandelte in weitaus angenehmeren Gefilden.

Alles war nicht vollkommen: Vor langer Zeit war sie von einem Zauber Constance Colliers berührt worden, und irgend etwas war an ihr Ohr gebunden worden.

Es war ein unsichtbarer Faden, der aus den angenehmen Gefilden bis mitten hinein nach Maywell reichte, wo er sich mit den anderen Fäden verband, die auf dem Webstuhl des Stadtlebens verknüpft wurden.

Die anderen Fäden wanden sich ständig hin und her, überkreuzten sich, als der Drogist die Tochter des Gemischtwarenhändlers heiratete, wichen auseinander, als er starb, verknoteten sich, als auch sie aus dem Leben schied, und so weiter. Das Tuch wurde niemals fertig, und sein unsichtbares Muster schimmerte in immer neuen Farben und Linien.

Nur einer der Stadtbewohner, Constance Collier, hatte sowohl das Wissen wie auch den Drang, sich gelegentlich an den heiligen Webstuhl zu setzen und mit den Fäden herumzuspielen und auf diese Weise irgendeinem ihrer Gönner zu einem kleinen Vermögen zu verhelfen oder dafür zu sorgen, daß einem ihrer Gegner das eine oder andere Geschäft danebenging.

Sie rührte niemals an den Fäden, der mit dem imaginären Ohr der mythischen Katze verbunden war, und sie hatte es auch nicht getan, seitdem sie diesen Faden zum erstenmal geknüpft hatte, eine Tat, die an einem milden Frühlingstag erfolgte, als sie noch voller Hoffnung war.

Viele lange Jahre waren seitdem verstrichen, in denen Constance geplant und gezaubert und gehext und gewartet hatte. Aber sie hatte niemals die Katze rufen müssen. Aus einer schönen jungen Frau war eine weise alte geworden, und sie hatte in ihrem von Warten erfüllten Leben Geduld gelernt.

Wenn an dem Faden gezogen würde, dann würde er die Katze zum Stone Mountain zurückholen und hinunter in das unschuldige, ahnungslose Maywell. Es gab jedoch nur einen einzigen Grund, diese schlimme Tat auszuführen.

Seit kurzem hegte Constance neue Hoffnung. Es gab eine Chance, trotz allem, daß das letzte Kapitel einer sehr alten Geschichte endlich geschrieben würde.

Constance, Dr. Walker, Bruder Pierce – drei der Hauptpersonen haben ihre Positionen bezogen. Es fehlt nur noch eine weitere, und die nähert sich bereits der Stadt, gemächlich in ihrem altertümlichen VW Käfer herantuckernd. Mehr noch, der Wagen ist vollgestopft mit Gepäck und Staffeleien.

Jemand, dem das Unsichtbare sichtbar wäre, könnte beobachten, daß der spezielle Faden, der mit dem Ohr der Katze verbunden ist, heruntergefallen und sich quer über die Morris Stage Road gelegt hat. Der alte VW ächzt, die Gänge knirschen, und er kommt näher.

Geheime Winde wehen den Faden hoch und lassen ihn sich in den unteren Ästen einer vom Herbst gezeichneten Birke verfangen. Nun ist der Faden gespannt.

Näher und näher kommt der Wagen, seine blonde junge Lenkerin schaut aufmerksam hinaus. Es gibt keine Ausfahrtschilder. Man hat ihr gesagt, sie solle die dritte Abzweigung nach rechts nach der großen Kreuzung nehmen. Sie zählt mit und starrt nach vorne, als der Wagen gegen den Faden stößt. Sie spürt nichts anderes als ein Kitzeln in der Nase, das sie niesen läßt, doch in den Gefilden der Katze verhalten die Dinge sich ganz anders. Die Katze wird mitgeschleift, vor Schmerz und Wut heulend, hinunter zwischen die öden und sturmumtosten Felsnadeln des Stone Mountain.

Für einen Moment geschieht nichts, aber das liegt nur daran, daß die Augen der Katze fest geschlossen sind.

Als der Schock sich löst, blinzelt die Katze, dann festigt sich ihr Blick.

Große, goldene Katzenaugen erscheinen und schweben über einer ansonsten fahlen Felslandschaft.

Die Katze starrt hinunter in das Lebensgewebe von Maywell, um in Erfahrung zu bringen, welcher Narr es gewagt hat, sie zu stören.

BUCH EINS

GEVATTER TOD

The glacier knocks in the cupboard,
The desert sighs in the bed,
And a crack in the tea-cup opens
A lane to the land of the dead.

W. H. Auden,
»As I Walked Out One Evening«

Kapitel 1

Der Frosch hatte den verzweifelten Wunsch zu hüpfen. Aber er konnte nicht hüpfen. Er zuckte, dann zuckte er wieder. Er blieb, wo er war, unverrückbar festgeklammert. Er bog sich, zog sich zusammen, zuckte. Der heiße, trockene Schmerz dauerte an. Der Frosch bewegte seine Zunge. Schmerz. Dinge durchstachen ihn. Wieder und wieder versuchte er zu hüpfen. Aber er blieb genau dort, wo er gerade war, an diesem harten weißen Ort ohne Blätter und ohne sirrende Flügel und ohne blitzende köstliche Käfer, die man aus der Luft fangen konnte.

Er versuchte zu hüpfen.

Doch er bewegte sich noch immer nicht.

Er versuchte es. Versuchte es immer wieder aufs neue.

Es tat weh, er mußte sich bewegen, mußte *hüpfen!*

»Jetzt geht's los – nein – zum Teufel. Bonnie, das Tier ist noch zu glitschig.«

Schmerzhaftes, quälendes Kratzen auf seinem Rücken, heiß und trocken. Er hüpfte, hüpfte. Hüpfte.

»Danke. Jetzt... jaaaa!«

»Das war der Auslöser, George. Die Sonde sitzt perfekt. Ich bekomme ein klares Signal.«

»Okay, Clark. Dann lassen Sie uns anfangen.«

Auf dem Stone Mountain begann das Wesen – das noch immer nur aus Augen bestand –, sich einen Katzenkörper zu spinnen, damit es bereit war, sobald die Sonne unterging. Zwei Sperlinge, die beobachteten, wie sich etwas Verblüffendes seine eigene stoffliche Existenz aus der Luft schuf, ergriffen in der Stille laut schimpfend die Flucht.

Der Frosch begriff nichts von dem, was er um sich herum sah. Da waren lange Fäden, die oberhalb seiner Augen begannen und sich in der Ferne verloren. Er konnte jeden Knick und jede Windung in den Drähten sehen, die aus seinem

Schädel herausführten. Aber er begriff den Sinn dieser Drähte nicht. Er sah sie als Beine an und machte sie in seiner Vorstellung zu Käfern.

Er benutzte gerne seine guten Augen, um scharf sehen zu können. Scharf zu sehen bedeutete, gut zu essen. Aber da sirrten keine Flügel, waren keine fetten Körper, existierte kein angenehmer Geruch, der zum Anblick dieser langen Beine paßte. Die Zunge des Frosches schwoll an vor Hunger. Er wollte Insekten sehen, wollte Nässe riechen, wünschte sich in grünes Wasser. Er wollte hüpfen.

Doch er saß dort fest, wo er sich gerade befand.

»Das sieht für mich aus wie ein gutes, solides Elektroenzephalogramm, Clark. Der Frosch ist normal. Nicht allzu glücklich, aber normal.«

»Paß auf, daß er mir nicht die Elektroden herausreißt, Bonnie. Ich hasse Frösche. Gib mir doch irgendwann mal was Großes.«

»Was zum Beispiel?«

»Etwas wie einen Menschen, Bonnie-Schatz.«

»Das würde Constance aber nicht gefallen.«

»Nein, und das hier gefällt ihr auch nicht.«

»Aber du machst es doch.«

»Mag sie auch für unsere Arbeit nicht viel übrig haben, so erkennt sie zumindest ihre Notwendigkeit an. Und das ist mehr, als ich von den Stohlmeyer-Heinis behaupten kann. Manchmal glaube ich, daß sie insgeheim Anhänger von Bruder Pierce sind.«

»O Gott, jetzt komm mir ja nicht mit dem. Ich mag es nicht, wenn meine Hände bei der Arbeit zittern.«

Schweigen entstand zwischen den drei Menschen im Labor. Sie alle kannten den letztendlichen Grund für ihre Experimente, das Ziel, das Constance Collier ihnen vor fünf Jahren genannt hatte: einen Menschen zu töten und ihn oder sie wieder ins Leben zurückzuholen. Ihr Ziel, ihr Programm.

Aber Constance hatte für das Töten von Tieren, das geschehen mußte, wenn sie Erfolg haben wollten, wenig übrig. »Ich spürte jeden dieser Tode«, hatte sie Georg erklärt. »Vielleicht habe ich einen Fehler gemacht. Vielleicht solltest du mit allem aufhören.«

Doch er würde niemals aufhören. Er hatte sein Ziel an der Yale Universität verfolgt und sich damit seine dortige Karriere zerstört. Er würde es in Maywell weiter verfolgen und seinen Namen wieder aus dem Schmutz ziehen. Er würde sich in diesem kleinen hinterwäldlerischen Ort selbst reinwaschen. Eines Tages würde dieses College aufgrund seiner Arbeiten berühmt werden.

Der Techniker, Clark, meldete sich schließlich. »Okay, Leute, ich bin bereit weiterzumachen.«

»Ich bin bereit«, sagte Dr. Walker.

»Bonnie, wie sieht es mit der audiovisuellen Aufzeichnung aus?« fragte Clark.

»Ist eingeschaltet und läuft.«

»Na schön. Also los. Countdown fängt an. Fünf.«

Der Frosch fühlte sich schwer, als wäre er tief in Schlamm vergraben. Als würde er ersticken. Sein Herz schlug heftiger.

»Vier.«

Irgend etwas kitzelte den Frosch innerlich. Es war furchtbar, dieses Gefühl, so etwas hatte der Frosch noch nie gespürt, es kribbelte unter der Haut, als würden dort Wasserspinnen umherrennen. Der Frosch versuchte sich zu rühren, wollte dem Kitzeln entfliehen, aber das Gewicht schien ihn noch schwerer niederzudrücken. Angst ließ seine Augen hervorquellen.

»Drei.«

Es kam dem Frosch so vor, als würde er auseinandergerissen. Er hatte eine Vision von Greifvogelklauen, von mächtigen, pfeifenden Schwingen.

Dann kam der Tod zu ihm, und sein Herz schlug langsamer.

Der Geruch von Wasser stieg um die verängstigte Kreatur auf, dann wurde daraus eine Vision, Wasser in der Dunkelheit. Die Klauen ließen los, und der Frosch fiel in das ruhige Wasser, dann zog die Dämmerung herauf, und die Fliegen summten herum, und der Frosch hockte auf einem Seerosenblatt und sang der Sonne ein Ständchen.

»Zwei.«

Der Traum wurde von Dunkelheit verschluckt, und der Frosch spürte, wie er ins Nichts stürzte.

»Eins.«

Die Schwärze teilte sich, und der Wassertraum von ein paar Sekunden vorher lag vor dem Frosch, und diesmal war er real.

Der Frosch war frei. Er hüpfte ungehindert zum gut riechenden Wasser, und das Wasser spritzte um ihn herum und ließ seine Haut vor Lust vibrieren, während er in einen schwarzen Fischteich hinabtauchte. Kaulquappenschwärme huschten vorbei, und Stichlinge schossen wie Pfeile aus Sonnenlicht umher, dann tauchte der Frosch wieder auf und durchbrach die Wasseroberfläche zwischen blühenden Wasserlilien.

»Wir verzeichnen ein totales Absterben. Er ist tot, George.«

Endlich von der Dunkelheit geschützt, begann die Katze vom Berg herabzusteigen. Während sie das tat, flackerte ihre Gestalt und wurde immer solider. Als sie den Grat überquerte, war es der Schatten einer Katze, ein Schemen im Licht, ein Hauch kalter Luft. Als sie die Grenzen von Maywell erreichte, war es eine umhertollende, dunkle Andeutung von etwas Vertrautem.

Als sie an der Ecke Indian und Bridge Street schließlich in den Lichtschein der Straßenlaterne geriet, war das Wesen ganz eindeutig ein alter schwarzer Kater mit einem eingerissenen Ohr und einem stolzen, geschwungenen Schwanz.

Zumindest sah die Erscheinung so aus. Tiere und Kinder jedoch wurden nicht getäuscht. Sie ahnten die wahre Gestalt dieses wüsten unf furchtbaren Wesens, und sie waren von Angst erfüllt.

Überall in der Stadt wachten Katzen auf und starrten auf dunkle Fenster. Streuner drückten sich unter Veranden oder kauerten unter geparkten Automobilen. Vögel wurden auf Bäumen unruhig und Hunde zu Füßen ihrer Herren. Hier und da schrie ein Säugling im Schlaf. Auf dem Gelände des alten Collier-Gutes verharrte die alte Constance mitten im Schritt, schloß die Augen und betrat den unendlich weiten Raum in sich selbst. Sie wußte, daß sie versuchen sollte, Tom aufzuhalten, aber sie tat es nicht. George würde damit fertig werden, er war zum Überleben geboren. Aber der arme Frosch!

So oder so, ihr Bemühen würde vergeblich sein. Eine so schwerwiegende Verletzung der Gesetze des Lebens würde die Katze in rasende Wut versetzen. Constances Einmischung würde von niemandem auch nur bemerkt werden.

Der schwarze Kater suchte sich seinen Weg durch Maywell und hatte nur ein Ziel im Sinn: Versuchstierraum zwei, Terrarium D-22, Wolff Biology Building. Er rannte über den Bürgersteig auf der rechten Seite der Bartlett Street, vorbei an den hohen Häusern, die schon seit mehreren Generationen stets dieselben Familien Maywells beherbergten, die Haspells und die Lohses und die Coxons, Familien, deren Vorfahren die Ereignisse der Revolution durch jene bleigefaßten Fenster verfolgt hatten und im Frühjahr über die Felder gesprungen waren und Alraunwurzeln für die Feen ausgelegt hatten.

Der Kater kam an einem roten Mustang Convertible vorbei, unter dem sich eine alte und sehr arthritische gescheckte Katze versteckte.

Der Kater hörte ihren pfeifenden Atem, sah die Qual in ihren Augen. Von dem mächtigen Geist erschreckt, den sie näherkommen sah, miaute die Gescheckte kläglich.

Der Kater blieb stehen. Er senkte den Kopf, konzentrierte sich auf das verwahrloste, sterbende Tier vor ihm. Eine mitfühlende körperlose Pfote streckte sich aus und berührte die zuckende Gescheckte. *Ich schenke dir die Gnade des Todes, altes Katzentier. Du hast sie verdient.* Augenblicklich wurde der Körper der Gescheckten schlaff. Der Kater schaute zu, wie ihre Seele einer Rauchwolke gleich in den sternenübersäten Himmel hinaufstieg.

Keiner der Flöhe der Gescheckten sprang auf den Kater über. Lieber wagten sie sich auf die kalte Herbsterde.

Der Kater setzte seinen Weg fort, und alles, was empfindlich genug war, solche Dinge zu spüren, bemerkte ihn genauso wie das Erscheinen eines Wendigo. Als er am Haus der Coxons vorbeihuschte, erzeugte er in dem offenen Geist der kleinen Kim, dem elf Monate alten Baby, eine Vision. Die

Kleine begann in ihrer Wiege zu weinen. Sie kannte noch keine Worte, doch in einem schmerzhaften, intensiven Blitz aus dem enormen Geist, der vorbeizog, hatte sie ihr eigenes Ende gesehen, von diesem Augenblick an noch weit entfernt, in einem schlanken blauen Ding, von dem sie noch nicht wußte, daß man es Automobil nannte, im schäumenden Wasser eines über die Ufer getretenen Flusses in einer anderen Herbstnacht. Und in der Blüte ihrer Jugend.

Als sie die Verzweiflung in ihrem Weinen hörte, kam Kims Mutter ins Kinderzimmer, nahm die Kleine aus dem Bett, summte und streichelte sie. »O, ein Bäuerchen«, sagte ihre Mutter. »So ein dickes Bäuerchen!« Als das Weinen aufgehört hatte, legte sie Kim wieder zurück.

Der Frosch fand fette köstliche Fliegen, die dicht über der Wasseroberfläche umhersummten. Er schnappte sie, zielte mit wachsamen Augen und ließ die Zunge pfeilschnell herausschießen.

Etwas, das der Frosch, hätte er in solchen Dingen Bescheid gewußt, eine Göttin genannt hätte, schritt durch das Wasser und überschüttete den fressenden Ochsenfrosch mit Sehnsucht, wodurch er von seinem Mahl abließ und dem Ruf folgte.

»Überwachen Sie die Durchblutung der Extremitäten. Wir warten, bis der Blutfluß vollständig aufgehört hat, ehe wir unser Baby zurückholen.«

Der Frosch hüpfte und sprang für die grüne Göttin, wollte zeigen, daß er der großartigste Ochsenfrosch war, groß und stark und mit donnernder Stimme. Er tauchte tief hinab, schoß zur Oberfläche hoch, tauchte erneut.

»Das war jetzt das Ende, George. Absolut kein Blutfluß mehr.«

»Demnach können wir einen absolut toten *Rana catesbeiana* konstatieren?«

»Nach jeder Definition. Sogar nach der der Stohlmeyer-Stiftung.«

»Diesmal, Doktor, werden sie unsere Protokolle anerkennen. Ganz bestimmt.«

»Danke, Bonnie.« George Walker hauchte einen Kuß auf

ihr strohfarbenes zwanzigjähriges Haar. Er reckte sich zu voller Größe, ein Meter achtzig, schlank, aber schon fünfzig.

Mein Gott, dachte er, welche Schönheit und Jugend!

»Seit neunzig Sekunden zeigen alle Anzeigen Null, Doktor.«

»Gut, Clark. Ich glaube, diesmal werden wir sie überzeugen.«

»Und wie«, pflichtete Bonnie ihm bei.

Und wenn nicht, dachte George, dann werdet ihr euch das Maywell State College von draußen anschauen müssen, genauso wie ich. Kein Stohlmeyer-Stipendium bedeutet keine Professorenstelle mehr – und natürlich auch keine Assistentenstellen. Aber selbst in diesem Fall, was machte es Clark schon aus – er hatte immer noch den Hexenort, wohin er zurückkehren konnte. Bonnie war zu ungebunden, um in Constance Colliers Hexendorf zu wohnen. Und was George betraf, er hatte sein Heim in der Stadt. Er hatte seine Gründe, sich von dem Gut fernzuhalten; der wesentlichste war seine Karriere. Es war eine Sache, wenn Leute von dem Hexenort zur Arbeit nach New York pendelten, und eine andere war es, wenn sie versuchten, in der Stadt einen Arbeitsplatz zu finden.

Jeder Professor, der närrisch genug war, mit den Hexen offen Kontakt zu pflegen, konnte Dinge wie Anstellung gleich vergessen.

Wenn das Stohlmeyer-Stipendium auslief, könnte Constance für George vielleicht etwas Geld zur Entlohnung seiner Arbeit auftreiben, jedoch das Stipendium war die Bestätigung, die die Kuratoren des College brauchten, um ihm die Fortsetzung seiner Tätigkeit hier zu gestatten. Die Streichung des Stipendiums bedeutete gleichzeitig den Verlust der Karriere. George konnte diesen Gedanken nicht ertragen: Er hatte so hart gearbeitet und war so gründlich mißverstanden worden.

»Dann laßt uns mal ein paar Mäuse verdienen, Kinder, und diesen kleinen Rabauken zum Leben erwecken.«

Der Frosch hörte – es war wie ein Trommeln in der Luft –

das Geräusch schlagender Vogelschwingen. Es war niedrig und groß, sogar zu groß für einen Vogel. War es Wind?

Der Frosch sah, wie die Wasseroberfläche sich kräuselte, sah die sich wehrenden Lilien, sah, wie die Blätter von Wacholder und Weide in den schwarzen Himmel gewirbelt wurden, hörte, wie das Raunen sich zu seinem Schrei steigerte. Er wartete nicht mehr, sondern zog sich lieber durch einen Sprung in dunkle, sichere Tiefen zurück.

Eine schimmernde, goldene Froschkönigin schwamm dort. Das Herz des Ochsenfrosches war gefangen, und er sank tiefer und tiefer, hinter ihr her, mit kitzelnden Lenden und Muskeln, die in der Stille vibrierten. Sie lockte ihn weiter und tiefer, als je ein Frosch sich vorwagen sollte. Komm, sagte sie ihm mit ihrer Schnelligkeit. Schwimm, forderte sie ihn mit ihrer Grazie auf. Schwimm! Schwimm!

Der Wind heulte hinter ihm, tobte durch die Wasserlilien, peitschte die grünen und schwarzen Fluten, den heiligen Teich.

Schwimm, Kleiner, rief die Göttin, schwimm aus vollem Herzen!

Der schwarze Kater begann zu rennen. Er bog um die Ecke in die Meecham Street. Die Häuser gingen in eine Zeile adretter kleiner Läden über. Bixter's Ice Cream war geöffnet, die Videospiele im Gastraum klimperten und summten. Der B.-Dalton-Buchladen daneben machte gerade Feierabend. Joan Kominski verschloß die Registrierkasse und schaltete die Beleuchtung aus. Der vorbeieilende Kater, von ihr unbemerkt, schickte ihr eine Vision von ihrer eigenen Zukunft: Sie lag in einem Krankenhauszimmer und rang nach Atem, der jedoch ihre Lungen nicht mit Luft füllte. Die Halluzination war so detailliert, daß sie sogar den Sauerstoff riechen und das Bild eines Clowns an der Wand sehen – verschwommen durch die Plastikhaut des Sauerstoffzeltes – und die Flüssigkeiten schmecken konnte, in denen sie ertrank. Und sie spürte Mikes Hand in der ihren und hörte ihn rufen: »Doktor, Doktor!«

Sie hielt verwirrt inne. Mit zitternden Händen zündete sie sich eine Zigarette an. Sie stand im verdunkelten Buchladen, inhalierte und wartete, bis sie sich beruhigt hatte.

Der Kater trottete schnell die Main hinunter und kreuzte die Morris Stage Road. Mike Kominski donnerte randvoll mit Amtrak-Martinis in Richtung Heimat, wie immer von seinem Job in New York verspätet nach Hause kommend, und es war einfach unpassend, ausgerechnet von der Stoßstange dieses Lincoln erwischt zu werden.

Der Wind war nicht dicht hinter dem Frosch, und er wußte, daß er trocken und heiß war. Er schwamm und schwamm in dem schäumenden, schmutzig und dunkel werdenden Wasser. Vorneweg der jungfräuliche Frosch, die Göttin, die glänzte und ihn drängte und antrieb, tiefer zu ihr, tiefer zu ihr.

»Wir bekommen ein elektrisches Feld!«

Der Wind berührte seinen Rücken, und er war heiß und trocken und hart. Das mußte der Todeswind sein, denn er roch nach Menschenwelt.

Er durfte sich ihm nicht ergeben. Erneut ließ sie ihre goldene Schönheit erstrahlen. Er schwamm, wie er noch nie zuvor geschwommen war, wobei das Wasser an seiner Nase und seinen Augen vorbeizischte und sein ganzer Körper vor Anstrengung zuckte.

Der Wind berührte ihn wieder.

»Herzschlag!«

Nein!

Der Wind hüllte ihn ein.

»Er findet seinen Rhythmus.«

Der Wind zerrte und sog an ihm.

»Er stabilisiert sich.«

Sein gesamter Himmel stürzte ein. Aber sie ließ ihn nicht im Stich. Von all dieser Schönheit blieb allein der schönste Teil erhalten. Als sie sah, wie er zurückgezogen wurde, machte sie kehrt und schwamm furchtlos mitten hinein in die trockene Qual, die ihn gefangen hatte. Sie ließ davon ab, seine Entschlossenheit und seine Absichten zu beeinflussen und konzentrierte sich statt dessen darauf, ihm Mut zu übermitteln. Tiefer und tiefer drang sie in ihn ein bis hin an den geheimen Ort, wo die Kraft seines Geistes glomm.

Dann empfand er überall Schmerzen, und er hatte Hunger, und er war heiß; und es war weiß, und es gab keinen Geruch nach Fliegen mehr, und es war wieder trübe und freudlos.

»Er lebt, George!«

»Verdammt noch mal, das tut er.« George Walker konnte seine Gefühle kaum unterdrücken. Er trat von den Instrumenten zurück, er klatschte in die Hände. Und Bonnie sprang, ein blonder Freudenschrei, in seine Arme. Er drückte ihr einen Kuß auf die feuchten Lippen.

Er genoß die köstliche Nähe des Mädchens, während der junge Clark ihn durch beschlagene Brillengläser beobachtete. Bleib ganz ruhig, Clark, laß dem alten Mann sein Vergnügen. Was soll es schon, du bekommst alles, was du brauchst an dem Hexenort.

George hatte dieses Privileg nicht. Seine Beziehung zu Constance war ein zu großes Geheimnis; er konnte den Hexenort nicht aufsuchen, außer in der Dunkelheit der Nacht, und dann auch nur zu den seltenen Gelegenheiten, an denen er gerufen wurde.

Und was das Leben unter den Hexen betraf – nun, wenn seine Arbeit hier jemals abgeschlossen wäre, dann vielleicht. Er hatte Constance nie von seinem geheimen Traum erzählt, sich in dem verschwiegenen Hexendorf zur Ruhe zu setzen.

Er hatte Angst davor. Wenn sie ihm erklärte, was er befürchtete, nämlich daß es nicht sein Schicksal wäre, in seinem Leben Frieden zu finden, dann glaubte er, das nicht ertragen zu können.

Manchmal war die mit seiner Position einhergehende Einsamkeit eine schlimme Belastung.

»Wir müssen ihn aus der Haltevorrichtung befreien«, sagte Clark mit einem Unterton bissigen Eifers. »Er trocknet aus. Und mit einem demolierten Testobjekt können wir wenig anfangen, nicht wahr, Leute?«

Bonnie löste sich aus Georges Umarmung. »Ich packe ihn ein und bringe ihn ins Terrarium zurück.«

»Ins isolierte«, sagte George. »Und versehen Sie ihn mit einem Bändchen mit Datum und Tageszeit. Unter keinen

Umständen dürfen wir dieses kleine Goldstück zu den anderen Tierchen setzen.«

Der Frosch befand sich schon bald in jenem schrecklichen, wasserlosen Teich mit den magischen Wänden. Er wußte, was er dort zu tun hatte. Sitzen. Ein Hüpfer war gleichbedeutend mit einem Schmerz an der Nase. Die magische Wand war unsichtbar, aber sie war so hart wie das Äußere eines im Wasser treibenden Baumstamms.

Also saß der Frosch. Die Erinnerung an seinen Himmel reichte fast aus, ihn vor Qual vergehen zu lassen. Er flehte den goldenen Frosch um Hilfe an.

Ich kann nicht!

Bitte, hol mich zurück.

Ich kann nicht!

Getrocknete, tote Fliegen rieselten herab, blieben an seiner Nase kleben. Die Zunge des Frosches erreichte sie nicht.

Bitte, bitte.

Ich kann nicht!

Der Frosch verspürte ein Sehnen, das man bei höheren Wesen Liebe nennt, nach dem vergangenen grünen Wasser. Er konnte nichts anderes tun als sitzen, trübsinnig und stumm, still.

Frösche sind nicht dazu erschaffen, Qualen zu ertragen. Auch nicht dazu, daß man ihnen den eigenen Tod stiehlt. Und auch nicht dazu, aus ihrem bescheidenen Paradies gerissen zu werden.

Frösche sind dazu geschaffen, sich ihres Lebens zu freuen.

Das Wolff Building kauerte düster und häßlich vor ihm. Niemand verfolgte, auf welchem unglaublichen Weg der Kater das Gebäude betrat, und niemand sah außerdem, wie er durch den Korridor genau bis zur richtigen Tür lief.

Doch in dem Augenblick, in dem der Kater durch diese Tür kam, wußte der Frosch Bescheid.

Der Frosch gewahrte gefährliche Augen auf der anderen Seite der magischen Wand. Früher wäre er vor solchen schrecklichen Augen davongehüpft, doch nun hockte er nur apathisch da. In seinem Gehirn wiederholte sich das Bild vom tiefen Wasser und von der goldenen Geliebten, die er verloren hatte.

Selbst als der mächtige schwarze Schädel des Katers durch die magische Wand gesickert kam, rührte der Frosch sich nicht. Hätte er das Wunder erkannt, das darin lag, daß eine Katze den Kopf durch solides Glas stoßen kann, ohne es zu zerbrechen, wäre der Frosch verzweifelt davongesprungen. Aber er begriff nicht die Natur der magischen Wand. Soweit er es erfahren hatte, bestand der einzige Sinn von Glas darin, Frösche zu stören.

Der Kater stieß den Frosch mit der Nase an, dann öffnete er das Maul. Die scharfen Froschaugen sahen die Zunge, die weißen Fangzähne, den sanft pulsierenden Schlund. Und sie sahen mehr.

Statt Schrecken und Angst verspürte der Frosch Begierde. Denn tief unten in der Kehle des Katers sah er seine verlorene Schönheit, die Haut vom Sonnenlicht vergoldet. Sie lag in einem kristallenen Teich, und Kaulquappen umschwärmten sie.

Der Himmel lag im Bauch des Katers. Der Frosch legte seinen Kopf in das Maul des Katers.

Dies war ein Tod, den er nicht zu erleiden brauchte. Der Kater biß so blitzartig zu, daß der Frosch nichts spürte.

Doch er war sowieso schon einmal gestorben, und das war wirklich genug. Er sah einen grellen Lichtblitz und hörte ein Geräusch wie zerreißendes Laub und existierte nicht mehr.

Der Kater schmeckte das kalte, säuerliche Fleisch des Frosches, schlang, trank das kühle Blut, spürte die Augen klebrig an der Zunge, die Haut glatt und fade, die Muskeln salzig. Er verschluckte den Frosch.

Als er wieder in die Nacht hinaustrat, war der Mond im Osten rot aufgegangen, und sein Licht wurde vom Dunst über dem Werk der Peconic Valley Power Plant zwanzig Meilen entfernt in Willowbrook, Pennsylvanien, zum Teil verschluckt. Der Kater eilte durch die North Street auf die einzige Wohnsiedlung von Maywell zu, ›The Lanes‹, 1960 von Willowbrook Resources erbaut. Die Eintönigkeit der Siedlung war im Laufe der Jahre unter der Tarnung der angepflanzten Bäume verschwunden. Jede der Straßen war nach der dort vorherrschenden Baumart benannt worden. Die Birken in der *Birch* standen hoch und bläulich im Mondlicht, die Fichten in der *Spruce* waren dunkelgrün. Auf der *Elm* gab es Eichenschößlinge und ein oder zwei ums Überleben ringende Ulmen.

Der Kater lief die Maple Lane hinunter bis zum Walker-Haus, einem stabil gebauten Ranchgebäude mit Aluminiumseitenwänden und einem '79er Volvo in der Auffahrt. Daneben stand Amandas uralter VW Käfer.

Der Kater schlängelte sich zwischen den beiden Automobilen hindurch, weiter durch das geschlossene Garagentor und in das Zimmer dahinter. Die Tatsache, daß die Beleuchtung brannte, war ihm gleichgültig; er wußte, daß das Zimmer leer war. Er schlüpfte hinter das Sofa im gleichen Augenblick, als Amanda, nervös und mit müden Augen, hereinkam. Er spitzte seine Ohren und hörte noch viel mehr als ihr Atmen, ihre Bewegungen. Er hörte die Stimme ihres Geistes, das leise Flüstern ihrer Seele.

Sie schaute sich kopfschüttelnd um. Da war sie also wieder, zurückgekehrt in dieses schreckliche Haus. Sie wußte, daß dies eine triumphierende Rückkehr nach Maywell war, doch in diesem Gebäude wohnen zu müssen, warf einen dunklen Schatten auf ihren Sieg. Schade, daß sie sich nicht das Maywell Motor Inn leisten konnte. Aber sie konnte von Glück sagen, angesichts ihrer derzeitigen Finanzlage, überhaupt genug Sprit für die Reise mit ihrem VW bekommen zu haben.

Dieses Haus... diese Stadt... das einzige, das so etwas wie einen winzigen Hauch von angenehmer Erinnerung entfachen konnte, war der Gedanke an Constance Collier selbst mitsamt ihrer wilden Kolonie von Hexen draußen auf dem Anwesen und ihren bombastischen Ritualen, den Feuern auf den Berghängen und den wilden Zügen durch die Stadt.

Alles erschien jetzt so friedlich. Indem sie älter geworden war, mußte Constance auch ruhiger geworden sein.

Sich hinauszuschleichen zum Collier-Gut, um die Hexen nackt im April auf den Feldern tanzen zu sehen, war furchtbar aufregend gewesen. Es war einer der Nervenkitzel, den das Leben in einer solchen Gemeinde einem Kind bescheren konnte.

Dabei war immer dieses Haus dagewesen, das sie am Ende eines glücklichen Tages erwartete. Sie war zurückgekehrt zu den Ressentiments und den Sorgen; dies war ein Ort unterdrückter Wut, wo die Menschen nachts weinten.

Sie ließ den Blick in die Runde schweifen. Alles war braun und schwermütig. Seit George es seinem Bruder abgekauft hatte, war es – wenn überhaupt möglich – noch schlimmer geworden. Ein kalter Hauch lag jetzt darüber, als lodere in jedem Zimmer der Haß, als drängte er aus den Wänden, den Türen, als läge er in der Luft. Es gab wenigstens keine Heucheleien mehr. Der Leib des Hauses war nun ein Abbild seiner Seele.

Als sie im Wohnzimmer stand, spürte Amanda die Last dieses Ortes. Sie erinnerte sich an eine schreckliche Nacht, als sie nach Hause zurückgekommen war, nachdem sie das Halloween-Ritual auf dem Collier-Anwesen beobachtet – und fast selbst daran teilgenommen – hatte. Ihr Vater hatte sie gegen die nächstbeste Wand geschleudert. »Geh niemals, niemals wieder dorthin!« Seine Stimme war vor Sorge ganz verzweifelt gewesen.

Was würde er jetzt wohl denken? Schon in wenigen Tagen würde sie für Constance Collier arbeiten.

Sie würde nicht an irgendwelchen Hexenpraktiken teilnehmen. Für solche Spielereien hatte sie keine Zeit. Natürlich würde es sicherlich interessant, etwas mehr darüber zu erfahren, wenn sie sich auf dem Gut aufhielt.

Sie ließ sich auf die alte Couch fallen, es war dieselbe, die schon während ihrer Kindheit dort gestanden hatte. Sie war zwanzig und lebte selbständig und allein, als ihr klar wurde, daß sie es überhaupt nicht nötig hatte, traurig zu sein. Das Leben konnte reichhaltig und erfüllend sein. Das Leben hatte seine eigene Ästhetik, die man sorgfältig erschließen mußte, sonst schwebte man in Gefahr, in denselben unergründlich tiefen Schacht zu stürzen, der auch ihre Eltern verschlungen hatte, in den Abgrund spirituellen Bankrotts oder moralischer Gleichgültigkeit.

Durch die schmutzigen Glasschiebetüren konnte sie in den Garten schauen. Der alte Ahorn, wo sie so viele Sommerstunden verbracht hatte, stand noch immer da, und ihre Kehle wurde ihr bei seinem Anblick eng. Vor zehn Jahren hätte sie an einem Nachmittag wie diesem wahrscheinlich in dem Ahorn gesessen, in seinem Laubpalast.

Zehn Jahre. Die Schweigeperioden wurden länger. Die Beziehungen zu ihren Eltern dauerten an und schleppten sich durch ihren Geist. Wenn sie hier bleiben müßte, würden Erinnerungen, die jetzt lediglich beklemmend waren, schon bald unerträglich.

Sie hoffte, daß Constance Collier draußen auf ihrem Gut irgendwo Platz für sie hätte. Dann würde diese schwere Reise doch sehr viel angenehmer.

Der einzige Mensch, der sie jemals nach Maywell hatte zurückholen können, war Constance Collier. Nun war sie da, ausgewählt, um die von der berühmten Autorin neu geschaffenen Übersetzungen der Märchen der Gebrüder Grimm zu illustrieren. Das war der größte und beste Auftrag, den sie je bekommen hatte.

Mandy hatte für eine dreiundzwanzigjährige Frau einen langen Weg hinter sich. Einen langen, beschwerlichen Weg. Natürlich hatte sich der Caldecott Award für ihre Illustrationen zu *Rose und Drachen* als hilfreich erwiesen. Sie glaubte allerdings, daß ihre Arbeit an sich es gewesen war, die die zurückgezogen lebende und fast unnahbare Constance Collier auf die frühere Stadtbewohnerin aufmerksam gemacht hatte.

Sie konnte in ihrer Fantasie ganze, vollständige Welten erschaffen und sie bis ins letzte Detail malen.

Hände legten sich auf ihre Schultern. »Oh!«

»Entschuldige. Ich wollte dich nicht erschrecken.«

»Onkel George!«

Sie hatte nur freundliche Gefühle für ihn, da er sofort bereit gewesen war, sie hier wohnen zu lassen. Sobald sie hereingekommen war, hatte sie den Grund für seine eifrige Bereitschaft verstanden: Ohne Kate und die Kinder war dieser Ort noch abweisender als zuvor.

»Du siehst wunderschön aus, Amanda.«

»Warum auch nicht? Ich konnte aus Manhattan fliehen

und werde morgen mit Constance Collier zusammentreffen.«

Als er sie ansah, lag in seinen Augen etwas, das sie sogar für Begierde hätte halten können. War sie vielleicht hoffnungslos dumm, bei ihm zu wohnen? Vielleicht hätte sie lieber gleich zum Gut fahren sollen. Aber Miß Collier hatte ihr keinerlei Unterbringungsmöglichkeit angeboten. All ihre alten Stadtgewohnheiten kamen wieder zurück. Sie wagte es nicht, Maywells erster Bürgerin zur Last zu fallen. Ihr Agent hatte ihr recht gegeben. »Gefährden Sie das Projekt nicht, indem Sie gleich zu Beginn Forderungen stellen«, hatte Will T. Turner geraten.

»Hast du etwas zu trinken?« fragte Amanda. George schlurfte in seinen Schaffellpantoffeln über den abgewetzten Linoleumboden des Spielzimmers davon.

»Reicht dir alter Mr.-Boston-Brandy?«

Sie griff nach dem Glas und nahm einen Schluck. »Mmmm. Genau das richtige, um mich ein wenig auf andere Gedanken zu bringen.«

»Ich freue mich, daß du hier bist, Mandy.« Er stand dicht bei ihr. »Es tut mir nur leid, daß in dem Haus ein solches Durcheinander herrschte, als du eintrafst. Ich habe es ganz einfach völlig vergessen. Wir hatten drüben im Labor nämlich eine Menge zu tun.«

»Habt ihr etwas Gutes in Arbeit?«

»Ich hoffe.«

Sie nickte, nahm einen weiteren Schluck.

»Im Augenblick bin ich furchtbar müde.« Er preßte ein Lachen hervor. »Heute waren wir erfolgreich. Sehr erfolgreich.«

»Möchtest du mit mir darüber sprechen?«

»Eigentlich nicht. Ich möchte nur so viel sagen, daß es ein beachtlicher Sieg war.« Seine Augen musterten sie eindringlich.

Wenn sie in diesem Haus blieb, dann würde George ganz sicher irgendwann einen Annäherungsversuch machen. Das konnte sie jetzt am wenigsten brauchen. Sie würde das Risiko eingehen, Constance zu verärgern und sie am Morgen, wenn sie sich das erste Mal trafen, bitten, ihr ein Zimmer auf ihrem Landsitz zu überlassen.

Sie wollte George gerade eine vorsichtige Frage über seinen Sieg stellen, als etwas Ungewöhnliches geschah. Eine ihrer wertvollsten Begabungen war die Fähigkeit, auf Befehl überaus detaillierte Bildeindrücke zu haben. Jedoch tauchten sie niemals auf diese Weise auf, nämlich ungebeten.

Und dennoch, trotz der Tatsache, daß sie gesund und in keiner Weise müde war, fand sie sich plötzlich im Bann einer solchen unerwünschten Vision.

Sie sah einen verstörten George, wie er in einem kalten Zimmer kauerte, wahrscheinlich in dem furchtbaren kalten Raum im Keller dieses Hauses. Ihre Mutter hatte dort Mäntel aufbewahrt, während der Raum in der Baubeschreibung als Weinkeller aufgeführt war.

Dorthin hatten Mandy und Charlie Picano sich zu ausgedehnten Knutschereien hinter dem Mantelständer zurückgezogen.

Dort war ihre Katze Punch eingegangen, verhungert, während die Familie Urlaub machte. Niemand hatte bemerkt, daß der Kater dort eingeschlossen worden war.

Dort hatten die Kinder sich flüsternd Geschichten von Zauber und Magie in Maywell erzählt, und Marcia Cummings hatte steif und fest behauptet, daß Hexen gute Wesen seien.

In Mandys Vision lag in dem Raum, der von einem Ort der Geheimnisse in eine Folterkammer verwandelt worden war, eine Frau. Die Frau war tot, aber George war darüber nicht traurig.

In diesem Moment lächelte George. Mandy schüttelte sich angewidert beim Anblick seines leichenhaften Grinsens.

»Mandy?« Sein Lächeln verflog. Er betrachtete sie jetzt prüfender.

Sie kippte ihren Brandy in einem Zug.

»Das kannst du aber gut.«

»Vergiß nicht, daß ich ein Stadtmädchen geworden bin. Zudem bin ich von der Fahrt müde. Ich möchte gerne schlafen gehen.«

»Entschuldige, aber ich hab' völlig vergessen, das Gästezimmer herzurichten.«

»Mach dir deshalb keine Sorgen. Ich kann mir schon ein Bett machen.«

Als sie das Zimmer aufsuchen wollte, folgte er ihr. Während sie zusammen durch das stille Haus gingen, hoffte sie gegen alle Wahrscheinlichkeit, daß es nicht so sei – aber es war natürlich ihr altes Zimmer.

Er blieb vor der Tür stehen, ergriff ihre Schultern. Er küßte sie auf die Stirn. »Gute Nacht, Mandy.«

Sie kämpfte dagegen an, sich zu schütteln. Als er sie küßte, fühlten seine Lippen sich an wie zwei Lederriemen. »Gute Nacht, George.« Und dann drehte sie sich um, um sich ihrer Vergangenheit zu stellen.

George und Kate hatten hier zwei Kinder großgezogen und noch nicht einmal die Tapeten gewechselt. Mandy erinnerte sich noch daran, wie sie sie bei Chasen's auf der Main Street ausgesucht und zwischen den Kornblumen und diesen sich wiederholenden Rosenranken geschwankt hatten. Sie hatte sich für die Rosen entschieden und anschließend im Garten unter ihrem Fenster ein Rosenbeet angelegt. Drei Jahre hatten ihre Rosen geblüht, und sie hatte sich insgeheim den Namen ›Rosenmädchen‹ gegeben. Nur Marcia wußte es. »Ich hab's Tante Constance erzählt«, hatte sie geflüstert, als sie in einer milden Juninacht nackt unter der Bettdecke lag.

»Du hast es ihr verraten?«

»Sie sagte, ich solle dir etwas bestellen: ›Sag dem Rosenmädchen, daß ich sie liebe und über sie wache.‹«

»Mich?«

Marcia hatte sie gedrückt, und sie waren eng umschlungen eingeschlafen, zwei zehnjährige Mädchen, für die ihre Nacktheit nichts anderes bedeutete als Freundschaft. »Sie liebt uns alle. Ich möchte dich einmal mitnehmen, damit du sie kennenlernst.«

Das war streng verboten. Dad haßte Constance Collier, er haßte ganz Maywell. Er war nur deshalb dort, weil Peconic ihn als Bezirksmanager dorthin versetzt hatte.

Was hatte Mandy alles geträumt, wenn sie in dem Bett unter dem Fenster lag. Manchmal sah sie Lichter auf dem Stone Mountain; manchmal schaute sie zu, wie der Rote Mond aufging oder die Sterne.

Staub war in diesem Haus, Staub und Einsamkeit. Und auch noch etwas anderes, dachte sie, als sie die Tür des Gästezimmers schloß. An der Wohnzimmerwand war eine Stelle, die erst kürzlich überklebt worden war, als hätte eine Faust dagegengeschlagen. Spuren von Dad. »George ist ein gewalttätiger Mann«, hatte Kate ihr erzählt. Und Kate hatte ihn verlassen.

Mandy putzte sich die Zähne und legte sich in der Dunkelheit in ihr Bett. Der Mond zauberte einen blassen Schatten auf den Fußboden. Ein hohler Herbstwind wisperte im trokkenen Herbstlaub. Ein Stück die Straße hinunter heulte ein Hund.

Der alte Kater kam aus seinem Versteck und schritt durch das Spielzimmer, weiter durch die große Wohnküche und blieb vor dem Wohnzimmer stehen. An den Möbeln gemessen erschien der Kater unnatürlich groß.

Er hatte ein verwittertes, überraschend freundliches Gesicht. Und dieser geknickte Schwanz war reizend. Das eingerissene Ohr erschien beinahe spaßig und unterstrich den Eindruck, als hätte das ganze Tier permanente Schlagseite.

Der Kater wartete auf der Sonnenveranda, wo Mandys Staffelei und ihre Bilder untergebracht waren, er wartete in einer Duftwolke aus Leinöl und Farbe. Er sah das Können in ihren Pinselstrichen und absorbierte die Energie der jungen Frau. Arme, verwirrte junge Frau. Sie hatte keine Ahnung, wie gefährlich diese ganze Geschichte noch im Laufe der Zeit würde.

Sie hatte eine verwunschene Landschaft mit einer Fee gemalt, die einen vom Mond beschienenen Pfad entlangeilte; sie hatte das Bild mit handwerklichem Können und sogar mit Leidenschaft gemalt – und mit etwas mehr als der Wahrheit ihres eigenen Herzens. Aber was für eine erbarmungslos sentimentale Vorstellung von einer Fee. Sie sah mit ihren Flügeln wie ein Käfer aus. Und dann war sie viel zu klein. Dem Bild fehlte jeglicher Charme.

Zubettgehgeräusche drangen aus den Schlafzimmern. Der Kater verfiel in Reglosigkeit. Sie schloß die Augen und konzentrierte sich auf jede Nuance ihrer Persönlichkeiten. Er fühlte genauso wie sie, hatte die gleichen Sinneseindrücke, schüttelte seinen schmutzigen alten Körper, während er sich herumwälzte, und schaute mit Georges Augen, als er die geistigen Bilder von seinen Frauen, Bonnie und seine von ihm gegangene Kate und Mandy, betrachtete, spürte das pulsierende, erstickende Gefühl in seinen Lenden und erfuhr mit ihm die furchtbare Last der Zeit.

Der alte Kater wartete, bis der Mond seinen höchsten Punkt am Nachthimmel erreicht hatte, ehe er begann.

Dann machte er sich auf, in der Geschichte den nächsten Schritt zu tun.

Er stahl sich in Georges Schlafzimmer und lauschte für einen Moment seinem Schlaf. In einer einzigen schnellen fließenden Bewegung sprang er auf sein Bett. Er hörte sein Herz, das leise und zuverlässig seinem sicheren Ende entgegenschlug, lauschte dem Magen, wie er die Mahlzeiten des Tages verdaute, spürte seine Träume, düstere Träume von Fröschen und Tod und Mädchen und Verlust.

Der Kater näherte sich dem schlafenden Körper, bis sein großer Kopf sich über der Kehle des Schlafenden befand. Er blickte auf die pochende Arterie in Georges Hals. Er öffnete sein Maul, die Fänge nur wenige Zentimeter vom Fleisch entfernt. George Walker seufzte, als spürte er unbewußt den Tod, der ihn musterte.

Der Kater würgte leise und spie aus. Etwas Grünes und Schleimiges rutschte aus seinem Maul und auf Georges Gesicht. Als er seinen ersten schockierten Atemzug des Erwachens machte, befand der Kater sich bereits auf der Veranda und rannte an den Staffeleien und den Gemälden vorbei. Und als George keuchend nach dem Lichtschalter suchte, huschte die Katze durch die Hintertür ins Freie.

Sie schlängelte sich unter die rückwärtige Veranda, als Licht durch die Fenster des Hauses nach draußen drang und Mandys Füße durch den Korridor tappten, während George Walker in einem fort schrie.

Kapitel 2

Gerade hatte Mandy noch fest geschlafen, und schon im nächsten Moment rannte sie durch den Korridor hin zu Georges Schlafzimmer. Seine Schreie rührten an ihre tiefen Instinkte, so hoch und schrill waren sie, wie die eines Babys in Todesangst. Ihr erster fürchterlicher Gedanke war der an Feuer.

Dann sah sie ihn, wie er in der Mitte seines Bettes kauerte, während seine Hände sein schütteres Haar zerrauften. Mondlicht hüllte ihn ein und machte aus ihm einen gefährlichen Schatten. Sie suchte tastend nach dem Lichtschalter, fand ihn schließlich hinter der Tür und betätigte ihn.

Das gedämpfte gelbliche Licht verwandelte ihn in einen zerknitterten alten Mann. Etwas Widerwärtiges, Nasses und Grünes lag vor ihm auf dem Laken. Und dies starrte er schreiend an. Sie ging zu ihm hin. Ein weiterer Schrei drang über seine Lippen. Seine Augen hatten einen starren Ausdruck und sahen nichts anderes als die klebrige Masse auf dem Bett. Bei jedem Schrei lösten sich blutige Speicheltropfen von seinem Mund.

»George!«

Sie packte seine Schultern, schüttelte ihn. Er war so starr wie ein Stück Holz. Seine Haut war eiskalt. Und wieder schrie er.

»George!«

Trockenes Schluchzen schüttelte ihn. Dann ein weiterer Schrei, umkippend, schrill wie der Ruf eines Vogels.

»Hey!« Sie umfaßte seine Wangen, beugte sich über sein Gesicht. Seine Nasenflügel flatterten, seine Lippen teilten sich zu einem weiteren Schrei. Sie schlug ihm hart auf die rechte Wange. Der Schrei zerplatzte, wurde zu einem Schluchzen. Sie drehte sein Gesicht und schlug ihm auf die linke Wange. »George, wach auf! Du hattest einen schlimmen Traum!«

Er hob die Hände, um ihre Schläge abzuwehren. Für einen Moment verharrten sie so – sie mit seinem Kinn in der Hand, er in ihren Augen nach Trost suchend. Dann sank er mit einem bitterlichen Schluchzen gegen sie. Sie drückte seinen hageren Körper an ihre Brust. »George, ganz ruhig, es ist alles gut. Es ist nichts passiert.«

»Einen Teufel ist es!« Seine Stimme klang heiser. »Sieh dir das an! Weißt du, was das ist?«

Es war grün mit braunen Flecken und so naß, daß es einen unregelmäßig geformten feuchten Flecken auf dem Laken hinterlassen hatte. »Was?«

»Eine Haut.« Er seufzte. »Die Haut eines Frosches. *Meines* Frosches!« Dann weinte er stumm, bitterlich, seine Schultern bebten, und die Tränen rannen ihm über die Wangen.

Er konnte eigentlich nur die Frösche meinen, mit denen er in seinem Labor arbeitete. Aber was um alles in der Welt hatte einer davon ausgerechnet hier zu suchen? Sie betrachtete ihn. Wie er da im Bett lag, an einem so bizarren Ort, glaubte sie plötzlich, die Macht des Windes zu spüren, der um das Haus blies. Ihre Gedanken wanderten zu vor Sauberkeit knisternden Bettlaken und sonnigen Zimmern, und sie erschauerte.

»Warum ist er hier, George?«

»Eigentlich ist das gar nicht so mysteriös.« Er räusperte sich. »Ich brauche einen Drink.«

»Du beruhigst dich jetzt erst einmal. Ich hole ihn dir. Bleib hier und warte.«

»Nicht in diesem Zimmer.« Er stieg aus dem Bett. Mit vier spinnenhaften Schritten hatte er den Raum durchquert. Er holte seinen Morgenmantel aus dem Kleiderschrank.

Sie folgte ihm ins Spielzimmer, wo er bereits dabei war, Black-Label-Whiskey in ein Longdrinkglas zu schütten.

»Prost!« sagte er. »Ich trinke auf die Religion!«

Sie hatte sich in den vergangenen Minuten eine ganze Reihe Fragen zurechtgelegt. Aber sie bedrängte ihn nicht. Er brauchte Zeit, um sich zu beruhigen. Obgleich er halbwegs normal redete und nicht mehr schrie, sah sie immer noch den Ausdruck wilder Panik in seinen Augen. »Komm her«, forderte sie ihn auf und klopfte neben sich auf die Couch. Er setzte sich. Sie legte einen Arm um seine Schultern.

Und schon nach kurzer Zeit begann er alles zu erklären. »Das war zweifellos das Werk eines religiösen Fanatikers namens Pierce. Er leitet hier eine dieser Fundamentalistenkirchen. Bruder Simon Pierce. Ein bibelfester Scharlatan.«

»Und weiter?«

»Er – sie, sollte ich eher sagen – sie haben gegen meine Arbeit demonstriert. Er predigt dagegen. Der Tod sei alleine Gottes Angelegenheit, etwas in dieser Richtung.«

»Die Schweinerei in deinem Bett –«

Er stieß schnaubend ein bitteres Lachen aus. »Du verstehst es nicht, oder?«

»Nein.«

»Das ist die Haut eines Frosches, den ich heute nachmittag getötet und wieder zum Leben erweckt habe.«

Dann war das also der Sieg gewesen, von dem er früher gesprochen hatte. »Du hast tatsächlich damit Erfolg gehabt?«

»Und wie! Auf der ganzen Linie!« Er stieß ein scharfes Lachen aus. »Du weißt natürlich, daß die Stohlmeyer-Stiftung uns praktisch stillgelegt hat?«

Er sagte es so, als wäre dies allgemein bekannt.

»Das wußte ich nicht. Warum um alles in der Welt brechen sie ein derart einmaliges Projekt ab?«

»Eben weil es einmalig und unglaublich ist. Die akademische Welt hat für solche Durchbrüche nichts übrig. Sie mag nichts, was sie aus der Ruhe bringt und die Menschen beschäftigt. Sie wünscht sich viel lieber hübsche, harmlose Bestätigungen alter Theorien. Das Ungewöhnliche wird argwöhnisch betrachtet, belächelt, das Außergewöhnliche wird mit allen Mitteln abgewürgt. Daher geht das von der Stiftung für mich zur Verfügung gestellte Geld in vierzehn Tagen zu Ende. Es sei denn, ich kann mit einem Ergebnis aufwarten, das so spektakulär ist, daß die Presse sich darauf stürzt. Dann wären die Stohlmeyer-Leute geradezu gezwungen, mir weitere Gelder zur Verfügung zu stellen, wenn sie sich nicht vor der Öffentlichkeit blamieren wollen. Dieser Frosch sollte mein spektakulärer Erfolg sein.«

»Du kannst doch das Experiment mit einem anderen Frosch wiederholen.«

»Nicht innerhalb des Zeitraums, der mir noch zur Verfügung steht. Das Ganze braucht eine Menge Vorbereitungen. Um den Forderungen des Überprüfungskomitees nachzukommen, die man uns aufgezwungen hat, müssen wir beweisen, daß das Tier vor unserem großen Versuch total gesund ist. Dafür brauchen wir eine gute Woche für Beobachtungen und Tests.« Er hielt inne und starrte in sein Glas. »O Gott, wenn ich nur daran denke, wie dicht ich vor dem Ziel stand.« Seine Schultern sanken herab. »Meine Schwierigkeiten mit Bruder Pierce fingen so harmlos an. Vor drei Monaten gewährte ich dem *Collegian* ein Interview. Gleich am nächsten Sonntag nahm Pierce sich meines Falles an. Die Saat des Ego trägt bittere Früchte, verdammt noch mal!«

Sie meinte, sie müßte etwas Ermutigendes sagen. Sie mochte George nicht besonders, aber jetzt litt er aufrichtig. »Du kannst an der Sache weiterarbeiten. Ich weiß es.«

»Der Frosch war nur der erste Schritt. Als nächstes wollten wir es mit einer Reihe Rhesusaffen versuchen, und dann kommt der große Versuch. Das Experiment aller Experimente. Das hätte mich berühmt gemacht. Berühmt, Mandy! Ich hätte mich rehabilitiert, könnte wieder meine Karriere aufnehmen. Der Wissenschaftsrat von Yale würde diesen Schlag ins Gesicht schlucken müssen. In Maywell würde man aufhören, mich wie Dreck zu behandeln, nur weil ich woanders gescheitert bin. Es wird allmählich Zeit, daß mir wenigstens etwas Anerkennung zuteil wird, meinst du nicht auch?«

Unter ihren Händen konnte sie seine knochigen Schultern fühlen. Er war von seiner Arbeit viel zu besessen, um wenigstens ab und zu etwas für seinen Körper zu tun. Er trieb mit sich schlimmen Raubbau.

Er schlug sich mit der Faust in die andere Handfläche. »Mit einem Einbruch haben sie es geschafft! Verdammtes Pech! Ich werde den Sheriff alarmieren.« Er stand auf.

»Bist du sicher, daß es dein Frosch ist? Vielleicht ist es ein anderes Tier. Ich denke an etwas Symbolisches.«

»Der Fanatiker ist in mein Labor eingebrochen, hat mein Eigentum umgebracht, ist dann hergekommen, in mein Haus eingedrungen und hat mich angegriffen!« Während er redete, erhob seine Stimme sich erneut zu einem schrillen Höhepunkt aufflackernder Wut. Er wählte die Telefonnummer. »Hier spricht George Walker, 232 Maple Street. Ja, ich muß ein Verbrechen melden! Einbruch und Raub. Tätlicher Angriff. Wer das Opfer ist? Ich bin das Opfer! Und ich weiß, wer es getan hat. Ich weiß genau, wer es war.«

Er lauschte noch einen Moment lang, dann knallte er den Hörer auf die Gabel.

»Sie schicken in ein paar Minuten jemanden vorbei. *O Hölle!*« Er griff erneut nach dem Telefonhörer. »Bonnie? Hi, Liebes. Tut mir leid, daß ich Sie mitten in der Nacht hochscheuchen muß. Hören Sie, würden Sie mir einen Riesengefallen tun? Ich glaube, das Labor wurde von Pierce heimgesucht. Ja, von Pierce. Ich bin mir zu neunzig Prozent sicher. Und ich habe jeden Grund anzunehmen, daß er den Frosch vernichtet hat.« Stille trat ein, unterbrochen von einem Redeschwall vom anderen Ende der Leitung. »Gehen Sie rüber, und schauen Sie doch mal nach. Und rufen Sie mich so schnell wie möglich zurück. Ich brauche eine genaue Bestätigung, ehe der Sheriff herkommt. Das finde ich wirklich reizend, Bonnie. Ich revanchiere mich bei Ihren Zensuren.« Er legte den Hörer zurück. »Sie ist Laborassistentin. Das Gebäude, in dem sie ihre Bude hat, liegt dem Wolff Building genau gegenüber. Ich denke, in zehn Minuten weiß ich Bescheid.«

Mandy hatte das seltsam sichere Gefühl, daß er den Sheriff nicht hätte anrufen sollen. »George, versuch wenigstens, dich etwas zu beruhigen, ehe der Sheriff hier aufkreuzt.«

»Warum? Ich wurde soeben tätlich angegriffen. Mein Experiment wurde gestört, wenn nicht sogar völlig ruiniert, wenn die Stohlmeyers mir keine Verlängerung bewilligen. Warum, frage ich dich, soll ich denn ruhig sein? Wenn überhaupt irgend etwas, dann sollte ich jetzt einen Tobsuchtsanfall bekommen. Und daß ich vor Wut innerlich schäume, kann ich dir flüstern.«

»Laß nur die Finger vom Alkohol. Und putz dir die Zähne. Wenn sie riechen, daß du getrunken hast, werden sie deine Klage total ignorieren.«

»Mandy, ich wurde in meinem eigenen Bett angegriffen!«

»Dann überleg doch mal, was genau passiert ist, George. Wie sieht das alles denn für einen Cop aus?«

Sie ließ ihn in Ruhe darüber nachdenken und kehrte auf ihr

Zimmer zurück. Dort suchte sie in dem Kleiderschrank nach ihrem Morgenmantel. Müdigkeit machte sie teilnahmslos und gleichgültig. Es war kurz nach drei. Der Mond senkte sich dem Horizont entgegen und ließ das Zimmer im Schatten versinken. Im Licht des Mondes, das draußen noch herrschte, konnte sie die Masse des Stone Mountain erkennen, der hinter dem Haus aufragte und dessen dichter Mantel immergrüner Pflanzen von grau schimmernden Felsbrokken gefleckt war.

Mandy zog sich den Mantel über und öffnete das Fenster, damit die kühle Luft sie etwas erfrischte. Es roch nach dem süßen Moder des Herbstlaubs mit einem schwachen Hauch Qualmgeruch darüber. Sie konnte sehen, wie der Große Bär über den dunklen Gipfelgrat des Berges eilte.

Der Große Bär. Das Sternbild der Frauen. Die kleinen Mädchen von Athens haben früher einmal in seinem Schein getanzt, haben damit Artemis, der wilden Jägerin gehuldigt, die in Gestalt eines Bären durch die herbstlichen Berge streifte. In ihrer Kindheit war Mandys liebstes Kuscheltier ein Teddybär namens Sid gewesen.

Autoscheinwerfer wanderten über den Gartenzaun, als der Sheriff in die Zufahrt einbog. Mandy wickelte sich fest in ihren Mantel und ging zu George zurück.

Er riß die Haustür auf, ehe die Klingel anschlug. »Kommen Sie herein.«

»Sind Sie der Betroffene?«

»Das will ich wohl meinen.«

Der Deputy war ein hagerer Mann, dessen Gesicht von Falten und Linien durchzogen war, die von der Lampe über dem Hauseingang noch vertieft wurden. An der Hüfte trug er einen schweren Revolver, zu schwer für die schlanke Hand, die auf dem Kolben ruhte. Eine Sonnenbrille steckte in seiner Brusttasche, ein abgekauter Bügel hing heraus. Seine Lippen waren trocken und rissig. Auf seiner Hutkrempe war so etwas wie ein Essensfleck zu sehen. Er trat ins Haus, und Mandy roch Chili in seinem Atem. Er betrachtete George. »Tätlicher Angriff?«

»Stimmt.«

»Wurden Sie verletzt?«

»Seelisch bin ich erheblich verletzt.« Das Telefon klingelte. George eilte hin, um den Anruf entgegenzunehmen, während Mandy das Starren des Deputy erwiderte, dessen Augen einen unangenehm verhangenen Ausdruck bekommen hatten, sobald sie ihrer ansichtig geworden waren. Früher hätte sie ihn sicherlich dafür gehaßt, doch zu viele Pfiffe und geflüsterte Anzüglichkeiten und unerwünschte Tätscheleien hatten sie Gleichgültigkeit gegenüber solchen Männern gelehrt. Im gleichen Maße, wie sie herangereift war, hatte sich ihr die sexuelle Unsicherheit solcher Männer offenbart. Sie betrachtete sie als verängstigte Jungen, unfähig, erwachsen zu werden, für immer auf dem Eiland der Unreife gestrandet.

Georges Stimme hob und senkte sich, während er telefonierte.

»Möchten Sie eine Tasse Kaffee, Deputy?«

»Klar, Ma'am. Um diese Uhrzeit schmeckt er besonders gut.«

»Dann kommen Sie.« Sie ging voraus in die Küche und bereitete ihm eine Tasse Schnellkaffee. Sie schenkte gerade das kochende Wasser ein, als George in den Raum stürmte.

»Genau wie ich es mir gedacht hatte, der Frosch ist verschwunden! Dieser verdammte Prediger ist irgendwie reingekommen und hat ihn mitgenommen. Und dann umgebracht. Scheiße!«

Der Deputy schickte Mandy einen fragenden Blick. »Dr. Walkers Labor wurde verwüstet«, erklärte sie.

»Also das ist Angelegenheit des College. Wir betreten den Campus nie.«

»Dort hat es angefangen«, schnappte George, »aber aufgehört hat es hier. Kommen Sie.« Er führte den Deputy in sein Schlafzimmer. Die Überreste des Frosches lagen auf dem weißen Bettlaken und trockneten allmählich zu einem matten Grünton. »Dort hat es aufgehört. Bruder Pierce oder einer seiner Roboter ist mitten in der Nacht hergekommen und hat dieses Ding auf mein Gesicht gelegt!«

»Was haben Sie gesagt?«

»Pierce! Dieser fundamentalistische Idiot! Er haßt mich und meine Arbeit. Er hält Predigten gegen mich. Er hat sogar einmal eine Demonstration organisiert.«

Der Deputy stellte seine Kaffeetasse hin. »Haben Sie den Mann gesehen?«

»Natürlich nicht. Ich habe geschlafen.«

»Also, wenn ich Sie richtig verstehe, dann wollen Sie eine Anzeige erstatten?«

»Natürlich will ich das! Ich beschuldige diesen Fanatiker, zusammen mit Gott weiß wem Universitätseigentum zerstört zu haben, in mein Labor und mein Heim eingebrochen zu sein, mir dieses Ding ins Gesicht geworden zu haben, um mir einen Schaden zuzufügen –«

»Bruder Pierce ist ein angesehener religiöser Führer in Maywell, Dr. Walker. Ich finde, Sie sollten ihn nicht so mir nichts dir nichts beschuldigen, ohne Zeugen oder andere Beweise.«

»Er ist logischerweise der Täter.«

Der Deputy streifte Mandy mit einem Seitenblick. »Der Herr steht auf Bruder Pierce' Seite«, sagte er leise. Sein Blick richtete sich wieder auf George, seine Augen verengten sich. »Das sollten Sie wissen. Vom Gesetz ganz zu schweigen.«

»Vom Gesetz? Ich bin die betroffene Partei!«

»Sie sind nicht verletzt.« Er strich mit einem Finger über den Tassenrand. Dann blickte er direkt in Georges Augen. Er lächelte. »Noch nicht.« Seine Stimme war nur noch ein Flüstern.

Der arme George. Überhaupt kein Menschenkenner. Mandy sah, wie sein Unterkiefer herabsank, dann, wie sein Gesicht sich allmählich mit einem Ausdruck des Verstehens füllte. Er schüttelte den Kopf. »Das College fördert die Stadt in jeder Hinsicht. Sie wollten sich schämen.«

»Ihr hochnäsigen Professoren leitet Maywell nicht. Und das College ist noch nicht einmal der größte Arbeitgeber. Das ist die Peconic Valley Power. Ich gebe Ihnen jedenfalls einen guten Rat. Es gibt Strafen für falsche Anschuldigungen. Und zwar empfindliche Strafen, Doktor.«

»Aha. Dann werde ich jetzt also verhaftet. Das erscheint mir auch über die Maßen einleuchtend.«

»Hören Sie, Ma'am, warum stecken Sie ihn nicht wieder ins Bett? Und halten ihn vom Telefon fern. Das wird ihm höchstens Schwierigkeiten einbringen.«

Der Deputy wandte sich zum Gehen. Augenblicklich hatte George ihn erreicht, riß ihn herum und packte das Revers seiner Jacke.

Und starrte in den Lauf eines Revolvers.

Die Waffe war blitzschnell hochgekommen. Sie schwebte zwischen den beiden Männern, die in ihr enthaltenen Möglichkeiten brachten beide Männer zum Schweigen. Sie starrten sie an. Mandy konnte sie atmen hören, konnte den Schweiß auf Georges Stirn sehen.

»Nehmen Sie Ihre Finger von mir, Mister, dann stecke ich mein Eisen weg.«

Mandy schloß für einen langen Augenblick die Augen, ehe die beiden Männer zurückwichen. Sie brachte den Deputy zur Tür. Er wollte etwas zu ihr sagen, aber sie schloß die Tür zu schnell, als daß er dazu noch eine Gelegenheit gehabt hätte.

»Sinnlos! Verdammt beschissen sinnlos! Ich kann dir sagen, Mandy, ich hasse diese gottverdammte kleine Stadt. Wenn die Leute jemanden wie mich bekommen, bedeutet es ihnen etwas? Zur Hölle, nein! Ich bin im Begriff, diesen Ort unsterblich zu machen. Dieses Labor wird eines Tages ein Museum sein. Die Menschen werden herkommen, um sich anzusehen, wo das Geheimnis des Todes endlich gelüftet wurde! Und diese verkommene kleine Stadt spuckt mir ins Gesicht!«

Mandy lauschte den Haßtiraden ihres Onkels. Draußen wurde der Motor des Polizeiwagens gestartet, seine Schweinwerfer leuchteten kurz in die Fenster der Hausfront. Dann verlor das Motorengeräusch sich in der Nacht. »Es ist schon spät, George. Wir sollten lieber wieder schlafen gehen.«

»Schlafen? Ich gehe ins Labor. Ich habe einiges zu arbeiten.«

Ihr erster Impuls war, ihn davon abzuhalten, doch sie begriff, daß ihre Bemühungen ihn dann nur noch unter einen größeren Druck setzen würden. Sie ließ ihn gehen.

Nach zehn Minuten sprang sein Volvo an, dann ratterte er die Straße hinunter. Sie hörte seine Reifen quietschen, als er um die Ecke bog, dann wurde es um sie herum still.

Sie kehrte in ihr Schlafzimmer zurück. Unangenehm, daß die Tür sich nicht abschließen ließ. Die Vorstellung, alleine in einem Haus zu sein, in das man so leicht eindringen konnte, wie es gerade erst geschehen war, behagte ihr überhaupt nicht. Sie hatte auch noch keine fünf Minuten im Bett gelegen, als sie glaubte, ein Geräusch zu hören.

Es war ein Kratzen, und es kam von der Sonnenveranda. Sie setzte sich im Bett auf, starrte in die Dunkelheit und lauschte. Die Nacht hüllte sie ein. Der Mond war untergegangen, die Grillen waren verstummt. Die Welt war in die Starre vor der Morgendämmerung gesunken.

Erneut erklang es. Eindeutig von der Sonnenterrasse. Behutsam schob sie die Decke und das Laken zurück und stellte die Füße auf den Fußboden. Ihr erster Gedanke war, in die Küche zu gehen und sich mit einem Messer zu bewaffnen. Doch dazu hätte sie die Sonnenterrasse überqueren müssen. Statt dessen ging sie den Korridor hinunter, ertastete sich in den tiefen Schatten ihren Weg, bis sie den Eingang zur Veranda erreicht hatte. Während die Sterne über den Himmel wanderten und trockenes Laub raschelnd an den Fenstern vorbeiwehte, wartete sie ab. Ein Gefühl der Übelkeit breitete sich in ihrem Magen aus; ihre Haut vibrierte unter der Angst vor der unsichtbaren Bedrohung. Sie konnte ihre innere Spannung nicht ertragen, noch länger an dieser Stelle zu verharren; sie mußte etwas tun. Sie würde die Verandabeleuchtung einschalten. Damit würde sie sicherlich jeden verscheuchen, der hinter der Tür lauerte.

Ein Schalter klickte laut. Und sie preßte sich eine Faust in den Mund, um einen Schrei zu unterdrücken. Was sie sah, ließ sie auf zitternden Beinen zurückweichen. Dann begriff sie, daß diese glühenden Augen die eines Tieres waren.

Es war nur ein Tier!

Sie lachte und biß sich dabei auf die Knöchel. Ihr heftiger Herzschlag beruhigte sich allmählich. Die Katze miaute.

»Du armes, kaltes Baby«, sagte sie und trat ins Licht. »Warte, ich hol' dir etwas Milch.«

Eine streunende Katze an der Tür. Was für ein Witz. Sie hatte Angst gehabt. Als sie über die Sonnenveranda ging, dann durch das Speisezimmer und in die Küche, knipste sie noch weitere Lampen an. Sie öffnete den großen gelben Kühlschrank und fand ihn fast leer. Da war noch eine Wurst unbestimmbaren Alters und Inhalts, ein Paket Osca-Mayer-Salami, ein Laib Pepperidge-Bauernbrot und auf der untersten Ablage ein Liter Milch. Das wäre das Richtige für die Katze.

Sie füllte eine Untertasse und ging zur Sonnenveranda zurück. Als sie die Hintertür öffnete, drang kalte Luft herein und mit ihr eine sehr schnelle und sehr große Katze. Sie verschüttete einen Teil der Milch, als sie unter dem Ansturm des Tieres zurückwich.

Gierig leckte sie die Tropfen vom Fußboden auf.

»Bist du aber hungrig, du armes Wesen.«

Sie schloß die Tür hinter dem Tier und stellte die Untertasse neben dem großen Kopf auf den Boden. Es war wirklich eine riesige Katze. Schwarz wie die Sünde, sogar ihre Nase. Sie hatte am Ende ihres Schwanzes einen Knick und ein zerrissenes Ohr.

»Du armes, häßliches altes Ding.« Vorsichtig berührte sie den Rücken und erwartete, daß das Tier davonstob. Aber es war keine wilde Kreatur. Die Katze machte unter der Berührung einen Buckel, dann trank sie um so hungriger weiter. Ein verhungerndes, dankbares und sehr häusliches Tier. »Du bist ja so süß!«

Sie tastete den Hals ab, fand jedoch keine Spur von einem Halsband. Jede Berührung von ihr erzeugte bei dem Tier eine Reaktion. Sie ertappte sich dabei, daß sie die Katze streichelte, während sie die Milch aufleckte, nur um das Spiel der Muskeln unter dem weichen schwarzen Fell zu spüren.

Die Katze beendete ihre Mahlzeit und hob den Kopf. Als ihre Blicke sich trafen, war Mandy fasziniert. Die Augen hatten einen etwas unheimlichen Ausdruck, als sie ihren Blick gleichmütig erwiderten. Sie waren überaus intelligent. Die Katze stieß ihre Nase in ihre Hand. Sie war stumm, sie schaffte es nicht, sie zum Schnurren zu animieren, fast so, als wäre das Tier für eine solche Äußerung von Dankbarkeit zu unabhängig.

»Hast du noch Hunger?«

Sie versteifte sich, schaute hoch und hinter sich. Mit dem

Schweigen und der Grazie eines Engels sprang sie über Mandys Kopf und in den Korridor, der von den Schlafzimmern zur Sonnenveranda führte. »Mieze?«

Aus der Richtung ihres Schlafzimmers klang ein lautes Miau herüber, drängend, rufend. Mandy erhob sich und empfand bei ihrer Verwirrung einen Anflug von Angst und folgte dem Ruf.

Fragen. Wie kam es, daß eine ordinäre Katze solche Sprünge ausführen konnte? Und woher kam sie? Und was für eine Rasse war es?

Und war sie nicht eine Schönheit, wie sie da so am Fußende ihres Bettes lag, das Gesicht aufmerksam und die Augen leuchtend und ihr mit einem Auge zuzwinkernd?

Flöhe?

Räude?

Fieber?

Ein Miau, so sanft wie ein Wind vom Himmel. Und sie war wirklich müde. Sie schlüpfte ins Bett. »Du mußt jetzt eine gute Wachkatze sein.«

Fast so, als hätte sie Drogen geschluckt, schlief sie tief und fest. Sie träumte, sie wäre Alice und stürzte fortwährend im Wunderland den dunklen Brunnen hinab.

Kapitel 3

George ließ die Bettenrolle, die er aus seinem Wagen mitgebracht hatte, auf den Laborfußboden plumpsen.

»Was zum Teufel ist das denn? Wollen Sie hier campieren?«

»Hier zu wohnen, ist der einzige sichere Weg, dieses Labor zu bewachen. Bruder Pierce hat seine Leute auch im Büro des Sheriffs sitzen. Um ganz auf Nummer Sicher zu gehen, müssen wir annehmen, daß er auch einige unter den Cops der Universität hat.«

»Daran hatte ich nicht gedacht.« Clark stieß mit der Fußspitze gegen die Bettenrolle. »Ich nehme an, da haben Sie recht.«

»Ich habe recht. Dies ist Pierces Stadt, nicht Constances – eine Tatsache, die wir zu unserem Schaden ignoriert haben.«

»Constance war sehr betroffen, als sie erfuhr, was geschehen ist. Sie wünscht Ihnen alles Gute.«

»Warum nicht auch noch einen wirkungsvollen Zauberspruch gegen diesen Kretin? Ich sage Ihnen, Clark, Connie muß mich entweder unterstützen oder mich im Stich lassen. Einen Mittelweg gibt es in dieser Sache nicht.«

Clark schaute ihn fest an. »Ich denke, gewisse Ausreden sind unvermeidlich – berachtet man die persönlichen Konsequenzen für sie, falls Sie Erfolg haben.«

George seufzte. Er konnte Constance Collier ernsthaft eigentlich keinen Vorwurf machen. Er begriff schon, warum sie ihm ablehnend gegenüberstand; seine Arbeit bedeutete auch eine Machtverschiebung an dem Hexenort. Natürlich war es hart für Connie. Ein Blatt fällt vom Baum, ein anderes nimmt seinen Platz ein. Der Baum bleibt bestehen, aber für das braune Laubblatt ist der Herbst eine Katastrophe.

»Sie muß es akzeptieren. Sie wird allmählich alt. Herrgott, sie haben sie mit einer Kugel in den Kopf initiiert. Sie sollte froh sein, daß die Wissenschaft möglicherweise das Risiko für Amanda beiseite räumt.«

»Nichts wird das Risiko mindern. Das Risiko liegt auf der anderen Seite, im Jenseits sozusagen. Sie können dafür sorgen, daß der Körper wieder zum Leben erweckt, aber niemand kann sicher voraussagen, daß auch die Seele wieder zurückfindet.«

»Das sagt Connie. Aber wenigstens wird die Seele des Erben einen Körper haben, in den sie zurückkehren kann. In der Vergangenheit war das häufig nicht der Fall.«

»Das Problem ist, daß sie nicht immer zurückkommen wollen.«

»Nun, das ist nicht unsere Sorge. Wir sind nur für den Körper zuständig. Wo wir gerade davon sprechen, wir sollten an die Arbeit gehen und nachschauen, ob in dem Labor irgendeine Falle installiert wurde.«

Clark ging zu seinem Platz. Er begann, die wichtigsten Geräte ihrer Anlage zu testen, nämlich die Vorrichtungen, die das intrakraniale elektrische Feld abbauten und wieder errichteten. Mit diesen Apparaturen lernten sie, Gehirne aus- und einzuschalten, als wären sie mit elektrischen Schaltern versehen. »Wie gefährlich könnte die Falle denn sein?«

George ging zu ihm. »Ein Problem?«

»Noch nicht. Mir kam nur gerade der Gedanke, daß irgend etwas genau vor meiner Nase hochgehen könnte. Eine Falle könnte auch eine Bombe sein, wenn es ihnen wirklich ernst ist.«

»Aber nicht einmal Simon Pierce führt sich auf wie ein Terrorist.« Als er jedoch etwas länger darüber nachdachte, fragte George sich, ob sie nicht vielleicht doch in größerer Gefahr schwebten, als ihm klar war.

Clark teilte offensichtlich diese Sorge. »Sie haben mehr als eine Hexe getötet, George.«

»Die Gregorys?« Das Feuer bei den Gregorys im vergangenen Winter sollte eigentlich ein Unfall gewesen sein. Alle vier Mitglieder der Familie waren in ihrem Heim ums Leben gekommen. Libby Gregory war Hohepriesterin an einem Hexensabbat gewesen.

George blickte in den Wald aus Drähten, der zur Isolationskammer führte, wo sie den Frosch getötet und wieder aufgeweckt hatten. Sein Blick folgte jedem roten Draht bis zur elektromagnetischen Spule. Er suchte nach einem neuen, fremden Draht, der weiß Gott wohin führte. »Ich denke, hier ist alles okay.«

»Vielleicht sollten wir ein wenig in Deckung gehen, nur für den Fall des Falles. Und wir sollten Bonnie warnen.«

»Gehen wir noch weiter. Legen wir die Schalter um und aktivieren wir den Generator dann aus dem anderen Laborraum. Und außerdem öffnen wir alle Fenster.«

Sie gingen in den Hauptkontrollraum. Dahinter, in der Menagerie, war Bonnie zu sehen, die Käfige säuberte.

»Heh, Bonnie, wir schalten den Aufwärtstransformator ein. Bück dich und geh in Deckung, Liebes.«

»Was ist los?«

»Schau sich das einer an. Ich sage, geh in Deckung, und das erste, was Sie tun, ist, die Nase herauszustrecken. Was wäre, wenn wir angegriffen würden? Ist Ihnen eigentlich klar, daß eine Atomexplosion Sie auf die Entfernung von viertausend Fuß verdampfen kann? Es sei denn Sie gehen in Deckung, und in diesem Fall verbrennen Sie langsamer.«

»George, Sie sind richtig unheimlich.«

»Unheimlich und wunderbar, mein kleines Küken. Wenn wir das hier überleben, dann sollten wir endlich gemeinsam ins Bett gehen.«

»Clark, verpaß dem Mann eine Tracht Prügel.«

»Aber Clark, verweigern Sie einem alten Mann nicht seine kleinen Vergnügen.«

»Ich bin nicht an Bonnie interessiert. Ich habe andere Pläne.«

Bonnie reagierte darauf zornig. »Constance wird dich wohl mit irgendeiner pubertären Prinzessin verheiraten, eh, dann kannst du die Babys versorgen, während deine Frau die Nächte damit verbringt, sich mit Salbe einzuschmieren und es mit den Priestern zu treiben, nicht wahr?«

»Du könntest an dem Hexenort leben, wenn du die dort geltenden Regeln anerkennen würdest«, sagte Clark leise. »Es würde dir in vieler Hinsicht sehr nützlich sein.«

»Ich denke, ich bin zu sehr auf Rebellion eingestellt. Wenn ich all das Gesundheitszeug rieche, wenn ich mal dort vorbeikomme, verspüre ich den unwiderstehlichen Drang, etwa vier Big Macs aufeinmal zu verschlingen. Am besten geht es mir als Stadthexe, denn dort brauche ich nicht nach irgendwelchen strengen Regeln zu leben.«

»Wir leben nicht nach strengen Regeln, Bonnie. Wir haben uns auf unsere Art zu leben geeinigt.«

»Was lediglich bedeutet, daß ihr bereit seid, für die Gesalbten den Besen zu schwingen und den Befehlen von halbwüchsigen Mädchen zu gehorchen.«

»Nein, das ist ein totales Mißverständnis. Es gibt in der Covenstatt keine feste Hierarchie. Bonnie, ich wünschte, du würdest nur mal zwei Wochen lang –«

»Okay, Kids, wir sollten diese Diskussion nicht ausgerechnet jetzt vertiefen, wo wir auf Bruder Pierces Fat Man unterwegs nach Hiroshima hocken könnten. Ich hab' Saft auf den Transformator gegeben. Ich werde jetzt die Leitungen freischalten.« George verzog sich mit Bonnie in den Versuchstierraum und schloß die Tür.

»George, ist das hier wirklich gefährlich, oder hat die Paranoia Sie jetzt endgültig gepackt?«

»Wir müssen vorsichtig sein. Immerhin waren sie tatsächlich in diesem Labor.«

»Übrigens, den anderen Tieren geht es gut«, sagte Bonnie. »Nur der eine Frosch fehlt.«

George schüttelte den Kopf. »Der eine Frosch.«

»Ich habe bei Tess und Gort Bluttests durchgeführt, um sicherzugehen, daß ihnen keine langsam wirkenden Gifte verabreicht wurden. Sie sind gut in Form.«

»An diesem armseligen Ort zählt schon die kleinste positive Meldung. Wir können nicht auch noch damit beginnen, uns neue Rhesusaffen zu leisten.«

»Die Leitungen sind offen«, meldete Clark. »Ich aktiviere den Käfig.«

»Warten Sie. Verschwinden Sie von hier.«

»Ich muß die Werte ablesen. Wenn wir den Puls übersteuern, brennt uns das ganze Ding durch.«

»Aber es könnte gefährlich werden.«

Clark biß die Zähne zusammen. »Constance hat mich diesem Labor zugeteilt.« Er brauchte nicht mehr zu erklären. George kannte die Loyalität der Hexen zu ihrer Königin. Als Mitglied eines Stadtcovens empfand er sie ebenfalls, wenngleich auch nicht so ausgeprägt.

Die Beleuchtung wurde schwächer, als Clark das extrem intensive Magnetfeld einschaltete, welches das Herz der Anlage darstellte. Es war so stark, daß Elektronen in ihm zum Stillstand gezwungen wurden. In dem Feld blieben Elektromotoren stehen, und Batterien hörten auf, Energie abzugeben. Und empfindliche elektrische Systeme, wie zum Beispiel Gehirne und Nerven, stellten ihre Funktion ein. Ein paar Sekunden Aufenthalt in diesem magnetischen Niemandsland reichten aus, um das Nervensystem eines Tieres zu neutralisieren und es in einen Todeszustand zu versetzen, wobei es jedoch völlig unversehrt blieb. Im Laufe der Zeit würden natürlich die Zellen einem Auflösungsprozeß unterworfen. Dauerte es lange genug, dann wäre diese Auflösung nicht mehr rückgängig zu machen. Doch ehe es dazu käme, könnte das Tier wieder aufgeweckt werden, indem das Feld abgeschaltet und das Herz per Elektroschock in Gang gesetzt würde.

Diese Technik war potentiell sicherer als eine herkömmliche Anästhesie, und die Abschaltung kritischer Körperfunktionen eröffnete ungeahnte chirurgische Möglichkeiten. George war überzeugt, daß seine Arbeit auch noch über Constances Wunsch hinaus, sie bei dem überlieferten Ritual der Initiation einzusetzen, von Bedeutung war. Wenn alles richtig ablief, bot sich ihm hier die Chance zur Unsterblichkeit. Er träumte von einem Nobelpreis, von einem Lehrstuhl am MIT, sah sich in einem ausgebeulten Tweedjackett durch die verträumten Straßen von Cambridge schlendern, ein Sinnbild für weises Alter und akademische Ehren.

Das Hexenritual war im Augenblick jedoch die wichtigste Angelegenheit. Er liebte die Kunst, den innenwohnenden Geist und die angestrebten Ziele. Und die Gefahr und Dramatik der wahren Initiation, das Eintreten in die Welt der Toten: das war das größtmögliche Abenteuer der Menschheit, und er dachte erregt, daß er als aktiver Teil dabei sein durfte.

Das alte Ritual wurde im Westen nur noch in der Covenstatt gepflegt. Animisten wie die amerikanischen Indianer zum Beispiel praktizierten es nicht mehr. Bei den Apachen war es, wenn man Schamane werden wollte, Voraussetzung gewesen, daß man sich von einer Felsklippe hinabstürzte. Diejenigen, die am Leben blieben, hatten die Initiation bestanden. Wer starb, starb.

George lauschte dem Summen des Apparates. Es klang gesund. »Was sagen die Kontrollen, Clark?«

»Es sieht so aus, als wäre alles okay. Kein ungewöhnlicher Energieverlust, keine Anzeichen für irgendwelche Beschädigungen oder Defekte.«

George kehrte ins Hauptlabor zurück. Er legte eine Hand auf Clarks Schulter. »Das war sehr tapfer von Ihnen, hierzubleiben.«

»Ein kalkuliertes Risiko. Ich dachte mir, daß sie wahrscheinlich nicht über die technischen Fähigkeiten verfügen, in dem System eine Bombe zu verstecken, selbst wenn sie es gewollt hätten.«

»Trotzdem –«

Clark schwächte das Feld ab. Erneut flackerte die Beleuchtung, und der Käfig gab leise knisternde Geräusche von sich. Scharfer Ozongeruch lag in der Luft. George betätigte den Bodenschalter, der die Ventilatoren in Gang setzte. Er bemerkte, daß er zitterte. Er war überrascht, daß keines der Geräte beschädigt worden war.

Plötzlich weinte er. Die meisten Männer hätten verlegen weggeschaut. Aber getreu der Gebräuche der Hexen legte Clark seine Arme um George und tröstete ihn.

»Wissen Sie«, sagte er leise, »ganz gleich, wie schlimm es ist, wir müssen weitermachen. Ich möchte nicht sentimental werden, aber sehr vielen Menschen wird durch unsere Arbeit geholfen. Wir haben eine Mission zu erfüllen, und das dürfen wir nie vergessen.«

Bonnie kam herein und legte ihm eine Hand auf die Schulter. »George, wir sind bei Ihnen. Ich bin da.«

Er wünschte sich, sie wäre die Person gewesen, die ihn in den Arm nahm. Aber als Clark sich von ihm löste, schloß sie daraus, daß der Augenblick der Schwäche vorüber war, und ging ebenfalls in den Versuchstierraum.

Danach setzte nachdenkliches Schweigen ein; es war nicht besonders angenehm zu wissen, daß sie belagert wurden. Und als dies ihnen klar wurde, verstärkte dies nur noch ihre Unruhe. »Was ich nicht begreife, ist, daß Pierce genau den Frosch stahl, mit dem wir gearbeitet haben«, sagte George. »Wie konnte er wissen, welcher es war?«

»Das isolierte Terrarium«, entgegnete Clar. »Es steht abseits von den anderen.«

»Ich denke auch. Ich hoffe, wir haben ihn nicht zum letzten Mal gesehen.«

Clark unterbrach seine Arbeit. Für einen kurzen Moment schien er sich dagegen zu sträuben, etwas zu sagen. Dann raffte er seine Energie zusammen, um sich dazu zu zwingen. »Ganz offen, George, dieser Bruder Pierce ist in dieser Gegend weitaus mächtiger, als du ahnen kannst. O, ich gebe zu, daß er seit einiger Zeit mit seinen Anhängern so seine Probleme hat, jedenfalls wenn man den Zeitungen Glauben schenken kann. Aber dieser Mann hat mehr Charisma in seinem dicken Zeh als jeder durchschnittliche feuerspuckende

Demagoge in seinem ganzen *corpus delicti*. Sie sollten sich mal den Campus an einem Sonntagmorgen ansehen, wenn Bruder Pierce sich über irgendein großes Thema ausläßt. Er ist leer. Und die Leute liegen nicht in den Betten und schlafen sich aus, sondern sie sind zur Studentenmesse zum Tempel hinuntergegangen. Selbst die Drogenszene bei Bixter's wird merklich kleiner. Allmählich wird das hier zu einem Bibel-College.

»Das haben wir nun davon, daß all diese Jersey-Rednecks bei uns zugelassen werden. Wir sollten uns den Nachwuchs aus anderen Bundesstaaten holen.«

»Ich denke, wir sind von dem Kerl umzingelt. Er ist überall. Wenn ein Fundamentalistenprediger auf einem modernen College-Campus etwas aufbauen kann, dann ist er so gut wie nicht mehr aufzuhalten. Und Bruder Pierce besitzt Maywell State. So einfach ist das.«

»Was ist demnach unsere Alternative? Sollen wir das Labor schließen und nach Hause zurückkehren?«

»Meiner Meinung nach gibt es nur die eine Konsequenz: schnell zu arbeiten. Auch angesichts des Finanzierungsproblems. Je länger wir brauchen, desto mehr Schwierigkeiten kann er uns bereiten.«

»Und was schlagen Sie vor?«

»Die verdammten Versuchsprotokolle in den Wind zu schreiben und sich auf den großen Preis zu konzentrieren. Ich finde, am besten sollten wir sofort zu dem Rhesus-Experiment übergehen.« Clarks Augen lagen tief in den Höhlen. »Trotz der Probleme, auf die wir sicherlich stoßen werden.«

»Aber was ist mit den Stohlmeyer-Leuten? Wir würden doch unsere eigenen Experiment-Protokolle als überflüssig ansehen.«

»Wir haben eine Verpflichtung.« Seine Stimme bebte. »Constance meldet mir, daß die Zeit knapp wird. Viel länger können sie nicht... mehr warten.«

»Es ist ein verdammtes Risiko.«

»Was wäre denn, wenn dieser Ort bombardiert oder ein Opfer der Flammen würde? Dieses Risiko könnte noch viel größer sein.«

Da die Affen bereits auf ihren Gesundheitszustand untersucht worden waren, würde es weniger Zeit in Anspruch nehmen, einen von ihnen zu präparieren, als das Frosch-Experiment zu wiederholen. Um die Gesundheit eines Versuchstieres nachzuweisen, mußten sie außerdem die winzigen Stromspannungen in seinem Gehirn messen und all ihre Geräte darauf einstellen, damit das Lebewesen nicht einging, wenn sie sein inneres elektrisches Feld ausschalteten. Es war eine langwierige, mühselige Arbeit. Aber sie hatten die Affen seit Wochen regelmäßig gemessen. Clarks Vorschlag hatte etwas für sich. Es ging tatsächlich schneller, wenn man sich sofort den Affen zuwandte und die Frösche in Ruhe ließ. Die Risiken waren klar: Wenn sie keinen Erfolg hatten, würde Stohlmeyer ihnen die Gelder streichen. Dann waren da noch die Schwierigkeiten mit den Geräten. »Affen sind viel größer als Frösche. Wie sollen wir an das Geld herankommen, um ein größeres Feld schaffen zu können?«

Mit einem traurigen Blick holte Clark seine Brieftasche hervor und zog eine VISA-Kreditkarte heraus. »Das ist alles, was ich habe.«

»Dreitausend Dollar auf eine Kreditkarte?«

»Eintausend, mehr leider nicht. Und Sie bringen, wie ich vermute, nochmal das gleiche auf. Oder hat Kate Ihnen die Hosen ausgezogen?«

Georges bittere Antwort hallte durch das muffige, vom Tiergeruch durchwehte Labor. »Ich bin nur dann für einen Tausender gut, wenn ich meinen Wagen beleihen kann.«

»Wir könnten es mal bei Constance versuchen. Es geht doch nur um etwas Bargeld. Sicherlich kann sie es uns zur Verfügung stellen, ohne die Verbindung zwischen dem Labor und der Covenstatt offenbar werden zu lassen.«

Bonnie meldete sich aus dem Tierversuchsraum zu Wort. »Sie wissen doch, wie konservativ sie in dieser Hinsicht denkt, George. Sie werden es niemals von ihr bekommen.«

»Sue fordert Tempo bei unserer Arbeit, trotzdem möchte sie nicht, daß wir ein paar Tiere töten. Und sie will uns kein Geld geben! Entweder muß Constance jetzt eingreifen, oder sie kann das Projekt vergessen. Erklären Sie ihr das, Clark. Wenn sie mir kein Geld gibt, damit ich die Käfige vergrößern kann, werfe ich das Handtuch.«

»Nein, George. Das tun Sie nicht. Sie wissen, daß wir es uns nicht leisten können, daß die Covenstatt und das Labor in irgendeiner finanziellen Verbindung stehen. Und sie brauchen Ihr Stohlmeyer-Stipendium. Wie wollen Sie sich sonst in der Welt draußen rehabilitieren? Indem Sie sich Ihre Forschung von Hexenzirkeln finanzieren lassen? Ich bitte Sie!«

»Constance könnte einen Weg finden«, rief Bonnie. »Sie ist nur sehr geizig, wenn es um Geld geht.«

Clark ging darauf nicht ein. »Irgendwie schaffen wir es, George. Ich wünschte, ich wäre reich, dann würde ich nämlich den nötigen Betrag selbst zuschießen. Und da sie mit soviel Hingabe an der Sache arbeiten, könnte Bonnie vielleicht die Summe lockermachen.«

Georges Augen hellten sich auf. »Heh, Bonnie, das ist eine wunderbare Idee. Sicherlich sind Sie sofort bereit, in Ihren brillanten Professor einen höheren Geldbetrag zu investieren.«

Lautes Gelächter aus dem Tierraum. George öffnete die Tür zwischen den beiden Räumlichkeiten und ließ eine noch strengere Geruchswolke ins Labor dringen. Sumpfwasser und Froschpisse, saure Bananen und Affenscheiße. »Das sind unsere Reisschüsseln, Bonnie. Wir alle drei.«

»Ich glaube, mich erinnern zu können, daß ich hier ein Stipendium habe. Wo soll ich demnach Geld herbekommen?«

»Du kaufst drüben bei Bixter's eine Menge Dope, mein liebes Mädchen«, sagte Clark. »Ich hab' dich einmal beobachtet, wie du ein Viertelkilo auf einmal abgeschleppt hast.«

»Was bist du eigentlich, der Hausdetektiv? Werden über uns draußen in der Covenstatt bereits Karteikarten geführt? Was ist jetzt, Mister Starch?«

»Du arme Frau. Du bist eine Hexe, aber du bist noch immer nicht frei. Wir wissen, daß der Unterschied zwischen Gut und Böse eine Illusion ist. Wir wissen auch genug, um beides nicht miteinander zu verwechseln.«

»Prima.«

»Die Wahrheit ist, daß du weißt, daß es in der Covenstatt im Grunde niemanden interessiert, ob du ein böses Mädchen bist oder nicht.«

»O nein, sie haben dann nur dieses herablassende Lächeln im Gesicht –«

»Es ist ihnen gleichgültig! Deine Fessel ist deine Schuld. Aber es ist deine, Bonnie. Du solltest von Constance eine Lektion bekommen. Sie weiß, was es heißt, frei zu sein.«

»Bonnie ist gebunden, Connie ist frei. Das klingt für mich wie irgendein Zauber.«

»Ich kann mich nicht begreiflich machen. Du verstehst einfach nicht, daß das Böse die Schuld ist.«

Bonnie verzog spöttisch das Gesicht. »Hör mit diesem Heiliger-als-du-Theater auf, ja? Das langweilt mich. Ich kann auch ohne deine Hilfe, Clark, eine verdammt gute Hexe sein.«

Kopfschüttelnd ging er in den Tierraum. »Konzentrieren wir uns auf unser naheliegendes Problem. Wenn wir nicht irgendwie an Spulen für dreitausend Dollar zum Errichten des Rhesusfeldes herankommen, dann sind wir aus dem Geschäft.«

George folgte Clark. Bonnie bereitete gerade einen ähnlich aussehenden Frosch für seine Untersuchung vor. »Wenn wir die Beobachtungszeit auf achtundvierzig Stunden verkürzen, können wir mit diesem Prachtstück schon Donnerstagabend soweit sein.«

»Da kommt irgendein gelbes Zeug aus seinem Anus, Bonnie-Schatz«, meldete Clark.

»Das ist A-&-D-Salbe. Ich hab' gerade seine Temperatur gemessen.«

»Clark hat eigentlich recht, Bonnie. Wenn wir das Feld vergrößerten, könnten wir es schon morgen früh mit einem Rhesus versuchen. Sobald wir die Spulen geliefert bekommen bzw. sie montiert haben.«

»Ich habe kein Geld. Und wir können uns keine weiteren Geldanweisung mit dem Brecheisen aus der Buchhaltung heraushebeln. Laßt mich daher damit fortfahren, unseren kleinen Frosch zu messen.«

»Bonnie, wir zwei bringen zweitausend Dollar auf die Beine. Bestimmt kannst du einen weiteren Tausender zusammenkratzen.«

»Kann ich nicht.«

George ging auf sie zu. Es gab zwei Möglichkeiten, diese kleine Hexe zu charakterisieren: Zum einen war sie köstlich und entzückend; zum zweiten war sie eine sehr sture Dame. Bei Nacht trieb sie durch seine Sinne. Aber nur in seiner Fantasie. Sie würde ihren alten Professor nicht ernst nehmen. »Selbst im Tierraum duften Sie wie ein Engel.« Sie lächelte. »Bonnie, Sie wissen, was mir das bedeutet. Ich bin über fünfzig, Liebes.«

»Dessen bin ich mir durchaus bewußt.«

»Abgesehen davon, daß es mich für Sie sexuell interessant macht, was offensichtlich der Fall ist, bedeutet es, daß ich als trauriger alter Mann sterben werde, wenn ich mit dem Experiment keinen Erfolg habe. Sie sind jung, Sie haben Ihr Leben noch vor sich. Dies ist mein letzter Versuch, Honey. Danach kommt der Sonnenuntergang und Bye-bye.«

Sie setzte den Frosch ins Terrarium zurück. »George Walker, Sie sind ein Heuchler, ein Schaumschläger, ein Bastard. Wenn ich Ihnen einen Tausender gäbe, dann wäre das Geld anderer Leute. Geld, mit dem sie ihr Glück kaufen. Und sie würden geradezu durchdrehen, wenn sie nichts bekämen, um high zu sein. Sie wären wütend auf mich.«

»Was habe ich zu tun, soll ich niederknien?« Noch während er sprach, wanderten seine Blicke zu den beiden Rhesusaffen in ihrem Käfig hinüber. Sie starrten ihn an, mürrisch und gelangweilt. Er konnte ihren Haß spüren.

»Wahrscheinlich macht es Spaß zuzuschauen, aber es würde nichts nützen.«

George trat an den Rhesuskäfig. Er hätte beinahe den beiden häßlichen Tieren eine Grimasse geschnitten. »Um wieviel ist Tess kleiner als Gort?«

»Tess wiegt achtzehn Pfund. Gort zweiundzwanzig.«

»Ich meine in Körpermasse?«

»Tess besteht aus 56,76 Kubikzentimeter Affenmasse. Damit hat sie etwa 77 Prozent der Körpermasse Gorts. Worauf wollen Sie hinaus?«

»Tess paßt vielleicht in ein Drei-Fuß-Feld. Das sind nur neun weitere Spulen. Sie brauchten kein Geld herauszurükken.«

»Gut. Meine Kunden würden mich auch langsam und genüßlich um die Ecke bringen, wenn ich ihnen ihr Geld stehlen würde. Und darauf würde es am Ende hinauslaufen. Ich selbst habe ungefähr sechzig Dollar.«

George legte seine Hände auf ihre schlanken Hüften. Sie wich nicht zurück, kam ihm auch nicht entgegen. Sie wurde nur plötzlich ganz still. Welche Pläne er mit diesem Prachtstück von Mädchen hatte! Wenn die Rhesus-Serie erfolgreich abgeschlossen war, dann war sie das nächste Objekt. Die liebe kleine Bonnie sollte der erste Mensch sein, der sterben und wiederauferstehen würde, um den Menschen davon zu erzählen. Vorausgesetzt er konnte sie überzeugen. Vorausgesetzt, schon die reine Erwähnung der Begleitumstände ließ sie nicht sofort die Flucht ergreifen und den nächsten Busbahnhof aufsuchen. Aber mit dem Problem, sie zu überzeugen, brauchte man sich nicht jetzt zu befassen.

George schrieb die Bestellung für die Spulen aus. Sobald sie geliefert waren, hätte Tess, die arme, ein außerordentliches Erlebnis. Gleichgültig gegenüber ihrer Zukunft, saß sie in ihrem Käfig, entlauste ihren Gefährten und stülpte die Lippen zurück. Wenn George sich dahinterklemmte, würde er Techtronics sicherlich dazu überreden, noch vor Mittag zu liefern. Dauernd kurvten Lastwagen der Firma über den Campus.

Liebe kleine Tess. Kein großer Rhesusaffe, kein ängstlicher Rhesusaffe. Noch nicht.

Kapitel 4

Mandy brauchte keinen Stadtplan, um das Collier-Gut zu finden.

Es nahm die gesamte südwestliche Ecke des Stadtgebietes von Maywell ein und erstreckte sich noch weiter. Die Ländereien der ursprünglichen Besitzung schlossen Stone und Storm Mountain und das Tal zwischen ihnen ein, ein Gelände von achtzigtausend Hektar in New Jersey und Pennsylvania. Mandy fuhr durch die Bridge Street auf den Eingang der Besitzung zu.

Eine Stille lag in der Morgenluft. Rote und gelbe und orangefarbene Bäume hingen weit über die alte Ziegelstraße. Hier und da trabten Kinder auf dem Weg zur Schule vorbei. Neben der Bridge Street und manchmal auch etwas unterhalb schimmerte der Maywell Brook im Sonnenlicht. Der Herbst war für Wasser eine langweilige Jahreszeit, und der Bach wälzte sich müde seufzend durch sein ausgehöhltes, schlammiges Bett. Alles war so vertraut, so friedvoll, als hätte sie diesen Ort erst vor wenigen Stunden verlassen. Aber die Jahre hatten die Vertrautheit von Maywell verändert. Früher einmal war dieser Ort Leben gewesen. Nun schmerzte es, dort zu sein.

Mandy schaute auf die Uhr. 9 Uhr 20. Sie sollte mit der großen Dame eigentlich in zehn Minuten zusammentreffen. Mit der großen und gefährlichen Lady. Als Kind war Mandy gewarnt worden, niemals mit Constance Collier zu reden; und das hatte sie auch nie getan. Außer bei ihrem gelegentlichen Eindringen auf das Grundstück mit anderen Kindern, um den Hexenritualen zuzuschauen, hatte sie nur ein oder zweimal die legendäre Gestalt auf der Rückbank ihres gigantischen Cadillac sitzen gesehen, wenn sie von einem ihrer ernsten Gefolgsleute zu irgendeiner öffentlichen Veranstaltung gefahren wurde.

Bei einer denkwürdigen Gelegenheit hatten sie und Constance sich gegenseitig in die Augen geblickt, als die alte Dame in ihrem großen schwarzen Automobil die Maple Street hinunterkutschiert wurde. Das war zu einer Zeit, als das Leben im Haus der Walkers zur Hölle geworden war. Alle zwei Tage flog eine leere Ginflasche in den Abfalleimer, und die Diskussionen ließen *Wer hat Angst vor Virginia Wolff* wie einen Marx-Brothers-Film aussehen.

Hoch oben in ihrem Ahorn sitzend, hatte Mandy den Wagen beobachtet. Er fuhr sehr langsam. Als er näherkam, erkannte sie, daß die alte Dame sie aufmerksam betrachtete.

Manchmal träumte sie von dem Wagen, wie er unbeleuchtet durch nächtliche Straßen fuhr, und manchmal auch von der Lady, die herausschwebte wie Nebel, der über das Gras glitt, sich im Schatten des Ahorns sammelte..., und dann sah sie den hohen, würdigen Schatten im Korridor, oder sie spürte eine knochige Hand auf ihrer Stirn...

Einmal hörte sie ihren Vater im Keller brüllen, und zwischen dem Brüllen ertönte eine leise, scharfe Stimme, und die kleine Mandy hatte gedacht: Sie ist im Haus. Constance Collier ist im Haus.

Am Morgen hatte sie dann entschieden, daß es ein Traum gewesen sein mußte.

In jener Zeit war Constance ihr furchteinflößend vorgekommen. Nun war die Tatsache, daß sie eine Hexe war, für Mandy nichts, was sie in irgendeiner Form aufregte. Was sie interessierte, war ausschließlich dieser Illustrationsauftrag. Es gab keinen Grund, warum Amanda Walker nicht der nächste Michael Hague oder gar Arthur Rackham werden könnte. Darüber hinaus bot der Auftrag, die Märchen der Gebrüder Grimm zu illustrieren, ihr die Chance, ihr Können in seiner höchsten Vollendung zu demonstrieren.

Mandy war überzeugt, daß ihre Einfälle zu den Märchen originell und kraftvoll und neu waren. Ganz bestimmt würden sie die Kunstwelt in Staunen versetzen, wenn sie je gemalt würden.

Alles, was noch zwischen ihr und dem Erfolg stand, war dieses letzte Gespräch. Es versprach schwierig zu werden. Wie hatte Will Constance Collier beschrieben? Närrisch. Rüde. Anmaßend. Und zu einer Verabredung mit ihr kam man niemals zu spät. Aber auch nie und nimmer, hatte er noch einmal betont. Aus ihrer eigenen Erinnerung konnte Mandy sich sehr gut vorstellen, daß mit Miß Collier noch weitaus schwieriger zurechtzukommen war, als Will bereits prophezeit hatte.

Schon bald tauchte die abweisende Ziegelmauer, welche die zur Stadt hin gelegene Seite der Besitzung markierte, im rechten Fenster des Volkswagens auf. Sie war von Wein überwuchert, aber in exzellentem Zustand. Eisenspitzen ragten auf ihrer Krone nach oben. Wahrscheinlich waren die Übergriffe aus der Stadt in den vergangenen Jahren aggressiver geworden. Von einem Überklettern der Mauer und einem Herunterspringen auf der anderen Seite, verschwitzt und atemlos, mit aufgeschürften Knien und wild schlagendem Herzen, konnte jetzt keine Rede mehr sein.

Das Haupttor, durch das Mandy noch nie zuvor das Land betreten hatte, war sorgfältig verschlossen. Mandy fuhr heran und stieg aus dem Wagen. Das Tor war eine recht simple Konstruktion, fast schon zusammengeschustert, hergestellt aus Gußeisenstangen, die in weiteren Spitzen ausliefen. Genausogut hätte das Tor auch zu einem Zuchthauskomplex führen können. Am oberen Rand waren die vertrauten Messingbuchstaben zu lesen, ›Dieses Land der Finsternis‹, aus einer Zeile von Constance Colliers großartigem Werk *Feenland*. ›So kam sie auch ins Land der Finsternis, geführt von des Nebels eig'ner Hand.‹

Wie still dieser Ort war und wie alt. Die Bäume standen mächtig und schweigend da. Der einzige Laut war der von einem gelegentlich zu Boden segelnden Blatt.

Hinter dem Tor führte eine schmale Sandstraße im Bogen in einen dichten Wald, den die Kinder stets gemieden hatten, weil sie es vorzogen, den langen Weg an den Feldern entlang zu nehmen.

Mandy zog und zerrte an dem Tor, bis ihre Füße auf dem Ziegelgrund wegrutschten. Die Angeln knarrten noch nicht einmal.

Sie schaute nach links und nach rechts und gewahrte ein kleines Pförtnerhäuschen, dessen Eisentür offen stand. Darin befand sich ein altes Telefon. Sie nahm den Hörer ab, hielt ihn sich ans Ohr. »Hallo?« Tot. »Na wunderbar.« Es war nun genau 9 Uhr 30. »Prächtig.« Das fing ja wirklich gut an. Sie würde schon gefeuert, ehe sie ihre Arbeitgeberin auch nur kennengelernt hatte.

Aber sie durfte nicht hinausgeworfen werden. Es mußte einfach klappen. Ihre Alternativen waren recht trübe: Sie konnte entweder Taschenbuchumschläge entwerfen oder in die Werbung gehen. Für Mandy gab es nichts Schrecklicheres, als gezwungen zu sein, ihre Fantasie zu zügeln und sich nur auf ihr handwerkliches Können zu verlassen. Sie hatte solche Leute schon gesehen, hatte sich sogar mit ihnen in ein paar Werbeagenturen unterhalten. Es hatte ihr kalte Schauer über den Rücken gejagt, an langen Reihen von schick eingerichteten Büros entlangzuschlendern, jedes mit einem Leuchtkasten und einem Zeichentisch ausgestattet und die grauen Leute in ihren zerfransten Designer-Jeans und Yves-Saint-Laurent-Hemden dort hocken zu sehen.

Sie kletterte vorsichtig über das Tor.

Dann sah sie, daß sich an der Rückseite des Wächterhäuschens eine weitere Tür befand, die auf den Landsitz führte. Sie ließ sich mit Leichtigkeit öffnen. Als sie dagegen drückte, raschelte Papier. Auf der anderen Seite der Tür, dort, wo sie von der Straße aus nicht gesehen werden konnte, war eine Nachricht angeheftet. »Achten Sie bitte darauf, daß Sie hinter sich wieder abschließen, Miß Walker.«

Offenbar war dies genau der Weg, auf dem sie hatte kommen sollen. Nett von Will T. Turner, es ihr jetzt schon mitzuteilen. Er war wirklich eine sehr zerstreute Person.

Sobald sie das Grundstück betreten hatte, ging sie zur anderen Seite des Haupttores und suchte nach einer Art Handgriff. Den gab es nicht.

Wütend, daß ihr keine dieser Prozeduren erklärt und angekündigt worden war, eilte sie zu ihrem Wagen zurück und parkte ihn so weit wie möglich von der Straße entfernt, dann nahm sie ihre wertvolle Skizzenmappe vom Rücksitz und betrat das Land erneut – zu Fuß! Ihre wichtigsten Werke befanden sich in dieser abgewetzten schwarzen Mappe, alles, was sie jemals in Anlehnung an Grimms Märchen gezeichnet oder gemalt hatte.

Die Mappe war sehr schwer. Mandy konnte Will eigentlich gar nicht so richtig böse sein. Er hatte sich alle Mühe gegeben. Wenn sie ihre Planung intelligent angepackt hätte, hätte sie am vergangenen Abend Miß Collier angerufen, um ihren geplanten Besuch noch einmal zu bestätigen, und dabei von diesem Fußmarsch erfahren.

Ein paar Augenblicke, nachdem sie losmarschiert war, verlangsamte sie ihre Schritte trotz ihrer Verspätung. Schließlich blieb sie ganz stehen. Sie konnte sich nicht dagegen wehren. Sie befand sich in einer wundervollen Kathedrale aus Bäumen, deren schwarze Stämme in Kronen leuchtender Herbstfarben endeten. Laub bedeckte den Sandweg und markierte den Staub mit hellen Flecken.

Das war schlimm. Zu viele Monate in Manhattan hatten sie die leidenschaftliche Stille der Wälder vergessen lassen. Sie ging weiter und nahm jetzt auch den vollen Geruch der Luft wahr, die vom Herbstmoder gereinigt war.

Dieser Ort war nicht nur schön und dunkel und unermeßlich, er war auch noch etwas anderes, das sie nicht genau bezeichnen konnte. Ein leiser, kaum wahrnehmbarer Schauer wanderte durch ihren Körper, und sie beschleunigte ihren Schritt. Es war so, als wären die Wälder selbst nicht vollständig ohne eine Art Bewußtsein.

Sie hatte keine Ahnung, wie lang diese Straße sein könnte. Auf jeden Fall war sie lang genug, um sie gründlich zu spät kommen zu lassen. Sie marschierte weiter, schleppte mühsam ihre Skizzenmappe und versuchte ein Lied zu summen, hatte aber keinen Erfolg damit.

Ihre Fantasie war für diese Szenerie einfach zu lebhaft. »Ihr wißt doch, daß ich hier bin, nicht wahr?« flüsterte sie. Blätter segelten herab. Die Bäume filterten das Licht der hellen Morgensonne zu einem goldenen Schein.

Die Farben waren herrlich; es mußten sehr robuste Bäume sein. Pflanzen sterben fröhlich, denn sie sind von ihrer eigenen Auferstehung überzeugt. Aber nicht die höheren Lebewesen. Alle, die Grauen vor dem endgültigen Tod empfinden, von der Mikrobe bis zum Menschen, sind Brüder.

Die Straße machte eine Biegung und erreichte hundert Yards weiter ihren höchsten Punkt. Lange bevor sie dem Hügel auch nur auf Reichweite nahegekommen war, ging Mandys Atem schwer. Dabei hatte die Morgenkälte sie richtig erfrischt. Sie fühlte sich wunderbar und hatte das Gefühl, als singe ihr ganzer Körper.

Was, so fragte sie sich, war eigentlich der Ursprung der Legende vom Wächter im Wald? Hier war es so lebendig, aber nicht nach menschlichen Maßstäben. Bäume waren geheimnisvolle Wesen. Sie wußte, daß der Mensch diese Fremdartigkeit früher dadurch bestätigt hat, daß er sie als Tempel der geheimnisvollsten Götter, der Waldgeister, bezeichnete. Nun waren diese Götter jedoch nicht mehr allzu hoch angesehen. Wem früher einmal in den Wäldern gehuldigt wurde, der lebt heutzutage in den Märchen weiter und wird als Troll bezeichnet.

Die Märchen der Gebrüder Grimm waren sozusagen das Netz, in dem die christliche Welt die alten Götter gefangen hatte und ihre Macht minderte (so dachte man jedenfalls), indem sie sie zum Thema von Kindergeschichten machte.

Dicht hinter dem Scheitelpunkt gelangte sie an eine dunklere Stelle im Wald, wo die Stämme der Bäume noch massiger, der Laubteppich noch dicker erschien.

Sie sah ein kleines Gesicht, sehr still, das sie aus einem Loch im unteren Ende eines Baumstammes anschaute. Ein Produkt ihrer Einbildung natürlich.

Sie bückte sich und erlebte voller Grauen, daß es sich um etwas durchaus Reales handelte. Sie schreckte davor zurück und stieß unwillkürlich einen unterdrückten Schrei aus. Der Laut verhallte wie ein winziges Rascheln in der Unermeßlichkeit des Ortes. Und das Gesicht war wirklich grauenhaft.

Es schien einfach nicht möglich zu sein, daß etwas so Kleines, so grundsätzlich Unmenschliches dort auftauchen konnte – aber sie konnte die Umrisse auch noch aus zehn Fuß Entfernung deutlich erkennen. Während sie die Erscheinung beobachtete, schien eine furchtbare Kälte aus der Erde heraufzukriechen und ihren gesamten Körper in Besitz zu nehmen. Sie hielt ihre Mappe vor sich, als wollte sie hinter diesem zerbrechlichen Schild Schutz suchen.

Sie wich bis zum gegenüberliegenden Wegesrand zurück. Plötzlich war ihr eisig kalt, ihr wurde schlecht, und sie wehrte sich gegen den Impuls, in Panik zu fliehen.

Ihr Geist arbeitete auf Hochtouren und suchte nach einer Erklärung für diese unmögliche Erscheinung. Ein Zwerg? Nein. Vielleicht eine Statuette. Ja, das mußte es sein.

Aber sie konnte das Glänzen der Feuchtigkeit auf den Augäpfeln sehen.

Sie beschloß, so schnell wie möglich von dort zu verschwinden. Sie würde Constance Collier aus der sicheren Umgebung eines Cafés in der Stadt anrufen.

Ihre Uhr verriet ihr, daß es 9 Uhr 45 war. Wenn sie erst mal wieder bei ihrem Wagen und in die Stadt zurückgefahren wäre, würde es mindestens 10 Uhr 15 sein. Am Telefon würde Miß Collier ihr dann ohne Umschweife mitteilen, daß sie das ganze Projekt vergessen könne.

Es gab wirklich keine Wahl. Die Vernunft sagte ihr, daß sie es mit keinem übernatürlichen Wesen, keinem Troll und keiner von Constance Colliers Feen zu tun hatte. Solche Dinge waren nicht real, jedenfalls nicht mehr.

Doch ein verrückter Zwerg aus irgendeinem Irrenhaus in der Nähe könnte sehr real sein. Und gab es denn nicht in dieser Gegend das Peconic-Valley-Institut für geisteskranke Verbrecher?

Entweder ging sie an ihrem Fund vorbei, oder sie gab ihren Job auf.

Zitternd und ihre Zeichenmappe umklammernd, stieg sie wieder den Hügel empor. Mehr als alles andere erwartete sie festzustellen, daß die Erscheinung in dem Loch verschwunden war, daß sie ihre Erscheinung nur ihrer lebhaften Fantasie zu verdanken hatte. Doch das Ding war noch immer an seinem Platz – und starrte sie aus leeren Steinaugen an.

Sie bückte sich, um sich eingehender das anzuschauen, was sich nun ganz eindeutig als kleine Statue entpuppte. Es war ein spöttisch grinsender, böser kleiner Elf, eine Kreatur aus den Rissen und Löchern der Welt. Vielleicht eine Alraunwurzel oder ein kleiner Gnom, der das Märchenland bewachte.

Ein Forst des prächt'gen Zaubers,
Geäst und Wurzeln, Löcher,
Leannans weites Reich...

Als sie sich an diese Zeilen aus *Feenland* erinnerte, verflog die Drohung des Waldes wie Nebel in der Sonne. Und mit ganz neuen Augen schaute sie sich um. Was ihr vorher als feindselig erschienen war, war nun voll staunenswerter Wunder. Das kleine Gesicht grinste nicht spöttisch, es zog nur eine Grimasse, um jeden abzuschrecken, der seine Königin bedrohte. Es war einer ihrer treuen Feensoldaten.

Mandy war begeistert. Dies war der Wald aus dem Gedicht. Hier hatte Constance Collier im Alter von zwanzig

Jahren den Traum von Leannan, der Feenkönigin, niedergeschrieben...

Mit neuem Selbstvertrauen und voller Erleichterung und Staunen marschierte Mandy zur Spitze der Erhebung.

Vor ihr breitete sich eine herrliche Szenerie aus. Die Straße war sorgfältig angelegt worden, um diese Szenerie auszukosten. Sie schlängelte sich über wogende grüne Felder hinunter zu einem langgestreckten See, der mit Lilien und Schwänen gesprenkelt war, und danach weiter über die große Weide, die bis ans Haus heranreichte. Wie typisch von Will T. Turner, diesen Ort einfach als ›dem Verfall preisgegeben‹ zu beschreiben. War auch er gezwungen worden, seinen Wagen am Tor stehenzulassen und zu Fuß herzukommen? Wahrscheinlich trottete auch er über eben diese kleine Sandstraße und dachte, daß das Tor zugerostet war, daß das Laub nicht zusammengekehrt war, daß im Teich zu viele Lilien schwammen und daß auf den Grünflächen Kletten und Löwenzahn wucherten.

Und er bemerkte nicht, daß er sich im Land des Dunkels befand, wo die Fee aus Constance Colliers außergewöhnlicher Schöpfung wohnte. Der arme Will T. Turner.

Nachdem sie den Wald hinter sich gelassen hatte, wanderte Mandy über das flache Gelände und sog den trockenen, scharfen Geruch der herbstlichen Büsche ein, während ihr Geist am laufenden Band Bilder produzierte, die genau hier gemalt werden müßten.

Ob verspätet oder nicht, Constance Collier hatte eine Illustratorin sicher. Amanda Walker hatte sich entschlossen, daß sie sich nicht davonjagen lassen würde, nicht einmal mit vorgehaltener Pistole.

Ich male Hänsel und Gretel natürlich im Wald. Und das Schloß von Dornröschen von diesem Standort aus, wenn die Dornenbüsche in genau diesem Licht die Zinnen zu würgen scheinen. Wohin sie blickte, sah sie weitere Prachtstücke: wunderbare umgesunkene Holzzäune, ein zerrupfter Heuhaufen, ein dickes rostiges Bündel von Sensen, die früher einmal hier die Rasen gemäht haben mußten.

Wie recht Constance Collier doch hatte, der Natur ihren freien Lauf zu lassen. Wenn es je so etwas wie ein glückliches Land gegeben hat, dann war es dies.

O, Pollyanna, lächle. Du bist unterwegs zu einem schwierigen Treffen mit einer sehr schwierigen alten Dame. Constance Collier verspeist Illustratoren zum Frühstück. Sie hatte den großartigen Hammond Morris im wahrsten Sinne des Wortes gefeuert, indem sie die Bilder angezündet hatte, die er für *Reise in die Dämmerung* gemalt hatte. Als sie die Geschichte erfuhr, hatte Mandy auf Anhieb eine große Abneigung gegen Constance Collier entwickelt. Aber damals war ihr auch noch nicht dieser Job angeboten worden.

Als sie sich dem Haus näherte, erkannte sie nach und nach, daß es sich in einem furchtbaren Zustand befand. Die Architektur war palladianisch und sehr elegant, rote Ziegel und weiße Säulen, dazu eine geschwungene Seitenveranda, hohe leere Fenster. Überall türmte sich Laub, verstopfte die Abflüsse, bedeckte die Wege und wirbelte vom Wind getrieben über die Veranda.

Nicht ein Geräusch erklang. Trotz der kühlen Luft brachte die helle Morgensonne Mandy zum Schwitzen. Ihre Zeichenmappe war ihr am Ende immer schwerer geworden, und sie war froh, sie jetzt endlich gegen eine Mauer lehnen zu können, als sie schließlich das Haus erreichte. Sie stieg zwischen den hohen Säulen, von denen die Farbe schon abblätterte, hoch und suchte nach einem Klingelknopf. Dann entschied sie sich für Anklopfen.

Ihre Schläge hallten drinnen wider. Es ertönten keine Antwortgeräusche, keine Schritte und kein Ruf. Als sie erneut klopfte, hörte sie allerdings ein aufgeschrecktes Flügelschlagen am Rand der Veranda. Sechs oder sieben große Krähen schwebten über den Vorplatz, landeten dann in einer Eiche und setzten ihre krächzende Unterhaltung fort.

»Hallo!«

Der Klang ihrer Stimme ließ die Krähen wieder aufsteigen. Sie eilten über dem von Unkraut überwucherten Platz hin und her, wobei ihre Flügel bei jeder Wende laut knatterten.

Als sie erneut klopfte, klapperte die Tür. Sie war offenbar nicht verschlossen. Während sie sich sagte, daß alte Leute oft nicht besonders gut hören, drehte Mandy den blond gewordenen Messingknauf und stieß die Tür auf.

Vor ihr erstreckte sich ein Hauptkorridor, von dem nach

rechts und links Zimmer abgingen. Der Korridorläufer war alt, aber edel, die Lampenfassungen zeigten einen eleganten Schwung. Als Mandy auf die Knöpfe am Schaltbrett drückte, flammte keine Lampe auf. Sie betrachtete sie eingehender; Wachsspuren enthüllten, daß sie nun als Kerzenhalter benutzt wurden. Ein Stück den Korridor hinunter war in einer offenstehenden Besenkammer ein nagelneuer Panasonic-Staubsauger zu sehen. Wenigstens gab es in diesem Haus elektrischen Strom. Dieses Element moderner Technologie machte ihr Hoffnung, bis sie sah, daß das Gerät nicht nur neu war, sondern auch noch nicht einmal vollständig ausgepackt. Das Hauptaggregat steckte noch immer in einem Plastikbeutel; und das gesamte Verpackungsmaterial lag deutlich sichtbar in der Küche am Ende des Korridors. Jemand hatte die Maschine wieder einzupacken begonnen, wahrscheinlich, um sie zurückzuschicken.

Während sie das Haus betrat, drängten die Krähen sich auf der Vorderveranda und krächzten und zankten sich, wobei ihre Stimmen in der Stille widerhallten. Doch da waren auch weichere, leisere Stimmen, und die erklangen ganz in der Nähe. »Du mußt vorsichtiger sein«, sagte ein Mann. Ein alter Mann, und er flüsterte. Eine ältere Frau: »Ich muß weitermachen. Bei der Göttin, ich bin so dicht davor!«

»Miß Collier?«

Ein Keuchen am oberen Treppenende, dann Schweigen. Mandy ahnte, daß sie in ein sehr persönliches Gespräch hereingeplatzt war. Sie wäre am liebsten zur Haustür zurückgegangen, aber mittlerweile stand sie der Küche näher, daher lief sie nach hinten.

Mitten in der Küche stand ein schwerer Eichentisch, dessen Beine mit Schnitzereien von Scheusalen und Weinranken verziert waren. Darauf lag ein Röstrahmen von der Art, wie man ihn über ein offenes Feuer halten kann, und ein teilweise aufgeschnittener Laib selbstgemachten Rosinenbrots.

Als Mandy die Küche durchquerte, stellte sie fest, daß in den Lampenfassungen, die von der Decke herabhingen, Kerzen steckten.

Und dann entdeckte sie etwas wirklich Erstaunliches: eine altertümliche eiserne Handpumpe an der Spüle anstelle des gewöhnlichen Wasserhahns. An der Wand dahinter hing ein kleiner Heißwasserboiler, wie Mandy ihn während ihrer Zeit in Europa in billigen Hotels gesehen hatte. Der Herd, rechts von der Spüle, war ein riesiges mit Holz beheiztes Eisenmonstrum mit acht Brennstellen auf seiner riesigen Kochfläche. ›Royal Dawn‹ war in die Eisenornamente der Ofentüren eingeprägt. Die Hexe hätte Hänsel in solch einen Ofen schieben können und hätte noch Platz genug für zwei zusätzliche Bratenschüsseln gehabt.

Alte Ängste ihrer Kindheit machten sich bemerkbar. Sie hatte diesen Ort nie gesehen, aber Jimmy Murphy und Bonnie Haver hatten sich hineingewagt und tatsächlich gesehen, wie eine junge Frau an diesem Herd stand und kochte. »Sie war schön, und ihr Gesicht leuchtete im Feuerschein«, hatte Jimmy erzählt. »Sie war so furchterregend, daß ich dachte, ich würde gleich in die Hose machen.«

Das war vor zehn Jahren gewesen, für Mandy ein halbes Leben. Wenn Constance sich daran erinnerte, dann erschien es ihr wahrscheinlich wie gestern.

Von jenseits des Küchenfensters erklang das erste laute Geräusch, das Mandy in diesem Haus hörte, und es verblüffte sie mehr oder weniger. Es war ein Platschen, gefolgt von dem deutlichen ›Boing!‹ eines Sprungbrettes.

Sollte Constance Collier etwa Schwimmen gegangen sein – eine Frau von achtzig und dazu noch im Herbst? Mandy lief durch die Hintertür nach draußen und einen überwachsenen Ziegelweg hinunter, der um eine Gruppe Zedern herumführte. Der Weg endete in ein paar Steinstufen, welche in einen architektonischen Garten führten – natürlich ebenfalls zugewachsen –, der einen Swimming-pool umgab. In ihm schimmerten im aufgewühlten Wasser bunte Mosaikornamente.

Ein junger Mann, geschmeidig und hellhäutig, dessen blondes Haar wie eine Wolke im Wasser hinter ihm herschwebte, schwamm zügig vom einen Ende des Pools zum anderen.

»Hallo!«

Nicht reagierend, schwamm er eine weitere Runde.

»Entschuldigen Sie!«

Er stoppte, hielt sich am Beckenrand fest. »Oh.« Als er sich im hüfttiefen Wasser aufrichtete, sah Mandy, daß er nackt war.

Augenblicklich ärgerte sie sich darüber, daß er sie in Verlegenheit brachte, und redete hastig. »Entschuldigen Sie, daß ich Sie gestört habe. Ich suche Miß Collier.«

»Ist sie nicht im Haus?« Er machte keine Anstalten, sich zu bedecken. Sie bemühte sich, ihre Blicke ausschließlich auf sein Gesicht zu richten.

»Ich habe gerufen. Niemand hat geantwortet.«

»Eigentlich müßte sie im Haus sein und in einen Disput mit meinem Vater vertieft sein.« Er stieg aus dem Wasser, hob ein Handtuch aus dem Gras auf und begann sich abzutrocknen. »Waren ihre Vögel da?«

»Ihre Vögel?«

»Die sieben Raben. Sie sind fast immer bei ihr. Wenn sie da waren, dann war sie auch da.«

Als der Junge näher kam, das Handtuch um die Schultern gelegt, erkannte Mandy, daß er viel jünger war, als er ihr vorgekommen war. Er war vielleicht sechzehn. Jugendlicher Flaum wuchs auf seiner Oberlippe. »Ich bin Robin«, stellte er sich vor. Mandy wußte, daß sie errötete; Robin war sehr, sehr hübsch, und zwar in jeder Hinsicht, die ihr bei einem Mann gefiel. Seine Muskeln waren kräftig, aber nicht knotig. Seine Haut war glatt, dennoch wirkte er nicht verweichlicht. Und seine Genitalien waren, nun, sie waren reichlich vorhanden.

Er wartete einige Sekunden, ehe sie begriff, daß er ihr seine Hand entgegenstreckte. Sie ergriff sie, drückte sie einmal. Er hielt ihre Hand fest, hob sie an die Lippen, hauchte einen Kuß darauf. Sie spürte die Wärme seines Atems auf ihrer Haut. Er lächelte leicht und blickte hinunter auf seine eigene Geschwollenheit. Mandy kämpfte darum, nicht zu schwanken, und innerlich verfluchte sie die Hitze, die sie in ihren Wangen spürte. »Ich bin Amanda Walker«, erwiderte sie gleichmütig. »Die Illustratorin. Ich arbeite mit Miß Collier an ihrem Gebrüder-Grimm-Projekt.«

Er schüttelte den Kopf. »Davon habe ich überhaupt keine Ahnung. Vielleicht kann Ivy Ihnen helfen, meine Schwester.« Er machte einen weiteren Schritt auf sie zu. Sie konnte seine Zähne hinter den halb offenen Lippen sehen. Sein Lächeln war so hintergründig, daß Leidenschaft und Höflichkeit gleichzeitig darin zum Ausdruck kamen. Nichts war in diesen obsidianfarbenen Augen zu lesen, die zu dem blonden Haar und der hellen nordischen Haut einen seltsamen Kontrast bildeten.

»Meine Schwester sonnt sich im Irrgarten, wo der Wind sie nicht erreichen kann.«

Mandy hatte gar nicht erkannt, daß das Wacholderdickicht mitten im Garten ein Irrgarten war. Außerdem war sie froh, sich von dem jungen Mann abwenden zu können. Er war dreist genug, sich nicht einmal in sein Handtuch zu hüllen.

Aus der Nähe roch das Labyrinth kräftig nach Wacholderöl. Mandy fand den Eingang und ging ein kurzes Stück hinein. Robins nächste Sprünge wurden von dem dichten Gebüsch verschluckt. Zurück blieb nur das ferne Geschrei der Krähen. Der geteerte Pfad war so dicht überwachsen, daß Mandy auf Knie und Hände hinunterging, um vorwärts zu kommen.

Es war kein schwieriges Labyrinth, denn der richtige Weg war durch einen Faden markiert. Das verwunderte nicht, denn es wäre wahrscheinlich kein Vergnügen, durch die zugewachsenen Gänge voller Spinnweben und klebriger Wacholderzapfen irren zu müssen.

In der Mitte des Irrgartens gab es als große Überraschung einen wunderschönen geheimen Garten. Er maß etwa dreißig Fuß im Quadrat und wurde von Standbildern bevölkert. Sämtliche Figuren waren Gestalten aus Constance Colliers Büchern: Da war Pandoric, der hinterlistige gehörnte Junge; ihm gegenüber seine Mutter Drydana, die die Fähigkeit besaß, sich selbst in einen Specht zu verwandeln. An den gegenüberliegenden Enden des Gartens waren Braura, die mächtige Bärin, die sich angriffslustig aufrichtete und deren bronzene Klauen in der Sonne schimmerten, Auge in Auge mit Elpot, dem König der Katzen, der ein zerfetztes Ohr hatte und unter anderem wußte, wie man fliegen konnte. In der Mitte, auf einem Marmorpodest, stand die Feenkönigin, die kleine *Leannan,* Constance Colliers wundervollste Schöpfung, liebevoll geformt, mit ihrer schlanken Taille und Alabasterarmen, mit gerader Nase und fein geschnittenen Lippen und mit ihren großen grauen Augen. Der Künstler hatte nicht nur Miß Colliers Beschreibung der Gestalt perfekt umgesetzt; er hatte auch die tief im Innern schlummernde Wildheit eingefangen, die *Leannan* wie entfesselt durch den Wald stürmen ließ: »die wilde Jägerin, die so furchterregend schreit, daß jeder, dem sie hinterherjagt, zu Eis erstarren muß«.

»Entschuldigen sie, aber wer sind Sie, wenn ich fragen darf?«

»Oh, tut mir leid! Die Statue – ich bin Amanda Walker. Die Illustratorin. Ich bin mit Miß Collier verabredet.«

»Sie sollten sich *hier* mit ihr treffen?«

»Nun, nicht ausgerechnet an diesem Ort. Aber ansonsten ja, auf ihrem Anwesen.«

Ivy wühlte zwischen den Gegenständen, die sie um sich herum ausgebreitet hatte, und fand eine Uhr mit blauem Zifferblatt. »Es ist jetzt 10 Uhr 30. Sie dürfte noch bei meinem Vater sein.«

»Haben Sie vielleicht eine Ahnung, ob sie mich erwartet hat?«

»Weiß ich nicht. Ich war fast den ganzen Morgen ausschließlich hier.«

Ivy war in jeder Hinsicht genauso attraktiv wie ihr Bruder. Mandy empfand ihre Nähe aber als noch beunruhigender. Etwas Verwirrendes lag in ihrem Aussehen, in den muskulösen Armen und Beinen, in den kleinen Brüsten unter dem züchtigen schwarzen Badeanzug, in dem weichen, sanften Gesicht mit den dunklen, heiteren Augen. Wenn so eine Frau sie umarmen sollte, fragte Mandy sich, was würde dann wohl geschehen?

»Ich fürchte, ich habe mich schrecklich verspätet. Ich sollte eigentlich bereits um 9 Uhr 30 hier sein.« Das Mädchen starrte sie an, als glaubte sie, eine Verrückte vor sich zu haben. »Ein Fehler«, fügte Mandy traurig hinzu. »Bitte helfen Sie mir.«

Darüber lächelte das Mädchen. »Sie klingen, als seien Sie in großer Not.«

»Ich weiß, daß sie es nicht leiden kann, wenn Leute zu spät

kommen. Dieser Auftrag ist für mich sehr wichtig. Und ich *habe* mich verspätet.«

»Sie wird Ihnen verzeihen, Amanda.«

»Wo kann ich sie finden; würden Sie mir das verraten?«

»Sehen Sie mal, was ich hier habe.« Das Mädchen bückte sich und hob ein großformatiges, farbig illustriertes Buch auf, das Mandy auf Anhieb erkannte.

»Die Hobbes-Ausgabe von *Feenland*.«

»Von Hobbes nur für sie signiert und handcoloriert. Ist das Buch nicht wunderbar?« Fast gleichgültig reichte sie Mandy den wertvollen Band.

»Aber das – ist außerordentlich. Ich wußte nicht einmal, daß so etwas existiert!« Sie betrachtete den Ledereinband. Ehrfürchtig schlug sie ihn auf. Eingeklebt war ein Foto von Hobbes, der mit einer sehr viel jüngeren Constance Collier auf dem Podest eben dieser Statue saß. Er trug ein gestreiftes Hemd mit Stehkragen und hatte die Ärmel bis zu den Ellbogen hochgekrempelt. Sie steckte in einem langen Kleid, dessen Oberteil aus Spitze war. Ihre dunklen keltischen Augen blickten ihren Gefährten fröhlich an, der seinerseits ziemlich überwältigt schien.

Das Buch war nicht mit gedruckten Zeichnungen illustriert, wie Mandy angenommen hatte, sondern mit den Originalaquarellen, die als Druckvorlage gedient hatten.

Ein Hobbes-Aquarell von dieser Qualität war rund fünftausend Dollar wert. Und wie viele waren es in diesem Fall? Mindestens zwanzig. »Mein Gott.«

»Und *Leannan* fällt todesmatt,
die Augen feucht vom Tau,
gepeinigt und geschändet,
auf der furchtbaren Brauras-Lagerstatt.«

Amanda war über Ivys Belesenheit verblüfft. »Sie kennen *Feenland?*«

»Natürlich. Was meinen Sie denn, warum wir hier sind, Robin und ich? Wir sind Schüler, genauso wie Sie Schülerin sind.«

»Ich bin eine Illustratorin.«

»Das war doch nur ein Vorwand, um Sie herzuholen. Sie werden schon sehen. Sie hat mit Ihnen allerhand vor.«

Genau in diesem Augenblick erklang eine neue Stimme aus dem Wacholderdickicht: »Da sind Sie ja, Sie neugieriges Gör! Kommen Sie heraus! Warum sind Sie nicht heraufgekommen? Sie müssen uns doch gehört haben.«

»Miß Collier?«

Eine große schlanke Frau in einem staubigen Kostüm erschien zwischen den Büschen. Sie kam heraus, während sie sich Spinnweben und abgebrochene Zweige von der Kleidung wischte. »Was in Gottes Namen haben Sie hier zu suchen? Oh! Und was halten Sie da in der Hand, Sie dummes Ding?«

Mandy war entsetzt. Sie konnte nichts anderes tun als das unbezahlbare Buch hochzuhalten und zu hoffen, daß Ivy sich als Übeltäterin zu erkennen gab.

»Geben Sie es mir nicht jetzt! Ich lasse es womöglich noch fallen. O, seien Sie nur vorsichtig, ich warne Sie! Daß der Wacholder nicht mit dem Ledereinband in Berührung kommt, sonst wird er von der Säure zerfressen! Wie kann man nur so gedankenlos sein! Kommen Sie!«

Mandys Herz schlug rasend, als sie hinter Constance Collier hereilte und das wertvolle Buch krampfhaft im Arm hielt und an sich drückte. Wieder im Labyrinth, hörte sie leises Gelächter und begriff, daß der Bruder durch einen geheimen Eingang zu seiner Schwester gelangt war und daß sie sich jetzt gemeinsam über den Vorfall amüsierten.

Sie folgte Constance durch die Küche und in eine hohe Bibliothek, deren Regale mit Kalbsleder- und Saffianledereinbänden beladen waren. Tiefe Stille herrschte, die nur vom Ruf der Krähen durchschnitten wurde. Schließlich ergriff Constance wieder das Wort.

»Legen Sie es auf den Tisch. Dort. Und nun, junge Frau, sind Sie verrückt? Das müssen Sie sein, wenn Sie so einfach hereinkommen, den wertvollsten Band herausholen, den ich besitze, und ihn in die grelle Sonne hinaustragen und dann auch noch damit in den schmutzigen Irrgarten gehen – das ist geradezu kriminell.«

»Ich habe aber nicht –«

»Keine Entschuldigungen! Wenn Sie mit mir zusammenarbeiten wollen, dann müssen Sie als erstes lernen, sich nicht mehr in Ausreden und Entschuldigungen zu flüchten. Ausreden finde ich widerlich.«

Mandy wußte, daß sie rot anlief, und sie haßte sich dafür. Dieses Erröten war ein Fluch. Aber es gab nichts, was sie dagegen hätte tun können. Sie konnte sich nur an ihre Hoffnung klammern und versuchen, die Sache durchzustehen. »Ich habe meine Skizzenmappe mitgebracht, Miß Collier. Mit den Ideen, die ich zu den Gebrüder-Grimm-Illustrationen bisher hatte.« Sollte sie hinzufügen, daß die Mappe sämtliche wirklich guten Ideen zu den Grimmschen Märchen enthielt, die sie je gehabt hatte, welche sich als die besten Arbeiten ihres Lebens erweisen würden? Sinnlos. Die Zeichnungen und Gemälde würden für sich selbst sprechen.

Constance Collier verstaute den Hobbes wieder in einem Schuber auf dem mit Leder bezogenen Bibliothekstisch. »Er hat meinen Mann umgebracht, falls es Sie interessiert. Hobbes hat Jack getötet.«

Mandy erinnerte sich, daß Jack Collier in den zwanziger Jahren unter ziemlich ungewöhnlichen Umständen ums Leben gekommen war. Ein Jagdunfall oder so etwas. »Das wußte ich nicht.«

»Er erschoß ihn. Er erschoß uns beide.« Sie starrte einige Sekunden lang auf das Buch. »Sie haben die besten Empfehlungen.« Sie blickte auf, und zum ersten Mal konnte Mandy ihr Gesicht richtig betrachten. Es hatte etwas erschreckend Affenartiges an sich, wie man es manchmal dem hohen Alter zuschreibt. Hier und da waren noch Spuren jener legendären Schönheit der Zwanziger und Dreißiger zu erkennen, die ausdrucksvollen geraden kräftigen Augenbrauen, die schmale, geschwungene Nase. Verschwunden waren jedoch jene vollen, geheimnisvollen Lippen und die verblüffende Sinnlichkeit des Ausdrucks, die Stieglitz in seinen Porträtaufnahmen von ihr so perfekt eingefangen hatte.

Seltsamerweise jedoch hatten dieselben Jahre, welche ihre Sinnlichkeit aufgezehrt hatten, Constance Collier zu einem noch tieferen Geheimnis verholfen: Trotz der Tatsache, daß sie schlaff und vertrocknet, fast nur noch ein welkes Blatt von einer Frau war, leuchtete in ihren Augen ein intensives Licht. Mandy verspürte in sich auf einmal den drängenden Wunsch, diese Frau näher kennenzulernen. Solche Augen mußten die wundervollsten Dinge verbergen; warum sonst würden sie so leuchten?

Mandy konnte sich sehr gut vorstellen, ebenfalls eine Schülerin von Constance Collier zu werden. All ihre Kindheitsmysterien würden endlich gelöst werden. Und mehr noch, sie war fasziniert von diesem Ort, von der altertümlichen Küche, den Kerzen, dem Irrgarten, den seltsamen Leuten. Sie *mußte* einfach die Erlaubnis bekommen hierzubleiben!

»Ich glaube, ich habe meine Mappe auf der Veranda stehengelassen.«

Während Mandy in den vorderen Teil des Hauses ging, wurde das Krächzen der Krähen lauter und lauter, bis es eine bittere, verrückte Kakophonie war, voll von undeutbaren Leidenschaften.

Der Schwarm erhob sich wie eine wütend aufpuffende, schwarze Qualmwolke, als Mandy die Tür öffnete.

Sie blieb erstarrt stehen, war zu schockiert, um Worte zu finden. Ihr eigener Schrei war so von rasender Wut erfüllt, daß sie krampfhaft die Lippen zusammenpreßte.

Die Krähen hatten ihre Mappe und sämtliche ihrer Zeichnungen in winzige Fetzen gerissen und über dem ganzen Hof verstreut.

Sie stand da, starrte, ungläubig, zutiefst erschüttert. Ihre gesamte Vergangenheit, alles, was sie an Gutem und Schönem geschaffen hatte, war von diesen hirnlosen Kreaturen vernichtet worden.

Sie bemerkte es kaum, als Constance Collier sich näherte, einen wissenden und mitfühlenden Ausdruck im Gesicht, und ihr eine tröstende Hand auf die herabgesackte Schulter legte.

Kapitel 5

Der säuerliche, angsterfüllte Gestank von Lang-Hand ließ Tess aufschreien. Ihre Stimme weckte Gort, der in den Schrei einstimmte. Sie rannte durch den Käfig, spürte die Luft an ihrem Gesicht vorbeistreichen, von der Sitzbank zu den Gitterstäben, von den Gitterstäben zur Rückwand, von der Rückwand zum Frontgitter, und wieder zurück zur Sitzbank.

Sie hatten einen weiten Weg zurückgelegt, aber sie hatte sich kein bißchen von Lang-Hand entfernt. Er verströmte stinkende Furcht, und die steckte sie an. Tess schrie. Und wieder raste sie durch den Käfig. Ihre eigene Angst verwirrte sie, brachte ihre Hände dazu, etwas zu tun, was sie nie hätten tun sollen. Sie schlug Gort.

Sofort fletschte er seine furchteinflößenden Zähne, und sie dachte, wie großartig ist dieser Affe, und schlug für einen kurzen Augenblick die Augen nieder, um ihm mitzuteilen, ich gehöre dir.

In diesem Moment legte Lang-Hand seine Finger um sie. Sie schrie und kreischte und biß so wütend in diese Finger, daß dort eigentlich keine mehr sein durften, doch Lang-Hand gab lediglich einen Knurrlaut von sich, ›Scheiiiiße!‹ und fuhr damit fort, sie aus ihrem Heim herauszuholen.

Sie haßte die Welt außerhalb des Ortes, wo sie ihre Gerüche und Gorts Gerüche hatte und wo Gorts Körper sich aufhielt. Dort draußen konnte sie nicht durch den Käfig rennen, von der Sitzbank zu den Gitterstäben, von den Gitterstäben zur Rückwand, immer und immer wieder, wobei der Wind mit ihrem Fell spielte, und Gort lief in der anderen Richtung, und dann passierten sie einander und dann rollten sie sich auf dem Fußboden und aalten sich in ihren Gerüchen.

Lang-Hand hatte sie nun, und er hielt sie fest. Sie versuchte, sich zu verrenken und ihm ins Gesicht zu beißen, aber das schaffte sie nicht; sie wurde durch Lang-Hand von Gort weggebracht. Sie schrie. Gort schrie. Dann kam sie an einen nach Menschen riechenden Ort, und es gab einen Knall, und die Wand schloß sich, und sie war von Gort getrennt und ganz alleine.

»Sie ist schrecklich aufgeregt, Bonnie. Was ist los mit ihr?«

»Sie wissen ja, daß sie leicht erregbar ist.«

»In diesem Zustand können wir sie nicht ins Feld setzen. Sie zerfetzt uns noch die Spulen.«

Tess hörte ihr Murmeln, ihr Knurren, hörte auch die Angst in Lang-Hands Stimme und erkannte die Wahrheit, daß er Tess zwar in seiner Gewalt hatte, daß er sich aber auch vor ihr fürchtete, daher zeigte sie ihm die Zähne. Sie entblößte ihre kräftigen, scharfen Hauer, um ihn zu zwingen, sich ihr zu unterwerfen. Aber Land-Hand hielt sich nicht an das Gesetz, er hielt sie lediglich etwas weiter von sich entfernt und fuhr mit seinem Murmeln fort.

»Sie braucht etwas zur Beruhigung.«

»Aber die Protokolle –«

»Dann erwähnen Sie es nicht in Ihrem Bericht. Verpassen Sie ihr etwas, sonst können wir nichts mit ihr anfangen.«

»Die Stohlmeyer-Leute werden das niemals akzeptieren.«

»Bonnie, Sie verstehen mich nicht! Stellen Sie sie ruhig und erwähnen Sie es nicht in dem Versuchsprotokoll.«

»Wir werden allmählich schlampig, George. Das ist sehr schlampig.«

»Tun Sie, was ich Ihnen sage! Wir lassen sie schlafen, bis das Zeug in ihrem Körper abgebaut ist, und dann machen wir das Experiment, solange sie noch etwas benommen ist.«

Kleine Gelbe zeigte Lang-Hand die Zähne, aber Lang-Hand unterwarf sich ihr ebensowenig wie er sich Tess unterworfen hatte. In diesem Augenblick erkannte sie seine Macht und begriff, daß sie so groß sein mußte, daß sie nach Angst roch. Wenn Tess einen solchen Affen nicht erschrecken konnte und Kleine Gelbe, die ihr immer das Futter brachte, auch nicht, dann war Lang-Hand einfach zu mächtig.

Sie wurde ruhiger, wußte sie doch jetzt, daß ihr nichts anderes übrig blieb, als sich der Macht des furchtbaren Lang-Hand zu unterwerfen.

»Sehr schön, Tess, wirst du endlich doch müde? Du Biest. Ich denke, wir können uns das Valium sparen, Bonnie. Sie ist schon so schlaff wie ein Spüllappen.«

»Das geschieht manchmal, wenn man mit ihnen herumhantiert. Aber der Zustand dauert nur ein paar Minuten.«

Lang-Hand setzte Tess in einen Käfig, der so klein war, daß

sie sich noch nicht einmal umdrehen konnte. Darin herumzulaufen war ganz unmöglich. Alles, was ihr zu tun blieb, war, sich hinzulegen und die harten Stöße in ihrem Magen und an ihren Händen und ihrem Kopf zu spüren. Aber das geschah nach Lang-Hands Willen, und Tess war nicht stark genug, ihn zu brechen.

»Okay Clark, sie steckt in dem verdammten Ding.«

»Ich bekomme gute Werte. Sehr hübsch und stark. Es ist ein Vergnügen, mit etwas zu arbeiten, das eine anständige Mikrovoltspannung liefert. Diese Frösche befinden sich schon fast unterhalb der Meßbarkeitsgrenze.«

Tess begriff sehr schnell, daß der kleine Käfig nicht so roch wie Lang-Hand. Das hieß demnach, daß er Tess die Freiheit geschenkt hatte. Aber Tess konnte sich nicht rühren, jedenfalls nicht, wenn sie sich nicht heftig aufbäumte und dagegenstemmte.

»Beeilen Sie sich! Sie fängt wieder an durchzudrehen.«

»Fertig zum Countdown.«

»Vergeßt den Countdown! Fangt endlich an! Tut es!«

»Okay, der Strom ist eingeschaltet. Ich aktiviere das Feld – jetzt!«

Die ganze Welt stürzte über Tess zusammen. Sie verlor alles, ihre Kraft, ihre Stimme, ihre Gefühle, ihre Laute. Sie schrie und schrie und schrie, aber da war kein Laut, da gab es kein Rufen nach Gort oder gar Lang-Hand, um Tess aus diesem furchtbaren Nichts herauszuholen. Und sie fiel! Sie fiel und konnte keinen Ast finden, konnte sich nicht an Laubblättern festhalten!

Hinunter in die Tiefe zum Erdboden, zu den Leoparden, den Hyänen, den stinkenden Affen fressenden Ungeheuern, die als Schatten durch die Finsternis schleichen!

Das Grauen schlug sie wie mit einer gigantischen Hand, sie sah gefletschte Zähne und hörte gefauchte Todesdrohungen, und sie griff wild um sich und kletterte und trat ins – Leere.

Dann roch sie den schönsten Duft, den sie je kennengelernt hatte, den besten und liebsten aller Düfte, den sie aus dem Wald und aus einer Zeit kannte, als sie noch im Wald lebte und sie grüne süße Früchte von den Bäumen verzehrten. Sie roch den milch-sanften Brustduft ihrer Mutter.

Mutter, ich bin es!

Sie faßte in weiches Mutterfell und spürte warme Haut. Und Mutter nahm sie zwischen ihre Beine, wo es so sicher war, und begann sie zu putzen.

Um sie herum stand der ganze alte Wald wieder auf, dieselben Bäume, dasselbe köstliche grüne Wasser, derselbe vor Freude donnernde kalte Wasserfall, der süße frische Duft von Affen überall.

Die Mutter war wieder da. Und der Wald. Und überall in den Bäumen das Geschnatter der Truppe vom Wilden Wasser, der Clown, der Große Graue, die Kleinen Braunen und all die Mädchen, die dauernd kreischten.

Ihre Mutter säuberte sie hinter den Ohren, wo das Fell juckte und verfilzte.

»Sehr schön! Bringt sie hoch.«

Die Stimme, die durch den Himmel gehallt war, hinterließ dort, wo sie vorbeigestrichen war, einen gelben Riß.

Mutter zischte Gefahr, und Tess klammerte sich an ihr Fell, und schon waren sie unterwegs. Mit der Truppe schwangen sie sich durch schwankende, seufzende Baumwipfel.

Ein weißer Wind folgte ihnen. Weiß, Tod! Er zerquetschte den gesamten Wald, und die hohen Bäume wurden umgerissen und lagen da wie harmlose Holzlatten. Der Wind keuchte und pfiff wie etwas Riesiges, das durch den Wald wandert.

Mutter eilte weiter, schneller und schneller, und sie raste dabei vor Wut, schrie das riesige Monstrum an, das durch den Riß im Himmel gekommen war. Seine Füße stampften auf den Erdboden, erschütterten ihn, und sein Atem wehte über sie hinweg.

Tess schrie, als sie ihn roch, denn es war der Geruch von Lang-Hand und Kleine Gelbe und ihr furchtbarer Ort ohne Affen, an den Tess nie und nimmer zurückkehren wollte!

Hol mich nicht aus meinem Wald, hol mich nicht aus meinem Wald!

Der Riese kam näher und näher. Mutter schrie, trug Tess weit hinunter bis dicht über den Erdboden, dann wieder hinauf in das Astwerk, schlug Haken und wich aus und schoß hin und her, wie nur eine Mutter es vermochte, dann rannte sie durch niedriges Gebüsch und suchte sich ihren Weg zwischen Felsen, achtete nicht auf Verletzungen, die sie sich zufügte, dann packte sie einen Ast und eilte hinauf und immer höher bis zum höchsten Punkt des Waldes und sprang, als besäße sie Flügel.

Es gab einen lauten dumpfen Schlag.

Der Wald löste sich auf.

Mutter stürzte schreiend ins Nirgendwo.

Tess spürte, wie der enge Käfig sie von allen Seiten drückte und stach. Qual explodierte in ihr.

»Herrgott im Himmel, beruhigen Sie sie, Bonnie, betäuben Sie sie!«

»Ich hole die Pistole. Mit der Hand kann ich es nicht, sie ist zu wild!«

»O Himmel, sehen Sie doch – öffnen Sie den Käfig – Clark, helfen Sie mir. Sie zerschmettert die Isolatoren!«

Tess sprang an dem widerwärtig stinkenden Ort herum, und ihr Herz brach wegen ihrer Mutter und dem Wald und all den Freuden und Genüssen, die sie soeben gekostet hatte. Sie sprang auf den Fußboden und rannte los, krachte gegen Wände und kreischte so laut, daß sie Gort aus dem Raum nebenan zurückschreien hören konnte.

Nicht wieder an diesen schlimmen Ort, nicht zu dem armen alten Gort, wenn sie doch zu ihrer Mutter, in den Wald, zu ihrer Truppe zurück konnte! Nein, nein, nein, nein, *nein!*

Affen können nicht um Gnade betteln. Sie kennen nur die Geste der Unterwerfung. Sie machte sie. Sie zeigte sie den Wänden, der Decke, dem Fußboden und suchte dabei den furchtbaren Riesen, der sie hierher zurückgebracht hatte. Sie versuchte irgendwie auszudrücken, ich unterwerfe mich; ich, Tess, unterwerfe mich deiner Macht.

Aber laß mich nach Hause zurückkehren.

Der Affe rührte sich nicht mehr. Bonnie beugte sich darüber und testete die Augen. »Sie ist bewußtlos.«

»Ich hatte schon Angst, sie würde die Spulen ruinieren.«

Bonnie nahm die Kreatur in den Arm und brachte sie in ihren Käfig zurück. Sie schloß die Leitungen des Elektrokardiogramms wieder an das Tier an, damit Clark seine Überwachung fortsetzen konnte.

»Es ist erstaunlich, nicht wahr?« sagte George. Er starrte auf den schlafenden Rhesusaffen.

»Ich muß es zugeben, George. Ja, das ist es. Ein höheres Lebewesen.«

»Clark, sind die Werte halbwegs in Ordnung?«

»Von hier aus erscheint sie völlig normal, George. Es sieht gut aus.«

»Bonnie, ich hab' Ihnen ja gesagt, dieses Projekt kann sich zu einem Abenteuer entwickeln.«

»Das tut es ganz bestimmt.«

George griff in den Käfig und berührte das Fell des im Koma liegenden Rhesusaffen. »Sie haßt mich, wissen Sie das? Sie hat mir beinahe die Schutzhandschuhe durchgebissen.«

»Sie zeigen ihr, daß Sie vor ihr Angst haben. Sie versucht, Sie zu beherrschen.«

George trat dicht neben Bonnie. »Ich möchte bloß wissen, was sie erlebt hat.«

»Ihrem Verhalten nach, als wir sie zurückholten, kann es nichts Angenehmes gewesen sein.«

»Ich denke, das können wir als Nebeneffekt betrachten, der mit der Wiederherstellung des elektrischen Feldes des Gehirns in Zusammenhang steht. Ich nehme an, daß sie wieder völlig in Ordnung ist, wenn sie aufwacht.«

»Da könnten Sie recht haben.«

»Allzu überzeugt klingen Sie nicht.«

»Ich bin überzeugt. Und ich bin noch mehr überzeugt, wenn sie völlig normal aufwacht.«

»Wir sollten mal Clark ein wenig über die Schulter blicken. Das EEG müßte uns eigentlich Aufschluß geben.«

Clark stand vor dem Elektroenzephalographen und betrachtete den Ausdruck. Sein Gesicht zeigte konzentrierte Angespanntheit.

»Wie sieht es aus?«

»Noch in jeder Hinsicht normal.« Er lächelte. »Die Stohlmeyer-Stiftung wird ihre Freude daran haben.«

»Was muß dieser Affe jetzt wissen?« fragte Bonnie. »Ich frage mich, ob der Tod wie ein Traum oder ganz einfach schwarz ist. Wahrscheinlich ein Hinabtauchen ins Nichts.«

George beobachtete sie aufmerksam. Er erkannte, daß dies der Augenblick war, darauf zu sprechen zu kommen, daß Bonnie diese Reise selbst machen sollte. »Es dürfte wohl das größte Abenteuer der Menschheit sein, das herauszufinden.«

»Reif für den Nobelpreis, George«, meinte Clark.

»Aber nur, wenn wir den Versuch mit einem Menschen machen«, fügte George hinzu. Da. Er hatte es gesagt. Alle drei wußten, daß zwei weitere Spulen den Käfig hinreichend vergrößerten, um Bonnies Körpermasse aufzunehmen. Und sie konnten die beiden zusätzlichen Spulen ebenso beschaffen wie die anderen. Kein Geld, nur ein paar weitere Lügen und eine neue Eilanforderung. Alles, was ihnen im Wege stand, war Bonnie selbst.

»Jemand wird die Antwort auf ein unendliches Geheimnis erhalten«, murmelte sie.

»Jemand wird sehr berühmt werden. Eine Heldin.«

Sie fuhr herum und blickte ihm direkt in die Augen. Sie hatte wohl bemerkt, daß er von einer Frau sprach. »Ich weiß, daß ich das nächstliegende Versuchsobjekt bin. Aber der Käfig ist für mich nicht groß genug.«

»Wenn Tess aufwacht und sie völlig normal ist, dann betrachte ich das als Entscheidung. Ich kann problemlos zwei weitere Spulen beschaffen.«

Als er zum ersten Mal begriff, in welche Richtung George steuerte, wurde Clark grau im Gesicht. »Constance wird damit nicht einverstanden sein. Wir haben bisher noch nicht all die Tests durchgeführt, die wir geplant hatten. Sie könnte es uns verbieten.«

»Zur Hölle, dann erzählen Sie Constance nichts! Reden Sie gar nicht erst mit ihr! Tun Sie nur Ihre Arbeit, Clark!«

»Mein Job besteht darin, ihr genau Bericht zu erstatten, das wissen Sie.«

George konnte sich Connies Reaktion auf seinen überstürzten Plan recht gut ausmalen. »O nein, lassen Sie nicht zu, daß er es tut. Er ist so ungestüm.« Dann, am nächsten Tag: »Clark, Sie müssen George bestellen, daß er sich beeilen soll. Die Zeit wird sehr knapp.« George mußte Clark dazu bringen, ihr nicht alles zu melden. »Clark, Sie und ich wissen genau, wie Constance reagieren wird. Sie wird sagen, daß die Zeit zu knapp ist.«

»Sie werden sie niemals davon überzeugen können, daß so früh schon ein Menschenversuch gestartet werden soll.«

»Das ist gar nicht ihre Angelegenheit! Ich treffe hier die wissenschaftlichen Entscheidungen. Gehen Sie zu ihr hin, wenn Sie es unbedingt wollen, aber ich werde nicht mehr hier sein, wenn Sie zurückkommen. Ich kann mit den Stohlmeyer-Leuten einfach nicht zusammenarbeiten, wenn sie mir über die eine Schulter schauen und Constance über die andere.«

»Ich muß sie informieren.«

»Tun Sie es, und das Projekt ist gestorben. Beendet.« Clark wand sich wie in Qualen. Schön, er hatte Angst, bei dieser Sache Verantwortung zu übernehmen. George verlieh seinem Argument Nachdruck. »Tess lebt.«

»Du bist ein Hexer, Clark«, sagte Bonnie. »Denk an die Bedürfnisse der Hexen. Wenn Constance stirbt, ehe ihr Nachfolger initiiert wurde, was soll dann aus der Covenstatt werden?«

Die gute Bonnie! Sie war ein patentes Mädel. »Entscheiden Sie sich, Clark. Berichten Sie Constance, und ich höre sofort auf. Oder tun Sie hier ihre Arbeit, und wir werden gemeinsam erfolgreich sein.«

Bonnie legte sich die Hand an den Hals. »Ich wünschte, wir könnten hier drin rauchen. Ich hätte wirklich Appetit auf eine Zigarette.« Sie lachte. »Ich habe mich entschlossen, es zu tun«, sagte sie. In ihrer Stimme lag Unsicherheit, und in ihren Augen flackerte Angst. Nun flüsterte sie: »Ich möchte es wissen . . . möchte die erste sein.« Ihre Zunge tanzte über ihre Lippen. Und wieder sah George, wie schön sie war, er sah die feinen Linien ihres Gesichts, die lässige Sinnlichkeit ihres Mundes, die Offenheit ihrer Augen. Sie war so entsetzlich für ihn, und er hatte den Drang, sie zu küssen und zu spüren, wie dieser Mund sich für ihn öffnete. Ihre Wangen waren rot übergossen.

»Sie werden als Abenteuerin gelten; und nachher, eine Frau, so schön wie Sie – die Presse wird Sie zum Star machen.«

»Constance wird niemals die Presse zulassen«, warf Clark ein.

»Constance wird keine andere Wahl haben«, schnappte George. »Wenn Bonnie die Presse wünscht, dann soll sie bei Gott auch ihre Presse bekommen!«

Bonnie ging hinüber zu dem Apparat auf der Laborbank. Sie berührte die glänzenden schwarzen Kabel des Elektromagneten. »Ich könnte mich hineinsetzen, wenn Sie den Käfig noch etwas höher machen würden.«

»Nein. Ich möchte, daß Sie liegen. Sicherheitsgründe.« Er fügte nicht hinzu, daß sie, als Leiche, aus einer sitzenden Position nach vorne kippen und auf den Fußboden stürzen und dabei sämtliche Geräte herunterreißen würde. Sie ging um den Versuchstisch herum und betrachtete die Ansammlung von Gerätschaften. »Wißt ihr«, sagte sie schließlich, »wenn ich das tue, werde ich es endlich wissen. Ich meine, Leute, ich werde es *erfahren!*« Sie lächelte, und als sie das tat, empfand George sie als so weich wie eine gerade aufgeblühte Rose. »Ich bin nur eine zweitrangige Hexe, aber ich werde ... ich werde eine erstrangige Mediensensation.« Sie lächelte ihr strahlendstes Lachen. »Ich frage mich, ob ich als Schauspielerin etwas tauge. Vielleicht mache ich schon bald eine Filmkarriere.«

»Aber nicht, wenn du schauspielerische Begabung hast«, murmelte Clark.

Bei sich bezweifelte George, daß sie außerhalb wissenschaftlicher Kreise überhaupt berühmt würde. Was sie von ihrer Reise zurückbrachte, war trotz allem nur die Neuigkeit, daß der Tod der Tod war. Nichts. Schwärze. Das war kein Stoff für Zeitungen. »Sie werden wie ein Astronaut gefeiert werden«, sagte er.

Sie kam zu ihm und küßte ihn auf die Wangen. Die beiden drängten sich aneinander, das Forscherpaar.

In ihrem Käfig schrie Tess einmal, als ihre Qual sich sogar durch den von Drogen unterstützten Schlaf hindurchkämpfte. Dann beruhigte sie sich wieder und schlief weiter.

Kapitel 6

Es war schon einige Stunden her, seit Mandy das Collier-Anwesen verlassen hatte, und ihre Wut und Verzweiflung hatten sich nicht im mindesten gelegt. Sie war in der Stadt umhergefahren, bis sie nicht mehr zu rasend war, um zu weinen. Danach hatte sie sich in die Abgeschiedenheit des Hauses ihres Onkels zurückgezogen und sich in ihrem Schlafzimmer eingeschlossen.

Nun waren sogar die Tränen versiegt. Sie lag auf dem Bett und lauschte den Abendgeräuschen aus der Nachbarschaft. Ein Laubsauger röhrte, ein Kind rief immer wieder einen Namen, den sie nicht verstehen konnte.

Sie war ganz gewiß nicht an den Banalitäten eines Kleinstadtabends interessiert. Ihre Gedanken kreisten noch immer um ihren Verlust: Diese Mappe hatte Bilder ihrer Seele enthalten. Ohne sie fühlte sie sich noch einsamer, als sie je gewesen war. Sie kam sich vor wie der Mittelpunkt eines sehr persönlichen Schmerzes.

Der große schwarze Kater erschien. Sie starrte ihn verwirrt an. Woher war er gekommen? Die Schlafzimmertür war verschlossen.

Er sprang aufs Bett und rieb sich an ihrem Oberschenkel. Sein Fell fühlte sich seidig und angenehm an. Als sie ihn streichelte, streckte er sich. Sie schien sich aus ihrer Kindheit daran erinnern zu können, daß Onkel George etwas gegen Katzen hatte, aber bis er nach Hause zurückkehrte und verlangte, daß sie hinausgesetzt würde, blieb diese prachtvolle Kreatur im Hause. Der Kater zog sich plötzlich zum anderen Ende des Bettes zurück. »Hier, Mieze«, sagte sie und klopfte mit der Hand auf den Platz neben sich. Ihre Worte klangen lächerlich; zu einem pantherähnlichen Wesen wie diesem sagte man einfach nicht ›Mieze‹. Der Kater legte sich hin und starrte sie weiterhin an. Sie ertappte sich dabei, wie sie diesen Blick erwiderte. »Du bist ein so hübscher alter Kater«, murmelte sie. Er war wirklich schön mit seinem nachtschwarzen Fell und den grünen Augen. Sie lauschte auf ein Schnurren, aber es erklang keins.

Man konnte diesem Kater sehr tief in die Augen schauen.

Wenn alle Katzen so wären wie diese, dann würden Zigeuner alleine durch einen Blick in ihre Augen die Zukunft voraussagen können. Aber gewöhnlich schauen Katzen weg.

In den Augen dieses Katers konnte sie ihr eigenes Gesicht erkennen. Wie erschien sie ihm? War sie hübsch, häßlich oder was? Betrachtete er sie als Göttin oder als Kind? Sie berührte sein zerfetztes Ohr und erhielt ein kehliges Knurren als Antwort. »Entschuldigung.« Als Wiedergutmachungsgeste streichelte sie seinen Rücken. Seine Muskeln zuckten unter ihrer Hand ähnlich wie die eines Mannes, den sie streichelnd in den Zustand höchster Erregung versetzte.

Wie bei einem Mann. Aber sie hatte keinen. Und sie hatte keine Arbeit.

Constance Collier hatte sich über ihre Krähen maßlos aufgeregt und ihr tiefes Bedauern ausgedrückt, aber nichts konnte am Verlust der Mappe etwas ändern. Unter dem Aspekt, daß Mandy dreiundzwanzig, ledig und kinderlos war und in jeder Hinsicht alleine, waren diese Bilder ihre Familie gewesen, ihr Lebensmittelpunkt, Grund und Sinn ihres Lebens.

Die Tränen kamen wieder, brannten in ihren Augen. In dem verzweifelten Bemühen, sie zum Versiegen zu bringen, sagte sie sich, daß die Bilder nicht alles waren. Natürlich nicht *alles,* aber es waren ihre besten gewesen. Darunter befanden sich wahre Kostbarkeiten: ihr Porträt von Gevatter Tod, welches auf wunderbare Weise sowohl das Lächerliche als auch das Bedrohliche des Sensenmannes eingefangen hatte.

Wie sollte sie so etwas je wieder zustande bringen?

Oder Rapunzel, wie sie ihr Haar ausschüttelt, all die blonde Pracht im Licht der Morgensonne – Strähne für Strähne sorgfältig ausgemalt. Will T. Turner hatte sie in schallendes Gelächter ausbrechen lassen, als er ihre Technik mit der der meisterlichen Brüder van Eyck im Holland des fünfzehnten Jahrhunderts verglichen hatte. Aber an diesem Urteil war etwas dran; sie hatte einen großen Teil ihrer Zeit damit verbracht, deren Werk zu studieren. Details. Sorgfalt. Vielfältigkeit des Blicks. Nicht unbedingt Ideale der Kunst des zwanzigsten Jahrhunderts, aber sie betrachtete sich selbst als jemanden aus alten Zeiten. Sie war in diesem schnellebigen Zeitalter irgendwie verloren. Ihre Liebe gehörte der vollkommenen Würde der Vergangenheit – sogar der sehr fernen Vergangenheit.

Einmal hatte sie von einer Zeit geträumt, bevor der Bison die Ebenen Frankreichs verließ, als der Winter noch den Namen eines Dämons trug und sein eisiger Atem wie eine Peitsche über das Land fegte ... und sie war eine Königin gewesen, die in einem Zelt aus Rentierfell herrschte ... und in den heiligen Höhlen Gemälde schuf, der Pinsel in ihrer Hand wie durch Zauberei geführt wurde und Bison und Steinbock über die Steppen ihres Geistes jagten.

Als sie aus diesem Traum erwachte, hatte sie geweint, weil sie wieder sie selbst war, weil sie das Dröhnen des Autobusses unten auf der Straße hörte und den Kaffee in der Morgenluft roch.

Sie hatte sich in ihre Arbeit gestürzt und vier Monate bei dem kleinen Gemälde von Dornröschen in ihrem von Dornenranken umwucherten Schloß verbracht. Und in dem Dornengestrüpp hatte sie die alte Welt versteckt, das fliehende Reh und das dahineilende Mammut, den Fisch, der im Wasser jagt, und die Menschen wie Gespenster zwischen den schützenden Wurzeln.

Dornröschen trug in ihrer Seele alle Verheißung der Zukunft; was sie betäubte, war die Vergangenheit.

Das Werk eines Künstlers ist wie ein Teil ihres Körpers, und Mandy fühlte sich so, als wären ihre Kinder von Miß Colliers Krähen umgebracht worden. Die sieben Raben, tatsächlich. Sieben Ungeheuer.

Sie stellte sich im Auge des Katers ein Bild vor: Sie selbst tot, ihre meer-fahle Haut weich auf einem hellen Laken. Wir vertrauen unsere Seelen solch zerbrechlichen Gefährten an, ein bißchen Haut, ein schlagendes Herz, Farbe auf einem Bogen Papier.

Plötzlich erschrak sie. Dies war nicht das erste lebendige Fantasiebild, und es war auch nicht das erste Bild von ihrem eigenen Tod, das sie im Laufe der letzten Tage gesehen hatte.

Schwebte sie hier irgendwie in Gefahr? Es hatte viele Gerüchte über Hexen gegeben, aber keines, das auf irgendwelche Untaten hinwies.

»Ist es das, was du mir mitteilst, alter Kater? Daß ich mich vor Constance in acht nehmen soll?«

Nein, sie wußte, was der Kater sagte: Nimm dich vor George in acht. Ja, natürlich, vor George. Er könnte in ihr Jungfernbett kommen mit Wünschen, aus denen Forderungen und am Ende ein blitzendes Messer im Mondlicht werden könnten.

Tom putzte sich selbst. Er starrte sie an. Er konnte sie mit diesen Augen tatsächlich in seinen Bann schlagen. Sie küßte ihn auf die Stirn. »Wer bist du? Wer bist du in Wirklichkeit?« Sein Katzengesicht der Geheimnisse schien schallend zu lachen.

Einmal, draußen unter dem Ahorn, hatte sie davon geträumt, Mutter zu sein. Eine Vision war entstanden von einem Spaziergang mit Kindern zum Fluß und dem Zuschauen, als sie mit den Wasserlilien spielten.

Ritter waren gekommen, hatten ihre Pferde ins Wasser getrieben, und sie hatte in einer silbernen Feenkutsche fliehen können.

Sie hatte diese Kinder – die in Wirklichkeit Feen waren – als Jack und Jill gemalt. Mit schnellen, leidenschaftlichen Strichen, Mandy war siebzehn und stand in hellen Flammen wie ein Komet, und die beiden Edelsteine von Kindern eilten lachend den Berg in die Ewigkeit hinunter.

Diese Gemälde waren vernichtet worden. »Es kann ein Segen sein, die Vergangenheit zu verlieren«, hatte Constance Collier gesagt. »Manchmal kann das, was einem wie ein Schatz vorkommt, eine schwere Bürde sein. Sie sollten meine Vögel nicht deswegen hassen, weil sie Ihnen die Chance verschafft haben, völlig neu anzufangen. Große Gemälde wurden von dieser Landschaft angefertigt. Geben Sie ihr eine Chance, und sie wird auch Sie ernähren.«

Die Raben waren einen Kreis nach dem anderen geflogen, dann landeten sie in einem gediegenen alten Ahorn und starrten Mandy mit ihren klaren gelben Augen an.

Plötzlich hob der Kater den Kopf.

»Was ist los, Tom?«

Die Katze starrte sie lange an, dann leckte sie ihr die Hand.

»Du kannst doch nicht etwa hungrig sein?« Sie hatte während ihrer tränenblinden Fahrt vom Haus Constance Colliers daran gedacht, einen Beutel Katzenfutter zu kaufen. Vor knapp einer halben Stunde hatte Tom ziemlich ausgiebig gefressen.

Der Kater stand auf und überragte sie, lauernd, riesig, und sein Atem ging in kurzen, kleinen Stößen.

Furcht nistete sich in ihr Herz. Es war trotz allem immer noch ein Streuner. »Was um alles auf der Erde ist mit dir los?«

Für mehr als nur ein paar Sekunden starrte die Katze sie an. Dann durchlief ein Erschauern das Tier; es ging zum Fußende des Bettes, sprang herunter und entfernte sich in Richtung Tür.

»Nein, das darfst du nicht.« Sie hatte schon mit mehr als nur einer Katze gelebt, und sie meinte, sie wüßte genau, was sie vorhatte. »Ich hab' für dich in der Rumpelkammer ein Katzenklo vorbereitet.« Sie erhob sich, schloß die Tür auf und nahm das Tier beim Nackenfell. Es war schwer, aber sie konnte es ohne Schwierigkeiten über den Linoleumboden von Küche und Wohnzimmer ziehen. »Abfall!«

Sie drückte seine Nase in die Kiste, die sie dafür vorbereitet hatte. »Bleib eine Weile hier hocken, Tom, und schon weißt du, worum es geht.« Sie schloß die Katze in der Rumpelkammer ein und kehrte in die Küche zurück. Es war fast acht Uhr; sie hatte lange genug in diesem Schlafzimmer gelegen. Eine leckere kleine Mahlzeit wäre genau das richtige, um ihre Laune jetzt aufzubessern.

Sie öffnete den Kühlschrank.

Bis zu dem Vorfall hatte sie vorgehabt, Georges Haus sauber zu machen und den Kühlschrank und die Schränke mit Geschirr und Lebensmitteln zu füllen. Er war kein besonders überzeugender Junggeselle. Ohne Kate und die Kinder hatte sein Leben sehr viel von seinem Halt verloren. Kate hatte ihn so plötzlich verlassen.

Da Mandy sich noch nicht um den Einkauf von Vorräten gekümmert hatte, waren ihre Auswahlmöglichkeiten ziemlich beschränkt. Sie berührte die steife alte Wurst im obersten Kühlschrankfach. Was sie wohl enthalten mochte... außer Bakterien.

Sie war gezwungen, sich mit einem sehr zweifelhaften Wurstsandwich zufrieden zu geben.

Als sie die große Eisenpfanne aus dem Schrank geholt und das Brot in den Toaster gesteckt hatte, war ihr kleiner Vorrat an psychischer Energie verbraucht, den ihr langes Brüten hatte anwachsen lassen.

Die Katze jaulte. Noch eine kleine Weile, und sie wäre in ihrer Not verzweifelt genug, das Katzenklo zu benutzen. Wahrscheinlich hatte sie ihre eigene, sehr vertraute Abfallecke draußen. Vielleicht sollte sie sie gar nicht erst domestizieren. Vielleicht hatte sie dazu kein Recht. Dies könnte genauso ein wildes Landtier sein wie die Raben.

»Diese Vögel sind keine Haustiere«, hatte Constance Collier gesagt, »sie leben hier. Ich vermute, die Vorfahren dieses Schwarms bevölkerten diesen Ort schon lange bevor das Haus gebaut wurde.« Sie hatte dann innegehalten und die Vögel betrachtet. »Tiere gibt es seit Ewigkeiten und wird es ewig geben«, hatte sie hinzugefügt. »Was meinen Sie, wie lange Raben und Bäume schon an dieser Stelle zusammenwirken? Wo ein Ahorn dem anderen Platz macht – wie lange? Hunderttausend Jahre? So lange ist es her, seit der Gletscher sich aus dem Peconic Valley zurückgezogen hat.«

Mandy konnte jemandem, der solche Gedanken hatte, nicht richtig böse sein.

Ein Fauchen kam aus der Rumpelkammer. Ein lautes Fauchen. »Schwarzer Kater, Schwarzer Kater, rette dich aus dem Feuer!« sang Mandy, als sie zurückkam, um nachzusehen, was fehlte. »Was für Probleme hast du, Katzentier?«

Das Antwortknurren glich einem leisen wütenden Donner. Mandy wich zurück.

Dann lugte sie durch die Glasscheiben in der Tür.

Die Rumpelkammer war leer.

Am Ende waren die Rufe des leidenden, aller Hoffnung beraubten Affen zu laut geworden, als daß die Katze sie hätte ignorieren können. Tom war durch das Zimmer geschlichen und hatte nach einer leicht erklärbaren Fluchtroute gesucht, jedoch nichts dergleichen gefunden.

Nachdem seine Geduld erschöpft war, stürmte er aus dem Haus, jagte quer durch die abendliche Stadt, berührte dabei kaum die Straßenlaterne in der Maple und zischte durch Baumwipfel. Vögel flatterten hoch, als er sich näherte. Hunde und Katzen stürzten davon, von seinem Vorbeiflug in panischen Schrecken versetzt. Eine Ratte, die von einem Draht rutschte, war schon tot, ehe sie den Erdboden berührte.

Tom floh durch die Abendstille und spürte den schläfrigen Atem des Himmels, überquerte Straßen und Gassen und Häuser und wurde dabei immer schneller, segelte über Bixter's hinweg und durch den Geruch nach Hamburgern, der aus dem Schornstein kam, dann über Bruder Pierces Tempel, von wo sich die aufgeschaukelte Erregung eines Mannes erhob, der zu sehr von Todesangst erfüllt war, um nicht über Tod und Verdammung zu predigen.

Dann erreichte er den Campus.

Er war erfüllt mit rechtschaffener Wut. Dieses Experiment verstieß gegen das Gesetz. Constance schien das nichts auszumachen. Warum unterband sie es nicht? Wurde Tom schon wieder von Constance benutzt? Trotz seiner großen Macht hatte sie ihn schon mehr als einmal überlistet, dieser raffinierte Teufel von einer Frau.

Hätte er es gewagt, wäre er mit einem Feuerschwert hier erschienen. Aber er wußte, daß er nicht das Recht hatte, George Walker zu vernichten, es sei denn, sein Tod förderte die Pläne von Constance und *Leannan.* Dies waren stets die Bedingungen, unter denen Constance den König der Katzen in sein kurzes Erdenleben rief.

Der Kater betrat das Labor. Wenigstens konnte er sich eine Freude machen und die Rhesusaffen von ihrem Leid befreien. Dies war ein geforderter Eingriff ins Gewebe der Geschichte.

Der König der Katzen huschte in das Labor, in dem George Walker in seiner Unterwäsche saß und eine Stouffer-Pizza aß. Sein Schlafsack lag neben ihm auf dem Boden. George hörte nicht einmal auf zu kauen, als er an ihm vorbeiflog und durch die geschlossene Tür in den Tierraum eindrang.

Die Kreatur mit der geschändeten Seele lag bäuchlings auf dem Boden eines traurigen kleinen Käfigs, ihr Gefährte hockte daneben. Sie hatten sich gegenseitig geputzt, jetzt schliefen sie.

Sie sahen vor sich nicht die Luft schimmern und flirren. Zuerst war da nichts anderes als ein mit Fangzähnen ausgestattetes Grinsen, das über ihnen hing, dann darüber ein Paar grüner Augen.

Um den Tod schnell und leise auszulösen, brauchte die Katze die Geschicklichkeit eines menschlichen Körpers, und eine so gut wie lautlose Waffe.

Der Kater konzentrierte sich, erinnerte sich an den Geruch, die Form, die Bedeutung des Menschen, den er am besten kannte.

Seine Augen zerfielen und formten sich neu, nun von schlaffer Haut bedeckt, und die Lippen wurden die einer alten Frau, stolz und fein und fest.

Dann erschien plötzlich der gesamte verwitterte Körper, nackt, in der Luft, fiel keuchend ein paar Fuß und stand dann gespannt da, wobei sein ernstes, freundliches Gesicht mit der Last der Jahre kämpfte und eine lange, helle Nadel zwischen Daumen und Zeigefinger seiner rechten Hand blitzte.

Weil einem Mitglied dieses Paares so Übles widerfahren ist, durfte ihnen beiden der Segen des gleichzeitigen Todes geschenkt werden. Sie hatten sich diese spezielle Gunst verdient.

Mit dem größten Vergnügen hob die Gestalt der Constance Collier die lange scharfe Stricknadel und trieb sie tief in das Auge des einen Affen, dann durch das Herz des anderen.

Einen winzigen Augenblick später blieben nur die Waffen zurück, um ihren schnellen Besuch zu kennzeichnen, das und die dünnen Blutströme, die aus den Leichen von Tess und Gort auf den Boden tropften.

Kapitel 7

Ohne die Katze war es im Haus unangenehm still. Winzige Spuren ihrer eigenen Vergangenheit waren überall zu sehen, tauchten vor ihr auf wie Karpfen in schlammigem Wasser und schauten sie mit vorwurfsvollen Augen an. Über ihr an der Schlafzimmerdecke hing noch immer die Lampe, für die sie das Taschengeld von drei Monaten gespart hatte; die Rosen, die sie auf den Schirm gemalt hatte, waren nun zu eher schmutzigen Flecken verblaßt. Auf der Wand des Spielzimmers war immer noch schwach eine Andeutung des Buntstift-Wandgemäldes zu erkennen, das sie mit zehn Jahren, als sie einmal alleine zu Hause geblieben war, geschaffen hatte, ein Vergehen, für das ihre Mutter ihr die einzige Tracht Prügel ihres Lebens verabreicht hatte.

Sie hatte damals den Pfad gehaßt, der sich im Laufe der Jahre in den Wohnzimmerteppich eingeprägt hatte, und sie haßte ihn auch jetzt noch. In der Decke der Sonnenterrasse waren immer noch die Löcher der Nägel zu erkennen, an denen Mutter ihre Pflanzen und Kräuter zum Trocknen aufgehängt hatte.

Während ihrer Jugend hatte sie die müden Liebesakte aus dem Schlafzimmer ihrer Eltern draußen auf der Terrasse hören können, wenn sie nachts dort mit untergeschlagenen Beinen saß und im knarrenden Rhythmus, der das ganze Haus erbeben ließ, in der Schaukel mitschwang. Der einzige Grund, daß sie sich nach draußen verzog, war der, daß nicht nur das Knarren des Bettes sondern auch das Stöhnen bis in ihr Schlafzimmer drang.

Sie hatte das schreckliche Gefühl, daß sie ihre Jugend überhaupt nicht ausgelebt hatte. Wo waren die Leidenschaften, die Verliebtheiten? Alles zerstört, in Stücke geschlagen. Aber das war keine richtige Liebe, diese Gemälde. Konnte sie überhaupt richtig lieben? Bisher hatte sie nur flüchtige Beziehungen unterhalten.

Es war schlimm hier. Sie sollte mal hinunterlaufen zu Bixter's und nachschauen, ob die Pong-Maschine noch dort stand. Natürlich stand sie nicht dort, aber wahrscheinlich mixten sie immer noch ihr berühmtes Crème-de-Menthe-Soda, und dann gab es auch noch den Zeitungsständer.

Sie saß da, lauschte dem Tropfen des Wasserhahns und versuchte noch immer, den Verlust ihrer Zeichenmappe bestmöglich aus ihrem Bewußtsein zu verdrängen, womit sie allerdings noch immer nicht allzuviel Erfolg hatte.

Sie wünschte, Tom käme zurück.

Das Telefon übte einen verführerischen Reiz auf sie aus. Möglich, daß ihr ein gutes Gespräch helfen würde. Aber sie hatte ihren letzten männlichen Freund durch halb gewollte Vernachlässigung aus den Augen verloren, und der Gedanke, jetzt wieder auf ihn zurückzugreifen, würde ihr nur das Gefühl vermitteln, gefangen, unfrei zu sein. Dennoch konnte sie sich darauf verlassen, daß er ihr zuhörte. Richard. Hochgewachsen, süß und in der Liebe ziemlich schlampig und träge. Ein sexueller Sentimentalist, der es fertigbrachte, in den intimsten Situationen eine nostalgische Geschwätzigkeit zu entfalten.

Mochte seine Liebe auf ihre Art klebrig und aufdringlich sein, so war sie aber auch recht simpel, und das respektierte sie.

Als an seinem Ende der Leitung niemand den Hörer abnahm, betrachtete sie das als einen Wink des Schicksals und legte auf.

Kam George denn aus seinem Labor überhaupt nicht nach Hause? Überall, wo sie sich im Haus umschaute, sah sie weitere Anzeichen des Zerfalls. Sie hatte im Spielzimmer neben einem Sessel Zeitungen herumliegen sehen, die schon über ein Jahr alt waren. Georges Bettlaken waren grau und klebrig vor Schmutz; sie bezweifelte, daß er sie je gewechselt hatte, seit Kate weggegangen war. In seinem Schlafzimmer auf dem Fußboden stand ein Stapel *Persian-Society*-Magazine, aus denen, seltsamerweise, sämtliche Katzenbilder herausgeschnitten waren.

Sie glaubte, seinen Schritt zu hören, seine hagere, gebeugte Gestalt zu sehen. Sie erinnerte sich an den Haß und das Grauen in seiner Stimme, als er die Überreste seines Frosches fand.

George hatte geweint. Nachher, in seiner Trauer und in

seinem Leid, hatte er sie sehnsüchtig angestarrt. Er war voll von qualvollen Bedürfnissen. Jede junge, halbwegs attraktive Frau konnte, wenn sie wollte, in ihm jemanden finden, der sie anbetete.

Anbetung. Ein kaltes, Distanz verratendes Wort. Viel lieber wäre ihr bei einem Mann Leidenschaft. Aber bei George nichts von alledem. Die Vorstellung, mit ihm intim zu werden, erzeugte in ihr das dringende Bedürfnis, ein Bad zu nehmen.

Dennoch hätte sie gegen ein gemütliches Schwätzchen nichts einzuwenden gehabt.

Eine Stunde verstrich. Es war neun, und die alte Familienuhr, die noch immer das Wohnzimmer beherrschte, schlug träge achtmal.

Die Uhr war ihren Eltern zu schwer gewesen, als sie nach Florida in den Wohnwagenpark umzogen. Auf dem Zifferblatt zeigte sie auch die Mondphasen an, Sichel, Halbmond und Vollmond. Sie ruhten in einer Landschaft, die mit kleinen blauen Blumen gesprenkelt war. Schwach konnte man darin zwölf schemenhafte Gestalten erkennen, die um eine dreizehnte herumtanzten.

Neun Uhr, Freitag, der 18. Oktober 1987. Die Stille, die auf die Glockenschläge folgte, schien mit düsteren Drohungen aufgeladen zu sein, als wolle sie damit das Gefährliche des Hauses beweisen. Mandy dachte wieder an den Kater.

Nach ihm zu suchen, würde sicherlich niemandem schaden. Sie ging hinaus auf den Hof.

Über ihr funkelten die Sterne durch die Lücken zwischen den dahinjagenden Wolken. Eine Mondsichel war aufgegangen und stand am sturmdurchtosten Himmel. Der Wind peitschte die Blätter zu dichten Schwaden, die sich wie Rauch von den Bäumen lösten, um wippende Äste herumwirbelten und gegen Fenster prasselten. Der Kater war nirgendwo zu sehen. Mandy zog den Kragen ihres Pullovers enger um den Hals und ging zum Haus zurück.

Sie verriegelte die Verandatür hinter sich. Alle Fenster waren bereits geschlossen; das hatte sie schon früher getan. Das Haus war, so gut sie es vermochte, gegen jegliches Eindringen gesichert.

Sie kehrte in den Abstellraum zurück. Das Deckenlicht verdunkelte die Fenster und ließ die weißen Wände grell erstrahlen. Das Geheimnis des Katers beschäftigte sie mehr als die Dunkelheit. Es gab hier keine Stelle, wo er sich hätte verstecken können. Bestimmt nicht unter der Spüle, wo sich der einzige umschlossene Raum befand. Trotzdem schaute sie dort nach und fand eine Dose mit ranzigem Bohnerwachs und einen Haufen schmutziger und trockener Lappen, die aus alten Unterhemden herausgerissen waren.

Vor der Spüle befand sich die Falltür zum Keller. Sie hatte sie bisher nicht geöffnet – warum auch, die Katze konnte sich gar nicht dorthin verzogen haben. Sie wollte hier nicht alleine sein, nicht mit den Schatten und der Monduhr.

Vielleicht hatte die Falltür offen gestanden und war zugefallen, als das Tier daran vorbeiging. Als sie an dem Ring zog, kam die Tür mit geölter Leichtigkeit hoch. Von unten stieg der vertraute Geruch nach Keller auf, der sich seit ihrer Kindheit nicht verändert hatte. Sie starrte hinunter in die Dunkelheit. Ein Klicken ertönte, gefolgt von dem schwachen Poltern eines anspringenden Heizungsaggregats. Gelbes, flackerndes Licht aus der Feuerung spielte über die Wände.

»Mieze?«

Kein anderes Geräusch ertönte.

Mandy schob ihre Hand in die Dunkelheit und tastete nach dem Lichtschalter, bis sie sich daran erinnerte, daß es am Fuß der Treppe nur eine Schnur gab. Sie begann die rohen Holzstufen im von oben hereinfallenden Lichtbalken hinabzusteigen.

Sie erreichte den tiefsten Punkt, fand die Schnur und zog daran. Kein Licht; die Birne war längst ausgebrannt.

Sobald ihre Augen sich angepaßt hatten, machte die Kombination von lodernder Feuerung und dem Licht aus dem Abstellraum es ihr möglich, ein paar Dinge zu erkennen. Sie schaute sich um, duckte sich unter den fetten Tentakeln, die vom Ofen wegführten. Es waren die Luftzüge, die die Wärme in alle Winkel des Hauses verteilten. Dies war der Weg, den sie im Namen der allergeheimsten Mission jugendlicher Liebe beschritten hatte, ein anmutiges, selbstbewußtes Mädchen, den auserwählten nervösen Jungen im Schlepptau.

Gegenüber dem Heizofen befand sich eine Tür in einer roh zugehauenen Tannenholzwand, der ›Weinkeller‹ des Hausbauers und der Schauplatz jener frühen Experimente, von denen eines oder zwei unauslöschliche Eindrücke hinterlassen hatten, der erste, verwirrte genitale Kontakt und die alles verschlingende Woge von Lust, die damit einherging. Sie hatte seinen Schaft in diesem Raum festgehalten, zu ängstlich und zu erregt, um sich zu rühren, während sie mit halbem Ohr der neuesten Folge von *General Hospital* im Fernsehen im Wohnzimmer über ihnen gelauscht hatte.

An der Tür hing jetzt ein primitives Schild mit einer Aufschrift in roter Tinte: ›Katzenclub. Draußen bleiben!‹

Beim Anblick der krakeligen Buchstaben zerriß es Mandy fast das Herz. Dies mußte also auch das Geheimzimmer von Georges Kind gewesen sein. Weitere Hinweise auf Lebewesen, die sich zurückgezogen haben. Erinnern sich solche Kinder an ihr kleines Zimmer, unterhielten sie sich vielleicht sogar heute noch flüsternd darüber?

Es fiel Mandy nicht leicht, die Tür zu öffnen, aber sie tat es.

Als sie sah, was dahinter war, konnte sie noch nicht einmal schreien.

Sie stand einfach reglos da, keuchend, ungläubig, und starrte. Die Wände, der Fußboden, die Decke waren mit Bildern von Katzen bemalt, vollgezeichnet und bekritzelt. Panther kauerten sprungbereit, Wildkatzen sprangen, Kater und Katzen attackierten und krochen und spuckten, und dazwischen gelegentlich das Foto von einer verstümmelten Katze. An die Wände genagelt waren Teile von Katzen, Felle und zerquetschte Knochen und in einer Ecke ein Schädel mit klaffendem Maul.

Ein schmutziges Laken lag zusammengerollt auf dem Fußboden. In dem Zimmer stank es nach ranzigem Fett. Eine Votivkerze stand mitten in diesem Durcheinander.

Haß war hier zu spüren, der über das menschliche Maß hinausging. Sie begriff, daß dies kein Kinderzimmer war.

Nur ein erwachsener Geist hatte die Ruhe und Geduld, so

etwas zu schaffen. Ein gequälter, verwirrter Geist. Ein Wahnsinniger.

Kein Wunder, daß Kate ihre Kinder genommen und davongelaufen war.

Mandy wich zurück, schloß die Tür schnell vor dem abscheulichen Geheimnis, dann kehrte sie schnell in den Abstellraum zurück. Ihre Katze war nicht im Keller. Sie ließ die Klapptür in den Rahmen zurückfallen, ging in die Küche und knipste das Licht an. Sie setzte sich an den Küchentisch, stützte den Kopf in die Hände und hatte das Gefühl, daß das Geheimnis dieses Hauses wie ein eiterndes Geschwür an ihrem eigenen Körper war.

> Wie seltsam des Mädchens Leben scheint –
> Hinter jener Eklipse so weich –

Sie flüsterte die Worte auf die gelbe Plastiktischplatte. Emily Dickinson kannte die Geheimnisse der Frauen. Wie perfekt, diese mißliche Lage als sanfte Eklipse zu beschreiben. Emily... du hast soviel gewußt, weise Emily. Und du hast dich auf deiner kleinen Farm versteckt, weit weg vom Leben und dem ganzen Wahnsinn. Ich wünschte, ich könnte in dieser Sekunde wieder dort sein.

Hinter dieser sanften Eklipse...

Für George war die Weiblichkeit, so schien es, eine Katze. Kätzchen Kate.

So widerwärtig. So traurig. So gefährlich. Sie mußte sofort von hier verschwinden.

Sie stand auf, dachte daran zu gehen und ihre Sachen zu packen. Doch draußen bewegte sich etwas. Als Schritte den Weg zum Haus herauf liefen, bekam sie eine Gänsehaut.

»Mandy!«

Die Stimme klang hoch und brüchig wie die einer verzweifelten Frau.

»Mandy, laß mich herein!«

»George?«

»Ja!« Er heulte das Wort hinaus und rüttelte dabei am Türknauf. Seine Stimme kreischte im wahrsten Sinne des

Wortes vor Wut. Zutiefst verängstigt, als säße sie in einer Falle, entriegelte Mandy die Tür.

Er stürmte an ihr vorbei, murmelnd, und stakste gefährlich wie eine Spinne durch das düstere Haus. »Hurensohn! Verdammter Hurensohn!«

Er verschwand im Schlafzimmer. Sofort setzten dumpfe Laute und heftiges Krachen ein. »George!« Sie wurde Zeuge, wie er die unterste Schublade der Kommode durchwühlte. Um ihn herum verstreut auf dem Fußboden lagen Oberhemden und Gürtel und etwa ein Dutzend dicker Patronen. »George, was machst du da?«

»Dieser verdammte Jesus-Freak hat meine Rhesusaffen umgebracht! Meine *Rhesusaffen!*« Er holte eine große schwarze Pistole mit langem Lauf hervor, bückte sich nach den Patronen.

»George, was ist in dich gefahren? Tu das dumme Ding weg.«

»Ich blase diesen Bastard aus den Schuhen! Ich war im Labor gleich nebenan, und trotzdem muß er irgendwie hereingekommen sein und meine Affen mit einer Stricknadel geötet haben.« Er verstummte, jeder Muskel in seinem Körper spannte sich an, er preßte seine Augen zusammen, seine Lippen spannten sich, gaben die Zähne frei. Er umklammerte die Pistole mit weißen zitternden Händen. »Er hat sie erstochen.« Ein tiefes, furchtbares Schluchzen, das mehr ein Bellen war als ein Weinen.

Er stand auf.

»Gib mir die Pistole, George.« Er lachte bitter, schickte sich an, zur Tür zu gehen. Hätte sie vorher darüber nachgedacht, hätte sie es wahrscheinlich nicht gewagt, ihn anhalten zu wollen. Aber ihre Instinkte waren größer als ihre Vernunft; sie packte seinen Ellbogen und wirbelte ihn herum. »Du hast nicht mal den kleinsten Beweis.«

»Ich brauche keinen Beweis! Es gibt niemanden auf der Welt, der mich so haßt wie er.«

»Seine gesamte Gemeinde. Du hast doch selbst gesagt, daß er gegen dich predigt. Demnach kann es jeder von ihnen gewesen sein.«

»Er muß nicht persönlich die Schuld tragen, aber –«

»Du bist kein Gericht. Du hast kein Recht, ihm das Leben zu nehmen. Rede mit ihm, bedrohe ihn, spuck ihn von mir aus an, wenn du dich danach besser fühlst, denn, George, ich bin sicher, daß er ein Bastard ist. Aber die Pistole solltest du lieber mir geben.« Sie unterdrückte ihren Schrecken. Er war so verrückt. Sie durfte nicht zulassen, daß er sich selbst und ein zweites menschliches Wesen vernichtete. Sie durfte bei dem Versuch, an die Waffe heranzukommen, auf keinen Fall versagen.

Er schwankte, dann neigte er den Kopf. »Du hast natürlich recht. Ich kann es mir wirklich nicht erlauben, im Gefängnis zu sitzen.«

»Natürlich nicht. Gib sie mir, George.«

Zweifel flackerten in seinen Augen, um kurz darauf einem Ausdruck Platz zu machen, der zu bizarr wirkte, um in einem normalen Gesicht zu erscheinen; er setzte sich aus Grausamkeit und Liebe und etwas zusammen, das durchaus ein Lachen sein konnte.

Er reichte ihr die Pistole, die sie auf ihren Platz in der Schublade zurücklegte.

»George, versuch dich zu beruhigen. Du brauchst Ruhe, und ich denke auch, du könntest einen guten Arzt brauchen.«

»Ich muß nur dem Verrückten einen Schrecken einjagen, damit er mich in Ruhe läßt. Und ich glaube, ich weiß, wie ich das schaffe.«

»Also George, gib doch Ruhe.«

»Ich werde noch wahnsinnig, wenn ich ihm nicht gegenübertrete! Ich muß tun, was ich kann, und zwar alleine für mich, für mein Seelenheil, begreifst du das denn?«

Es gab keinen Ausweg. Der Mann sollte seine Konfrontation bekommen. »Dann los«, sagte sie. »Wenn du darauf bestehst, dann kann ich, glaube ich, schlecht widersprechen. Dann laß mich dich wenigstens hinfahren.«

»Du hast doch mit der ganzen Sache überhaupt nichts zu tun.«

»Ich sagte doch, ich fahre. Ich will nicht, daß du in Schwierigkeiten gerätst.«

»Er hat mich ruiniert!«

»Du wirst weiterarbeiten! Und einen Weg finden.«

Sie hatte gehofft, daß er sich während der Fahrt im Volkswagen wieder beruhigen würde. Sie würden dann irgendwo anhalten, einen Drink nehmen, und dann würde sie ihn nach Hause bringen. Wenn er dann schlief, würde sie sich ein Motel in der Nähe suchen. Und morgen würde sie sich mit dem Collierschen Anwesen und dem neuen Job befassen.

Er sah aus, als wäre er vollkommen fertig, wie er fröstelnd und zusammengekauert auf seinem Sitz hockte. »Meine einzige Alternative ist jetzt, sofort einen Menschen-Test durchzuführen und zu hoffen, daß den Stohlmeyer-Leuten nicht die schlampigen Vortests auffallen. Das ist alles, was ich tun kann, um das ganze Projekt zu retten.«

»Ein Test mit einem Menschen?«

»Es kann überhaupt nichts passieren. Heh, du bist falsch abgebogen. Der Tempel steht an der Ecke North und Willow.«

Schade, daß er es bemerkt hatte. Sie bog nach rechts von der Bridge auf die Taylor Street ab und versuchte noch immer, ihn in ein Gespräch zu verwickeln, das ihn ablenken sollte. »Ich habe die große Constance Collier kennengelernt. Es war wirklich ein Erlebnis.«

Das schien ihn überhaupt nicht zu interessieren. »Kann ich mir vorstellen.«

Ein dumpfer Schmerz meldete sich wieder, als sie sich an ihre eigene Tragödie erinnerte. »Ihr Landsitz ist wunderschön. Und sie scheint sehr umgänglich und freundlich zu sein. Trotz allem, was ich von ihr gehört habe.«

»Constance Collier ist eine großartige Frau. Sie bedeutet mir unendlich viel. Seit deiner Zeit hier wurde Bruder Pierce ihr erklärter Feind. Er kam 1981 hierher, nachdem du weggegangen warst. Im vergangenen Jahr versuchten er und seine Anhänger Miß Collier dazu zu bringen, ihren Namen einer Sache zur Verfügung zu stellen, die *Das christliche Feenreich* hieß, und sie reagierte, indem sie sie verklagte, weil sie sich ihrer Charaktere bedienten. Er behauptet, daß sie eine Heidin ist.«

»Das ist man wohl auch, wenn man als Hexe agiert, nicht wahr?«

»In gewisser Hinsicht schon. Auf jeden Fall sind Hexen keine Christinnen. Deshalb ist er ja auch so wütend. Bei der nächsten Gelegenheit nach rechts in die North Street. Wir sind fast da.«

Zu dumm.

Der Tempel war ein niedriges Gebäude – offensichtlich ein mit möglichst geringen Mitteln umgewandeltes Lagerhaus. Wagen parkten kreuz und quer auf dem staubigen Gelände, das das Gebäude umgab. Licht drang durch Fenster, die mit farbigem Transparentpapier beklebt worden waren. Ein großes Schild, sauber und hell und von einem Schildermaler hergestellt, schien zwanzig Fuß über dem Gebäudedach zu schweben. ICH BIN DAS LICHT verkündeten schwarze Lettern auf weißem Grund. Riesige Kohlenstoffleuchten knisterten an den vier Ecken des Schildes und ließen es in unnatürlicher Helligkeit erstrahlen. Hinter den bunten Glasfenstern erklang ein mächtiger Gesang: »O Gott, unsere Gnade seit Anbeginn der Welt...«

Mandy konnte an den Fahrzeugen erkennen, daß es sich bei den Anhängern von Bruder Pierce vorwiegend um Menschen aus dem Arbeitermilieu handelte, die meisten davon sicher arbeitslos und in diesem Stahl- und Kohlerevier ohne Zukunftschancen, die sich verzweifelt an seine simplen Heilsbotschaften in einer schweren Zeit klammerten. Gegen ihren Willen war sie von der Kraft und Inbrunst in den Stimmen der Sänger zutiefst bewegt.

»Ich hatte nicht mit einem Gottesdienst gerechnet«, schnappte George. »Aber ich schätze, der Kerl hält mittlerweile dauernd irgendeine Messe ab. Die gesamte Stadt hockt zu seinen mit Krokodilleder umhüllten Füßen. Das heißt, diejenigen, die nicht auf Constance' Seite stehen.«

»Warum gehen wir nicht auf einen Drink irgendwohin? Und kommen zurück, wenn hier alles vorüber ist.«

George ignorierte ihren Vorschlag. Ehe Mandy ihn aufhalten konnte, war er schon durch die Tür verschwunden. Mandy folgte ihm.

Die Kirche war zwar nicht bis auf den letzten Platz gefüllt, aber es hatte sich eine recht ansehnliche Schar von Gläubigen versammelt. Mandy hatte angenommen, daß die Fundamentalisten-Bewegung im Niedergang begriffen war – doch gut dreihundert Leute waren zugegen, und das an einem Wochentag. Viele junge Leute waren darunter, zweifellos Studenten des College.

»Willkommen, Bruder und Schwester!« Ein aufgeschwemmter, schwitzender Türsteher kam ihnen von seinem Platz an der Tür entgegen. Zu den letzten Takten des Liedes fuhr er fort: »Ich nehme an, ihr seid neu hier, nicht wahr? Preiset den Herrn, der euch in sein Licht geführt hat.«

»Ich möchte Bruder Pierce sprechen.«

Die Stimme des Türstehers sank zu einem Flüsterton herab, als der Gesang verstummte. »Nun, er ist der mit dem weißen Haar, der große Mann ganz vorne.« Er lächelte. »Das ist Bruder Pierce. Wenn ihr hergekommen seid, um Reue zu bekunden, dann seid ihr nicht zu spät dran. Er hat die Sünder noch nicht nach vorne gerufen.«

»Ich will Bruder Pierce sprechen.«

»George, laß es gut sein.«

»Bruder Pierce! Ich bin Dr. George Walker aus der Biologischen Abteilung!«

Gesichter wandten sich um, einige fragend, andere mit einem Ausdruck der Ungehaltenheit über seinen herausfordernden Ton. Vorne in der Kirche erwachten die von weißem Haar eingerahmten hellblauen Augen zu intensivem Leuchten. Es kam Mandy plötzlich so vor, als seien diese beiden Männer Psychopathen. Und doch unterschieden sie sich voneinander: Während George hart und gefühllos erschien, zeigte Bruder Pierce jene beängstigende Freundlichkeit des Narren – die Art von Freundlichkeit und Güte, die Hexen auf den Scheiterhaufen schickte, um zu gewährleisten, daß sie in den Himmel kamen.

»Ich möchte wissen, warum Sie meine Versuchstiere ruiniert haben, Bruder Pierce. Warum Sie mein Experiment ruiniert haben! Geschah es deshalb, weil es die Menschen von der Angst vor dem Tod befreien könnte, die Sie ja einsetzen, um sie zu Ihren Sklaven zu machen?« Seine Stimme krächzte und zitterte, aber sie erstarb nicht.

Mittlerweile in Begleitung von drei viel jüngeren Männern, tauchte der Türsteher im Mittelgang hinter George auf.

Mandy folgte ihnen, wobei ihre Gedanken rasten. George in Wut war eine menschliche Brandbombe. Es gehörte schon Mut dazu, einen Fanatiker inmitten einer Schar seiner Getreuen zu attackieren.

»Ich sagte, ich bin Dr. George Walker –«

»Ich weiß, wer du bist!« Bruder Pierce' Arm schoß hoch, und sein Finger stach in die Luft. »Und ich weiß, daß du gar nicht anders konntest, als herzukommen. Der Dämon hat dich hergeführt, denn du bist nichts anderes als sein Werkzeug. Aber ich liebe dich in Christo, George, wir alle lieben dich.« Er hob beide Arme und nickte.

Die gesamte Versammlung stimmte mit ein: »Wir lieben dich in Christo.« Die Freude unter ihnen, die Wärme, war zugleich überwältigend und ansteckend. Mandy war sich nicht sicher, ob sie zurückgewichen wäre, wenn einer von ihnen ihre Hand ergriffen hätte.

»Ihr seid still«, brüllte George, »ihr allesamt! Sie haben meine Tiere getötet, und ich fordere eine Entschädigung. Ich erwarte eine Wiedergutmachung!«

»Liebe Leute, wir haben diesem Mann niemals Gewalt angetan, geschweige denn den armen Kreaturen, die in seinen gottlosen Experimenten zu foltern er sich für berechtigt hält.«

»Sie haben meinen Frosch umgebracht und meine beiden Rhesusaffen!«

»Wir haben nichts dergleichen getan. Der Satan hat dir die Augen für das Gute in der Welt geschlossen. Ich rate dir dringend, niederzuknien und mit uns um die Erlösung deiner Seele zu beten.« Er wandte sich um und kniete vor dem Kreuz nieder, das an der Rückwand hing.

»Sie verlogener Bastard!«

»O Herr, wir bitten dich, das Herz dieses Verlorenen zu öffnen, auf daß er erlöst wird aus dem Bann des Verführers!«

»Halten Sie die Klappe, Sie alter Idiot! Sie Stück Scheiße!«

Zwei der jungen Männer packten Georges Schultern. Er schüttelte sie ab und machte einen drohenden Schritt auf Bruder Pierce zu.

Mandy mußte eingreifen. Wenn sie nicht aktiv wurde, dann würden die Leute ihr Schutzmäntelchen selbstloser Menschenfreundlichkeit abwerfen und George die Tracht

Prügel seines Lebens verpassen. »Lassen Sie ihn in Ruhe!« Sie drängte sich an den Kirchendienern vorbei. »Ich bringe ihn nach Hause.« Sie legte ihm einen Arm um die Taille. »Komm jetzt, George.«

»Geh mit ihr«, sagte Bruder Pierce ausgesucht freundlich. »Geh mit dieser unheiligen Dirne!« Seine blauen Augen funkelten sie an, von dem Feuer in seinem Innern zu glühenden Kohlen entfacht. »Du Heidin!«

George war ganz eindeutig nicht der einzige Verrückte hier. Sie mußte diesen Gedanken durch irgendeine Reaktion verraten haben, denn Bruder Pierce spürte augenblicklich ihr Entsetzen und hob einen anklagenden Finger. Er wies direkt auf sie.

»Du Teufelin! Du wagst es, deinen Schmutz aus deinem Loch mit heraufzubringen.«

Sie versuchte, mit trockenem Mund etwas darauf zu erwidern, doch ihre Worte kamen nur in einem Flüstern. »Ich bin eine total anständige –«

Bruder Pierce' Stimme steigerte sich sekundenschnell zu einem wutschnaubenden, überlauten Brüllen. »Ja, du bist eine Dämonin! Denn ich sehe dich, wie du bist. O ja! Ja! ›Sie hatten Schwänze wie Skorpione, und in ihren Schwänzen da waren Stachel. Und sie hatten einen König über sich, welcher der Engel der Finsternis ist, dessen Name da lautet in der Sprache der Hebräer Abadon!‹ «

Mandy war zu verblüfft, etwas zu sagen oder sich auch nur zu rühren. Warum war dieser Mann plötzlich so wütend, und warum über sie? Warum griff er sie an und nicht George?

»Du bist die Dienerin der Heidin! Du sitzt zu Füßen des Bösen, das wir unter uns ertragen müssen!«

Oh. Er mußte demnach wissen, daß sie für Constance arbeiten wollte. Was hieß das schon. »Komm endlich, George«, brachte sie trotz ihres ausgetrockneten Mundes hervor. »Diese Leute sind unsere Zeit nicht wert.«

»Ich erwische Sie noch, Pierce. Ich sorge dafür, daß Sie hinter Gitter kommen!«

»George, vergiß es. Er ist ein abergläubischer Narr!«

»Ich erflehe die Liebe des Herrn auf euch, ich überantworte eure Sünden seinem Licht. Herr, Herrgott im Himmel, hilf uns, diese armen Verlorenen zu lieben, hilf uns, sie zu erretten!«

Mandy wandte sich ab und hatte Mühe, sich unter Kontrolle zu halten. »Wir sollten herkommen und den Laden anzünden«, murmelte George, während sie durch den Mittelgang gingen.

»Da kann ich dir nur beipflichten«, zischte sie.

Wieder im Auto, blieben sie für einen Moment still sitzen. »Vielleicht können wir uns jetzt einen Drink genehmigen«, sagte Mandy schließlich und versuchte dabei, ihr Zittern zu unterdrücken. »Dann bringe ich dich nach Hause und packe dich ins Bett.«

George schwieg, bis der Wagen sich in Bewegung setzte. »Ich kann jetzt nicht nach Hause«, sagte er plötzlich. »Ich muß den nächsten Schritt vorbereiten.«

Es war nicht notwendig zu fragen, was er damit meinte; sie wußte es. Nachdem er Bruder Pierce seine Drohung übermittelt hatte, würde er in sein Labor zurückkehren und sein Verfahren an einem menschlichen Wesen testen.

Sollte sie seine Mitarbeiter von seinem Gemütszustand warnen, in dem er sich befand? Nein. Das wäre ein sinnlos destruktiver Schritt. Vielleicht bewahrte George das wahre Ausmaß seines Wahnsinns genauso tief in seinem Geist verborgen, wie auch in seinem Haus. Die Darbietung von heute abend war selbst bei einem normalen, gesunden Mann durchaus verständlich. Sie gab sich daher mit einer Ermahnung zufrieden.

»Sei vorsichtig, George. Daß niemandem etwas zustößt.«

»Bring mich nur zu meinem Labor zurück. Ich habe eine Menge Arbeit vor mir.«

Kapitel 8

Trotz seiner hübschen alten Häuser, seiner ehrwürdigen Bäume und der Eleganz seiner mit Backsteinen gepflasterten Straßen, erkannte Mandy jetzt, daß Maywell sich in den Jahren, seit sie die Stadt verlassen hatte, ernsthaft infiziert hatte.

Es gab keine griffige Erklärung für das, woran die Stadt erkrankt war. Die Infektion zeigte sich im Verborgenen; sie lauerte hinter den abends erleuchteten Fenstern, wehte wie Rauch im leisen Gelächter der Nacht. Vor fünf Jahren hatten die Menschen Constance Collier toleriert. Nun, wegen des Auftauchens eines einzigen Mannes, fingen sie an, sie zu hassen.

Mandy konnte nicht mehr in Georges Haus zurückkehren, und jetzt aus mehr als nur persönlichen Gründen. Der Gedanke, Bruder Pierce' Leuten zu begegnen, wenn sie durch die Nacht streiften, ließ sie frösteln. Zwischen ihnen und dem Kellerraum konnte es in ihrem alten Zuhause keinen Frieden geben.

Nachdem sie George vor seinem Labor abgesetzt hatte, fuhr Mandy für eine Weile herum und versuchte, sich zu beruhigen. Früher einmal war die Schönheit der Stadt auch ihre Wahrheit, ihre Realität gewesen, doch ihre finsteren Ecken, die armseligen Häuser an der Bartlett Street, der heruntergekommene Wohnwagenpark unweit von Bruder Pierce' Tempel schien nun die wesentlichere Realität zu sein. Wäre das Gebrüder Grimm-Projekt für ihre weitere Karriere nicht so wichtig gewesen, wäre sie auf der Stelle abgefahren, und zwar für immer. Doch während sie an der Kirchenzeile in der Main Street vorbeirollte, die Wohnbezirke der Stadt auf der einen Seite und die drei Kirchen auf der anderen, die weiße Episcopalkirche mit ihrem eleganten Kirchturm, die presbyterianische neugotische Kirche und das alte Versammlungshaus der Freunde Gottes, das noch aus vorrevolutionären Zeiten stammte, konnte sie fast glauben, daß Maywell noch gesund war und daß Bruder Pierce' grelles, summendes Schild nicht hinter den Bäumen leuchtete.

Ein schwarzer Lastwagen tauchte plötzlich im Licht ihrer Scheinwerfer auf. Sie wich aus und trat auf die Bremse. »Verdammt!« Was war mit ihr los? Sie betrachtete sich selbst als nur schwer aus der Ruhe zu bringende, gelassene Persönlichkeit, und hier hätte sie beinahe einen Unfall verursacht...

Aber dafür gab es einen Grund, denn eine lebhafte Fantasievorstellung erfüllte sie. Sie kam wie der weiße Wind, der manchmal in ihre Träume eindrang, so mächtig, daß sie gerade noch Zeit fand, ihren Wagen zum Stehen zu bringen, ehe sie jeglichen Kontakt mit Maywell verlor.

Die Straße vor ihr verschwand, die Bäume, die sie säumten, verwandelten sich in einen hohen Palisadenzaun, in der Luft lag plötzlich der Gestank von angesengtem Fleisch und brennenden Haaren.

Schreie der Qual gemischt mit einem Anflug von Fröhlichkeit. Sie saß nicht mehr in ihrem Auto, sondern stand an einen rohen Holzpfahl gelehnt. Auf ihrer Haut spürte sie gröbere Kleidung und erkannte am Gewicht an ihrer Hand eine dicke, zischende Kerze. Ketten fesselten ihren Körper an den Pfahl. Sie hörte das alles verschlingende Knistern eines mächtigen Feuers, dann sah sie die rote Glut zwischen den Holzscheiten, die um ihre Füße fast bis zu ihrer Taille aufgestapelt waren.

Sie erinnerte sich an Trostworte aus ferner Vergangenheit, als jemand zu ihr gesagt hatte: »Wenn du durch das Feuer dahingehen sollst, dann fürchte dich nicht. Drogen werden dir helfen, und du wirst nichts spüren.«

Wann war das gewesen? Nicht in diesem Leben jedenfalls.

Sie starrte hilflos auf eine unglaublich gespenstige Menge, die auf sie zustürmte, Männer und Frauen und Kinder wie schmutzige kleine Wiesel, alle mit brennenden Fackeln und Reisigbündeln, die sie ihr vor die Füße warfen.

Dann leckte eine lange Feuerzunge an ihren Beinen, so heiß, daß sie für einen kurzen Moment ein Kältegefühl hatte. Dann war es, als würde jemand sie heftig peitschen, als würde sie mit einer glühenden Feile zu Tode gemartert. Mit einem Zischen standen ihre Haare in Flammen. Sie spürte, wie ihr Gesicht sich auflöste wie Haut auf der Milch.

Oh, sie haben mich geschändet, haben meine Schönheit vernichtet. Und ich war einmal das Schönste, was sie hatten.

Ich war ihre Hexe.

Genauso abrupt, als sei ein Projektor abgeschaltet worden, tauchte Maywell wieder um sie herum auf, die von Straßenlaternen erleuchtete Backsteinstraße, die tanzenden Schatten der Bäume. Sie saß einen Moment lang da, von der Halluzination zu verblüfft, um sich rühren zu können. Sie sackte über dem Lenkrad zusammen.

Die Menge bei der Hexenverbrennung war *echt* gewesen.

Sie erinnerte sich, daß Anthropologen mittlerweile davon ausgingen, daß die Hexenkunst eine frühere, vorchristliche Religion war, nicht mehr. Das Christentum hatte sie als etwas Böses abgestempelt und ihren Gehörnten Gott in den Teufel verwandelt, weil sie miteinander in Konkurrenz standen. Zu ehrwürdig, um zur Dämonin erklärt zu werden, wurde ihre Muttergottes zur gesegneten Jungfrau.

So jedenfalls erklärten einige Anthropologen es.

Es gab jedoch ein tiefes Geheimnis. Mandy sah vor ihren geistigen Augen, wie ein Ausdruck maßloser Wut in Bruder Pierce' freundliches Gesicht kam ... sie hörte Constance' Raben schreien und erinnerte sich an den seltsamen, lasziven jungen Mann, Robin, an den Schimmer seiner nackten Haut in der Morgensonne.

Was bewegte sich da zwischen den Bäumen? Ein großer, breitschultriger Schatten, der langsam näher schlich.

Mit bebenden Fingern startete sie den Wagen. Sie mußte wieder der Mandy Geltung verschaffen, die sie kannte und der sie vertraute. Sie betrachtete sich selbst als eine Frau voller Stärke und Durchsetzungsvermögen. Sie verfügte über eine außergewöhnliche Fantasie, jedoch halluzinierte sie nicht einfach so, jedenfalls nicht mitten auf der Straße.

Niemand verbrannte irgendwen auf dem Scheiterhaufen. Ganz gleich, wie neurotisch die gesamte Stadt geworden sein mochte – man schrieb immer noch das 20. Jahrhundert. Maywell war kein von der Außenwelt isoliertes mittelalterliches Dorf; es war eine moderne Stadt, in tausendfacher Weise mit der restlichen Welt verbunden.

Mehr als an seine Worte erinnerte sie sich an den Klang seiner Stimme, diesen Tonfall und die Verletztheit hinter dem Funkeln seiner Augen. Es waren wirklich die traurigsten Augen, die sie je gesehen hatte.

Irgendwo in ihrem Bewußtsein war die Halluzination immer noch vorhanden und machte auf ihre Anwesenheit aufmerksam. Wie es bei Träumen häufig der Fall ist, sprang sie chronologisch in sich selbst zurück. Mandy war noch nicht verbrannt worden. Sie stand vor einem erregt zitternden Bischof, um ihr Urteil entgegenzunehmen.

Er legte ihr die rote Wachskerze zwischen die schmalen weißen Hände.

Sei still! Der Teil ihres Selbst, der die schrecklichen Bilder schuf, durfte diesmal nicht die Oberhand behalten. Wo zum Teufel war ihre Selbstdisziplin?

Sei still, ich befehle es dir, Amanda aus tiefstem Herzen!

Endlich. Mit einer bewußten Willensanstrengung lenkte sie ihre Aufmerksamkeit von der brennenden Jungfrau ab und konzentrierte sich auf das hübsche alte Eiscafé, an dem sie vorbeifuhr. Das war Blixter's Eissalon, und sie hatte nie zuvor einen Ort gesehen, der ihr heimischer und als sicherer Hort erschienen war. Sie hatte damals bei Blixter's eine schöne Zeit verbracht. Gleich da vorne, in der Gasse, wo der Lieferwagen geparkt war, hatte sie ihre erste und letzte Zigarette geraucht, eine Parliament, die sie von Joanie Waldron bekommen hatte, welche später noch vor ihrem zwanzigsten Geburtstag den Kominski-Jungen geheiratet hatte.

Hinter der Schaufensterscheibe konnte sie die Eisbar mit ihren chrom- und messingblitzenden Beschlägen und Zapfhähnen erkennen. Dort waren noch immer die gleichen Gußeisenstühle und die hübschen kleinen Tischchen und eine Menge Studenten aus dem College. Wie oft hatten sie und ihre Freundinnen es genossen, von gelegentlichen Besuchern des Städtchens irrtümlich für College-Girls gehalten zu werden. Wie aufgeregt waren sie damals gewesen, wenn die Collegeboys Interesse an ihnen bekundeten, der zurückhaltende Bradley Hughes und Männer wie Gerald Coyne und Martin Hiscott.

Mandy konnte es bei Blixter's nicht ertragen, nicht in einem Maywell, das sich auf so unselige Art und Weise verändert hatte. Mochte das eigene Zuhause auch manchmal die reinste Hölle sein, so war Blixter's stets ein Ort gewesen, wo ein Jugendlicher Zuflucht suchen und auf andere Gedanken kommen konnte.

Sie bog in die Morris Stage Road ab und fuhr zurück in Richtung Route 80.

Sie konnte einfach nach New York zurückfahren. Dort warteten ihre Atelierwohnung und ihre Freunde.

Oder sie konnte weiterfahren bis zur Albarts Street und

rüberfahren zum Collier-Besitz. Wenn sie den Mut dazu hatte.

Aber natürlich hatte sie ihn. Sie würde das neue Gebrüder Grimm-Buch von Constance Collier illustrieren! Sie selbst, Amanda Walker. Es war ein Buch, möglicherweise so großartig wie das von Hobbes illustrierte *Feenland*.

Ein Gedicht kam ihr in den Sinn. ›Zu lange hast du Blumen gesammelt und dich auf Bambus gestützt.‹ Nan Parton hatte es ihr geschickt, und diese Zeilen trafen jetzt genau zu, auf dieser Verbindung zwischen New York und dem Landsitz. Ein Gedicht von Wu Tsao. ›Ein Lächeln von dir, wenn wir uns sehen, und ich werde sprachlos und vergesse jedes Wort.‹ Die romantische, eindringliche Nan, mit soviel innerlich gestauter Wut, daß ihre Bilder aussahen wie versengt.

Sie konnte Nan in diesem Moment hören: Fahr zum Gut, es ist weitaus wichtiger, als es auf den ersten Blick erscheinen mag. Mache jetzt keinen Rückzieher. Wenn du es tust, wirst du vielleicht nie mehr eine solche Chance bekommen.

›Zu lange hast du Blumen gesammelt...‹

Tapfere Nan, *du* würdest sicherlich hingehen.

Links kam jetzt die Albarts Street, markiert von einer blinkenden Ampel, die mitten über der Morris Stage Road hing.

Mein Gott, Nan, ich wünschte du wärest hier, um mir zu helfen. Die Schutzheiligen aus dem East Village: Robert, wenn ich einsam bin, und Nan, wenn ich den Mut verliere. Ich liebte sie. ›Mein Liebling‹, hieß es am Ende von Nans Gedicht, ›ich möchte ein rotes Schiff kaufen und mit dir davonsegeln.‹ In der Nacht, im Dämmerlicht ihres Ateliers in der Bowery, war sie zurückgekommen und hatte Nan weinend angetroffen, ihre tapfere Nan. Sie kauerte nackt auf dem Futon, das Mandy als Bett benutzte, preßte die Laken gegen ihr Gesicht, küßte sie. Mandy war hinausgeschlichen, schockiert und verwirrt. Als sie zurückkam, war Nan verschwunden.

Frei von Angst lenkte sie nun ihren Wagen zwischen den stattlichen Häusern hindurch, rollte unter dem Laubdach der Straßenbäume auf das Collier-Anwesen zu.

Der Gedanke, bei Nacht zu Fuß durch den Wald zum

Haus zu gehen, ließ sie innehalten. Sie konnte an der nächsten Ecke umdrehen, aber andererseits war sie dazu nicht mehr fähig.

Doch es mußten ständig irgendwelche Fahrzeuge dorthin kommen, deshalb mußte es irgendwo in Maywell einen anderen Zugang zu dem Grundstück geben, einen Eingang, den ein Automobil benutzen könnte. Dunkel erinnerte sie sich an einen Zugang hinter dem alten Friedhof der Stadt. Hatten nicht einmal ein paar Kinder diesen Eingang an Halloween benutzt ... und waren sie nicht in eine wunderschöne Feier geraten, wo man ihnen unter anderem Apfelwein vorgesetzt hatte?

Sie bog in die Bridge-Street ein und fuhr an der Mauer entlang, vorbei an dem Tor mit seiner Inschrift und den Bäumen dahinter, so groß und so friedlich, daß sie gar nicht mehr wie Pflanzen erschienen sondern eher wie beieinander stehende Göttergestalten.

An der Ecke Bartlett Street stoppte sie unter einer Straßenlaterne und suchte in ihrem Handschuhfach nach einem Stadtplan von Maywell, den sie in der Exxon Tankstelle gekauft hatte, als sie hergekommen war.

Ja, dort war die Straße. Gleich hinter dem Friedhof auf dem Grundstück ging sie in eine punktierte Linie über. Mandy fuhr zurück zum Ende der Bridge und bog in die Mound Road ein. Kurz darauf fuhr sie durch den öffentlichen Friedhof. Der indianische Bestattungshügel, der der Straße ihren Namen gab, erhob sich abrupt jenseits der Friedhofsgrenze. Maywell hatte seine aus Europa stammenden Toten drei Jahrhunderte lang hier bestattet. Die Irokesen pflegten ihre Toten auf der Spitze des Hügels aufzubahren. Und vor ihnen hatten die Erbauer des Hügels ihre Toten in dem Erdwall begraben.

Wie lange hatten hier regelmäßig Beerdigungen stattgefunden? Wahrscheinlich einige tausend Jahre lang.

Gemessen am üblichen Standard der Vereinigten Staaten war dies ein sehr, sehr alter Ort. Außerhalb des Friedhofs beschrieb die Straße einen scharfen Knick nach Westen, in Richtung Stone Mountain; sie hatte plötzlich eine dichte Decke welken Laubes und verengte sich zu einem gerade wagenbreiten Asphaltstreifen.

Sie passierte ein Schild mit der Aufschrift »Betreten verboten«, das an einem Baum befestigt war. Kaum hatte sie es hinter sich, wurde die Straße noch schlechter, die Asphaltdecke wurde brüchig und verwandelte sich in einen Lehmweg, der hier und da mit verrotteten Holzplanken befestigt war.

Dies war ein einsamer Ort ... eine Gegend, in der sie – nun, sie wußte nicht mit wem zusammentreffen konnte, solange es nicht Bruder Pierce mit seinen schrecklichen Augen und seiner rasenden Wut war.

Es kam ihr so vertraut vor, als ob, in irgendeinem Kreis zwischen den Welten, sie und er schon immer Feinde gewesen wären.

Ihre von Flammen umzüngelten Schreie zerrissen die Nacht.

Das Bild einer Eule, die auf einem verkohlten Pfahl hockt, ein weiches, gefährliches Wesen der Finsternis ...

Sie wurde in die Wirklichkeit zurückgerissen, als ihr Kopf gegen das Wagendach stieß.

Du närrische Träumerin, wo zum Teufel warst du wieder? Da war überhaupt keine Straße mehr. Sie fuhr über nacktes Heideland. Der VW kämpfte, wühlte und ackerte sich durch das Erdreich.

Der Wagen begann wegzurutschen. Mandy schaltete zurück in den zweiten Gang, dann in den ersten. Die Räder griffen wieder, und der Wagen machte einen Satz nach vorne – nur um sich noch mehr festzufahren.

Sie stieg aus dem Wagen und ging nach hinten. Die Reifen hatten die dünne Grasdecke bis auf das feuchte, lockere Erdreich darunter aufgerissen. Ihr kam es so vor, als wäre sie mit dem Volkswagen bis ins Mittelalter zurückgefahren. Wahrscheinlich war Bruder Pierce schon in seiner Bischofsrobe unterwegs, vor Begierde zitternd, sie endlich verbrennen zu können.

Sie sammelte trockenes Gras und stopfte es unter die Reifen. Dann versuchte sie erneut, sich aus dem lehmigen Hindernis zu befreien.

Der Wagen vibrierte, die Reifen heulten, dann sprang er mit aufdröhnendem Motor vorwärts – und versank augenblicklich aufs neue.

Sie schaltete die Zündung aus. Es war hier draußen stockfinster, und sie war mindestens zwei Meilen von Maywell entfernt, vielleicht war es bis zu Constance Colliers Haus nur halb so weit – gesetzt den Fall, sie fand es auf Anhieb. Sie schlug mit den Handkanten gegen das Lenkrad. Man setze einen Stadtmenschen zwischen ein paar Bäume und auf eine unbefestigte Straße und schaue sich an, welchen Spaß er hat. Sie war hier draußen aufgewachsen und kannte die Zustände dieser alten Straßen. Warum hatte sie sich überhaupt so weit gehen lassen, daß sie jetzt derart in der Klemme saß?

Sie konnte nichts anderes tun, als loszugehen. Sie hatte wenig Lust, die ganze Nacht im Wagen zu verbringen. Ein VW Käfer ist kaum der geeignete Schlafplatz, wenn man größer ist als ein Meter. Mit ihren eins siebzig wäre er mit seinen Kanten und Ecken und Hebeln für Mandy das reinste Folterinstrument.

Sie suchte im Handschuhfach nach der Taschenlampe, knipste sie an und stellte erfreut fest, daß sie tatsächlich brannte. »Wenigstens ...« Der Lichtstrahl wurde schwächer und verlöschte. Sie hätte lieber auch frische Batterien auf die letzte Einkaufsliste schreiben sollen, dachte sie betrübt. Sie schlug mit der Faust auf das Wagendach und machte sich zu Fuß in die Richtung auf den Weg, die sie mit ihrem Wagen eingeschlagen hatte.

Wenn sie geradeaus weiterging, würde sie irgendwann rechter Hand das Haus sehen können. Mit dem Stone Mountain links von ihr als Orientierungshilfe dürfte das nicht allzu schwierig sein. Sie war keine fünfzehn Meter weit gegangen, als der Untergrund sumpfig wurde.

Vielleicht käme sie in Richtung Stone Mountain besser voran, von der Theorie ausgehend, daß das Gelände dorthin ansteigen müßte. Sie machte einen Schritt und stürzte beinahe hin. In dieser Richtung gab es tatsächlich Wasser in Gestalt eines Tümpels auf einer größeren Sumpffläche. Vielleicht böte die andere Richtung ihr bessere Chancen. Denn dort konnte sie die Umrisse eines Waldes sehen, der das Land wie eine dunkle Wolke bedeckte.

Das mußte der Wald des Wächtergnoms sein, des kleinen Steinwesens, das sie gefunden hatte, als sie das erste Mal hergekommen war. Nun, zum Teufel, der Wald war weitaus sicherer als dieses Schlammloch. Sie hätte ihren Wagen in der Albarts Street stehen lassen und zu Fuß gehen sollen, wie sie es vorher schon getan hatte.

Mandy wanderte los: ihre Füße verursachten bei jedem Schritt ein gieriges Schmatzen, und ihre Augen konnten von dem Untergrund vor ihr so gut wie nichts ausmachen. Sie hoffte, daß es sich bei dem schwarzen Schatten tatsächlich um den Wald handelte.

Wenn das der Fall wäre, dann würde sie schon bald auf der rechten Seite die Lichter des Collier-Hauses sehen.

Als sie Lichter sah, befanden diese sich jedoch nicht rechts von ihr. Sie schimmerten stetig, waren aber so schwach, daß sie kaum zu erkennen waren. Sie blieb stehen und starrte hinüber.

Sehr, sehr schwach konnte sie das rhythmische Klingeln eines Tambourins hören. Es lag auch ein Geruch nach Rauch in der Luft. Das mußte das Dorf sein, wo Constance' Anhänger wohnten. Wenn dem so war, dann war sie weiter auf die Besitzung vorgedrungen, als sie es als Kind je gewagt hatte. Das Hexendorf war ein Ort düsterer Stadtlegenden.

Sie konnte die schwachen Umrisse von Mauern aus Weidengeflecht und Stroh erkennen, dicke mit Stroh gedeckte Dächer. Kerzen flackerten hier und da hinter bleigefaßtem Glas. Mandy ging zwischen zwei dieser Hütten hindurch und gelangte auf den schlammigen Weg, der diese Häuserreihe von der nächsten trennte.

Kerzenlaternen hingen vor den Türen. Runde Trittsteine ragten aus dem Weg zwischen den beiden Hüttenreihen heraus. Es war eine Szenerie aus dem Mittelalter, aber der Frieden war weitaus tiefer, unangetasteter, als er es je in jener unruhigen Zeit gewesen war. Mandy schritt von Stein zu Stein. Als sie sicher zu sein glaubte, daß das Dorf unbewohnt war, hörte sie wieder das Tambourinklingeln, und diesmal bemerkte sie auch, daß es von einem leisen Gesang begleitet wurde.

In diesem Moment wußte sie, daß sie sich tatsächlich in dem Hexendorf befand. Sie war an den Ort der Legenden ihrer Kindheit gelangt.

Am fernen Ende des Pfades stand ein rundes aus Weidenruten geflochtenes Bauwerk, das sich von den Hütten wesentlich unterschied. Mandy näherte sich ihm und verharrte vor der geschlossenen Tür. Das Tambourin war jetzt deutlich zu hören, desgleichen die Stimme der singenden Frau. Mandy konnte die Worte nicht verstehen, aber ihr Klang war rein und fest und voller Liebe.

Dann ertönte ein Schrei.

Die Stimme und das Tambourin verstummten.

Hinter sich auf dem Pfad vernahm Mandy ein Keuchen. Es war laut und erklang ganz nah; als sie herumfuhr, wurde daraus ein tiefes, kehliges Knurren. Es begann sich ihr zu nähern. Sie hatte den Eindruck, als würde sie von einem mächtigen Hund belauert, und zog sich um eine Ecke des Gebäudes zurück. Das war einer der Gründe, warum die Stadtleute sich von dem Anwesen fernhielten.

Der Eindruck von einer schnellen Bewegung, und Mandy konnte die Wärme seiner Gegenwart an der Stelle erahnen, an der sie gerade noch gestanden hatte. Dann, im schwachen Licht einer Kerze gewahrte sie einen langen Schwanz mit einem Knick am Ende.

»Du bist es ja! Du, Tom!«

Er knurrte wieder, ein überaus katzenuntypischer Laut.

»Tom?«

Als sie erneut versuchte, sich dem Gebäude zu nähern, fauchte er sie an.

»Mein Gott.«

Der Kater hielt hier Wache. Es war ganz offensichtlich, daß er sie nicht in der Nähe des runden Gebäudes duldete. Wie war es möglich, daß dieser nette alte Kater sich so verhielt?

Es sei denn, sie hatte sich, in der Dunkelheit, geirrt. Vielleicht war das gar nicht ihr Tom. Vielleicht war dies ein völlig anderes Wesen.

Als die Kreatur erneut knurrte, ging sie ein paar Schritte, dann rannte sie um das Gebäude herum und lief in die Heidelandschaft dahinter.

Dabei lauschte sie aufmerksam. Natürlich war es nur die Katze. Kater sind manchmal launisch. Wenn sie eine Hand ausgestreckt hätte, wäre er wahrscheinlich herangekommen und hätte sich daran gerieben.

Trotzdem blieb sie nicht stehen. Sie mußte einen steilen Hang erklettern. Das mußte einer der Hügel sein, die sie vom Haus aus gesehen hatte. Auf der Kuppe mußte sie einen Augenblick verschnaufen. Sie stand da, keuchend – die Nacht ein dichtes Tuch, das sie einhüllte –, und sehnte sich nach einem winzigen Lichtschimmer und lauschte auf Pfoten, die durch das Gras herantappten. Sie würde sich wieder dem Kater nähern, aber nicht vor Tagesanbruch.

Sie versuchte, sich zu orientieren. Das kleine Dorf wurde auf einer Seite von dem Sumpf begrenzt und auf der anderen von diesen Hügeln. Außer vom Stone Mountain selbst mußte es aus allen Richtungen unsichtbar sein.

Bald schon konnte Mandy feststellen, daß vor ihr die Lichter des Collier-Hauses brannten. Sie waren nicht allzu hell, doch es waren so viele, daß es sich nur um das große Haus handeln konnte. Mit wiedererwachtem Selbstvertrauen machte sie sich auf den Weg über die kleinen Berge und Hügelchen, wobei sie in den Senken das Haus aus den Augen verlor, um es gleich darauf von den Erhebungen wieder deutlich sehen zu können. Nachdem die Mondsichel nun nicht mehr hinter Wolkenbänken verborgen war, gab es sogar etwas Licht. Sie kam in den Genuß des Luxus, mit ihren zerfetzten Schuhen sogar im Wege liegende Steine zu umgehen.

Plötzlich gelangte sie an den Rand der Gärten. Der Geruch der Landschaft änderte sich und wurde komplexer, vielschichtiger. Dann erkannte sie, was sich unter ihren Füßen befand: Sie wanderte durch einen Kräutergarten. Zu schade, daß sie nicht genug sehen konnte, um einen Pfad zu finden. Sie haßte es, die Pflanzen zu zertreten. Am Morgen würde Constance sicherlich über den angerichteten Schaden in Wut geraten und sie beschimpfen.

Schon bald ging sie durch hohes Gras. Nach einem steilen Abhang stand sie vor einem Swimming-pool, dessen Wasseroberfläche das Licht des Mondes reflektierte. In den Fenstern des Hauses leuchtete das herrlichste, wunderschönste Licht, das Mandy in ihrem ganzen Leben je zu sehen glaubte.

Sie stieg die Verandatreppen hoch. Das ganze Anwesen wurde von Kerzen erleuchtet, die in Fassungen, in Leuchtern und im Korridor in Wandhaltern steckten.

Aus der Bibliothek drang Constance Colliers Stimme, die mit einer Sanftheit und einer Leichtigkeit sprach, wie Mandy es bisher noch nie gehört hatte.

»Miß Collier?«

Die Stimme sprach weiter. Mandy betrat den Küchenvorraum, dann durchquerte sie die Küche. Hier gab es keine brennenden Kerzen, und sie mußte sich vorwärts tasten, um sich nicht an dem großen Tisch zu stoßen.

Als sie die Bibliothek erreichte, verharrte sie an der Tür. In dem Raum tagte eine Versammlung. Constance hielt offenbar so etwas wie eine Rede.

Wo war die Sanftheit in ihrer Stimme! Wo war Willt. Turners alte Keifhexe geblieben? Mandy trat auf die Tür zu, durch die Freundlichkeit der Stimme mit einem größeren Vertrauen erfüllt, als sie es je empfunden hatte. »Miß Collier?«

»Ja!«

»Ich –«

»Du bist hier willkommen, Amanda. Setz dich und hör zu, wenn du möchtest.« Eine einzige Kerze brannte in dem Raum und beleuchtete Constance Colliers altes Gesicht in einer Weise, daß die hübsche junge Frau, die sie einmal gewesen war, in den Schatten darauf zu warten schien, wieder ans Tageslicht zu treten. So erstaunlich wie Constance Collier war auch ihr Publikum.

Es waren Kinder, gut zwei Dutzend, die zu ihren Füßen saßen und so gefesselt waren, daß sie noch nicht einmal auf die Unterbrechung reagierten. Ihr Alter reichte von etwa vier bis zu dreizehn oder vierzehn Jahren. Alle waren mit einfachen grauen selbstgeschneiderten Sachen bekleidet. Constance selbst trug ein weißes Leinengewand, dessen Oberteil mit grünen Ranken und rosafarbenen Blüten bestickt war. Ein hübscher Effekt, so schlicht, daß er schon wieder elegant wirkte. Bei einer jungen Frau wäre dieses Kleid atemberaubend gewesen.

In einer fernen Ecke sah Mandy Robin lehnen. Seine

Schwester Ivy saß auf einem Stuhl neben ihm. Auch sie trugen graue Kleidung. Als Mandys Blicke die seinen trafen, reagierte er mit einem sehr leisen, sehr dreisten Lächeln. Er schockierte sie, und dieser Schock war köstlich – was sie ärgerte.

»Und jetzt hört mir zu«, sagte Constance. »Dies ist die Geschichte vom Tod als Paten.

Ihr müßt dazu wissen, daß diese Geschichte sehr, sehr alt ist. Sie ist viel älter als ein Märchen, und Märchen sind schon uralte Dinge. Diese Geschichte kommt nicht durch das Feenvolk zu uns, sondern sie wurde von Menschen weitergegeben. Ich glaube, diese Geschichte erzählt man sich schon, seit uns das Recht auf Sprache geschenkt wurde. Und davor – nun, da war sie in unseren Herzen.

Vor langer, langer Zeit, als diese Welt noch jung und wir noch jünger waren, lebte eine Frau, deren Äcker nicht groß genug waren, um ihre wachsende Familie zu ernähren. Sie war mit vielen Töchtern gesegnet, und sie alle hatten Männer gefunden und eigene Familien gegründet, bis noch nicht einmal die besten Ernten der Frau genug Getreide erbrachten, um jeden satt zu bekommen.

Dann, eines Abends am Tag des Erntefestes, kam ihre erste Tochter mit einem weiteren Kind herein. Die Mutter nahm das Baby und lobte ihre Tochter, aber als die Tochter wieder gegangen war, weinte sie, denn das Kind mußte ausgesetzt werden. Mit schwerem Herzen stahl die Mutter sich hinaus in die kalte Nacht, um den Jungen dem Himmel zu überantworten.

Sie wanderte alleine über die Straße, als ihr ein großer Mann mit Hörnern auf dem Kopf und Augen so wild wie die eines Wolfes begegnete. Dies war kein Leibeigener, sondern ein großer Jäger, der zum Sabbat der Jahreszeit gekommen war. Die Mutter hielt das Kind hoch und sagte: ›Bitte, Fremder, nimm dieses Kind als deinesgleichen an und sei ihm sein Pate.‹

Der Fremde nahm den Jungen und gab der Frau dafür einen Vogelbeerstab. ›Dies ist ein Zauberstab; damit kannst du die Kranken heilen. Aber paß gut auf, denn wenn du den Tod am Kopfende des Krankenbettes stehen siehst, berühre den

Kranken mit dem Vogelbeerzweig, und er wird wieder genesen. Wenn jedoch der Tod am Fußende steht, dann sag: Er wird sterben.‹

So wurde sie eine große Ärztin und sehr reich, und ihre ganze Familie gedieh prächtig. Eines Tages rief die Königin sie an das Bett ihres eigenen Sohnes – ein großer und mächtiger Jäger, der von einem Hirsch angefallen worden war. Der Tod stand am Kopfende des Bettes, und der Junge blieb am Leben. Dann wurde der Junge ein zweites Mal verletzt, diesmal von einem reißenden Tiger. Wieder stand der Tod am Kopfende, und auch diesmal genas der Junge. Aber beim dritten Mal, als der Junge krank vor Liebe war, stand der Tod am Fußende, und der Junge mußte sterben.

Die Frau ging hin und suchte den Paten auf und erzählte ihm, was alles geschehen war. Aber als sie in das Haus kam, stellte sie fest, daß dort alles sehr seltsam war. Im ersten Stock kämpfte eine schwarze Katze gegen einen Hund, und es herrschte ein furchtbarer Lärm. ›Wo wohnt der Pate?‹ fragte die Frau. Augenblicklich verwandelte die Katze sich in den toten Sohn der Königin und sang:

›Vogelbeer, Vogelbeer, silberner Zweig der Lebenszeit
Wirf meinen Schatten auf Blut und Streit.‹

Die Frau drang weiter in das Haus vor. An den Wänden waren die Schatten vieler Tiere, die der Pate erlegt hatte, Hirsche und Bären und der Bison. Und dort waren auch Schatten von Menschen. Auf dem Fußboden lagen viele tote Babys, die Kinder, die dem Himmel überantwortet waren. ›Wo wohnt der Pate?‹ fragte die Mutter diese Kinder.

Sie sprangen auf und sangen:

Vogelbeer, du silberner Zweig der Lebenszeit,
wirf meinen Schatten auf den Schädel von Streit.‹

So ging die Mutter weiter, denn ein Stück voraus konnte sie einen Raum sehen, in dem Schädel verstreut lagen. Als sie sie mit dem Vogelbeerstab berührte, erwachten sie alle zum Leben und sagten:

›Vogelbeer, verfluch mich nicht,
des Paten Wunsch, der tötet mich.‹

Noch weiter vorgedrungen, konnte die Mutter einen furchtbaren Gestank riechen. Sie kam dann in einen verfaulenden Wald, alle Bäume waren schwarz vom Tod, alle Tiere lagen am Boden, und das Gras war verwittert und ausgetrocknet wie die Finger toter Kinder. Nur der Vogelbeerenstrauch war unberührt und leuchtete vor Leben, und seine kleinen Blüten öffneten sich vor den Augen der Mutter.

Da wußte sie, wo der Pate zu finden war. Und tatsächlich, er versteckte sich im Vogelbeerenstrauch. Als sie ihn entdeckte, sagte sie: ›Pate, was sind diese seltsamen Erscheinungen in deinem Haus? Am Eingang sah ich, wie aus deinen Tieren Kinder werden.‹

›Und ich sah dein Haar ergrauen, alte Mutter.‹

›Dann sah ich die Schatten deiner Opfer an der Wand.‹

›Aha. Dann weißt du also, warum du hier bist.‹

›Dann fand ich einen Raum voller Schädel.‹

›Das waren deine eigenen Leute.‹

›Danach einen verfaulten Wald.‹

›Die Welt, die kommen wird.‹

›Dann den Vogelbeerenstrauch.‹

Und er sprang hervor und machte Anstalten, sie zu pakken, doch sie war eine schnelle alte Frau, und sie konnte ihm entkommen. Als sie sich umdrehte und seine Hörner und seine roten Augen sah, begriff sie, wer er war, und sie rannte noch schneller.

Sie war dabei so flink, daß sie bis in ihr eigenes Land gelangte, und als ihre Leute sie sahen, waren sie von großer Freude erfüllt, denn sie war wieder zu einem jungen Mädchen geworden.«

Constance Collier hielt inne. Sie lächelte die Kinder an. »Diese Geschichte stammt von meiner Großmutter, welche sie wiederum von ihrer eigenen gehört hat. Ich habe sie immer wieder Leuten erzählt, die Bescheid wissen, und sie meinen, daß sie aus einer Zeit zu uns gekommen ist, in der wir fast alle noch in Höhlen gehaust haben. Und das ist es, was das Haus des Paten in Wirklichkeit war, nämlich eine Höhle und zwar genauso bemalt, wie sie es in Lascaux vor Tausenden von Jahren gemacht haben.«

Mandy war wie gebannt. Diese Geschichte konnte durchaus so alt sein, wie Constance behauptete. Jedenfalls war sie dem Märchen ›Gevatter Tod‹ der Gebrüder Grimm sehr ähnlich. Jedoch war dies eine auf Frauen zugeschnittene Version, und sie klang, als stamme sie aus einer Zeit, als Frauen gerade anfingen, sich um die Landwirtschaft zu kümmern, und die Männer immer noch Jäger waren.

Als sie diese so einfach gekleideten Kinder betrachtete, dann den wilden Jungen in der Ecke und schließlich Constance selbst, die gekleidet war wie eine Prinzessin, war Mandy zutiefst verwundert und erregt. Etwas ganz Außerordentliches ging hier vor, etwas, das sie in jeder Hinsicht ansprach. Und zwischen diesen Menschen herrschte eine so innige Liebe, das man sogar, während sie schwiegen, den Eindruck hatte, als würden sie ständig lachen.

»Und nun nehmt das Feuer und geht«, sagte Constance zu den versammelten Kindern. Zwei Bitten wurden laut um eine letzte kurze Geschichte und eine Bitte: »Ich möchte, daß mein Dad bei uns lebt.«

Nach diesen Worten wurde es still. Für einen kurzen Augenblick war die Freude von einer ernsteren Stimmung überwuchert. Constance streckte eine Hand aus und streichelte die Wangen des zehnjährigen Jungen. »Das ist eine Angelegenheit für den Zirkel, Jerry. Wenn du das nächste Mal herkommst, dann laß in deinem Kopf ein Bild von deinem Vater entstehen und stell dir dazu vor, daß er unter uns weilt, und sorge dafür, daß du dir ihn als lächelnd und glücklich vorstellst.«

»Wird er dann kommen?«

»Der Zauber, den du im Zirkel bewirkst, wird ihm helfen.«

Die Kinder stellten sich hinter einem älteren Mädchen auf, das eine Messinglaterne mit einer Kerze darin trug. In einer langen Schlange entfernte die Gruppe sich durch den

Korridor und verließ das Gebäude nach hinten. Wenig später tanzte die Laterne schon zwischen den Hügeln.

Nun hatte Mandy Gelegenheit, Constance Collier vor dem verrückten alten Prediger zu warnen. »Ich war in Bruder Pierce' Tempel –«

Sie blickte abrupt hoch. »Warum?«

»Es hat etwas mit den Schwierigkeiten zu tun, die mein Onkel mit ihm hat. Er ist Wissenschaftler, aber das ist nicht so wichtig. Ich war dort, um meinem Onkel zu helfen. Und Pierce wußte alles über mich, was ich hier tue und so weiter.«

»Er liest die Zeitung.«

»Ich denke, er haßt Sie.«

Constance Colliers Gesichtsausdruck wurde wieder sanft. »Aber Sie tun es nicht. Sie fühlen sich von uns angezogen. Sie stehen auf meiner Seite.«

»Nun, vielleicht.«

»Kommen Sie, Amanda. Wir schicken diese lästigen Raben los, damit sie die Kinder führen.« Sie trat ans Fenster und klatschte siebenmal laut in die Hände. Flügel begannen zu schlagen, und schläfrige Vögel kreischten und schrien. Dann folgte ein Chorus begeisterten Krächzens, und die Krähen stoben aus dem Busch unter dem Fenster hoch, wo sie offenbar geschlafen hatten. Ihr Krächzen hallte vom Himmel wider und wurde schon bald vom Lachen und den Freudenrufen der Kinder beantwortet. »Manchmal sind sie gut, Liebes, wenn ihnen danach ist.«

»Wer sind Sie?«

Constance Collier lachte. »Eine alte Frau, die gerne wieder jung sein möchte. Eine Träumerin, nehme ich an.«

»Verzeihen Sie, Miß Collier, aber ich weiß, daß es so einfach nicht ist.«

Constance schaute sie lange an. »Am Ende werde ich Ihnen jedes auch noch so kleine Geheimnis enthüllen. Aber erst, wenn ich dazu bereit bin. Seien Sie daher nachsichtig mit Ihrer alten Wohltäterin.« Sie roch mehr nach minzehaltigem Weihrauch als nach Parfüm. Im Kerzenlicht erschien ihre Haut genauso straff und lebendig wie die eines Mädchens. Sie berührte Mandys Gesicht mit unerwartet warmen Fingern. »Ich könnte Sie wie eine Tochter lieben.« Dann, als wäre sie schockiert über die eigene Offenbarung ihrer Gefühle, rannte sie davon. Sie rief aus der Dunkelheit des Hauses: »Das Ihre ist das zweite Zimmer links am Ende der Treppe. Wir stehen hier mit der Morgendämmerung auf, die morgen gegen kurz nach sechs einsetzen wird. Jemand wird Sie wecken!«

Mandy war nicht davon überzeugt, daß das um diese Zeit möglich war.

»Ich habe morgen für Sie etwas Wunderbares zu tun. Etwas Herrliches. Aber Sie müssen bei Tagesanbruch aufstehen, sonst hat es keinen Sinn.«

»Aber Miß Collier –« Auf ihren Ruf erfolgte keine Antwort. Constance Collier war gegangen.

Robin und Ivy wanderten durch das Haus und löschten die Kerzen aus. Mandy fühlte sich in der Umgebung des Jungen zu unbehaglich, um ihn auszufragen, und dem Mädchen traute sie überhaupt nicht. Am Ende ging sie nach oben. Ihr Zimmer war von Kerzen erleuchtet, es hatte ein Wasserbekken und einen Nachttopf, der unter dem altertümlichen Vorhangbett hervorlugte.

Mandy zog sich aus, drapierte ihre Jeans, die Bluse und die Unterwäsche über der Lehne des blauen Polstersessels, der vor dem offenen Kamin stand. Sie ging zum Schreibtisch und griff nach einer Kerze in ihrem Halter aus Zinn. Als sie zum Bett zurückkehrte, fühlte sie sich, als wäre sie in einen völlig fremden Bereich der Welt abgetaucht.

Die Zeit der nächtlichen Geheimnisse.

Aber das war Maywell, New Jersey, im Monat Oktober, im Jahr des Herrn neunzehnhundertundsiebenundachtzig.

Es war auch die Zeit, um in ein wunderbar gemütliches, mit Vorhängen abgeschirmtes Bett zu klettern, sich zusammenzurollen und dafür zu sorgen, daß sie von friedlichen Stimmen träumte und nicht von bedrohlichen, von Kindern im Kerzenlicht und wunderbaren Erzählungen aus alten Zeiten, und alle Schrecken hinter sich ließ.

Sie sah Tom nicht, der die Nacht zusammengerollt auf dem Baldachin ihres Bettes verbrachte. Da er keine schnurrende Katze war, hörte sie ihn auch nicht.

Sie schlief tief und fest, als Robin ihr Zimmer betrat. Er näherte sich dem Vorhangbett, teilte die Vorhänge und warf einen Blick hinein. Als er sicher war, daß sie schlief, legte er eine Hand auf ihre nackte Brust und spürte ihre Fülle und Wärme. Er flüsterte leise einen uralten Zauberspruch:

»Ich komm' zu dir zur Katzenzeit
und hole dich an meine Seit«

Und dann, nachdem er die notwendigen Worte ausgesprochen hatte, kroch er in sein eigenes Bett.

Tom schaute ihm nach, schlug ein paarmal mit seinem Schwanz hin und her, dann machte er es sich für eine lange Nacht bequem. Im Bett unter ihm atmete Mandy so sanft wie ein schlafendes Reh.

Kapitel 9

An dem Abend, an dem der vom Satan geschickte Doktor und die schöne junge Hexe gekommen waren, hatte Schwester Winifred mit dem, was von der Kongegration in Christus noch übrig war, das Lied ›Rock of Ages‹ gesungen. Bruder Pierce, der von seinem letzten Wutausbruch noch außer Atem war, betrachtete die Schar der Gläubigen. Etwa ein Drittel waren nicht mehr da. Sie liebten den Herrn, natürlich, aber da sie kein dringliches Anliegen hatten, ließ ihr Glaube nach. Sie dachten wieder nur an Geld oder Arbeit oder auch nur daran, daß sie noch Wäsche waschen müßten, und sie lösten sich aus der Gemeinschaft.

Er liebte sie alle so sehr, jeden einzelnen von ihnen, und sehnte sich mit Leibe und Seele danach, sie auf ihren Weg in den Himmel bringen zu können.

Um sie auf dem richtigen Pfad zu halten, müßte vor der Kongregation ein wesentliches Problem zur Sprache kommen, etwas Dramatisches und Wichtiges, das für sie eine Bedrohung darstellte, für jeden einzelnen, persönlich, für sein Heim und seine Kinder. Das war ein Thema, das man dazu einsetzen konnte, ihren Glauben wieder neu zu entfachen.

Während sie sangen, betete er. Augenblicklich spürte er in sich ein Kribbeln. Als er aufschaute, entdeckte er zu seiner Überraschung den Schatten einer Katze in der Tür im hinteren Teil der Kirche. Katzen brachten ihn immer zum Niesen. Er wollte schon dem Türsteher ein Zeichen geben, sie zu verscheuchen, als sie aus eigenem Entschluß verschwand.

Simon erhielt den Glauben an Christus, so gut er konnte. Natürlich lag das Geschehen um Christus schon lange zurück. Man brauchte schon einiges an Fantasie, um sich vorzustellen, daß die Grausamkeiten, die er hatte erleiden müssen, tatsächlich ausreichten, um die Welt von all ihren Sünden reinzuwaschen. Der christliche Glaube war das einzige, bei dem Simon je erlebt hatte, daß es den verheerenden Sturm von Schuld in Schach hielt, der Tag und Nacht in seiner Seele tobte.

Ihm tat so leid, was er getan hatte. Ein paar Augenblicke der Lust, ein paar Momente der Wut – und danach ein Leben voller Reue und eine Ewigkeit in der Hölle. Er weigerte sich, sich öffentlich zu bekennen und um Gottes Vergebung zu bitten. Das lag zum Teil daran, daß er fühlte, er habe für das, was er getan hatte, die Hölle verdient. Es gab jedoch noch eine andere Möglichkeit, daß nämlich dieses ganze Phänomen – die Religion – ein Produkt menschlicher Fantasie war. Wenn das der Fall wäre, dann würde er sich bekennen und anschließend den Rest seines Lebens wegen nichts im Gefängnis verbringen. Er war gläubig, doch er zog es vor, die Karten selbst zu verteilen.

Heute abend war Simon außergewöhnlich müde. Den ganzen Nachmittag hatte er sich mit den Abtrünnigen abgemüht, und nun arbeitete er wie ein Hund, damit in den Augen seiner Kongregation wieder der alte Glanz erschien. Es gelang ihm nicht. Er verlor allmählich seinen Zauber. Noch vor sechs Monaten hätte er die ganze Stadt um den kleinen Finger wickeln können. Nicht ganz: die alten Familien und die Collegeprofessoren, die in den eleganten Häusern in der Albarts Street wohnten, waren nicht sonderlich interessiert. Wenn die überhaupt zur Kirche gingen, dann in die St. Markus mit ihrem vertrockneten Prediger Williams, der aussah, als wäre er in die Trockenpflaumen-Anlage geraten.

Simon kam an die Armen, an die Wohlfahrtsempfänger, an die Arbeitslosen heran. An Leute, die früher in der Peconic Quarry gearbeitet hatten, wo jetzt nur noch drei Schichten pro Monat gefahren wurden, oder an andere, die einst in der jetzt stillgelegten Mohawk Fabricating Mill an der Stahlwalzstraße gearbeitet hatten. Diese Männer hatten Ehefrauen und Kinder und Seelen und Hoffnungen, und sie kamen damit nicht weiter. Im vergangenen Jahr um diese Zeit hatte Simons Kongregation zweitausend Seelen gezählt. Nun waren ihm noch rund vierzehnhundert geblieben, tausend Arbeiter und ihre Familien und vierhundert Studenten des Maywell College. Seine Campusaktivitäten liefen erstaunlich erfolgreich, wahrscheinlich weil die Collegekids auf ihre eigene Art und Weise genauso Ausgestoßene waren wie die Stahlarbeiter. Es waren Kids, die es nicht nach Princeton geschafft hatten, die noch nicht einmal an der Jersey State University einen Platz bekommen hatten.

Er hatte die Idee gehabt, sich einmal Gehör zu verschaffen und ihnen ein wenig Höllenfeuer zu demonstrieren. Schuldgefühle waren es, die sie dazu gebracht hatten, zu ihm zurückzukommen. Schuld, oder war es etwa die Hölle? Manchmal sprühten ihre Augen richtige Funken, wenn er seine Ideen von der Hölle darbot. An irgendeinem verborgenen Ort in seinem Innern wußte er genau, wie es war, wenn man verbrannt wurde, wenn man brannte. Er war nämlich ein Experte in Sachen Schmerz, sowohl im physischen wie auch im spirituellen Bereich. Er konnte sich brennendes Fleisch plastisch vorstellen und es manchmal sogar riechen, wenn er predigte. Das Problem mit seiner Kongregation war, daß sie das Prinzip der Hölle nicht verstand. Sie konnte so winzig sein wie ein Sandkorn und so groß wie ein ganzes Leben. Und sie brauchte kein Feuer zu haben; es konnte eine andere Art des Verbrennens sein, das blaue Feuer, das den Geist verzehrt.

All das kannte er, weil er jeden Tag damit lebte. Sein größtes Geheimnis war folgendes: Die Hölle war mit und in ihm. Jetzt, in diesem Augenblick, war sie da. Er trug die Hölle in seiner Hosentasche.

Er konnte sie dort spüren, trocken und knorrig und unsagbar schaurig. Ihre Sünden könnte der Herr ihnen vergeben. Wenn er nur einen einzigen von ihnen vor der Qual bewahrte, die er bereits erleiden mußte, dann hatte sein Leben wenigstens einen kleinen Sinn gehabt.

Aber um seine Arbeit zu tun, dazu brauchte er ihren Glauben. Er mußte ihn in Gang halten und immer wieder neu anfachen und ihn wie ein Feuer nähren.

Statt dessen sah er ihn dahinschwinden. Diejenigen, die noch herkamen, erschienen mehr und mehr lediglich aus Gewohnheit, nicht etwa weil etwas in ihnen dafür sorgte, daß sie einfach nicht wegbleiben konnten. Anfangs waren sie durch jene Türen mit gespannten Gesichtern hereingeströmt. Dann waren immer weniger gekommen, und die, die kamen, erschienen nur aus einem Gefühl der Pflicht heraus. Nun kamen viele von denen überhaupt nicht mehr.

Was am besten funktionierte, um sie festzuhalten, war die Kontroverse. Simon war ursprünglich wegen der Gerüchte über Hexen nach Maywell gekommen, wegen der im Untergrund tätigen Fundamentalisten-Bewegung.

Ein solcher Ort mußte eine ideale Missionsstation für einen wirklich hingebungsvollen und überzeugten Prediger sein. Sie brauchten Christus in Maywell; nicht jenen süßen und leeren Christus der Katholiken und Presbyterianer, sondern Simons Christus, einen lebenden Christus, der einen an Ort und Stelle und für jeden sichtbar erlöste, wenn man in der Lage war, es auch zu spüren.

Simon hatte seine Kirche auf dem Grundstein der Kontroverse aufgebaut. Bestimmte Themen und öffentliche Protesterklärungen hatten seine Leute zusammengeführt, ließen sie sich selbst als verschworene Gemeinschaft betrachten, formten sie aus einer Kongregation zu einer Schar von Brüdern im Geiste.

Sie hatten schlechte Bücher und Schallplatten gesammelt, hatten sie aus der Bücherei gestohlen oder sie bei Darlton's und im Record Room gekauft oder mitgehen lassen. Dann hatten sie damit hinter dem Tempel ein Feuer angefacht und über viertausend einzelne Teile verbrannt. Einen wesentlichen Teil dieser Opfergaben machten die Werke von Constance Collier aus.

Nach der Verbrennungsaktion hatte Simon im *Campus Courier* einen Artikel gefunden, in dem berichtet wurde, daß Dr. George Walker fantastische, unheimliche Experimente betrieb, um irgendwann die Toten wieder zum Leben zu erwecken. Um gegen diesen Mann zu kämpfen, hatte Simon eine zehnwöchige Serie angesetzt und ihn gründlich verdammt. Er machte sogar eine Verbindung zwischen Dr. Walker und Constance Collier aus. Einer von Walkers Assistenten, Clark Jeffers, wohnte auf der Collierschen Besitzung.

Die Schöpfung des *Christlichen Feenlandes* war ein weiteres großräumiges Projekt gewesen. Die Absicht war gewesen, das von Dämonen und vom Satan bevölkerte Feenland von Constance Collier durch ein von allem Bösen gereinigtes Werk zu ersetzen. Gottlose Kinderbücher aus den Regalen in der Bibliothek und in den örtlichen Buchhandlungen zu entfernen, war fast genauso wichtig wie das Bücherverbrennen selbst.

Constance Collier hatte giftig reagiert.

Sie war sozusagen ein Brennpunkt des heidnischen Bösen. Er hatte Gerüchte von sündigen Vorgängen auf ihrem Besitz gehört, Gerüchte, in denen von bizarrem Sex und von der Anrufung des Satans mittels magischer Rituale die Rede war. Es war unmöglich, eine Hexe zu sein, ohne gleichzeitig den Dämonen zu huldigen.

Nun hatte im *Courier* ein Bericht über Amanda Walker gestanden. Darin wurde berichtet, daß sie die heidnischen Märchen der Gebrüder Grimm illustrieren wolle – für niemand anderen als Constance Collier.

Dr. George Walker. Amanda Walker. Eine Hexe arbeitet für ihn, und sie arbeitet für eine Hexe – das war ein Geheimbund, ein heidnisches Komplott inmitten dieser gottesfürchtigen christlichen Gemeinschaft!

Gottesfürchtig und hochanständig... aber es war nicht verwunderlich, daß sie von Heiden und Dämonen beeinflußt waren, denn sie wurden nicht von einem reinen Menschen geführt.

Er berührte die kleine Wölbung in seiner Hosentasche, die seine eigene persönliche Qual war. Doch heute abend war die Hand nur ein harter, toter kleiner Knoten.

Die Hymne endete. Bruder Pierce räusperte sich.

Er wußte nicht, was er als nächstes sagen sollte. Doch er vertraute auf den Herrn, daß er ihm beistand. Er schloß die Augen und atmete tief ein. Sein gesamtes Sein schien sich zu strecken. Aus den Augenwinkeln sah er die Umrisse einer Katze vor dem bunten Glasfenster unweit seiner Kanzel. Sie befand sich draußen und drückte sich an die Scheibe. Er hatte keine Zeit, darüber in Zorn zu geraten, denn plötzlich fühlte er sich von Energie durchströmt, sie kam von oben, von unten, von überall. Sein Körper schien vor vibrierender Lebendigkeit zu platzen. Dann kamen die Worte, sie lösten sich von seiner Zunge, als führten sie ein Eigenleben. »Das Böse schleicht als Schatten durch die hellen Straßen von Maywell. Ja, es dringt sogar hier ein, an einem Ort, den wir unter Mühen zu einer geweihten Stätte gemacht haben! Der böse Doktor erscheint mit seiner Hure bei uns und bringt lügnerische Anschuldigungen vor.« Er zeigte mit der rechten Hand nach oben und spürte bis in sein tiefstes Inneres die Wärme, die Rechtfertigung, die süße Anwesenheit des Erlösers. Dank Gottes Gnade spürte er das, denn nun konnte er direkt mit seinem geliebten Jesus Christus reden. »Ich sage Dir, Herr, Dein Volk ist unschuldig. Ja, so unschuldig wie das Lamm Gottes.«

Plötzlich lebten die Menschen auf; ihre Gesichter leuchteten, in ihren Augen lag ein erregter Ausdruck. Er hörte sie flüstern: »Er ist da, der Herr ist gekommen.«

»Wir können es spüren«, rief er. »O Herr, wir danken Dir und preisen Deinen heiligen Namen.« Sein Gesicht verzog sich zu einem breiten Lachen. »O Herr, was für ein Abend!«

Die Leute begannen zu rufen. »Lobet den Herrn!«

Doch in dieser Kirche gab es auch noch eine andere Realität, und wenn er hinter seine eigene Freude und seinen Glauben blickte, konnte er sie erkennen. Diejenigen, die im hinteren Teil des Raumes saßen, wurden von der allgemeinen Erregung nicht erfaßt. Sie saßen reglos da, die Gesichter in Frömmigkeit erstarrt. Er wußte, daß sie nichts von alledem spüren konnten.

Es wurde ihm versagt, seinen Einfluß bis in die letzte Reihe seiner Kirche wirken zu lassen!

Er mußte etwas finden, mit dem er den einzelnen Mann in der ansonsten leeren Reihe hinten erreichen konnte, der entweder in ein persönliches Gebet vertieft war oder ganz einfach schlief.

Er benetzte seine Kehle mit dem Wasser, das Winifred in einer grünen Plastikkanne stets hinter seine Kanzel stellte.

Seine Gedanken erzeugten die morbide Vision von einem Tempel, dunkel und leer, an dessen Eingang ein Schild ›Zu vermieten‹ hing.

Eine vierköpfige Familie verließ eine der vordersten Reihen. Eine ganze Familie aus einer vorderen Reihe, und sein Gottesdienst war noch nicht beendet! Soviel zu seinem ekstatischen Ausbruch. Er hatte noch nicht einmal die Gläubigen ganz vorne inspiriert, bis auf ein paar eher automatische Lobpreisungen Gottes. Und diejenigen, die sich zum Aufbruch rüsteten, machten noch nicht einmal verlegene Gesichter!

Indem er sich nur mit Mühe im Zaum hielt, unterdrückte er seinen Impuls, die Verräter anzuschreien, ihnen nachzulaufen. Es war hart. Diese Kirche war sein Leben, sein erster und einziger Erfolg. Er hatte Kälte, Hunger und Not kennengelernt. Er war ein Mann mit vielen Vergangenheiten. Er hatte als Komiker in einem Nachtclub in Los Angeles gearbeitet. Seine Bühne waren die Toiletten, wo er Säufern für fünfzig Dollar pro Woche müde Witze erzählte. »Rotkäppchen wird vom großen Bösen Wolf angehalten. ›Okay, Rotkäppchen‹, sagte der Wolf, ›zieh die Hose runter und bück dich. Ich besorg's dir von hinten.‹ Rotkäppchen zieht eine .357 Magnum aus dem Korb. ›Den Teufel werde ich tun‹, sagt sie, ›du wirst mich erst mal auffressen, wie es im Märchen steht.‹

War sein Problem vielleicht die Tatsache, daß sie wußten, daß ein Teil seiner Vergangenheit irgendwie an ihm hängengeblieben war, der Gestank von Zigarrenrauch und billigem Fusel, von nächtlichen Busfahrten und Nächten in namenlosen Motels? Humor. Wenn er einen Lacher erntete, dann war es für ihn wie ein Segen des Himmels.

Es gab schlimmere Dinge, die an ihm klebten, Dinge, die viel schlimmer waren als ein paar rüde Witze. In den siebziger Jahren war er als Sozialarbeiter für die Stadt Atlanta tätig gewesen; sein Spezialgebiet war die Unterbringung von unerwünschten Kindern gewesen. Es hatte Ärger gegeben, schlimmen Ärger. Sie war ein reizender Schmetterling von einem Mädchen gewesen, zart und weich und verführerisch. Einmal war er besonders stolz darauf gewesen, wie er ihr geholfen hatte.

Obwohl alle Vorwürfe fallengelassen wurden, blieb er in den Wohlfahrtskreisen von Atlanta ein Objekt ständigen Mißtrauens. Sein kleiner zweiundzwanzigster Fehler – nämlich seine eigene Kraft nicht zu kennen – hatte ihn für alle Ewigkeit verdammt, er hatte jedoch in ihm dieses feurige Begehren entzündet, anderen zu helfen.

Jeder in der Kirche beobachtete ihn. Es lag alleine an ihm, sie noch etwas länger dazubehalten oder sie zu entlassen. Er konnte es nicht ertragen, wenn sie unter derart traurigen Umständen nach Hause gingen. Ein winziges Aufflackern von Leben, aufkeimende Hoffnung, der Eindruck, daß Jesus in diesem Raum anwesend ist, und nun diese Leere.

Seine Gedanken wandten sich dem hellen, leuchtenden Bild von Amanda Walker zu. Diese Nichte des Doktors war so quälend, überwältigend schön. Und doch lag in ihren Augen Festigkeit und Intelligenz. Sie war genau der Typ Frau, von dem er träumte, so zart wie eine aufblühende Rose und dabei stark genug, ihn bei der Hand zu nehmen und zu führen. Ihn fest bei der Hand zu nehmen. Als er sich vorstellte, wie er ihr sein schuldbeladenes Herz darbot und sie um Vergebung bat, spürte er in seiner Brust ein Stechen qualvoller Sehnsucht, genau so, als hätte ihn ein Pfeil des Teufels durchbohrt.

Die Ruhelosigkeit im Raum steigerte sich. Womit, zum Teufel, hatte dieser Gottesdienst eigentlich angefangen? Er konnte sich nicht einmal mehr daran erinnern. Um weitere Sekunden zu gewinnen, nahm er einen weiteren Schluck von seinem Wasser. Schwester Winifred kam vom Chor herüber und füllte die Kanne auf.

Nervös und sich zunehmend hilflos fühlend, blätterte er in der Bibel herum. Manchmal funktionierte das. Warum hatte er ausgerechnet jetzt an die Frau gedacht? Vielleicht gab die Bibel ihm eine Antwort.

Dann sah er ein Wort vorbeihuschen, ein vielversprechendes Wort: Dirne. Was für einen guten Freund er doch im Herrn hatte. Er deklamierte laut die Passage, zu der er geführt worden war: »Daher, o Dirne, vernimm das Wort Gottes: So spricht Gott der Herr: Weil deine Verkommenheit zu Tage trat und deine Nacktheit sich bei deinen Dirnenspielen mit deinen Liebhabern und mit allen Idolen deiner Verfehlungen offenbarte, kommt über dich das Blut deiner Kinder!«

Er hielt inne. Die Gesichter waren wieder ihm zugewendet, in die Augen kam wieder Leben. Er fühlte sich viel besser. »Nun, war das nicht eine Zeugin? O ja!« Er lachte spöttisch, wütend, krächzend der schweigenden Gemeinde ins Gesicht. »Die Dirne war unter uns und wurde Zeuge der Lügen des Satansdoktors.« Er zeigte den Mittelgang hinunter. »Und schlimmer noch, sie geht ins Haus der Heidin, um ihr dabei zu helfen, noch mehr schlimme Bücher für unsere Kinder herzustellen. Achtet auf meine Worte, das schöne Mädchen trägt auf ihrem weißen Fleisch das Zeichen Satans. Und ich warne euch, sie ist hier als eine Agentin des Dunklen Meisters, sie soll Verderbtheit und Verwirrung unter den Kindern ausstreuen!«

Darauf erfolgte keine Antwort, lediglich ein schockiertes Flüstern war unter den älteren Mitgliedern der Kirche zu vernehmen. Die jungen Leute konnten nur ratlos starren. So gut das auch in seinen Ohren geklungen hatte, es war offenbar nicht ganz richtig gewesen. Irgend etwas fehlte noch, der Brennpunkt, der verdammte Brennpunkt! Er redete weiter. »Ist es nicht unsere Pflicht, den Gegenstand des Abscheus aus unserer Mitte zu entfernen, den Schatten des Bösen auszugrenzen, der uns so sehr bedrückt und der die Herzen unserer Kinder vom Gottesdienst fernhält? Und wer ist der Helfer der Dirne und ihr Arbeitgeber? Diese Frau, o ja, die Heidin der Berge, niemand sonst. Ja, sie sind die Unheiligen, die Gesandten der Unterwelt. Ja, sie sind die Armee Leviathans, o ja!«

Gesichter verhärteten sich. »Lobet den Herrn!« erklangen die Rufe. Das war ein wenig besser. Nur ein wenig.

»Daher sage ich euch, das Böse wandelt und spricht in Gestalt der Frau, ja, sogar einer Frau in Männerkleidern, nämlich in jenen powackelnden Jeans. ›Die Frau soll sich nicht kleiden, wie es dem Manne gebührt, denn dies ist eine Verhöhnung des Herrn!‹«

Aha. Das Interesse nahm merklich zu. Niemand machte mehr Anstalten, sich zu entfernen; neue Energie füllte den Raum.

Waren sie nur von seiner Wut schockiert, oder glaubten sie die Neuigkeiten über das Böse unter ihnen? Er nahm einen Schluck Wasser und ließ seinen zwingenden Blick von Gesicht zu Gesicht wandern. »Tu Buße«, schrie er ein Gesicht an, »Tu Buße«, ein zweites. »O Herr, gib uns Kraft!«

Anstatt ihn mit einem Ausdruck aufrichtiger Liebe anzuhimmeln, wandten die, mit denen er Blickkontakt bekam, sich ab. Trotz einer eindeutigen Verbesserung der Stimmung erreichte er sie noch immer nicht richtig.

Er brauchte ein simples, zündendes Wort, das sie aufnehmen konnten, ein Wort, das alle drei Dämonen in einem Netz der Wahrheit fing.

Ein Blick auf die Uhr verriet ihm, daß es auf halb elf zuging. In Anbetracht der Ruhelosigkeit der Gläubigenschar dauerte der Gottesdienst schon viel zu lange. Es war schlechte Psychologie, wenn die Menschen Erleichterung verspürten, sobald der Gottesdienst beendet war. Eigentlich sollten sie in Hochstimmung und mit dem Wunsch nach mehr entlassen werden. »Sie sollen sich wie Kinder fühlen, die soeben von ihrem alten Vater gelobt wurden«, hatte ein Lehrer ihm einmal erklärt. Er mühte sich ab, er betete aus tiefstem Herzen, aber kein Wort drang über seine Lippen. Er würde das Thema wohl einstweilen ruhen lassen müssen und sich dem letzten Teil seines Gottesdienstes zuwenden. Möge der Herr für ihn die richtigen Worte finden.

»Daher tut Buße, gute Leute, tretet vor, tretet vor und breitet eure Sünden vor Mensch und Gott aus! Kommt, habt keine Furcht vor der Liebe Gottes oder den Ohren eurer Brüder und Schwestern in Christus. Jesus *will* eure Sünden. Nennt sie frei heraus und bringt sie auf dem Heiligen Altar dar.«

Er gab Winifred ein Zeichen, die an der Orgel saß. Der Chor summte gehorsam die Melodie von ›Amazing Grace‹. Bruder Pierce neigte den Kopf.

Ein hochgewachsener Herr erhob sich aus einer demütigen Kniehaltung. Er trug einen grauen gestreiften Anzug mit Weste. Er sah weitaus wohlhabender aus als der größte Teil der Versammelten. Während er nach vorne kam, erinnerte Bruder Pierce sich an seinen Namen: Roland Howells, Chefkassierer der Maywell State Bank & Trust. Keine kleine Nummer. Laut Mazie Knowland, die im örtlichen Steuerbüro arbeitete, tauchten in Howells Einkommensteuererklärung 28000 Nettoverdienst auf. Seine Spende betrug in diesem Jahr genau 600.

Was wollte er wohl bereuen, dieser heimliche Geizkragen?

Howells kam zu dem Platz, der für die reserviert war, die ihre Sünden beichten wollten, und kniete vor der Kongregation nieder. »Mein Name lautet Roland Howells.«

»Sprich lauter! Wenn wir dich nicht hören können, dann kann auch der Herr dich nicht verstehen!«

»Ich bin Roland Howells! Ich muß beichten, daß ich zu meiner Frau gefühllos war, ich habe geflucht, ich habe den Namen des Herrn in böser Absicht genannt, und vor Gott habe ich sie geschlagen.«

»Du sollst den Namen des Herrn, deines Gottes nicht in frevelhafter Absicht im Munde führen, Bruder Roland.«

»Lobet Gott, Brüder und Schwestern, vergebt mir und betet für mich. Meine Frau nahm meinen Sohn und verließ Tisch und Bett, denn ich war unnachsichtig und voller Wut.«

Irgend etwas fiel Bruder Pierce auf, während er den Sorgen des Mannes lauschte. Häufig traten seit kurzem die Männer seiner Kongregation vor und berichteten vom Scheitern ihrer Ehen und vom Zerbrechen ihrer Familien.

Sehr oft sogar. Manchmal drei oder vier Mal während eines einzigen Gottesdienstes.

Maywell war ein ruhiger, respektabler Ort mit kaum fünftausend Einwohnern. Nicht unbedingt eine scheidungsfreudige Stadt. Bruder Pierce schüttelte die Hand des Büßers und wunderte sich. »Der Herr wird sie dir zurückbringen, wenn du mit Inbrunst betest, Bruder.«

»Ich hoffe es, Bruder Pierce. Ich vermisse sie sehr. Sie leben draußen auf der Besitzung, ich weiß es, ich erfuhr es am Telefon.«

Gütiger Gott. Diese Worte animierten augenblicklich einen weiteren Bekenner, diesmal eine Frau von etwa fünfzig Jahren, die Finger braun von Nikotin, das Gesicht blaß und teigig. Diese Wüste aus Fett, muffig riechender Haut mitsamt ihren Unreinheiten. Muttermale, Warzen und widerspenstigen kleinen Härchen war etwas Abstoßendes.

»Mein Name ist Margaret Lysander. Auch ich habe meine Familie an die Besitzung verloren. Meinen Mann, meine Tochter, meinen Sohn. Sie wollten nicht, daß ich herkomme, und als ich errettet wurde, gingen sie zu den Hexen.«

Noch eine, und die war noch mehr Gold wert als die erste. Die Hexen stahlen also Ehefrauen und Ehemänner und Kinder von gottesfürchtigen Christen, und das war eine Tatsache.

Hier war endlich etwas Persönliches, wie es persönlicher gar nicht sein konnte. Eine Bedrohung der Familie war eine direkte Bedrohung der Seele.

Irgend etwas drang immer wieder in seinen Geist ein, huschte dann weg, ein nicht zu fassender Gedanke. Ein Wort. Er schob seine Finger in die Tasche und legte sie um die trockene, scharfknochige kleine Faust, die dort lebte.

Maggie Lysander begann von neuem. »Ich war meinen Kindern immer eine gute Mama«, sagte sie. »Ich habe sie nicht anders behandelt, als der Herr es im Buch des Heils fordert und wie du es uns lehrst, Bruder Pierce.«

»Amen, Schwester.«

»Es war so, als wären sie verhext.«

Bruder Pierce hätte beinahe vor Begeisterung aufgeschrien. Natürlich, es war so offensichtlich! Verhext. Hexe! Es war nicht so, daß irgend etwas mit seinen Anhängern nicht stimmte, das ihre Familien dazu brachte, sie zu verlassen, es war die Hexe! Und wer war eine bekannte Heidin, die nicht bereit war, ihr Werk in den Dienst von Jesus Christus zu stellen? Nun, genau die, welche die Hure hergeholt hatte und hinter dem bösen Professor steckte!

Bruder Pierce ruderte aufgeregt mit den Armen. Der Herr war nun in ihm, tief und stark! »Oh, ich fühle, wie das Blut des Lamm Gottes in meinen Adern fließt, ohhh, ich fühle, wie der Herr sich in mir ausbreitet!« Die Feuerzungen kamen auf ihn nieder. Maggie Lysander wich zurück, die Versammlung seufzte vor unterdrückter Spannung. Das war es, weshalb sie sich eingefunden hatten, das war es, was Bruder Pierce zu etwas Besonderem machte. Sehr schön. Endlich bekamen sie für ihr Geld etwas geboten.

Er streckte die Hände von sich, ließ sie zittern und beben, als gehörten sie gar nicht ihm. Sie waren der Macht des Herrn unterworfen. Dann seine Arme, dann seine Beine und schließlich sein gesamter Körper. Er fühlte, wie er sich drehte, sah Gesichter vorbeiwirbeln, Gesichter und Dachgebälk und Linoleumfußboden. Er klammerte sich an die Kanzel.

Sein Geist leerte sich, um Platz zu machen für den Einzug des Herrn. »Ohh Herr!«

»Preiset seinen Namen!«

»Preiset ihn!«

»Ohhh, die Hand der Hexe senkt sich auf euch! Gottes Volk stöhnt unter der Hand der Hexe! Die Hexe erscheint unter euch, oh, Gott hilf! Die abscheuliche Zauberin mit ihren Sprüchen und ihren schlimmen Worten, sie vergiftet das Leben eurer Kinder und zerbricht euer Zuhause. Oh, Herr! Wir können nichts aus freiem Willen tun! Wir müssen davon ablassen, unsere menschlichen Wege zu gehen, und Gott die Führung überlassen! Ohhh, eine Hexe ist im Dunkel der Nacht unterwegs, um euch auserwähltes Volk zu vergiften!« Es war so, als wäre ein Feuer tief in seiner Seele entzündet worden, ein weißes Feuer aus dem Atem des Lamm Gottes, ein rotes Feuer seines Blutes. Bruder Pierce schritt durch den Mittelgang. »Du und du und du, ihr tragt das Zeichen der Hexe auf eurer Stirn. Ohhh, Herr, sie sät Zwietracht in unseren Häusern und bringt uns den Tod, Herr, wir können uns nicht aus eigener Kraft befreien, komm in unsere Herzen, o Herr, erscheine jetzt unter uns!«

Maggie Lysander war die erste in der Kongregation, die sich anschloß. Braves Mädchen. Sie spannte ihren Rücken, schlug die Hände vors Gesicht und stieß hohe, wilde Schreie aus. »Herr! Gott! Du bist in mir!« Sie begann sich zu drehen. Winifred begann auf der Orgel ein rhythmisches ›Rock of Ages‹ zu intonieren, um das Geschehen ein wenig zu beschleunigen. Bruder Pierce griff nach einem Mann und küßte ihn auf den Mund. »Der Herr ist in diiir!« Der Mann zitterte und schwankte und wurde bald von einem Dutzend Leute umringt, dann von einem weiteren Dutzend, dann kamen immer mehr. »Der Herr ist in uns! Ohhh!« Sie strömten unaufhörlich herbei, einige schrien und weinten, andere klatschten und stampften mit den Füßen. Bruder Pierce spürte in seiner Seele, wie all seine Sündhaftigkeit vom Feuer verzehrt wurde, als das Lamm Gottes zu ihm kam. Die Sprache vieler Zungen überkam ihn. »Oh, Lammaadossachristi! Ohhh, rostoleuroxisatime! Lestochristomentisator!«

Maggie Lysander kreischte. »Mathama! Lopadoa destona deutcheber!«

»Ohhh, Laaaededmedema! Memkakopolesto, yeaaaaoooh!« Das war ganz ordentlich. Er schloß die Augen und schwang hin und her und klatschte in die Hände. »Preiset den Herrn! Lobet Gott den Allmächtigen, die da wandeln durch das Valleassstomana! Ooohabeliatking! Ohhseettalbmen! Beestalthnot, statltnot dulden, belsoltnat dulden, soltnat – *ihr sollt nicht dulden, daß die Hexe lebt*!« Da war es, oh, wunderschön und wahr und gut! Eine reiche Schlampe von einer Hexe von einer hochnäsigen Mrs. Constance und ihre schmutzige Hure von einem ach so schönen gottverdammten Mädchen!

»Ihr sollt nicht dulden, daß eine Hexe lebt! Oh, Junge! Der Herr hat mich ergriffen! Hört auf das Wort! O Gott! Ohhhaletitmeanta!«

Er sprang und hüpfte, und sie alle sprangen und klatschten einen schnellen Rhythmus, o ja, und er küßte einen, dann einen anderen, ein fettes Gesicht, eine verschwitzte Stirn, schöne Lippen, Fleisch, sein Volk, sein geliebtes Volks, das Volk, das Gott ihm geschenkt hatte, damit es eine neue Welt erschuf. »Lammasuckum!«

Er stürzte mitten in die herandrängende Menge, und sie berührten ihn, rissen an seinen Kleidern, legten ihre Hände auf sein nacktes Fleisch und hoben ihn hoch auf ein Meer von Händen. »Looobet Gooo-ooott! Gott! Gott!« Sie waren nicht sanft, sie taten ihm weh, packten und berührten ihn, rissen an seinem Haar, kniffen das Fleisch unter seinem zerfetzten

Hemd, umklammerten ihn, daß es weh tat, aber gleichzeitig fühlte er sich wunderbar und redete in allen möglichen Sprachen, und sie umarmten ihn, Männer und Frauen und Kinder, sie alle legten Hand an ihn, priesen den Herrn ihren Gott und wollten ihn nicht loslassen.

Sie trugen ihn hinaus in die Kälte der Nacht unter dem hellen summenden Schild, wo die letzten weißen Motten der Jahreszeit müde flatterten, und auch unter dem Nachthimmel. Oooohhh, Herr! Sie liebten ihn, sie liebten ihn, der Herr brachte sie dazu, ihn zu lieben, und er weinte, und alle weinten und priesen Gott mitten auf dem Parkplatz, und dann umarmten sie sich gegenseitig. O lobet Gott und dankt ihm, er bekam sein Volk zurück.

Die Kongregation faßte sich bei den Händen, hakte sich unter. Spontan und ohne Einsatz begannen sie ›That old Rugged Cross‹ zu singen, dieses alte, alte Lied aus versunkener Zeit, seiner Kindheit voller Not und Schmerz, all der Sorgen und Schmerzen von ihnen allen, den süßen, anständigen, ordentlichen, guten und schändlich verhexten Kindern Gottes.

Ein Lied nach dem anderen erklang in der Nacht. Irgendwann nach zwölf Uhr senkte sich Nebel herab. Sie gingen dann zu ihren Automobilen, ohne einen speziellen Plan abgesprochen zu haben, um in langer Schlange durch die Nacht zu fahren, wobei sie die Scheinwerfer aufblitzen ließen und die Hupen betätigten, hinaus auf die Bridge Street und an der hohen Backsteinmauer des Collier-Anwesens vorbei, bis der Regen sich in Schneematsch verwandelte und der Matsch in Schnee, und unter lautem Hupen und Winken und hinausgeschrienen Lobpreisungen kehrte die Kongregation nach Hause zurück.

Eine Stunde später lag Bruder Pierce schwitzend auf seinem eigenen Bett im Campinganhänger hinter dem Tempel und lauschte guter alter Countrymusik von WSB, eine Million Meilen weit weg in Nashville, trank aus seiner Flasche Black Label, wobei sein Geist von dem Erfolg noch summte. Einfach so hatte seine Kongregation vor seinen Augen wieder zusammengefunden. Vereint gegen eine Hexe.

Wenn er das Geschehen in Gang halten konnte, glaubte er,

daß er sogar von Leuten wie Mister Howells eine dicke Spende bekommen würde. Das war wahre Inspiration.

Gegen Morgen wußte er, daß er nicht schlafen würde. Er mußte die Ernsthaftigkeit seines neuen Themas herausstellen. Er mußte eine Botschaft hinterlassen, daß Menschen sich sorgten und daß sie haßten, daß sie ihren guten Bruder Pierce auf seinem ganzen Weg begleiteten.

Er packte einen Kanister Benzin aus dem Geräteschuppen in seinen Wagen und fuhr etwa zwei Stunden vor Tagesanbruch davon.

Schon bald rollte er über die einsame Straße unweit der Collier-Mauer. Ein mächtiger Kater machte im Scheinwerferlicht einen Buckel, dann verschwand er am Straßenrand. Bruder Pierce hielt an. Er stieg aus dem Wagen. In der linken Hand trug er eine Whiskyflasche voll Benzin. Er zündete einen Stoffstreifen an, der in den Hals der Flasche gestopft war, und schleuderte sie gegen die Mauer.

Die Kugel des Benzinfeuers wallte auf und sprang wütend die Bäume an. Sie war nicht stark und heiß genug, um echten Schaden anzurichten, und das sollte sie auch nicht. Was Bruder Pierce sich wünschte, was die Menschen sehen sollten, war die schwarze Narbe, die diese Explosion auf der Mauer hinterlassen würde.

Schneeflocken tanzten durch die Flammen.

Es dauerte weniger als fünf Minuten, bis das Feuer verflackerte. Aber zurück blieb eine hübsche, breite Brandspur.

Die Menschen würden sie sehen, und das würde sie zum Nachdenken bringen. Du sollst nicht dulden, daß eine Hexe lebt.

Es war lediglich eine Empfehlung.

Kapitel 10

Mandy erwachte durch ein Klimpern und Klappern vor den Vorhängen ihres Bettes. Sie hatte so tief geschlafen, daß sie für einen Moment nicht mehr wußte, wo sie sich befand. Dann streckte sie ihren Kopf hinaus in einen Schwall kalter Luft und sah Ivy, die im Kamin ein Feuer anfachte.

»Guten Morgen.« Vielleicht war es die kalte Luft oder der verblüffende Anblick von Schnee draußen vor dem Fenster, doch ihre Benommenheit verflüchtigte sich augenblicklich.

»Oh, hi, tut mir leid, ich hab' mich bemüht, leise zu sein.«

»Ist nicht schlimm. Wie spät ist es?« Der Himmel vor den Fenstern war grau und verriet nur, daß die Wolkendecke sehr tief hing und der Tag noch nicht richtig angebrochen war.

»Kurz vor sechs. Sie haben noch zwanzig Minuten Zeit bis zum Glockensignal.« Sie legte ein Stoffbündel auf den Stuhl. »Hier sind Kleider.«

Ivys Stimme klang warm, und in ihren Augen lag ein freundschaftlicher Ausdruck, als sie Mandy ansah. Gestern war das Mädchen so reserviert erschienen – und so boshaft, als es den Ärger mit der Hobbes-Ausgabe ausgelöst hatte. Ganz gewiß hatte sich ihre Stimmung entschieden gebessert. Mandy ärgerte sich jedoch weiterhin über die Buchaffäre. Es war nicht ganz unbegründet, so dachte sie, eine Entschuldigung zu fordern. Ivy stocherte fröhlich in der Glut herum.

Als die Flammen knatternd hochzüngelten, kam sie in die Mitte des Raumes und stemmte die Hände in die Hüften. »Was ist mit Ihrem Topf?«

»Mein – oh, ich hab' ihn benutzt, wenn du das meinst.«

»Das meine ich«, sagte Ivy. Sie griff unter das Bett, zog ihn hervor und huschte davon, während sie den Porzellantopf in der Armbeuge balancierte. »Frühstück gibt's in der Küche um halb sieben«, rief sie über die Schulter. Einen Augenblick später hörte Mandy, wie sie Constance mitteilte, daß ›die Lady‹ wach sei. Wie alt war Ivy? Wahrscheinlich siebzehn. Ganz bestimmt war sie zu alt, um die dreiundzwanzigjährige Mandy eine ›Lady‹ zu nennen.

Es brauchte nicht wenig Mut, nackt in das eiskalte Zimmer hinauszutreten. Ein Bett mit einem Vorhang, so hatte sie feststellen können, war ein wundervoller Luxus. Wahrscheinlich war man davon abgekommen, weil es einfach zu gemütlich war. Sie huschte zu dem Stuhl hinüber und öffnete das Bündel. Sie fand einen Büstenhalter und einen Schlüpfer, dazu ein paar von den Homespun-Sachen, die die anderen trugen, welche wie formlose Kleider aussahen, aber, wenn sie sie trug, perfekt ihren Körper umschmeichelten.

Der Stoff lag so kalt auf ihrer Haut, daß sie unwillkürlich zu hüpfen und zu keuchen begann.

Sie hatte sich gerade den Gürtel umgebunden, als sie am Fenster ein Miauen hörte. Dort stand Tom, drückte die Schnauze gegen das Glas und war eindeutig ungehalten, draußen im Schnee bleiben zu müssen.

Unten im Dorf war er ihr geradezu gefährlich vorgekommen. Doch nun war er lediglich ein frierender alter Kater, und sie konnte ihrem Drang nicht widerstehen, ihn hereinzulassen. Als sie das Fenster hochschob, traf sie ein Hauch eisiger Luft, der sie einen halblauten Schrei ausstoßen ließ. »Komm schon herein! beeil dich!«

Der Kater jagte an ihr vorbei und lag wenig später zusammengerollt vor dem Kamin.

»Du bist mir schon etwas Unheimliches, du Katzentier. Wie kommt es eigentlich, daß du hier draußen bist? Bist du mir etwa gefolgt?«

Der Kater starrte sie an. Sie wollte ihn streicheln, überlegte es sich aber anders.

»Wenn du jemals einen Kuß möchtest«, sagte sie leise, »dann weißt du ja, wer dich liebt.« Sie spitzte die Lippen und machte »mmmmmmm«, aber die kühle Ernsthaftigkeit im Blick des Katers ließ sie verstummen.

Das war völlig unerwartet. Konnte ein Tier einem Menschen in die Seele blicken?

Nervös wandte sie sich wieder ihren Tagesvorbereitungen zu. Sie mußte das Eis in der Wasserkanne aufbrechen, damit sie sich überhaupt waschen konnte. Die Seife war selbstgemacht und roch durchdringend nach Pfefferminze. Sie roch, genaugenommen, fast genauso wie Constance Collier, wie Ivy, wie Robin. Sie roch wie dieses Haus. Und es war nicht nur Pfefferminze, oder? Es war auch noch ein Hauch von irgendeinem exotischen Kraut darin.

Nach der Morgenwäsche zog sie ihre schlammigen Schuhe an und wünschte sich, sie hätte etwas Festeres bei sich und auch eine dicke Jacke oder einen Pullover. Und sie wünschte sich, daß Tom endlich aufhörte sie anzustarren! Lag in diesen Katzenaugen vielleicht ein Lachen? Entweder liebte er sie oder er verabscheute sie. Oder, noch schlimmer, beides. Obgleich sie längst angezogen war, kam sie sich noch immer nackt vor.

Ein leichtes Pochen von Schneeflocken an ihrem Fenster war nötig, um ihre Aufmerksamkeit von ihm abzulenken. Man schrieb den 19. Oktober, und es schneite schon. Wenn das Wetter so blieb, dann würde es ein langer, kalter Winter. Sie lugte durch das beschlagene Glas. Welchen Zauber sie da sah, die Welt zu philosophischer Reinheit transformiert, stumm bis auf das Zischen von Schnee auf Schnee und dem Klappern von kahlen Ästen.

Als der Himmel sich aufhellte, erkannte sie, daß der Schnee die Herbstfarben der Bäume überpudert hatte. Die Perfektion der Farbkombination, der grelle Schein von Weiß, das leuchtende Rot, die Orange- und die Brauntöne, all das traf sie zutiefst, denn die Szenerie, die der Schnee geschaffen hatte, war ein wahres Wunder der Natur.

Als Constance erschien, eingehüllt in eine weite wallende Robe, nichts als ein Gesicht zwischen dichten Stoffalten, stand Mandy noch immer regungslos vor dem Fenster. »Ich weiß«, sagte Constance und berührte ihre Schulter mit langen, zarten Fingern. »Sie werden die Kleider brauchen, die wir für Sie ausgesucht haben. Warum hat Ivy nicht... »Sie ging zur Tür. »Ivy?« Lauter: »Ivy!«

»Wir brauchen für Amanda warme Sachen. Sie ist so gut wie nackt, das arme Ding.« Sie wandte sich um. »Für Ivy ist es in so einem großen Haus noch ziemlich neu und ungewohnt. Aber sie hat ein gutes Herz. Ein sehr gutes Herz.«

Ihre Schritte erklangen auf der Treppe. Ein paar Sekunden später erschien sie mit einem weiteren Stapel Kleider sowie einem Paar stabiler Wanderschuhe obenauf. »Es tut mir leid, Mandy. ich hab' den Rest völlig vergessen – dabei war das gerade der wichtige Teil. Ich glaube, für mich ist es heute einfach zu kalt.« Sie schaute auf Mandys Füße. »Welche Schuhgröße haben Sie?«

»Siebeneinhalb.«

»Wanderschuhe müssen immer etwas größer sein, damit

noch Platz für die Socken ist. Ich glaube, ich hab's richtig geschätzt.«

»Ich bin ja schon froh, daß du überhaupt daran gedacht hast.«

»Sie brauchen gutes Schuhwerk. Sie müssen jeden Zentimeter des Anwesens kennen, als wäre es Ihr eigenes«, sagte Constance.

Da war ein wunderschöner handgestrickter Wollpullover in einem satten Braun, und darunter etwas Großes und Dunkles und Graues. Mandy schlüpfte in den Pullover und faltete das rätselhafte Kleidungsstück auseinander.

Es war eine mit Kapuze versehene, bodenlange Robe aus dem dichtesten Homespun, das sie je gesehen hatte. Auf der Vorderseite befanden sich als Stickerei ein fünfzackiger Stern, ein Dreieck, eine Mondsichel und zwei weitere, etwas obskurere Symbole. Zugebunden wurde die Robe am Hals mit einem roten Seidenband.

»Es ist wundervoll.«

»Gefällt es Ihnen?«

Sie legte es sich um die Schultern und zog das Band zu. Ivy schlug die Kapuze hoch. Die Robe war schwer und warm und insgesamt großartig. »O Constance, ich liebe sie. Das Stück ist einfach wunderbar!«

»Ein halbes Jahr wurde daran gearbeitet. Die Weber haben im April begonnen. Wir haben es alleine für Sie gemacht.«

Mandy schaute sie an. Was sie soeben gesagt hatte, ergab irgendwie keinen Sinn.

»Ich habe Sie beobachtet, seit Sie ein kleines Mädchen waren«, fügte Constance hinzu. »Und als ich Ihre Arbeiten in Charles Bells Buch sah, da wußte ich, daß es an der Zeit war, Sie zu mir kommen zu lassen.« Sie lächelte. »Ziehen Sie sich um und kommen Sie nach unten zum Frühstück. Wir vergeuden nur unnütz Zeit.«

Als Mandy herunterkam, lag auf dem Tisch eine rotkarierte Wachstuchdecke. Ein Feuer prasselte im alten Herd, und an den Fenstern rann das Kondenswasser herunter. Mandy nahm vor einem Teller Pfannkuchen mit Ahornsirup Platz. Auf dem Tisch stand auch eine Schüssel mit Blaubeeren und ein Kännchen frische Sahne. Tee aus einem ihr unbekannten Kraut vervollständigte die Mahlzeit. »Alles, was Sie hier essen, sind Produkte des Ackerlandes. Der Boden macht einen das ganze Jahr über satt. Und wenn man Homespun mag, dann liefert er einem auch noch die Kleidung.«

»Das Dorf –«

»Ist ein Experiment. Die Dorfbewohner versuchen, in engster Verbindung zum Land zu leben. Alles im Dorf stammt aus den umliegenden Feldern und Wäldern. Das Dorf lebt nach dem Atem der Erde, nämlich dem Wetter, und nach ihrem Herzschlag, den Jahreszeiten. Und sie leben sehr eng zusammen und werden von nichts anderem geführt als von den Notwendigkeiten, die das Land fordert.«

»Wer sind sie, Constance? Sind es Hexen, wie wir in der Stadt es immer angenommen haben?«

»Freunde. Die meisten kommen aus Maywell. Einige aus weiter entfernten Ortschaften. Es sind Menschen, die wieder in engen Kontakt zur Erde treten wollen. Das Dorf stellt einen Versuch dar, die alten Methoden mit den neuen in Einklang zu bringen.« Sie lächelte. »Weil wir uns so stark aus unserer engen Beziehung zu unserem Heimatplaneten gelöst haben, haben viele Menschen das starke Bedürfnis, ihre tiefe Liebe zur Erde wiederzuentdecken. Und darum geht es bei dem Dorf. Zur Zeit ist es noch das erste seiner Art. Ich hoffe, es werden noch weitere folgen.«

Tom kam in den Raum. Er blieb neben Constance' Stuhl stehen und schaute zu ihr auf.

Mandy stürzte sich auf die Pfannkuchen. Sie waren leicht säuerlich und sättigend und köstlich, hergestellt aus Vollkornmehl und eigener Säure, ohne daß Backpulver oder Hefe hinzugefügt worden waren.

Mit einem seiner geschmeidigen, verblüffenden Sprünge gelangte Tom auf Constance' Kopf. Mandy erschrak so sehr, daß ihr beinahe die Gabel aus der Hand gefallen wäre. Doch Constance schien das Wesen kaum wahrzunehmen, das sich auf ihren Kopf drapiert hatte wie irgendeine exotische Pelzmützenkreation mit Augen.

Die Augen suchten Mandy. Hörte er denn niemals auf, sie anzustarren?

»Amanda, ich möchte, daß Sie heute mit Ihrer Arbeit beginnen. Versuchen Sie es mit etwas ganz Einmaligem und Schwierigem.«

Constance hatte sich vorgebeugt. Ihre Stimme klang ernst. Doch sie sah mit dem Kater auf dem Kopf – nun – höchst seltsam aus.

»Ich möchte, daß Sie Ihren Skizzenblock nehmen und zum Stone Mountain wandern, die *Leannan Sidhe* suchen und ein Bild von ihr zeichnen.«

Mandy erinnerte sich an die Statue im Irrgarten. »Die Feenkönigin – meinen Sie denn, dort oben existiert eine Statue von ihr?«

»Wandern Sie über die Hügel zum Fuß des Stone Mountain. Sie werden auf einen Pfad stoßen, der an einem Birkenwäldchen beginnt. Es ist nur eine etwas breitere Spur. Sie ist etwas schwierig zu finden. Ersteigen Sie den Berg, bis Sie zu einem Vogelbeerstrauch gelangen. Richtig groß ist er. Wissen Sie, wie Vogelbeeren aussehen?«

Tom kletterte an ihrer Schulter herunter und verschwand unter dem Tisch.

»Für mich ist jeder Busch gleich, Constance. Ich hab' keine Ahnung.«

»Halten Sie Ausschau nach einer glatten grauen Rinde, rotorangefarbenen Blättern und Trauben roter Beeren. Sie können ihn nicht verfehlen. Er ist der einzige von seiner Art auf dem ganzen Berg. Dicht dahinter werden Sie einen großen runden Stein finden, in den Figuren eingraviert sind. Aber sie sind bereits verwittert, daher werden Sie in ihnen kaum etwas erkennen können. Nehmen Sie auf dem Stein Platz. Früher oder später wird die Fee kommen. Die Königin erkennen Sie auf Anhieb.«

Ganz bestimmt wollte Constance sich mit ihr einen Scherz erlauben. »Sie meinen – echte Feen?«

»Ich meine echte Feen. Sie sind etwa drei Fuß groß, die Männer haben ausgesprochen breite Schultern, und sie tragen wegen des Schnees ihre weißen Sachen. Weiße Hosen und Blusen, gesprenkelte weiße Mützen. Und sie wird auch ganz in Weiß sein. Ein weißes Kleid aus Seidenspitze. Sie ist blond, und sie wird Vogelbeeren im Haar tragen. Sie werden sehen.«

Sie redete so ernst darüber, daß es Mandy richtig peinlich wurde. Constance Collier mußte senil sein. »Sie haben diese Feen schon mal gesehen?«

»Meine Liebe, Feen sind in den Peconic Mountains etwas völlig Alltägliches. Sie leben überall in diesem Teil von Jersey und Pennsylvania. Und sie sind keine Hirngespinste, sie sind sehr real. Halten Sie nicht nach Elfen Ausschau, sondern achten sie auf kleine, solide Wesen, die sehr real vorhanden sind. Sie gehören genauso zu diesem Planeten wie Menschen und Bäume und Katzen. Eigentlich viel mehr als wir. Sie sind Überlebende aus dem Paläolithikum, meine Liebe. Die Feen wurden während des Mittelalters in Westeuropa ausgerottet, weil sie Heiden waren. Sie verehren die Göttin. Dieses Land ist so groß, daß die Feen niemals entdeckt wurden. Selbst heute noch gibt es Gegenden im Gebiet des Stone Mountain, die noch nie eines Menschen Fuß betreten hat. Und alles, was eine Fee braucht, um sich zu verstekken, ist ein Busch, nicht viel größer als ein Kissen.«

Mandy hatte das Gefühl, als würde sie den Boden der Realität verlassen. Diese Frau war vernünftig und geistig gesund und meinte, was sie sagte.

»Sie haben einen Bestattungshügel angelegt, an dem sie auf ihrer Fahrt hierher vorbeikamen. Und die Hügel draußen auf der hinteren Weide – sie sind die Überreste einer Feenstadt, die erbaut wurde, ehe die Irokesen die Herrschaft über dieses Tal an sich rissen.« Sie warf den Kopf in den Nacken. »Die gleichen Familien, die diese Häuser erbauten, lebten Tausende von Jahren oben auf dem Berg und warten auf den Tag, an dem sie wieder heruntersteigen und die Stadt für sich beanspruchen können.«

»Was sind sie ... ich meine ... wie steht es mit der Sprache? Sprechen sie Englisch? Was soll ich sagen? Und was ist, wenn sie Geld dafür haben will, mir Modell zu sitzen? Sagen Sie mir, was ich tun soll.«

»Erweisen Sie der Königin Ihren Respekt. Denken Sie stets daran, daß wir erst seit dreihundert Jahren in diesem Land sind, die Indianer seit zweitausend Jahren. Die Feen und Elfen waren jedoch schon vor der Eiszeit hier. Vergessen Sie das nie. Hunderttausend Jahre, vielleicht sogar noch länger.

Sie stehen auf deren Land, wir alle tun es. Ihre Königin ist die höchste und heiligste Wesenheit, die Sie je in Ihrem Leben sehen werden.« Sie hielt inne. »Natürlich ist es auch möglich, daß sie gar nicht bereit sind, sie herzuzeigen, in dieser Hinsicht sind sie unberechenbar.«

Während sie sprach, hatte Constance Colliers Stimme den Raum ausgefüllt, bestimmt, kraftvoll, voller Autorität und Sicherheit. Es war die Stimme der Weisheit, und trotz des seltsamen Themas und der bizarren Ansichten verspürte Mandy einen inneren Zwang, den Worten Constance' aufmerksam zu lauschen.

»Die Zeit ist kurz, Mädchen. Machen Sie sich auf den Weg. Und stellen Sie sich nicht zu dumm an und verirren Sie sich nicht.«

Ivy kreischte auf und sprang vom Tisch auf.

Für einen kurzen Moment glaubte Mandy, sie reagiere in dieser Weise auf die unglaublichen Dinge, die Constance ausgesprochen hatte, doch in diesem Augenblick tauchte Toms Kopf unter der Tischdecke auf.

»Es tut mir leid! Er hat seine Nase zwischen meine Beine geschoben.«

»Also wirklich, Ivy. Du bist heute morgen aber ziemlich aufgedreht.«

»Seine Nase ist kalt!«

»Du weißt doch, daß man die Beine übereinanderschlagen muß, wenn er hier umherstreunt.« Sie sah Mandy an. »Achten Sie auf ihn. Manchmal ist er ein richtig gerissener Teufel.«

Ivy erhob sich vom Tisch. Nach einem Blick auf die Uhr riet Constance Mandy, daß sie sich lieber auf den Weg machen solle.

»Aber ich habe keine Ahnung, was ich tun soll!«

»Ich habe Ihnen die notwendigen Instruktionen gegeben. Ich möchte, daß Sie Ihre eigene Phantasie benutzen. Amanda, dies ist erst der zweite Test, und er ist nicht der Schwierigste. Also machen Sie sich endlich auf den Weg.«

»Jetzt ist aber Schluß. Was für ein Test? Sie müssen total verrückt sein, wenn Sie erwarten, daß ich auf schneebedeckten Bergen umherstapfe und nach Feen und Elfen suche; Ich wurde hergeholt, um ein Kinderbuch zu illustrieren. Und das möchte ich auch tun.« So, jetzt hatte sie es ausgesprochen.

»Ich kann Ihnen nicht sagen, was ich Ihnen biete, Amanda.« Sie betrachtete den Kater, der nun auf dem Abtropfbrett hockte und die Öffnung der Wasserpumpe an der Spüle ablecke. »Wenn ich es täte, dann ist es möglich, daß es ihm nicht gefällt.«

»Dem Kater würde es nicht gefallen?«

Sie nickte. »Etwas Seltsames könnte passieren. Sie wären überrascht darüber, wozu er fähig ist.«

Er fuhr fort, die Wassertropfen von der Pumpenöffnung zu lecken.

»Es macht mir nichts aus, wenn Sie etwas exzentrisch sind. Und ich fühle mich sogar geschmeichelt, daß Sie mir soweit vertrauen, daß Sie sich vor mir geben, wie Sie sind.«

»Amanda, dies ist keine Senilität oder Exzentrik. Im Gegenteil, was hier geschieht, ist furchtbar wichtig.« Ihre Stimme hatte nun einen flehenden Klang. »Sie müssen es tun. Es steht mehr auf dem Spiel, als Sie auch nur ahnen können.«

»Was? Was steht auf dem Spiel? Ich kam her, um meine Illustrationen –«

»Still! Vergessen Sie das Buch. Das war nur ein Vorwand, um Sie hierherzuholen.« Sie reichte über den Tisch, griff mit zitternden Fingern nach Mandys Kragen. »Sie müssen mir vertrauen, nur für kurze Zeit. Amanda, ich würde mich lieber umbringen, als Sie anzulügen. Bitte vertrauen Sie mir.«

Tränen erschienen in Constance' Augen. Mandy ergriff die Hände der alten Frau. »Ich kann einen Fußmarsch jetzt gut vertragen. Ich denke, ich werd's schon schaffen.«

Sie konnte eine so innige Bitte nicht abschlagen. Das einzige, was ihr blieb, war, ihren Geist zu öffnen und die Dinge ihre eigenen Wege gehen zu lassen. Was immer auf dem Berg zu finden war, sie würde es finden.

Wenn dort wirklich Feen existierten – nun, das mußte eine lustige Sache sein. Sie erhob sich, zog die Robe enger um sich und ging hinaus. Die Tür schlug hinter ihr zu. Sie schlug die Kapuze zum Schutz vor dem Schnee hoch. Die Flocken waren klein und sehr hart und trommelten gegen die dicke

Wolle. Mandy machte sich auf den Weg, ihre Stiefel knirschten auf den puderigen anderthalb Zentimetern Schnee, die den Erdboden bedeckten, und ihr Gesicht stach und brannte im frischen Wind, der von den Bergen herabpfiff. Die Wolken hingen niedrig und waren grau; die Sonne war nur ein heller Lichtschein im Osten. Als sie so dahinschritt, öffnete sich Mandys Herz. Sie war so fröhlich, daß sie tatsächlich überlegte, ob sie etwas singen sollte. Was immer auf dem Stone Mountain passierte, es würde das größte Abenteuer sein.

Selbst wenn sie eigentlich vorhatte, sich auf ihre eigene Einbildungskraft zu verlassen und die schönste Feenkönigin zu malen, die je dargestellt wurde.

Sie ging an dem Irrgarten vorbei und durch den Kräutergarten.

Hinter dem Garten fiel das Gelände weiter ab, dann stieg es mit dem Hang des ersten Hügels abrupt wieder an. Als sie die Spitze erreichte, sah sie in einiger Entfernung nach Süden eine Gruppe Männer mit Seilen und Flaschenzügen an ihrem Wagen arbeiten. Sie trugen dunkelbraune Homespun-Kleidung, und sie konnte schwach die Fetzen eines Liedes hören, mehr den Rhythmus des Gesangs, aber nicht den Text. Der Klang ihrer Stimme war voller Schwung. Die Freude darin, so offen und ungebändigt, hallte deutlich durch die Luft.

Sie rutschte an der anderen Seite des Hügels hinunter und achtete darauf, daß sie mit ihrer Robe nicht in den Dornenbüschen hängenblieb.

»Amanda!«

Eine männliche Stimme. »Wer ist da?«

Ein Busch zitterte. Unwillkürlich wich Mandy zurück. Ein harter Ton hatte in dem Ruf gelegen, etwas, das sie vorsichtig werden ließ.

Ein Gesicht, jung und satyrhaft, erschien im Gesträuch. Unter einer hochwirbelnden Schneewolke stand Robin auf. Er trat dicht an sie heran. »Wohin sind Sie unterwegs?« fragte er. Er stand genau vor ihr, bekleidet mit einem langen wollenen Cape, Wollhosen und einem schweren Mantel, der von einem Gürtel zusammengehalten wurde. »Sie wollen zum Vogelbeerbusch, nicht wahr?«

Mandy sagte nichts.

»Sie wissen doch, wie die Feen dafür sorgen, daß ihre Geheimnisse auch erhalten bleiben? Wenn jemand sie entdeckt, den sie nicht mögen, dann kommt diese Person nie mehr zurück.«

Mandy sagte noch immer nichts. Robin umarmte sie und küßte sie mit kalten Lippen. »Ich liebe dich!«

Er war noch ein Junge, und der Unterschied zwischen siebzehn und dreiundzwanzig ist sehr groß. Es war schon einige Jahre her, daß sie die Worte ›Ich liebe dich‹ mit solcher Inbrunst ausgesprochen gehört hatte. »Vielen Dank«, sagte sie. Im Vergleich dazu geradezu kühl und kontrolliert.

»Connie hat Ihnen nicht erklärt, wie Sie sich verhalten müssen, nicht wahr? Darüber, wie Sie am Leben bleiben.«

»Ich hatte nicht den Eindruck, daß sie gefährlich sind.«

»O ja, aber das sind sie. Sie sind sehr gefährlich. Sie verfügen über das Feenflüstern. Niemand weiß, was es ist, weil es augenblicklich tötet. Und dann haben sie winzige Pfeile aus Holzsplittern. Das Gift an diesen Pfeilen läßt die Opfer einen Herzanfall erleiden, und kein Arzt kann feststellen, daß man vergiftet wurde. Von den Jägern, die wegen irgendwelchen Herzsachen in den Wäldern ums Leben kamen, zahlten die Hälfte mit ihrem Leben dafür, eine Fee gesehen zu haben.«

»Constance hat kein einziges Wort über eine mögliche Gefahr verloren.«

»Aber sie existiert! Sie werden getestet. Constance glaubt, daß Sie die ersehnte Jungfrau sind, aber Sie können sich dessen nicht sicher sein, bevor nicht die *Leannan* in Ihr Herz geschaut hat. Sie verfügt über das gesamte Feenwissen. Sie liest in Ihnen wie in einem Buch, und sie tötet Sie, oder sie akzeptiert Sie. Für die *Leannan* ist das eine so gut wie das andere.«

»Sie meinen also, ich könnte getötet werden.«

»Wenn Sie nicht genau das sind, was Sie sein wollen, dann kann die Fee Sie nicht mehr von dannen ziehen lassen. Das sehen Sie sicherlich ein. Sie wollen nicht, daß unsere Zivilisation sich in ihre Angelegenheiten mischt. Anthropologen auf ihren Fersen, um Himmels willen. Sie haben gesehen, was mit den Indianern geschah, und sie wissen, das alle Vertreter ihrer Art in Europa ausgelöscht wurden. Sie kämpfen sozusagen um ihr Überleben, die Feen.«

Mandy begann mit dem Gedanken an Umkehr zu spielen. »Können Sie mir eine Frage beantworten?«

»Wahrscheinlich nicht.«

»Warum ich? Warum muß ich diese ... Initiation über mich ergehen lassen oder wie immer das genannt wird?«

»Heißt das, Sie wissen noch nicht einmal das? Constance treibt mit Ihnen aber ein ganz schön seltsames Spiel.«

»Das muß sie wohl.«

»Sie sind einmalig, Amanda. Sie hat Sie während Ihres ganzen Lebens beobachtet. Warum, was meinen Sie, wurde Ihr Vater wohl nach Maywell versetzt? Sie hat ihn geholt, damit Sie in ihrer Nähe waren. Was Constance alles weiß – es läßt sich unmöglich genau sagen, aber sie hatte die Hilfe der *Leannan* zu ihrer Verfügung, ebenso wie all den traditionellen Hexenzauber. Sie beherrscht eine hohe und seltene Wissenschaft, und Sie müssen sich in ihrer Nähe sehr in acht nehmen. Sie sind in der Kunst erfahren, sagt Connie.«

»In welcher Kunst?«

»Oh, wow, Sie stecken wirklich in der Klemme. Wicca, Liebes, die Hexenkunst.«

»Ich dachte mir so etwas schon. Demnach treffen alle Stadtgerüchte zu. Alles.«

»Oh, nicht alles. Überhaupt nicht. Alle guten Gerüchte, kann man sagen, und keins der üblen! Wir lernen von Connie, von *Leannan* und ihrem Volk wieder die alten Sitte und Gebräuche. Und Sie werden unsere nächste Jungfrau sein, was eine Art Beschützerin bedeutet, vor allem wenn wir von außerhalb bedrängt werden. Und unsere Gemeinschaft wächst so schnell, daß es nur eine Frage der Zeit ist, wann der Druck einsetzt. Allein das Wort Hexe erzeugt in den Gemütern der Leute schon wahre Schreckensbilder. Sie meinen, daß wir schlecht sind.«

»Die böse Hexe.«

»Ein völlig falsches Bild. Die Hexenkunst ist – nun, Sie werden es schon sehen, wenn Sie uns erst einmal besser kennen.« Seine Stimme klang jetzt überzeugt. In vieler Hinsicht war Robin noch ein Junge, doch seine Liebe zu dem, woran er glaubte, war ein ausgeprägtes, reifes Gefühl.

»Amanda!« Das war Constance, die am Rand des Kräutergartens stand und nach ihr rief.

Robins Augen verengten sich. »Sie darf mich nicht sehen! Los, steigen Sie schnell auf den Hügel! Winken Sie ihr und sagen Sie, daß Sie unterwegs sind.«

Während Mandy sich durch den Schnee wühlte, hörte sie seine Stimme hinter sich, ein kaum hörbares Flüstern. »Sei gesegnet, Geliebte, sei gesegnet!«

Sei gesegnet? Der Hexengruß, wenn sie sich trafen oder auseinandergingen. Mandy hatte davon in Margaret Murrays berühmten Buch *Der Hexenkult in Westeuropa* gelesen. Niemand, der sich für Märchen interessierte, kam daran vorbei, auch die Murray zu lesen.

Sie erinnerte sich an ihre eigenen Träume, in denen sie verbrannt wurde... oder in einem Käfig hockte – schreckliche Träume. Sie erschauerte und ging weiter.

Constance stand wie ein in einen Pelz gehüllter schlanker Pfahl etwa hundert Meter hinter ihr. »Bitte beeilen Sie sich«, rief sie. »Bitte! Die *Leannan* wartet nicht allzu lange!« Ihre Stimme wurde vom Wind weggerissen und verhallte zwischen knarrenden Bäumen.

Weit voraus sah sie Tom durch den Schnee springen. Sie schaute an ihm vorbei auf den dunklen, mächtigen Berg.

Und sie stellte fest, daß sie mindestens ebenso neugierig wie unruhig war. Sie wollte die Fee sehen. Wenn es wirklich derartige Wesen gab. Eine nichtmenschliche Intelligenz, die sich die Erde mit dem Menschen teilt. Es war ein so enormer Gedanke, daß sie noch nicht einmal ansatzweise daran gehen konnte, über die Folgen nachzudenken, daher speicherte sie diesen Gedanken einfach in eine Nische ihres Gedächtnisses, um sich später damit zu befassen.

Von ihrem derzeitigen Standpunkt aus konnte sie in Richtung des Dorfes einige dünne Rauchsäulen erkennen. Es war interessant, sich das Leben dort vorzustellen, Homspun-Kleidung zu tragen und Kerzen zu benutzen – und das alles praktisch einen Steinwurf vom modernen Amerika entfernt. In der Idee, die Gewohnheiten der alten Zeit wieder aufzunehmen, lag ein unleugbarer Reiz. Die Hexenrituale zum Beispiel, waren so alt und seltsam, daß sie für die abergläubische mittelalterliche Welt überaus entsetzlich erschienen. Nun verstanden Anthropologen sie als Überbleibsel der menschlichen Vorgeschichte. Die Alte Religion; die Wege der Erde. War das englische Wort für Hexe, ›witch‹, nicht ein Begriff aus dem Altenglischen für Weise, oder man hatte diese Theorie verworfen?

Als sie dem zerklüfteten Berghang entgegenstrebte, hörte sie aus der Richtung des Dorfes ein Mädchen mit klarer, deutlicher Stimme singen:

»Verirrt auf grauen Bergen, in des Herbstes fahlem Glanz
Dort wandert sie, wandert dahin,
Ob je der Mond sie finden wird?«

Das beschwingte, geheimnisvolle Lied verstummte nicht eher, als bis Mandy sich die Flanke des Stone Mountain hinaufquälte.

Je entschlossener sie dabei zu Werke ging, desto brutaler kam ihr der Anstieg vor. Der ›Pfad‹ war eine traurige Angelegenheit, wie er sich hin und her wand und häufig von Felsbrocken und wuchernden Dornenranken versperrt war. Dank der dünnen Schneedecke gab es ein wenig Licht, aber mehr würde es nicht bis zum Morgen, es sei denn, die Sonne brach durch die Wolken, die vom Norden heranzogen.

Während Mandy sich weiterwühlte, wurden ihre Füße trotz der Wollsocken und der festen Stiefel kalt. Immer wieder rutschte sie auf Eisplatten aus oder wurde von der makellosen Schneedecke verleitet, in ein Loch zu treten. Sie war wohl schon eine Stunde geklettert, als die Neigung des Hanges endlich abnahm. Sie hielt inne, um nach dem Vogelbeerbusch Ausschau zu halten.

Es herrschte ein großes Durcheinander. Sie konnte keine Pflanze von der nächsten unterscheiden. Sie wandte sich um und stellte fest, daß sie nicht mehr als zweihundert Fuß geschafft hatte. Sie gelangte jetzt erst mit dem Dach des in der Ferne stehenden Hauses auf eine Höhe. Es stand auf einer dunklen Erhebung zwischen den Bäumen und schien um diese ferne Stunde völlig verlassen und leer zu sein.

Der Wind blähte ihre Robe und ließ sie an die Welt innerhalb ihres Vorhangbettes denken. Und an Robin. »Ich liebe dich«, hatte er gesagt. Wie konnte er jemanden lieben, den er nicht kannte?

Sie wischte sich den Schnee aus den Augenbrauen und ging weiter.

Erst flüsterte der Wind, dann wieder heulte er durch das Geäst der schwankenden Berge. Ein feiner Kristallnebel aus Schnee fand einen Weg in ihre Kapuze und erinnerte sie schmerzhaft an ihre Ohren. Sie zog das Seidenband zusammen. Der Pfad war jetzt ein Inferno aus scharfkantigen Felsbrocken. Um überhaupt vorwärts zu kommen, mußte sie auf allen vieren weiterkriechen.

Paradoxerweise brachte alleine diese Tatsache sie dazu, ihren Weg fortzusetzen. Je schwieriger er zu ersteigen war, desto mehr stellte sie sich der Herausforderung durch den Berg. Man hatte ihr keine Handschuhe gegeben, und ihre Hände schmerzten schon bald von der Kälte und den Steinen. Ihr Zeichenblock, den sie sich hinter den Gürtel geschoben hatte, stieß gegen ihr Brustbein erst mit einer Ecke, dann mit der anderen.

Wenn sie noch einen letzten Rest Vernunft besaß, würde sie einen Unterstand suchen, einen überhängenden Felsen vielleicht, es sich darunter gemütlich machen und aus der Fantasie ein paar Zeichnungen von der Feenkönigin anfertigen. Sicherlich war das alles, was Constance beabsichtigt hatte. Es konnte keine paläolithische Rasse mehr geben, die in diesen Bergen überlebte. Und selbst wenn, dann wäre sie schmutzig, heruntergekommen und nur in geringer Anzahl anzutreffen. Die Wilden hatten nichts von der atemberaubenden Schönheit, die Constance der *Leannan* andichtete. Wilde, die an einem so rauhen Berghang lebten, wären nur wenig besser als Tiere.

Das Paläolithikum lag zweitausend Jahre zurück. Jenseits aller Erinnerung. Jenseits der Zeit. Die ganze Vorstellung war lächerlich.

Und doch, Constance und Robin hatten es beide ernst gemeint. Ihr ganzes Leben bestand aus Träumen und Visionen und dem Wunsch nach Wundern. Nun stand ihr so etwas vielleicht unmittelbar bevor – möglicherweise. Sie kletterte weiter. Der Wind ließ nicht nach und stürmte wie eine ewige Flut immer wieder aufs neue gegen die Felsen an. Constance Collier hatte es auch unterlassen, eine andere wichtige Sache zu erwähnen: der Vogelbeerbusch mußte am Rand des Berghanges stehen, auf der dunklen, kahlen Kante, die im Winter mit einer tödlichen Eisschicht bedeckt war.

Als sie den Gipfel erreichte, geschah das so unvermittelt, daß sie anfangs gar nicht begriff, wo sie war. Beinahe wäre sie auf die bedrohliche Eisfläche hinausgetreten, die so glatt wie Glas erschien. Sie rutschte aus und geriet ins Gleiten, dann stürzte sie unter wildem Flattern ihres Umhangs. Ihr Zeichenblock knickte genau in der Mitte durch. Sie spürte, wie die Bleistifte aus ihrer Tasche fielen.

Kriechend rettete sie sie.

Als sie den Kopf wieder hob, erstarrte sie, aber nicht vor Kälte. Dies war ein Ort der Wunder. Sie konnte im Norden den langen Gipfelgrat des Berges sehen, auf dem sich die knorrigen Bäume wie verkrüppelte Kinder festklammerten. Nach Westen hin erstreckte sich eine ewige Berglandschaft. Hinter den Peconics kamen die Endless Mountains und im Dunst nach Nordwesten die Felsbastionen von Pennsylvania.

Dies war die Grenze eines der letzten leeren Winkel des Kontinents. Unten lag Maywell unter seinem Schutzschild aus Schnee, wo der Glockenturm der Episkopalkirche den Mittelpunkt des Ortes markierte.

Sie konnte die Straßen sehen und fast Onkel George' Haus erkennen. Die schwarzen Gebäude des College kauerten an der Diagonallinie der Morris Stage Road. Direkt unterhalb befand sich das Collier-Anwesen. Nahezu unsichtbar am Fuß des Berges kauernd, verschmolz das Hexendorf derart perfekt mit der Landschaft, daß Mandy nicht einmal mit totaler Sicherheit sagen konnte, daß es dort war. Nach einiger Zeit zählte sie zwanzig Hütten, zehn auf jeder Seite des Hauptpfades. Fundamente und Mauern für zwölf weitere wurden soeben ausgehoben und vorbereitet. Die runden Gebäude beherrschten das Dorf. Gelegentlich eilte eine Gestalt von einer Tür zur anderen. Zwischen den verschneiten Hügeln sausten menschliche Punkte hin und her – die Kinder des Dorfes hatten ihre Schlitten herausgeholt.

So versteckt so geheim war das Hexendorf. Während ihrer ganzen Jugend in der Stadt hatte sie nur von einem Ereignis gehört, bei dem Stadtbewohner mit Dorfbewohnern auf ihrem eigenen Grund und Boden zusammenkamen – und diese Kinder hatten noch nicht einmal das Dorf selbst gesehen. Nun betrachtete sie die gesamte Besitzung, Dorf und alles, und es war wunderschön.

Es erwies sich auch nicht annähernd so schwierig, den Vogelbeerbusch zu finden, wie sie erwartet hatte. Ein imposanter Strauch, maß er leicht zehn Fuß in der Höhe, seine nördliche Seite vom Ansturm des Windes schräg stehend, der Rest überreich gesegnet mit Beeren, fröhlich angemalte Kreatur an diesem unendlich feindseligen Ort. Der Vogelbeerbusch war derart lebendig, daß Mandy sich sofort darin verliebte. Er stand fest und sicher in seinem Bett aus Eis und Steinen. Aber er war auch ein hochaufgeschossenes schlaksiges Ding. Als der Wind ihn schüttelte, wollte sie in Gelächter ausbrechen.

Sie umrundete ihn und berührte dabei Zweige und Beeren. Irgendwie erwartete sie, Tom hier wiederzutreffen. Aber er war nicht in der Nähe. Natürlich nicht. Er war schließlich ein Kater, der den Platz vor dem offenen Kamin bevorzugte. Ein Streifzug in den unteren Regionen des Berges war genug für ihn gewesen.

Sie fand den runden Stein, den Constance beschrieben hatte. Er hatte einen Durchmesser von vielleicht acht Fuß, und war zwei Fuß dick und bildete aufrecht stehend zur Oberfläche des Berges einen kleinen Winkel. Er bestand aus schwarzem Basalt und erschien in dieser von Granit bestimmten Welt wie ein perfekter Anachronismus. Die Oberfläche war reich verziert, aber Zeit und Wind hatten ebenfalls an ihr gearbeitet, daher ließ sich nur die Existenz der Zeichnung nachweisen, aber nicht ihre Details.

Basalt ist ein hartes Gestein. Mandy strich mit der Hand über die eisverkrustete Kante. Das Ding mußte ziemlich alt sein. Was für eine große Anstrengung, den Stein herzubringen; denn er war ganz eindeutig aus einer anderen Gegend hierhergelangt.

Genauso, wie man es ihr erklärt hatte, betrat Mandy den Stein und setzte sich genau in die Mitte. Sie legte ein Stück des Umhangs gefaltet unter sich und schlug die Beine beim Sitzen über Kreuz, so daß der Umhang eine Art Zelt bildete und sie selbst vom eisigen Felsen geschützt war. Sie blickte nach Südosten, hatte so ihr Gesicht aus dem Wind genommen. Diese Robe war genau das richtige Kleidungsstück für das, was zu tun man von ihr erwartete, was nämlich nichts anderes war als zu sitzen und zu warten... und darüber nachzudenken, wie wahnsinnig sie war, doch herzukommen.

Was für ein Abenteuer, Kälte zu ertragen. Von Durst und Hunger ganz zu schweigen. Ein Bild von jenen köstlichen, nicht zu Ende gegessenen Pfannkuchen kam ihr in den Sinn. Sie sah die dunkel gefleckte Oberfläche, die leicht unebene Mitte, den bernsteinfarbenen Schimmer des Sirups, der über den Teller sickert. Die Erinnerung bestätigte die Tatsache, daß sie sehr schnell aufgehört hatte, ihre Situation vergnüglich zu finden. Sie war alleine hier oben, und das war der verdammteste, kälteste Ort, und sie fror.

Kaum war ihr der Gedanke, wieder den Abstieg in Angriff zu nehmen, durch den Kopf gegangen, als ein Vogel, ausgerechnet, aus dem Vogelbeerbaum hochflatterte und ihr um den Kopf segelte. Er hatte nicht die geringste Angst. Dieser Ort mußte nur selten Besucher sehen. Der staubige kleine Sperling war das, was die Leute in der Stadt einen Allerweltsvogel nennen. Zuerst schaute er sie mit einem hellen, klaren Auge an, dann mit dem anderen. Sie hatte nicht nur den deutlichen Eindruck, daß es ein weiblicher Vogel war, sondern daß er ihr auch so etwas wie freundschaftliche Gefühle entgegenbrachte.

Wenn sie Brotkrumen mitgebracht hätte, dann hätte sie ihn jetzt füttern können; das kleine Ding hatte überhaupt keine Angst. Sie selbst hatte noch nie einen wilden Vogel gefüttert. »Süß, süß«, sagte sie. Er flog davon.

Im nächsten Augenblick kam ein Eichhörnchen mit seinem

dichten grau-schwarzen Fell angehoppelt. Es machte am Vogelbeerbusch halt und aß einige Beeren. Dann kam auch dieses Tier zum Felsen herüber und betrachtete die seltsame Kreatur, die dort saß.

»Hi«, sagte Mandy.

Das Eichhörnchen stellte sich auf die Hinterbeine und schaute sie mit wackelndem Kopf an. Dann, genauso abrupt, wie es erschienen war, sprang es hoch und jagte über die Felskante der Berge. Es war noch keine zehn Sekunden verschwunden, als Mandy den Druck von Pfoten auf ihrem Rükken spürte. Sie drehte sich um und erschreckte einen Waschbären, welcher im Schnee herumtollte, sich wieder aufrichtete, sie anmaunzte und dann wieder seinem gelegentlichen Beschnüffeln ihres Umhangs nachging. Dann bohrte er seine kalte Nase in ihre Hände, schnupperte sorgfältig daran. »Nun, ich mag dich auch.«

Der Klang ihrer Stimme ließ den Waschbären zu ihr aufschauen. Er maunzte zurück und machte daraus einen Ruf voller Fragen, so, daß sie liebend gerne darauf geantwortet hätte. Doch sie konnte nur lächeln, denn sie beherrschte die Waschbärensprache nicht.

Sie begann allmählich zu begreifen, warum Constance sie hergeschickt hatte. Möglicherweise gab es hier keine Feen, aber es war nichtsdestoweniger ein magischer Ort und ein idealer Ort dazu, an dem man den Bildern in seinem Geist freien Lauf lassen sollte. Trotz der Kälte, dem Eis, trotz allem, konnte sie hier außergewöhnliche Wesen schaffen. Es gibt Orte des Lebens und Orte des Todes. Hier auf diesem ungastlichen Berg zwischen dem Himmel und dem Vogelbeerstrauch erlebte Amanda ein Gefühl, das so stark war, daß sie davon schockiert war. Vor allem, weil es kein aggressives Gefühl war, sondern eines voller Frieden und Harmonie.

Eine schnelle, haarige Bewegung hinter dem Vogelbeerstrauch holte sie in die Gegenwart zurück. Sie schrie beinahe auf, als sie sah was dort war. Das konnte doch nicht sein. Aber es war so, und es hatte sie soeben bemerkt. Es bewegte sich wie ein großer, pelziger schwarzer Felsen und humpelte hastig los. In den schwarzen Augen des Bären oder im Dampf, der aus seinen Nüstern stieg, war nichts Lustiges. Sie saß totenstill und richtete ihre gesamte Aufmerksamkeit auf die sich nähernde Bestie.

Je näher sie kam, desto schneller bewegte sie sich. Sie konnte sie jetzt atmen hören, konnte das Klicken ihrer Tatzen auf Eis hören. Eine furchtbare, bohrende Angst ließ sie erstarren.

Als es bellte, wußte sie, daß das Tier weiblich war, wie auch die anderen Tiere es gewesen waren. Wenn man sagen konnte, daß jedes Tier eine weibliche Eigenschaft repräsentiert, dann war diese Bärin das Sinnbild ihrer Schutzinstinkte. Ihrer größten und gefährlichsten Macht. Eine Bärin, die ihre Jungen bewacht, ist eine der gefährlichsten Kreaturen.

Langsam breitete Mandy die Arme mit nach oben gedrehten Handflächen aus. Warum diese Geste? Sie wußte es nicht. Nun konnte sie die Bärin riechen, ein satter Duft nach ranzigem Fell. Der Pelzmantel glänzte von Sekreten. Mandy stellte fest, daß sie dem Tier in die Augen schaute. Sie entdeckte dort eine derart wilde Weiblichkeit, so strotzend vor unbeugsamer Macht, daß es ihre Kehle erstickte, leise Laute entlockte. Die Bärin trottete vorbei, starrte einen Moment lang, dann wurde sie ihr gleichgültig.

Sie marschierte weiter und verschwand in den Bastionen des Berges. Vielleicht hatte diese Bärin keine Jungen, oder sie waren nicht in der Nähe.

Während ihre Aufmerksamkeit abgelenkt worden war, war etwas anderes geschehen, etwas, das ihre Seele mit einer Kälte erfüllte – weit stärker noch als die des Windes.

In der Nähe des Vogelbeerstrauchs standen sechs kleine Männchen in schneeweißen Mänteln und Hosen. An den Füßen trugen sie weiße spitze Schuhe und auf den Köpfen eng anliegende Mützen, genauso wie Constance sie beschrieben hatte.

Es war unmöglich. Und trotzdem, da waren sie.

Robins Warnung kam ihr wieder in den Sinn.

Sie stieß einen einzigen schrillen Schrei aus, hatte sich aber schnell wieder unter Kontrolle. Diese Männchen hatten scharfgeschnittene Gesichter mit spitzen Nasen und großen Augen. Vielleicht sahen sie so seltsam anders aus, weil sie so frappierend menschenähnlich waren. Aber dann leckte sich einer von ihnen die Lippen, und Mandy erhaschte einen flüchtigen Blick auf winzige Zähne, die eher zu einer Ratte gehörten als zu einem Menschen.

Gleichzeitig zückten sie ihre Bogen und legten aus Zweigen zurechtgeschnittene Pfeile auf die Sehnen. Dann erklang in der Luft das Geklingel kleiner Glöckchen und ein flüsterndes Huschen kleiner Füße im Schnee.

Sie tauchte hinter einem Stein auf, hellblond, das Haar so weich wie Holunderblüten, die Augen aufregend dunkelbraun, der Körper in genau die Spitze gehüllt, die Constance prophezeit hatte. Sie war winzig, nicht annähernd so groß wie ihre sechs Männer. Um den Kopf trug sie eine Girlande aus Vogelbeerranken, Beeren und Stengel und Blätter. Als sie solche Schönheit, so erhaben, so zerbrechlich, so stark, sah, glaubte Mandy, sie würde jeden Moment hinsinken. Im Vergleich dazu war sie roh und grobschlächtig. Alle Feinheit schien sich in dieser einzelnen kleinen Kreatur konzentriert zu haben. Um den Hals lag eine silberne Kette, und vor der Brust hing an dieser Kette eine funkelnde Mondsichel.

Mandy senkte unwillkürlich den Blick. So war es erträglicher, wenn sie nur auf die Füße der Frau sah, nicht länger als fünf Zentimeter und nackt im Schnee. Dann verließen die Füße ihr Blickfeld. Sie hob erschrocken den Kopf. Das Mädchen schwebte in der Luft. Flügel schlugen, und sie war verschwunden. Eine große graue Eule saß auf dem Vogelbeerstrauch und schrie, und ihre Ohrbüschel bildeten vor dem Himmel dunkle Schattenrisse. Sie erhob sich in die Luft und umkreiste den Vogelbeerstrauch. Dann klapperten Pferdehufe auf Steinen, und eine schwarze Stute stürmte ins Nichts davon; ihr Wiehern verhallte, und es trat Stille ein.

Eine uralte Frau, sabbernd, die Zähne gelb, ein Auge fehlte ihr, die Hände von der Arthritis bizarr verkrümmt, kam auf einen Stock gestützt herangeschlurft: »Oh, mein Gott! Kann ich Euch helfen?«

Sie streckte ihre Hände aus und war plötzlich verschwunden, während die Jungfrau weiter von ihrem flatternden grauen Haar spann. Das Mädchen nahm Mandys große

Hände in ihre winzigen. Sie war jetzt sehr ernst, ihre Augen weit weg – und doch so weise und entschlossen. Angst lag in ihnen. Ihre Lippen bewegten sich, als wollte sie etwas sagen.

Mandy erinnerte sich auch an Robins Warnung vor dem Flüstern. Die Stimme des Mädchens war sowohl die des Windes als auch ihre eigene. »Du zitterst«, stellte sie fest.

»Mir ist kalt.«

»Komm ein Stück mit mir.«

Mandy schickte sich an aufzustehen, wurde jedoch von der verblüffenden Empfindung gestoppt, daß sie von gigantischen, unsichtbaren Händen festgehalten wurde. Frauenhände, riesig und stark und weich zugleich umhüllten sie. Es war eine erschreckend abwegige Empfindung: Es gab hier niemanden, und niemand konnte je so groß sein. Sie wehrte sich, sie versuchte zu schreien, sie fühlte, wie ihr Magen sich vor Angst verkrampfte.

Doch dann fühlte sie sich in warme, parfümierte Decken gehüllt, die erfühlt und gerochen und sogar geschmeckt werden konnten, so prächtig waren sie. All ihre Anspannung, das Unbehagen, die Angst in Mandy schmolzen dahin. Dann, gerade als sie anfing, den neuen Zustand zu genießen, wurde sie fallengelassen. Sie zappelte, sie schrie auf, sie ruderte mit den Armen und Beinen.

Noch nie hatte sie sich so gründlich untersucht gefühlt, so – irgendwie – erforscht. Sie hatte das unheimliche Gefühl, daß das, was sie festgehalten hatte, sich auch in ihrem Geist breit machte. Und immer noch dort war, zuschaute und Neues entdeckte und wie eine fremde Stimme durch ihren Gedanken wanderte. Aber es war überhaupt nicht häßlich, es war jung und überaus glücklich und froh, sie kennenzulernen. Sie konnte nicht anders, aber sie brach in schallendes Gelächter aus.

Die Dame lachte auch.

»Wer seid Ihr?« fragte Mandy sie.

Doch sie war verschwunden, sie waren alle nicht mehr da, Wolken gleich, die der Wind davongeweht hatte.

BUCH ZWEI

DORNRÖSCHEN

That such have died enables us
The tranquiller to die;
That such have lived, certificate
For immortality.

Emily Dickinson

Kapitel 11

Der Kater bewegte sich schnell, nervös, durch den stillen Versuchstierraum. Die Terrarien waren leer, der blutbefleckte Affenkäfig war leer. Obgleich die Tiere nicht mehr da waren, herrschte in dem Raum noch immer der Ammoniakgestank gefangener Kreaturen. Der Kater haßte diesen Raum, aber noch mehr haßte er die Menschen nebenan, haßte sie intensiv genug, um sie gnadenlos zu benutzen. Aufgrund ihrer schuldbewußten Abneigung gegeneinander, hielt er Bonnie und Dr. Walker nicht für fähig, wahre Hexen zu sein, und Clark verstand von diesen Dingen genug, um auf sich selbst aufzupassen.

Er konnte das schwache Pulsieren der Mikrowellen des neu installierten Bewegungsmelders in der Raummitte spüren. Solche Dinge hatten in seiner Welt keine Macht, und sie überraschten ihn weder, noch beeindruckten sie ihn. Wenn er wollte, daß Dr. Walker hereinkommen sollte, dann würde er den Alarm auslösen, aber nicht vorher.

Trotz der Tatsache, daß er sie mißbilligte, empfand der Kater unfreiwillig so etwas wie Mitgefühl mit Bonnie. Sie war im Begriff, einen überaus interessanten Tod zu erleiden.

George betrachtete sich selbst und Bonnie am liebsten als Wanderer in einem tödlichen Dschungel. Irgendwie gehörte Clark nicht zu ihnen, vielleicht weil er durch und durch Techniker war und zu realistisch, um das romantische Element in den Experimenten zu erkennen und einen Sinn für den Kunstwerkcharakter ihrer Arbeit zu entwickeln.

Wenn nicht mindestens einer von ihnen ständig wach war und aufpaßte, mußten sie damit rechnen, daß ihr Experiment von Bruder Pierce und seinen Fanatikern ruiniert würde. Es gab verschiedene Dinge, die George Bruder Pierce gerne angetan hätte, vor allem hätte er ihn liebend gerne verstümmelt. Und zwar langsam und genau nach Plan hätte er ihm ein Glied nach dem anderen abgetrennt.

Nein. Man sollte ihn verbrennen. Aber nur mit einer Kerze. Oder man könnte ihm auch seine Verbrechen in die Haut tätowieren. Die Menschen hatten keine Ahnung vom Prinzip des Schmerzes, wie er sich in einem Opfer festsetzen und dort für einige Zeit bleiben muß. Ein Bild aus seinen Träumen, von Katzenklauen, tauchte für einen kurzen Moment in seinen Gedanken auf. Er könnte für alle, die vernichtet wurden, im Turm der Qualen ein Feuer entfachen. Er raste vor Wut, und er war verletzt und verspürte zugleich ein Gefühl von Schuld: Er hätte in diesem Moment seinen Körper Bonnie am liebsten hingegeben.

Aber er genoß zu sehr die komplizierte Mechanik ihrer Tötung, er erfreute sich an ihrem Zittern und an dem schwachen Schweißgeruch und der Kühle ihrer Haut, an der er schon bald Elektroden befestigen würde.

Er ließ seinen Blick über sein verschlungen technisches Reich wandern und sah, daß es vor dem Wüten von Bruder Pierce wohl geschützt war.

Ein Ausflug bis nach Altoona war notwendig gewesen, um für die Labortüren Schlösser zu finden, die sowohl einbruchssicher als auch billig waren. Irgendwie hatte George sie angebracht, nachdem er die ungenauen Beschreibungen gelesen und nach dem Prinzip ›trial and error‹ zu Werke gegangen war. Seine Finger waren stark in Mitleidenschaft gezogen, doch die Riegel funktionierten einwandfrei, und die stählernen Schutzplatten saßen fest an den Türen. Er hatte an den Fenstern zusätzliche Sperriegel montiert und bei Radio Shack für fünfzig Dollar einen Bewegungsmelder gekauft. Diesen hatte er mitten in den nun leeren Versuchsraum gestellt, damit er Alarm schlug, sobald jemand dort auftauchen sollte. Er hatte auch versucht, für den Korridor vor dem Labor eine Fernseh-Überwachungsanlage zu beschaffen, hatte sich jedoch die dafür nötigen vierhundert Dollar an zusätzlicher Ausgabe nicht leisten können.

»Das ist einfach wunderbar«, sagte Clark. Er starrte auf ein Blatt Papier mit einer internen Hausmitteilung. »Wirklich sehr hübsch.«

Bonnie löffelte eine Portion Joghurt mit Brombeeren; George hatte die Spulenwicklungen betrachtet, die die Umrisse ihres Körpers umgaben, die sie mit Kreide auf den Labortisch gezeichnet hatten. »Was?« fragte sie.

Ihre Augen, so grün und so voller Feuer, betrachteten Clark ruhig. George selbst bebte innerlich, nicht vor Aufregung oder Sehnsucht, sondern angesichts der Überlegung, wie gefährlich das Ganze für sie sein würde.

»Es ist eine sehr höflich formulierte Forderung nach unserem Laborplatz. ›Angesichts des bevorstehenden Abschlusses Ihrer durch ein Stipendium geförderten Aktivitäten an diesem Ort‹, heißt es hier. Und du rätst niemals, was sie hier reinsetzen wollen.«

»Eine Bar?«

»Fruchtfliegen. Sie wollen die Räume als Fruchtfliegen-Brutraum für die Abteilung Biologie Eins benutzen.«

»Ich wünschte, ich hätte in Bio Eins eine Assistentenstelle. Es ist nicht gegen Sie gerichtet, George, aber es wäre wenigstens ein sicherer Job.« Sogar Bonnies Stimme klang völlig ruhig.

»Ich weiß nicht«, sagte Clark, »die Arbeit ist zu eintönig. Es muß doch tödlich langweilig sein, generationenweise Fruchtfliegen großzuziehen.«

»Einige Leute«, sagte Bonnie mit einem Löffel Joghurt im Mund, »sind eben im Umgang mit Fruchtfliegen besser als andere.« Sie lachte, hoch und schrill, und verriet zum erstenmal ihre Nervosität. »Euer Problem ist, daß ihr nichts für eure Arbeit übrig habt. Ihr geht nicht darin auf. Nehmt mich als Beispiel, ich bin das genaue Gegenteil. Ich sterbe sogar dafür, meinen Job behalten zu können.«

George schaute sie an. Hinter ihrem bitteren Humor lauerte nackte Panik. Ihm gefiel es gar nicht, wenn sie jetzt störrisch wurde. Was sollte er tun, wenn sie versuchte, einen Rückzieher zu machen?

»Ich glaube, für uns ist es am besten, wenn Sie so ruhig wie möglich an die ganze Sache herangehen. Ehe wir Sie einschläfern, möchte ich noch einmal Ihre Alphawelle sehen.«

»Die Alphawelle? Sie glauben, ich würde mich hinlegen und ein wenig meditieren, während Sie mich umbringen? Hören Sie, wenn Sie darüber reden wollen, dann lassen Sie uns total offen zueinander sein. Okay?«

»Natürlich.«

»Dann werde ich mal aufhören, Theater zu spielen, und Ihnen die Wahrheit sagen. Ja, Sie haben es erraten. Ich habe Todesangst! Und wie!« Sie lachte erneut, diesmal ohne einen Anflug von Humor. »Es ist lustig, Todesangst. Aber was ist, wenn –« Sie verstummte. Die Stille wurde immer lastender. Sie starrte in ihren Joghurtbecher. Auf der anderen Seite des Raumes murmelte Clark Zahlen vor sich hin und arbeitete mit Greifzirkeln und schob die Spulen derart zurecht, daß die elektromagnetischen Felder, die er erzeugten, sich berührten, ohne sich gegenseitig zu überlagern.

»Haben Sie Angst, daß wir Sie nicht mehr zurückholen können? Dann halten Sie sich doch nur die physikalischen Prinzipien vor Augen, auf die wir uns stützen. Sie wissen genau, daß Sie zurückkehren. Das ist ebenso eine physikalische wie auch eine biologische Tatsache. Nichts wird schiefgehen.«

»O George, Sie begreifen es wirklich nicht, oder? Überhaupt nicht.«

»Was soll ich begreifen? Verraten Sie mir, worauf Sie anspielen, dann werde ich sehen, ob ich Sie verstehe.«

»George, was geschieht, wenn dort draußen irgend etwas ist?

Er konnte gerade noch ein erleichtertes Auflachen unterdrücken. Er hatte schon befürchtet, er hätte es bei ihr mit echter Todesangst zu tun. Aber diese Art und Furcht war nicht so schlimm. »Also nun mal immer mit der Ruhe. Sie sind Wissenschaftlerin und eine Hexe. Sie wissen genau, was dort draußen ist.«

»O nein. Ich glaube, Sie verstehen nicht. Ich habe an den Hexenritualen teilgenommen und auch alles andere mitgemacht, aber ich wurde katholisch getauft. Sie verpassen so der Seele gleich nach der Geburt ein Brandzeichen.«

»Aber Bonnie, ich bitte Sie. Das ist doch absurd. Der Glaube ist relativ. Es wird genauso sein, wie Sie es berechnet haben.«

»Ich denke nur die ganze Zeit: Was ist, wenn es tatsächlich eine Hölle gibt? Und dann denke ich weiter, was geschieht, wenn ich dort lande und nicht mehr herauskomme? Ich weiß, daß es dumm ist, daß es im höchsten Maße unwissenschaftlich ist, aber so denke ich eben.«

»Macht Ihnen das soviel Angst?«

»Das tut es. Ich glaube, ich kann nichts dafür, eine Art katholische Hölle zu erwarten. Oder noch schlimmer, einen katholischen Himmel, welcher eine Form der Hölle ist, wo die Guten einer Gehirnwäsche unterzogen werden, so daß sie die ganze Zeit heilige Lieder singen wollen.«

»Sie wissen, wie es sein wird? Soll ich es Ihnen erzählen?«

»Ich wünschte, Sie könnten es.«

»Meine liebe schöne Bonnie.« Er streichelte ihre Wange. Sie war so warm, so weich – er küßte sie. »Ich würde niemals etwas dulden, in dem Sie in irgendeiner Weise Schaden nehmen könnten.«

Er stellte sich vor, wie sie von der Decke herabhing, er selbst zu ihren Füßen, und sie steigt von ihrer Garrotte herab, verwandelt sich in eine Jungfrau der Vergeltung, und nimmt ihn endlich mit in die schwarze Kammer.

Die Kammer in seinem Keller.

Nein! Denk nicht daran. Nicht jetzt.

»Sie sind im Begriff, mich umzubringen, und ich werde herausfinden, ob ich noch immer eine Katholikin bin, nachdem es zu spät ist. Der Teufel –«

»Sie wissen doch, woher die Legende stammt! Der gehörnte Gott ist genausowenig der Teufel, wie die Muttergottes eine Jungfrau ist. Der König der Unterwelt und die Königin des Himmels sind die ältesten jahreszeitlichen Gottheiten.«

»Demnach werde ich also zum Spaß geopfert. Dann finden *Sie* doch heraus, wie es ist.«

Als er antwortete, war es so, als würden seine Worte von irgendeinem fremden Mechanismus geformt, einer Maschine, die so konstruiert worden war, daß sie menschlich erschien. »Oh, das ging unter die Gürtellinie«, sagte der andere George Walker. »Das ist ein Tiefschlag. Wir sollten erst einmal unsere Prioritäten ordnen. Ich glaube, das haben wir bis jetzt noch nicht getan. Erstens, wir führen dieses Experiment aus einem bestimmten Grund durch, und zwar aus einem höchst wichtigen. Das Hexenhandwerk braucht es. Constance braucht es, und wir alle lieben sie, nicht wahr? Zweitens, wir werden der Menschheit ein neues Hilfsmittel geben. Ein Mensch, der auf diese Art und Weise getötet und kryogenisch eingefroren wird, kann unbegrenzt lange erhalten werden. Überdies revolutionieren wir die Chirurgie und rücken außerdem ultralange Raumreisen in den Bereich des Möglichen.«

»Spielen Sie nicht den Besserwisser! Ich habe Angst, das ist alles. Ich weiß nicht, was mich erwartet.«

Clark kam herüber. »Ich störe diese nette Unterhaltung nur ungern, aber elektronisch betrachtet sind wir bereit.«

Bonnie stand auf, als hätte sie auf einer Heftzwecke gesessen. Dann sackte sie zusammen. Clark stand hinter ihr und fing sie auf.

George sah in ihren Augen Tränen funkeln. Er mußte schnell handeln. Das war im Augenblick das Barmherzige – und zudem war sie möglicherweise im Begriff, es sich anders zu überlegen. »Hey, ganz ruhig.« Er setzte sie wieder auf ihren Hocker zurück. »Clark, können Sie mal den Drehsessel von nebenan hereinholen?«

Als Clark die Tür zum Versuchstierraum öffnete, begann der Bewegungsmelder zu heulen. Nach ein paar Sekunden schaltete er ihn ab und kam mit dem Sessel zurück.

»Aktivieren Sie lieber den Detektor. Sie sollen nicht die geringste Chance haben, hier einzudringen.«

»Okay.«

Während Clark zurückging, half George Bonnie in den bequemeren Sessel. Er strich ihr über das Haar.

»Nur weil ich eine Frau bin, meinen Sie wohl, Sie könnten all meine Ängste einfach wegstreicheln.« Ihre Stimme klang häßlich und tief. »Geben Sie mir meine Zigaretten.« Sie löste sich aus seiner Umarmung.

»Das Nichtrauch-Gebot...«

»Ich will eine Zigarette!«

Er holte die Packung aus ihrer Handtasche, reichte sie ihr. Nachdem sie eine Zigarette herausgefischt hatte, zündete er sie an. Sie rauchte schweigend einige Züge. Clark erschien wieder und blieb mit verschränkten Armen vor ihnen stehen, betrachtete sie düster und prüfend. Das einzige Geräusch im

Labor waren das Inhalieren von Bonnie, das leise Knistern von glimmendem Tabak und das Zischen, wenn sie den Rauch ausblies.

»Als ich noch ein kleines Mädchen war, besuchte ich hier in Maywell die Schule Unserer Gnadenreichen Frau. Es ist eine hübsche alte Schule und wird von den Gnädigen Schwestern geleitet. Schwester Sankt Stephan, Schwester Sankt Agnes, Schwester Sankt Martin. Und Mutter Stern vom Meere. Ich bin froh, daß sie wirklich tot ist.« Sie lachte. »Die gute alte Mutter Stern vom Meere. Manchmal habe ich wegen ihr noch Alpträume.« Gänsehaut spannte sich über Bonnies Arme. »O Gott, sie wartet auf mich. Ich fühle, daß sie es tut! Mutter, es tut mir leid. Bitte vergib mir, Mutter!«

George hörte zu, wie sie ihre privaten Ängste erforschte. Er dachte, sie wäre ein Engel, dieses wunderbare Mädchen, ein Engel, der gekommen war, um ihn mit seiner Unschuld zu peinigen. Wenn sie aufgestanden wäre und ihn genommen und in den Spulenkäfig gezwängt hätte, dann hätte er es geschehen lassen.

»Es ist nur so, daß es für einen Katholiken so einfach ist, in die Hölle zu kommen. Ich habe so viele Todsünden begangen. Hunderte.«

»Sie sind eine Hexe. Sie gehören zu einem Coven.«

»Hören Sie, ein Katholik kann wild drauflosleben, kann alles mögliche tun und sein. Aber wenn der Zeitpunkt des Todes kommt, ist sein erster Gedanke: ›Mein Gott, wo habe ich meinen Rosenkranz gelassen?‹ «

»Die Sünde ist etwas Relatives, Bonnie. Keine Kirche kann Ihnen sagen, ob Sie gesündigt haben oder nicht. *Sie* müssen es glauben. Das ist eine der befreiendsten Erkenntnisse, die ich bei Connie gelernt habe.«

»Sie haben sie aber nicht ganz begriffen. Was sie lehrt, ist, daß das Gewissen niemals lügt. Ich habe gesündigt, George, und zwar sowohl im Licht der Kirche wie auch der Hexenkunst. Was ist, wenn irgendein Teufel mich schnappt und nicht mehr zurückläßt?«

George gefiel nicht, in welche Richtung sie dachte. »Sind Sie fertig?« schnappte er.

Bonnie nahm einen langen Zug an ihrer Zigarette. »Sie

würden es nicht glauben, wenn Sie wüßten, was ich alles verbrochen habe. Die arme alte Mutter Stern vom Meere. Ich habe wegen ihr ein so schlechtes Gewissen. Ich glaube, das werde ich immer haben.«

»Was ist denn passiert?« fragte Clark. George hätte ihn dafür erwürgen können.

Sie schnaubte. »Kleiner, ich habe Dinger gedreht, die du nicht für möglich halten würdest. Dinge, die sogar in deinen Hexenschädel nicht reingehen würden.«

George lachte und gab sich alle Mühe, dem Gespräch einen lockeren Charakter zu geben. Krampfhaft seine Gedanken ordnend, glaubte er, einen Weg gefunden zu haben, wie er sie beruhigen und selbst wieder die Situation in den Griff bekommen könnte. »Bonnie, tun Sie sich selbst einen Gefallen und vergessen Sie Ihre katholischen Sünden. Wie steht es denn mit den wahren Sünden gegen das Menschsein? Ich denke an Mord. Haben Sie schon mal jemanden ermordet?«

Clark trat von einem Fuß auf den anderen. »Sie soll erst über ihre Sünden reden. Das könnte wichtig sein.«

»Clark, seien Sie bitte still! Bonnie?«

»Es kommt darauf an, wie Sie Abtreibung definieren. Wenn Sie sagen, daß Abtreibung Mord ist, dann habe ich mich sechsmal schuldig gemacht.«

Das war ein schlechter Schachzug, Georgy-Boy. Doch er kämpfte weiter. »Sie sind genauso unschuldig wie jede ungewollte Mutter! Die Abtreibung ist kein Verbrechen, oder? Ein abgetriebener Fötus ist nichts anderes als etwas, das nicht hat geschehen sollen.«

»Mutter Stern vom Meere hat uns immer gelehrt, daß die Hölle sehr, sehr klein ist, weil die Seelen darin sich so sehr von Gott abgewandt haben, sich so auf sich selbst konzentrieren, daß sie im wahrsten Sinne des Wortes winzig geworden sind.« Sie betrachtete ihre Zigarette. »›Die ganze Hölle könnte in einem winzigen Kohlensplitter Platz finden‹, war die Metapher, die sie immer benutzte.«

Er mußte sie an ihre gemeinsamen Hoffnungen erinnern, oder er würde sie verlieren. »Hier geht es um Wissenschaft, Bonnie. Unsere Moral ist die von Wissenschaft und Handwerk.«

Lange blickte sie auf das glühende Ende der Zigarette. »Ich glaube, ich sehe sie«, sagte sie. »Für mich ist die Hölle erschienen. Sie verbirgt sich in meiner Zigarette.«

»Ich habe Ihnen ja gesagt, Sie sollten nicht rauchen. Und jetzt wollen wir endlich anfangen.«

»Sie wartet auf mich.«

In einem verzweifelten Bemühen, sie abzulenken, nahm George ihr Gesicht in seine Hände, drehte es zu sich herum und küßte sie mitten auf den Mund. Er tastete mit seiner Zungenspitze über ihre Zähne. Sie wehrte sich anfangs, dann öffnete sie den Mund für ihn. Er konzentrierte sich auf die lustvolle Empfindung dieser Berührung. Ungeachtet der Begleitumstände war ein Kuß immer noch ein Kuß.

»Bonnie, ich liebe dich. Ich liebe dich zu sehr, um das Risiko einzugehen, daß dir etwas zustößt. Ich will dir erklären...«

»George, mit allem Respekt, so wird das niemals funktionieren. Ich glaube nicht...«

»Pssst! Sag jetzt nichts. Es kann funktionieren, und es wird funktionieren. Du weißt tief in deinem Herzen genau, was passieren wird, sobald ich deine elektrische Funktion stillege. Du wirst einschlafen. Der schwarze Schlaf. Leere. Nichts. Weg.«

»George, woher *wissen* Sie das? Sie können es nicht wissen!«

»Aber ich weiß es! Und du auch. Jeder Mensch weiß es. Wir leben eine kurze Zeit, und dann sterben wir, und das ist das Ende. Was meinst du, warum wir solche Angst vor dem Tod haben? Weil wir tief in unseren Herzen wissen, daß es das Ende ist. Kein George mehr, keine Bonnie. Aus. Vorbei. Das ist es, was uns Angst macht, nicht irgendein mittelalterlicher Nonsens über die Hölle.«

»Demnach ist es also genauso wie – schlafen? Ist es das, was Sie meinen?«

»Genau.«

Sie drückte die Zigarette aus. »Ich glaube Ihnen nicht.« Ein leises Lächeln glitt über ihr Gesicht. Sie zog George an sich heran, preßte ihre Lippen gegen sein Ohr. »Sorge nur dafür, mich zurückzuholen; denn wenn du es tust, dann werde ich mit dir in mein Zimmer gehen und dir die Kleider vom Leib reißen und dich bis zum Wahnsinn lieben.«

»Ich bekomme einen Herzinfarkt!«

»Das ist ein Grundgedanke, du alter Knacker! Ich will nur sichergehen, daß du mich nicht zu schnell aufgibst. Ich will, daß du total motiviert bist!«

Das war wieder die alte Bonnie, sexy und zäh und humorvoll. Ihre Worte hatten ihn tatsächlich unter Dampf gesetzt. In sie einzudringen, wäre sicherlich eine ganz tolle Erfahrung. Sehr bemerkenswert.

Er hoffte, daß es tatsächlich dazu kommen würde. Da er im Laufe der Zeit mehr und mehr ein Bettler am Altar der Weiblichkeit geworden war, hatte er es gelernt, derartige Hoffnungen gedämpft zu halten. Aber Hergott noch mal, nicht einmal als fünfundzwanzigjähriger Schwerenöter hatte man ihm ein derart heißes Angebot gemacht. Noch nicht einmal Kate, und die hatte er geheiratet. Er hatte sie geheiratet, weil sie gleichzeitig so hart und so weich sein konnte.

Er wünschte sich jemanden, der ihm die Schuldgefühle aus dem Körper riß, und das während sie ihn liebkoste. Er suchte eine Frau und einen Richter.

Bonnie berührte die aufgezeichneten Umrisse ihres Körpers. »Dieser Labortisch ist kalt.«

»Denk daran, wie berühmt du sein wirst. Du wirst auf den Titelseiten von Illustrierten erscheinen. Persönliche Auftritte warten auf dich. Fernsehen. Vorlesungsreihen. Für einige Zeit wirst du wahrscheinlich die berühmteste Persönlichkeit der Welt sein.«

»Vielleicht treffe ich dort, wo ich hingehe, sogar ein paar Leute. Und bringe den Schluß der *Answered Prayers* von Truman Capote mit zurück.«

»Witzbold.« Er warf Clark einen Blick zu, nickte ihm kurz zu, was bedeutete, es geht los.

Clark reagierte sofort. »Ich werde dich jetzt anschließen, Liebes.« Bonnie trug Jeans und ein Sweatshirt mit dem Aufdruck des Maywell College. Sie zog das Shirt ohne eine Spur von Verlegenheit aus. Sie trug keinen Büstenhalter, und ihre Brüste wirkten so prall und schwer wie Pfirsiche im Herbst. Clark schenkte ihnen kaum Beachtung und brachte George zu der Überlegung, ob sie sich vielleicht schon länger kannten und ein Verhältnis gehabt hatten. Aber das war natürlich nicht möglich. Sie gehörten ganz einfach zu der unglücklichen neuen Generation, für die Nacktheit etwas Selbstverständliches war. Sex war für sie nichts Schmutziges, die armen Schweine.

George half ihr auf den Labortisch. »Es ist wirklich kalt hier drin«, sagte sie. »Deckt mich wenigstens mit einem Handtuch zu, wenn ihr fertig seid, okay, Clark?«

»Ja.« Er fettete ihre Fuß- und Handgelenke ein, brachte Elektroden an, dann klebte er weitere auf ihre Brust, auf die Stirn und den Hals. George wünschte sich, daß dies seine Aufgabe wäre, vor allem bei den Elektroden auf der Brust. »Okay, dann wollen wir mal sehen.« Clark ging hinüber zu der Ansammlung von Kontrollinstrumenten. »Läuft das Band, George?«

»Nein.«

»Es ist bereits vorbereitet«, sagte Bonnie. »Ich habe es nur noch nicht eingeschaltet. Ihr braucht nur auf die Knöpfe ›Play‹ und ›Record‹ zu drücken.«

George fand die Knöpfe auf der Vorderfront des Videorecorders. Als er sie herunterdrückte, begann das Gerät zu surren. Er konnte sehen, wie die Bandspule sich zu drehen begann. »Es läuft.«

»Schön«, sagte Clark. »Ich fange an. Aufnahme Lebensfunktionsüberwachung von Bonnie Haver. Ich habe folgende Organwerte. Herzfrequenz 77, Blutdruck 120 zu 70. Die Person wog zu Beginn des Experiments 128 Pfund. Sie ist blond, kaukasisch, weiblich, Augen grün, unveränderliche Kennzeichen: eine halbmondförmige Narbe an der linken Brust unterhalb der Brustwarze. Sie ist dreiundzwanzig Jahre, vier Monate und acht Tage alt.«

Clark war ein effizienter Arbeiter. George nickte ihm von seinem Platz von der Instrumentenreihe zu. Er machte einen Schnelltest der Spulen und schickte einen kurzen Stromstoß hindurch, um die Verbindungen zu überprüfen.

»Oh! Das habe ich gespürt!«

»Das war nur ein Test-Impuls. Was hast du gefühlt?«

»Es kam mir vor, als fiele ich durch den Tisch.«

»Gut. Das bedeutet, daß das Gerät einwandfrei arbeitet.« George begann, die Spulen unter Strom zu setzen, und achtete darauf, daß an jedem Punkt rund um den Körper die gleiche Spannung herrschte. Er wußte nicht genau, was geschehen würde, wenn irgendein Bereich nicht vollständig auf Null gebracht würde. Was wäre zum Beispiel die Folge, wenn das Herz tot war, das Gehirn aber noch lebte? Er hatte gewiß nicht vor, dieses Experiment an einem menschlichen Objekt durchzuführen.

Clark fuhr fort. »Ich werde jetzt den elektrischen Status des Objektes durchgeben. Mikrovoltladungen liegen alle im normalen Bereich. Die Gehirnwerte sind wie folgt: alpha .003 Mikrovolt; beta .014 Mikrovolt; delta, .003 Mikrovolt; lambda, .060 Mikrovolt; theta, .0014 Mikrovolt. Oszillationsrate neunzehn. Das Gehirn arbeitet auf deltoidem Aktivitäts-Level. Alle Anzeigen sind normal und ergeben eine in Ruhe befindliche Person, allerdings auch leicht angespannt. Damit ist die Darstellung der derzeitigen physischen Verfassung des Versuchsobjektes abgeschlossen.«

Nun war George an der Reihe. »Danke, Mr. Jeffers. Der Zustand des Null-Elektrizitätsapparates ist wie folgt: Die Spulen führen alle einen gleichen Ruhestrom von .00012 Mikrovolt, entsprechend der in der Laboratmosphäre herrschenden elektrostatischen Spannung, gemessen vom atmosphärischen Voltmeter nach Forest-Heylard, welches in der Sitzung am 19. September 1985 auf Standard-Null kalibriert wurde. Seit der Kalibrierung sind keine Veränderungen aufgetreten, und es wurden keine weiteren Einstellungen mehr vorgenommen. Daraus schließe ich, daß das Instrument genau mißt und das null-elektrische Feld zur Zeit völlig intakt ist. Ein kurzer Funktionstest, bestätigt durch Instrumentenanzeige und Aussage der Testperson, bestätigte, daß das Feld aktiviert werden kann. Damit ist meine Darstellung vom Zustand der Anlage abgeschlossen.« Er hielt einen Moment inne. »Ich denke, zu diesem Zeitpunkt können wir vielleicht ein paar Worte von unserer Versuchsperson hören.«

»Ich fühle mich mehr oder weniger normal. Mein Magen ist sauer und leidet unter einem leichten Brennen; und ich muß gestehen, daß ich innerlich stark angespannt bin. Meine

Atmung ist normal und erfolgt ungehindert. Mir ist kalt. Ich denke, ich habe auch etwas Angst.«

»Bonnie, sind Sie gewillt, das Experiment fortzusetzen?«

Eine leise Stimme. Für das Mikrophon gerade noch hörbar. »Ja.«

In dem Moment begann der Bewegungsmelder im Versuchstierraum zu heulen. George spürte, wie ihm das Blut in den Kopf schoß; Bonnie zuckte zusammen und keuchte; sogar Clark hob die Augenbrauen. »Gäste?«

»Ich gehe schon«, sagte George. »Bleib ganz ruhig. Wahrscheinlich ist es ein falscher Alarm.« Seine Lüge galt vorwiegend Bonnie. »Vergiß nicht, daß der Bewegungsmelder ziemlich billig war.« Er hatte ihnen nichts von der Pistole erzählt, die er von zu Hause mitgebracht hatte, und er erzählte ihnen auch jetzt nichts davon. Aber er zog seine Windjacke über. Die Pistole steckte in der Tasche.

Die Tür zum Versuchstierraum war geschlossen. George beobachtete den Knauf, ob er von der anderen Seite gedreht wurde. Er griff in die Tasche und umfaßte die Pistole. Dann legte er die Hand um den Knauf und begann selbst, ihn sacht zu drehen. Er hatte Angst, aber stärker war seine Wut. Wenn er irgendeinen von Bruder Pierce' Irren dort antreffen würde, dann würde er gleich schießen.

Clark trat neben ihn. »Bleiben Sie ganz ruhig, George. Wenn Sie tatsächlich vorhaben, die Pistole auch zu benutzen, dann holen Sie sie lieber aus der Tasche. Dort wo sie jetzt steckt, wird sie Ihnen nicht viel nützen.«

George war beeindruckt, nicht nur weil Clark die Pistole entdeckt hatte, sondern auch weil er zu wissen schien, wie man eine solche Situation meisterte. »Sind Sie Hilfspolizist oder so etwas?«

»Nein, ich bin nur Burt-Reynolds-Fan.«

George zückte die Pistole. »Fertig, Burt?«

»Fertig.« Er öffnete die Tür.

Und sah etwas so Widerwärtiges, daß es ihn augenblicklich zurückweichen ließ. Alle in seiner Seele kochende Wut drohte zu explodieren. Er haßte, haßte, und dennoch –

Feuerkatze, wie sie brennt im Sommer der Kindheit, Katze voller Qual –

Sie saß, so schwarz wie der Weltraum und so riesig, auf der Fensterbank. Das Fenster dahinter war verschlossen.

»Vielleicht ist es ein Streuner«, sagte Clark. Er betrat den Raum und schaltete den Alarmton aus.

George schaffte es, mit seinem ausgedörrten Mund einige Worte zu formen. »Was macht der denn hier drin?«

»Vielleicht war er schon die ganze Zeit hier, in einem Schrank oder sonstwo. Und hat geschlafen.«

George starrte der Kater an. Das Ding war wirklich groß. »Was ist das, eine Art von Rückkreuzung?«

»Wahrscheinlich hat er irgendeine Wildkatze unter seinen Vorfahren.«

»Nun, ich werde dafür sorgen, daß er von hier verschwindet. Ich hasse Katzen. Soweit es mich betrifft, sind sie nichts als Ungeziefer.« Er verstaute die Pistole wieder in seiner Jackentasche und ging auf das Tier zu, das sofort einen Buckel machte und fauchte. Laut.

»Ein unkluger Schritt, George. Der Kater würde lieber hierbleiben.«

»Ich kann den Bewegungsmelder nicht einschalten, solange diese Bestie hier herumläuft.« Er streckte eine Hand aus. »Mieze?«

Sssst!

»Überaus unklug. Vielleicht schauen wir mal in der Turnhalle nach, ob wir ein Badmintonnetz finden, das könnten wir dann über ihn werfen –«

»In Ordnung! Ich verstehe Sie schon. Wir verriegeln die Tür zwischen den Räumen und kümmern uns später darum.«

»Genau, was ich meinte. Das Experiment dauert doch nur drei Minuten. Niemand wird uns in dieser kurzen Zeitspanne aufhalten. Sie schafften es noch nicht einmal, die Tür aufzubrechen. Deshalb haben wir sozusagen freie Bahn, nicht wahr? Wenn wir endlich aufhören herumzutrödeln.«

George schloß und verriegelte die Tür. Er behielt jedoch seine Windjacke an, so daß er die Pistole gleich zur Hand hatte. Als er den Bewegungsmelder hereinbrachte, hatte er in jeder Ecke und in jedem Winkel nach verirrten Fröschen gesucht. Er hatte in die Schränke geschaut und sogar darunter. Der Raum war völlig leer gewesen.

»Okay, Bonnie, wir fangen jetzt an. Bitte schildere deine ungewöhnlichen Empfindungen, falls du überhaupt welche hast.«

»Bisher nichts.«

George legte die sieben Schalter um, welche die Spulen aktivierten. Er begann an den Reglern zu drehen. »Erzeugen einer Spannungsbasis bei .17 Mikrovolt.«

»Oh! Ohhh! Das spüre ich deutlich. Es kitzelt.«

»Blutdruck herunter auf 110 zu 68.«

»Ich – irgendwie treibe ich. Oh, das ist unheimlich!«

Als sie verstummte, schreckte George auf, als er das deutliche Knurren eines Katers hörte. Er runzelte die Stirn und versuchte über seine Anzeigegeräte hinweg zur Tür des Versuchstierraumes zu schauen. Obgleich er nur die obere Hälfte sehen konnte, war er sicher, sagen zu können, daß sie fest verschlossen war. Mein Gott, war er ein Nervenbündel. Katzen waren widerwärtige Kreaturen. Sie mußten ersäuft werden, und zwar jede. Oder man mußte sie anzünden, damit sie wie Meteore zwischen den alten Planeten seiner Heimat umherrasten. Seine eigene Grausamkeit widerte ihn an.

»Spannung auf .50 Mikrovolt.«

»Blutdruck bei 80 zu 66. Gehirn auf alpha.«

»Ich werde schläfrig, und dann habe ich in meiner Brust so ein Stechen etwa dort, wo mein Herz sitzt. Es tut leicht weh.« Ihre Stimme wurde brüchig. »Plötzlich bin ich unendlich traurig.«

»Spannung bei .75 Mikrovolt. Verdammt!« Nur für einen winzigen Moment hatte er die Augen einer Katze mitten in der Luft über Bonnie schweben sehen. Sie starrten auf sie herab.

»Was ist los?«

»Nichts – vergessen Sie's. Ich dachte, ich hätte auf den Anzeigen einen Fehler entdeckt. Aber es ist alles in Ordnung. Alles bestens.« Er versuchte, sein rasendes Herz zu beruhigen, den Schweiß zu bannen, der ihm auf der Oberlippe tropfte. »Bonnie, kannst du mich hören?«

»Mmm?«

»Sie hat jetzt Theta-Spitzen, George. Oszillation ist auf fünf herunter. Noch ein paar Sekunden, und sie ist bewußtlos.«

»Spannung auf .90 Mikrovolt.«

»Blutdruck sinkt. Theta fällt aus. Oszillation null. Intercraniale Aktivität null.«

»Aber Sie haben noch immer etwas Blutdruck?«

»Zwanzig zu fünf. Langsam sinkend.«

»Spannung auf 1.00 Mikrovolt.«

»Herzschlag und Blutkreislauf eingestellt. Das Gehirn arbeitet nicht mehr. Dr. Walker, Bonnie ist klinisch tot.«

George betrachtete die reglose Gestalt auf dem Tisch. Sie starrte blicklos zur Decke. Auf ihrem Gesicht lag ein Ausdruck, der George stumm werden ließ.

Hatte auch sie die Augen der Katze gesehen?

Kapitel 12

Bonnie stürzte aus der Welt. Sie spürte, wie ihr Blut sie vergaß, ihr Herz sie vergaß, ihr Gehirn sie vergaß, ihre Knochen sie vergaßen.

Während seines Lebens klammert der Körper sich an die Seele. Der Tod ist ein Vergessen, und wenn der Körper vergißt, dann lockert er seinen Griff, und die Seele fällt heraus.

Das ist die Einfachheit des Todes.

Es war so dunkel und so leer hier. Es gab keinen Laut, keinen Geruch, kein Fühlen. Und dennoch war diese Leere unendlich groß.

Irgend etwas jagte sie.

»Warum bin ich noch immer wach?«

Sie beantwortete ihre eigene Frage, und das sofort: Weil es von dir erwartet wird. Der Tod ist, was immer du erwartest. Wenn du den Himmel erwartest, dann bekommst du ihn, oder die Hölle oder nichts. Und du bist außerdem dein eigener Richter: Du gibst dir selbst, was du verdienst. Der Fundamentalist schafft sich seine eigene Hölle, der Katholik sein Fegefeuer, die Agnostiker wandern über endlos leere Ebenen und murmeln mit sich selbst.

Während sie starb, war eine Katze aus der Decke heruntergesprungen. Nun war sie hinter ihr und verfolgte sie. Sie ahnte, daß sie gefährlich war. Wenn sie sich weigerte, das zu glauben, vielleicht verschwand sie dann. Vielleicht würde sie davon ablassen, sie durch den Korridor geradewegs in die Hölle zu hetzen.

Torquemada brennt, Sartre irrt durch das graue Vergessen, Milton steigt zu trübem Glanz auf, Blake tanzt mit seinen Dämonen.

Dem Tod ist das alles gleich.

Unfähig, ihre tiefsten Überzeugungen zu ändern, fügte Bonnie ihr Schicksal dem der Mehrheit der Menschheit hinzu. Dies war der Tod, den sie selbst für sich erdacht hatte: Die große schwarze Katze kam springend und fauchend auf sie zu. Und während sie sich näherte, wurde sie größer und größer.

Sie konnte nicht schreien, selbst als ihr Gesicht so groß war wie der aufgegangene Mond und sie hinter ihren Augen Galaxien erblickte.

Sie brüllte, und Bonnie schaute ihr in den Schlund. Sie sah keinen schwarzen fleischfressenden Abgrund, sondern eher einen langen Korridor, der ihr irgendwie vertraut vorkam. Eine Frau wanderte auf grünem Linoleumbelag dahin. Bonnie öffnete weit die Augen, starrte ungläubig auf die absolut reale Linoleumfläche, auf die glänzende grüne Farbe, die die Wand bis in halber Höhe bedeckte, die flackernden Lampenfassungen an der Decke.

Das war die Schule von Unserer Gütigen Mutter etwa um das Jahr 1973. »Nein, bitte, das kann doch nicht sein!«

Die herannahende Nonne war ein Moloch in Schwarz und Weiß, bei dem die Haube ein Gesicht umrahmte, das aus Dörrpflaumen und Dolchen zu bestehen schien. Bonnie wollte sich verstecken, denn sie wußte, wer diese skeletthafte Kreatur war.

»Mutter Stern vom Meere!«

»Genau, meine Liebe. Komm mit mir.«

»Was ist mit der Katze passiert?«

»Das braucht dich nicht zu bekümmern.«

Bonnie betrachtete die Hand, die ihr hingehalten wurde, diese furchtbare Hand aus verwitterten, verkrümmten Knochen, die von innenher leuchteten, wo eigentlich Knochenmark hätte sein müssen. »Nein! Geh weg von mir!«

»In deinen Wunden tief, o Herr, verberge und schütze mich!«

»Ich hasse ›Soul of My Saviour‹. Singen Sie es mir nicht vor!«

»Nun, Bonnie, ich bin enttäuscht. Unser Krieg hörte doch mit ›Soul of My Saviour‹ auf. Erinnerst du dich nicht?«

»Nein.«

»O doch, Bonnie, das tust du.«

Begleitet von einem Klirren der Kacheln und Lampenfassungen geriet der Korridor ins Schwanken und formte sich zum Schulzimmer der siebten Klasse um.

»Ich habe mir alle Mühe gegeben«, zischte Mutter Stern vom Meere. »Ich habe begierig auf die Gelegenheit gewartet, mit dir abzurechnen. Und jetzt paß auf.«

Das Klassenzimmer erwachte zu realer Existenz. Sie waren alle da, Stacey und Mandy und Patty und Jenette, die ganze Kaugummi kauende Truppe.

Bonnie saß in der vorletzten Bank, Stacey hinter ihr. »Macht's Spaß, Bonnie?«

»Sei still, Stacey. Sonst hört die Mutter dich.«

Die Mutter in ihrer Pracht saß da und las und überwachte den Studiersaal. Bonnie genoß die Zeit und wollte nicht, daß dieses Vergnügen durch Staceys Störmanöver getrübt wurde. Sie holte das Bild von Zack Miller in ihr Bewußtsein, den Anblick, wie er mit seinem Mop und dem Putzeimer auf der Mädchentoilette schwitzte, als sie gerade dabei war, Pipi zu machen und dabei irgendwie die Tür ihrer Kabine offen gelassen hatte und –

»Oh, Bonnie, du tust es ja!«

»Still! Mutter hört dich!«

»Sie kann nichts hören und nichts sehen.« Dann glitt Staceys kalte fette Hand um die Rückenlehne ihrer Bank herum, schlüpfte unter dem elastischen Bund ihres Rockes her und kroch nach unten, wo sie ihre eigenen Finger berührte. »Wo ist es?« Ihr Flüstern schien Bonnie quer durch den Studiersaal zu tragen. Mutter Stern blieb in ihr Brevier vertieft.

»Nein! Das ist eine Sünde!«

»Ich mach' es richtig toll, frag Ellie und Jill, wie gut ich es kann. Ich bin darin die Beste in der Klasse.«

»Geh da weg! Das ist noch nicht mal deindeindein...« Aber es war ihre Angelegenheit, die intime Berührung.

»Das ist eine Sünde!«

»Nur für Katholiken. Ich bin Unitarierin, vergiß das nicht. Meine Mom und mein Dad meinen, es wäre ganz okay, wenn wir allein sind.«

»In einem Klassenzimmer kann man wohl kaum von alleine reden, oder?«

»In der letzten Reihe schon. Sie kann noch nicht mal so weit sehen. Stell dir einfach vor, wir säßen hinter einem Vorhang.« Die anderen Mädchen wisperten und schauten, und Jenette starrte ganz offen und ließ ihren Kaugummi im Gleichtakt mit dem Schwanken der beiden Bänke knallen.

Stacey war furchtbar gut, so gut, daß es einige Zeit dauerte, bis Bonnie das bemerkte, vor dem alle anderen Mädchen, gleich nachdem es begonnen hatte, wußten, daß es passieren würde.

Ein Schatten fiel auf ihr Pult, wo eigentlich kein Schatten hätte sein dürfen. »Mutter Stern vom Meere!«

Die Strafe war hart: Du darfst nicht an der Schule Unserer Gnädigen Mutter bleiben, nein, du wirst für immer mit deiner Sünde leben und deshalb auf ewig verdammt sein. Und in der ewigen Qual, die darauf folgt, wird Gott stets daran denken, daß du diese *unschöne* Sache im Studierzimmer getrieben hast.

– Aber es ist keine Sünde! Wir leben im zwanzigsten Jahrhundert!

– Du besuchst die Schule von unserer Gnädigen Frau. Deshalb ist es doch eine Sünde.

Der schlimmste Teil der Strafe war der erste Brief nach Hause, der nackte Ekel ihrer Eltern, das spöttische Lachen des verhaßten jüngeren Bruders.

»Angesichts der Tatsache, daß wir nicht über die Geldmittel verfügen, um einen Psychologen zu beschäftigen, können wir Schülerinnen mit solchen Neigungen einfach nicht gestatten, unsere Schule zu besuchen. Wir würden empfehlen, daß Bonnie so bald wie möglich auf die PS 1 wechselt und am dortigen Beratungsprogramm teilnimmt.«

Dieser Hinauswurf ließ sie in der Wertschätzung ihres Vaters absinken, und er verbitterte ihre Mutter. Es bedeutete, den Rest des Schuljahres in dem Gefängnis zu verbringen, um das es sich bei der PS 1 in Wirklichkeit handelte, ein Mädchen mit einer Vorgeschichte im Bereich des Unaussprechlichen, ständig überwacht von den menschlichen Geiern, die an jenen düsteren Himmeln kreisten.

In ihrer Wut fügte Bonnie ihren Peinigern Schlimmeres zu. »Mutter Stern wußte darüber Bescheid!«

»Wie bitte?«

»Sie – sie –« Weinkrampf, und dann um jeden Preis durchhalten. »Die Mutter hat uns beigebracht, wie es gemacht wird. Sie tut es ja selbst. Sie hat mich ... sie hat mich ...« Neuerlicher Tränenstrom.

Ihr Vater stürmte in die Schule, hatte eine temperamentvolle Unterredung mit der Rektorin, Schwester Sankt Thomas. Die arme Mutter Stern vom Meere. Früher war sie selbst einmal Rektorin gewesen und war aus irgendwelchen unklaren kanonischen Gründen abgesetzt worden. Und jetzt zog eine neue Wolke am Horizont auf.

Bonnie wurde wieder aufgenommen. Am ersten Tag nach ihrer Rückkehr, welche Freude, ging sie durch die Korridore, umschwärmt von einer aufgeregten Mädchenschar, während Mutter Stern stumm weinte und an der Mauer in der Nähe der Kapelle stand. Die alte Dame durfte noch nicht einmal das Jahr beenden, sie, die die Mädchen geliebt, die für sie nur das Beste gewollt hatte

Der Ruhestand wird eine andere Form der Exekution sein, langsam aber sicher.

Doch in diesem Augenblick ist sie noch Lehrerin, wird es bis zum Ende der Woche bleiben; sie muß dem mörderischen Kind ihre Musik beibringen:

»Oh, mein Gott, Mutter, nicht schon wieder ›Soul of My Saviour‹!«

»Es war an einem kalten und regnerischen Nachmittag im

Oktober, Liebes. Du hattest mich längst vernichtet, aber es gehört weiterhin zu meinen Pflichten, dich zu unterrichten. Wie habe ich damals um ein Wunder gebetet. ›Laß sie die Wahrheit sagen‹, habe ich gefleht.

Also Mädchen, noch einmal von vorne. in G-Dur, und fröhlich, bitte.« Klick, klick, klick, Lineal auf Pultkante. »Eins, zwei, drei!«

> »Blood of my Saviour, bathe me in Thy tide;
> Wash me ye wa-ters, gushing from His Side!«
> (Olay)

»Stopp! Wer war das? Wer hat dieses schlimme Wort gesagt? Olay, tatsächlich! Ihr wagt es, über Gottes Leiden zu spotten? Wer war das? Du? Warst du das, Stacey Banks? Oder du – ja, *du*, Bonnie, die Bestie mit der schwarzen Seele! Bonnie, das war eine *Sünde*! Nein, laß die Hand unten. Liebes.« Mutter Stern vom Meere lächelt. »Leb weiter mit deiner Sünde!«

Bonnie kann jetzt sehen, sie kann das Gesicht der Mutter der Sterne vom Meere sehen, und es ist das Gesicht der Verzweiflung, derart von Haß erfüllt, daß es einfach weiterleben kann.

»Du bist tot!«

»Na und? Das bist du auch. Wir sind beide so tot wie Sargnägel.«

»Ich kehre zurück! George wird mich zurückholen!«

»Du hast gegen mich gesündigt. Du hast meine Karriere und mein Leben mit deinen Anschuldigungen zerstört. Ich war nicht die beste Lehrerin, weiß Gott, auch nicht die beste Nonne. Aber du hast mich vernichtet. Willst du das nicht wiedergutmachen?«

»George hat eine Maschine, er holt mich zurück.«

»Du, meine Liebe, stürzt ins Nichts, und das mit einer Geschwindigkeit von zehn Millionen Lichtjahren pro Sekunde. Keine menschliche Einrichtung hat die Macht, dich wieder in deinen Körper zurückzuholen. Du bist tot.«

Bonnie taumelte Hals über Kopf durch alle schrecklichen Tode in ihrer Erinnerung, den Tod ihrer Mutter mit der Last des Krebses in ihrem Magen, der sie sich fast um den Verstand hungern und sich gleichzeitig übergeben ließ, durch die Tode ihrer eigenen Babys, die von langen Stahlnadeln in ihrem Fruchtwasser-Himmel ausgelöscht wurden, dann weitere Tode und noch mehr: Menschen, die brannten, ertranken, stürzten, denen das Leben aus dem Leib gequetscht wurde, denen Messer die Eingeweide zerfetzten und denen Geschosse die Gedanken zerschmetterten, denen das Verderben wie ein alberner Clown durch die Adern raste.

Barmherziger Gott, bedeutet der Tod das alles?

Bonnie erkannte in einem erschütternden Ausbruch von Leidenschaft, daß sie die Hölle wünschte, der sie entgegenstürzte. Sie betrachtete ihre eigene Seele, schaute sie sich eindringlich an, und dachte, daß sie niemals, nie irgendwoanders hinblicken dürfte als auf diesen einen flackernden Punkt, denn er war etwas, trotz allem, er war etwas in diesem grauenvollen schwarzen Nichts. Sein Licht war so schrecklich alt. Aber es war nicht nichts, es war nicht so wie das, durch das sie stürzte.

Sie wollte Buße tun. An Mutter Stern vom Meere!

»So, Kinder, das ist der Grund, warum C. S. Lewis die Hölle als etwas Winziges beschrieben hat. Die Seelen darin sind so ausschließlich auf sich selbst konzentriert, auf die Ablehnung Gottes und alles anderen, daß das gesamte Reich Satans in einem einzigen Aschenkrümel von Vater Flahertys Zigarre Platz finden würde.«

»Ja, Mutter Stern vom Meere.« (Olay)

»Wer hat das gesagt? Deine Olays langweilen mich allmählich, Bonnie. Bitte, hast du denn noch nicht genug angerichtet?« Im Auge eine Träne.

»Olay!«

»Du impertinentes kleines – los, geh hinaus auf den Korridor.«

Die Beichte in der Pfarrei von Unser Gnädigen Frau: »Segne mich, Vater, denn ich habe gesündigt. Ich – bin – die *Geliebte* von Mutter Stern vom Meere!« Ein weiterer Nagel in den bereits geschlossenen Sarg. Nur so aus Spaß.

»Waa-aa-aas? Was war das? Was hast du gerade gesagt?«

»Obgleich sie längst erwischt wurde, will sie nicht aufhören. Vater, sie – sie –«

»Ja, meine Liebe, bete zu unserem Herrn, damit er dich leitet.«

Das war das Ende von Mutter Stern vom Meere, in diesem Augenblick, genau diesem Tag. Pack deine beiden schwarzen Koffer, und schon bist du weg.

Kein Musikunterricht mehr, kein ›Soul of Our Saviour‹ mehr.

»Du verkommenes Gör, ich mußte mich nicht nur zur Ruhe setzen, sondern ich wurde sogar aus dem Orden ausgeschlossen. Wie sehr habe ich darunter gelitten. Ich hatte nichts zu essen.«

»Sie waren streng. Sie waren bösartig.«

»Nicht so gemein wie du! Du hast mein Leben ruiniert. Alles was ich getan habe, war, dir auf die Hände zu hauen. Weil du gesündigt hast. Ja, ich habe gesündigt. Nach meinem eigenen Maßstab habe ich gesündigt. Ich geriet darüber in Zorn, daß sie sich weigerten, meine Argumente anzuhören, und ich brach mein Gelübde. Die letzten vier Jahre habe ich mein Leben damit gefristet, bei Woolworth zu arbeiten und sonntags ins Kino zu gehen. In meiner Bitterkeit leugnete ich die Kirche, leugnete ich den wiederauferstandenen Herrn, und ich tat es wegen der Wolke von Anschuldigungen, die du über meinem Leben hast aufziehen lassen. Nun bin ich hier, weil ich nicht glauben kann, daß mein Leugnen keine Sünde war.« Ihre langen, dünnen Finger zuckten hervor, geschickte schlanke Dinger, die durch Bonnies Haar strichen und kühl hinter ihre Ohren glitten. »Ich würde wirklich gerne Urlaub machen. Jetzt, wo du gekommen bist, bekomme ich endlich einen.«

Die Katze umkreiste sie wie ein Schatten, die Flanken erregt zitternd, die Augen überall, in ihren Herzen, in den geheimsten Orten ihrer Seelen.

Mutter Stern vom Meere spürte das Zittern ihrer Seele und ihre Veränderung. Sie wurde zu einer Wolke heißer Nadeln, die um Bonnies Kopf schwirrten. »Ich brauche nur ein einziges Mal frei zu werden«, flüsterten und zischten die Nadeln. »Nur für eine köstliche wertvolle Sekunde.«

»Aber du bist doch für die lange Tour hier, nicht wahr?«

»Du willst mir den Strafaufschub verweigern? Du weißt ja gar nicht, wie so etwas ist!«

»Ich werde bald wieder weg sein. Ich bin sozusagen nur auf der Durchreise.«

»Du bist schon seit einer Million Jahre hier. Die Welt ist untergegangen. Sie ist zu Ende. Die Sonne ist vor Tausenden von Jahren explodiert!« Sie krächzte und drehte sich, getrieben von ihrem leidenschaftlichen Wunsch zur Flucht. »Die Hölle ist dazu verdammt, in alle Ewigkeit fortzudauern. Sie geht niemals zu Ende und ist niemals ein angenehmer Ort. Von uns beiden hast du die schlimmere Sünde begangen, und du mußt daher einen größeren Preis bezahlen.«

Bonnie versuchte zurückzuweichen. George hatte ihr gesagt, es würde so sein wie ein tiefer Schlaf! Wie überheblich von ihm, wie absurd.

Nicht was der Geist denkt, gestaltet das Nachleben, sondern was das Unbewußte glaubt.

Und das Unbewußte lügt niemals.

»George, wo bist du? George?«

Mutter Stern vom Meere tauchte aus dem kichernden, stechenden Nadelschwarm hervor. »Ja, George, ich möchte meinen Urlaub, und ich möchte ihn jetzt!«

Als befände er sich hinter dem Schirm der Katzenaugen, sah Bonnie George im Labor herumhantieren. »Schnell, schnell!«

»O ja, George, ich habe mein Gepäck gepackt. Ah, was für ein Spaß.« Der elektrische Wind von George' Gerät knatterte ins Nichts und stellte für einen kurzen Moment die Vorrangstellung des Todes in Frage.

Jemand wurde mit diesem Wind in Bonnies Körper zurückgetragen. Aber es war nicht Bonnie. Nein, Bonnie sank tiefer zu einem hübschen Ort, in dessen Mitte ein bestimmtes Lebkuchenhaus stand, in dem sich ein besonders böser Herd befand. Ja, in der Tat, Hänsel und Gretel sind nicht die einzigen, die es sich angeschaut haben.

Es war eine andere, die wieder in den Körper einzog und sich im Flackern und Flimmern zwischen den Nerven niederließ, wo die Seele verborgen ist. Sie kam, um den Willen ihres mächtigen Meisters zu erfüllen.

Der Kater hatte für sie eine Verwendung. Nur für eine kurze Weile würde sie durch die Maschen des Lebens schlüpfen und dem Willen der Götter gehorchen.

Es war nicht Bonnie, die in den wunderschönen Körper auf dem Labortisch zurückkehrte. Nein, es war Mutter der Stern vom Meere, natürlich. Und sie war nicht zum Spaß zurückgekommen.

Kapitel 13

George beugte sich vor und sah auf Bonnie herab. Als der letzte Rest Lebensfarbe ihrer Haut verblaßte, berührte er ihr Gesicht. Und als sie endlich völlig reglos und still war, konnte er ihre wahre Schönheit erkennen. Sein Körper reagierte, wie er es seit Kate nicht mehr getan hatte. Seiner Kate, dem Kätzchen.

»George?«

Bonnies Haar war golden, wunderschön.

»George, sie ist jetzt lange genug weggetreten.«

Bonnie, Bonnie. Schöne Bonnie. Wie kühl ihre Haut wurde, wie Alabaster. So makellos.

»Das Blut fängt an zu gerinnen.«

George beugte sich zwischen die glänzenden schwarzen Spulenwicklungen und kam dem Gesicht näher und näher. Er atmete die vergehende Süße ihrer Haut ein, dann küßte er ihre Wangen, liebkoste mit seinen Lippen ihre Weichheit. Bonnie hatte einen zarten Flaum auf ihrer Haut. Er drückte seine Lippen auf ihren Mund.

»Um Gottes willen, George, wir müssen sie zurückholen. In einer Minute wird das Gehirn die ersten Schädigungen davontragen.«

Bonnie war fleischgewordene Perfektheit.

»George! Das ist Mord, verdammt noch mal!«

Clark konnte einem wirklich den Nerv töten. George kehrte hinter seine Instrumente zurück. »Ich fange mit langsam ansteigendem Niveau an und mache es nicht mit dem schnellen Sprung wie bei Tess. Ich denke, auf diese Art und Weise erhalten wir vom Gehirn eine etwas stabilere elektrische Reaktion.«

»Dann machen Sie es! Jetzt!«

Er begann, das Spannungsniveau im Gehirn anzuheben.

»Müßte ich jetzt irgendwelche Werte bekommen?« rief Clark von seinem Platz.

»Natürlich.«

»Ich bekomme keine Reaktion.«

»Mein Gott!« George blickte zu ihr hinüber. Was, zum Teufel, hatte ihn so lange warten lassen? Sie war so unerwartet schön... im Tode. Darauf war er nicht vorbereitet gewesen. Er steigerte die Spannung auf den höchsten Wert. »Und jetzt?«

»Lassen Sie es so! Versuchen Sie es mit künstlicher Fibrillation. Vielleicht, wenn das Herz wieder zu schlagen anfängt –«

George lief zum Labortisch und zog den Fibrillator aus dem Holzkasten auf dem Fußboden. Das Ding war noch nicht einmal angeschlossen. So sorglos war er an die Sache herangegangen. Er kam sich vor wie ein Verbrecher. Zitternd, mit fliegenden Fingern bugsierte er den Stromstecker in die Dose und drückte die beiden Elektroden gegen Bonnies Brust. »Jetzt einen Impuls, Clark!«

Das Gerät zuckte und ruckte in Georges Händen. Bonnies Lungen blähten sich unter einem Zischen auf.

»Kein Herzschlag!«

»Noch mal. *O Jesus*!«

Der Fibrillator zuckte erneut. Diesmal drang ein Gurgelgeräusch aus Bonnies Kehle. »Clark?«

»Ich glaube, ich habe – ja, das ist einer. Und noch einer. Sie ist im Kommen! Wir haben einen Herzschlag!«

»Bonnie! Bonnie!«

»I-i-i-«

»Bonnie, komm zurück zu uns! Komm zurück!«

»Herzfrequenz 45. Blutdruck 55 zu 30. Sie reagiert, George. Ich hoffe zu Gott, daß es nicht zu einem Hirnschaden gekommen ist.«

Ihre Lider flatterten, ihr Mund bewegte sich. Sie hustete, keuchte, ruckte mit dem Kopf hin und her.

»Bonnie, Baby, Bonnie, *Baby*!«

»Ich werde –« Sie versuchte sich aufzurichten, schaffte es nicht, übergab sich auf Georges wertvolle Geräte. Er stöhnte halblaut auf, als er es sah.

»Bonnie?«

»Ja?«

»Komm jetzt, Liebling, laß uns von hier verschwinden. Clark, helfen Sie mir mal.« Während Clark die Elektroden entfernte, holte George ein paar Papierhandtücher und säuberte sie so gut es ging. Zusammen richteten sie sie auf. Sie schwankte, ließ die Beine über die Kante des Labortisches baumeln.

»Meine Füße sind eingeschlafen«, stellte sie fest.

Hatte George richtig gehört? War das Bonnies Stimme?

Als er sie ansah, war George verwirrt. Auf irgendeine nicht zu definierende Weise stimmte mit ihrem Gesicht etwas nicht. Ihre Wangen, die einst rund gewesen waren, wirkten jetzt unter einer Anspannung eingefallen, die vorher nicht dagewesen war. Ihre Lippen bildeten eine strenge schmale Linie. Und ihre Augen – sie hatten einen raubtierhaften Ausdruck.

»O mein Gott«, flüsterte Clark.

»Bonnie – was für seltsame Augen du hast. Fühlst du dich wohl?«

»Ich bin ein bißchen matschig, aber ich glaube, mein Kreislauf wird immer besser.« Sie stellte sich auf den Fußboden. »Da! Sieh doch, ich bin okay.«

Irgend etwas stimmte nicht. Die Stimme klang total anders. Und ihr Gesicht, ihre Augen... er verstand das nicht.

»George«, sagte Clark, »kommen Sie mal dort hinein.« Er nickte in Richtung Versuchstierraum.

»Was ist mit der Katze?«

»Vergessen Sie die verdammte Katze, kommen Sie nur her!« Clark schloß die Tür hinter ihm. »Was ist mit ihr schiefgelaufen?«

»Ich weiß es nicht.«

»Irgend etwas ist bei ihr in schrecklicher Unordnung.«

»Ich – was soll ich dazu sagen?«

»Passen Sie auf, Mann, wir bekommen Schwierigkeiten, Sie und ich. Karrieren stehen auf dem Spiel.« Er machte eine Pause. »Die ganze verdammte Affäre ist auf Videoband aufgenommen worden.«

George erkannte, worauf er hinauswollte. »Wir müssen ihr helfen. Sie ist schließlich die Hauptperson.«

»Ich bin Biologe. Ich kann ihr nicht helfen. George, ich erkläre es hier und jetzt: Ich steige aus dem Projekt aus. Ganz aus. Es ist mir gleich, was aus meinem Studienabschluß wird. Es ist mir auch egal, was Constance dazu meint. Mehr noch, ich werde ihr melden, daß das ganze Experiment ein Fehlschlag ist und daß wir die Arbeit sofort einstellen müssen. Wenn Sie mich fragen, so werden Sie, ehe das alles vorüber ist, im Gefängnis oder vor Gericht enden, angezeigt von den wütenden Verwandten des Opfers.«

»Clark, regen Sie sich doch nicht auf! So schlimm ist es doch nicht.«

»Das dort drinnen ist nicht Bonnie, das wissen Sie genauso wie ich. Es ist etwas anderes – etwas, das wir entfesselt haben.«

»Das ist ein durch nichts belegtes Werturteil. Das einzige, was eindeutig klar ist, ist ein veränderter Stimmausdruck.«

»Veränderter Stimmausdruck? Die Frau hat ein anderes Gesicht, eine fremde Stimme. Sie klingt wie eine ältere Frau. Eine völlig andere Frau.«

»Es gibt nicht den geringsten Beweis, daß diese Effekte durch das Experiment ausgelöst wurden. Dazu hätte es aus allen möglichen Gründen kommen können.«

»Das kann doch nicht Ihr Ernst sein! Das Mädchen war völlig in Ordnung, ehe wir das hier aus ihr gemacht haben. Normal in jeder erdenklichen Hinsicht!«

»Es gab nichts im ganzen Experimentierverlauf, das den Effekt hätte auslösen können, den wir vor uns sehen. Und ich muß betonen, daß wir kaum Gelegenheit hatten, dies auszuwerten. Wahrscheinlich haben wir es mit einer leichten Störung aufgrund der extremen Blutdruckschwankungen zu tun. Ich schätze, das geht vorbei, sobald...«

Ein Schrei schnitt mitten durch das Labor. Als George die

Tür aufriß, schwankte Bonnie in der Mitte des Raumes umher und hatte eine Katze auf dem Kopf. Ihre Klauen steckten in ihrem Haar, und sie versuchte, mit den Zähnen an die Kehle des Mädchens heranzukommen. *»Mein Gott!«*

George war angeekelt. Ein Mensch, der von einer Katze berührt wurde. Und dennoch würde die Qual, von diesen Zähnen in die Nase gebissen werden, schon wieder so extrem ausfallen, daß sie geradezu faszinierend war. Er kämpfte darum, seine Hände unter Kontrolle zu bekommen, damit sie nach dem widerwärtigen Ding griffen.

Am Ende schaffte er es, spürte das Pulsieren von Muskeln unter ihrer Haut, hörte ihr Zischen, roch den Atem wie ein elektrisches Feuer. Er packte den Kopf und zog ihn von Bonnies Hals weg. Klauen zerfetzten ihm die Finger fast, als er die Katze von ihrem Platz zog. Sie wand sich wütend, schrie, ihr Kopf drehte sich hin und her, und mit den Klauen schlug sie wild um sich. Indem er sie am Nackenfell packte, trug er sie in den Tierraum und steckte sie in den Affenkäfig. »Das ist Wahnsinn!«

Er kehrte ins Labor zurück, wo Clark an der Tür stand und den Korridor hinabschaute. Bonnie war verschwunden.

Mutter Stern vom Meere mußte los. Die verdammte Katze drehte vor Ungeduld bald durch. Es war keine Zeit zu verlieren, nicht eine einzige Sekunde. Man nahm die Hölle überallhin mit, selbst wenn man Urlaub machte.

Sie tat genau das, was sie tun sollte – sie rannte davon. Sie wußte nicht, wohin sie unterwegs war oder auch nur warum sie an diesem Ort war. Das war nicht ihre Angelegenheit. Sie mußte nur davonlaufen. Das, was sie hergebracht hatte, lenkte ihre weiteren Schritte.

Es gab jedoch eine Sache, die sie ganz alleine tun wollte, und sie wünschte sich so verzweifelt, daß sie sogar den Zorn der Katze riskierte.

Die ganze Zeit über, die sie tot gewesen war, hatte sie sich nach einer einfachen Sache gesehnt, die es nur im Leben gab. Ihr letztes Stück war ihr von einer Hilfsschwester in der Krebsstation im Perpetual Light Hospital gestohlen worden. Ihr allerletztes Stück, und sie mußte ihren Todeskampf ohne das winzige Vergnügen ausfechten, den ihr die Sache gebracht hätte.

Mutter Stern vom Meere suchte in den Taschen von Bonnies Jeans nach Wechselgeld. Dreißig Cents. Gut.

Sie überquerte einen zweispurigen Highway und lief hinunter in die vertraut aussehende kleine Stadt und suchte nach dem richtigen Laden.

Bixter's. Natürlich. Sie ging hinein. An der Theke stand ein so schöner Dekorations- und Verkaufsständer, daß sie beinahe in Tränen ausgebrochen wäre, als sie seiner ansichtig wurde. Mit zitternder Hand suchte sie aus den Stapeln M&M's und Hersheys und Oh Henry's einen hübschen, dikken frischen Snickers-Riegel. Sie bebte am ganzen Körper, als sie dem Mädchen an der Kasse das Geld reichte.

»Zweiunddreißig.«

»Wie bitte?«

»Zweiunddreißig Cents. Ein Snickers-Riegel kostet zweiunddreißig Cents.«

Mutter Stern vom Meere war eigentlich nicht allzusehr überrascht. Ihre Schuld hatte nichts ausgelassen. Sie war nun mal hier, klar, aber sie hatte nicht vor, sich gehen zu lassen. Das schlechte Gewissen würde sie überallhin begleiten. Sie hatte nicht vor, den Versuch zu unternehmen, einen Schokoladenkeksriegel zu stehlen. Was in einem solchen Fall geschehen würde, konnte sie sich nicht einmal ausmalen, aber es wäre sicherlich viel schlimmer, als vorerst ohne den verdammten Snicker weiterleben zu müssen. »Schade«, krächzte sie. Sie legte den Riegel zurück und verließ den Laden.

Als sie durch die Straße ging, ein kleines Stück Hölle inmitten all dieser zufriedenen Seelen, stellte sie fest, daß sie sie haßte. Sie aßen, sie schliefen, sie kopulierten – und sie konnte sich noch nicht einmal einen verdammten Schokoladenriegel leisten. Mutter Stern vom Meere beneidete sie um ihre albernen, selbstzufriedenen Leben. Was für ein Witz das alles war. Sie dachten, sie würden sterben, die meisten von ihnen jedenfalls, und sich dann irgendeinem Richterspruch beugen müssen. Durch den heiligen Petrus oder wem auch immer.

Man konnte auf nicht schuldig plädieren, doch es machte keinen Unterschied, wenn man *wußte*, daß es genau umgekehrt war.

Ich laufe jetzt in einem Körper herum, den ich einst mit einer derartigen Inbrunst gehaßt habe, daß ich hätte weinen können. Sie schaute auf ihre Hände. Sie waren jetzt glatt und schön, doch 1973 waren sie plumpe, warzige kleine Dinger gewesen. Hatte sie sie je mit einem Lineal traktiert? Sie erinnerte sich nicht, aber sie hoffte, daß es so war.

Sie hob eine Hand, um sich die Nase zu putzen. Der Arm war kräftiger, als sie erwartet hatte, und sie schlug sich beinahe selbst k. o. Schwankend erholte sie sich wieder.

Sie steckte darin, und sie konnte nicht heraus! Wie furchtbar. Wie spaßig.

Vielleicht bin ich verrückt. Vielleicht bin ich in Wirklichkeit Bonnie und denke nur, daß ich die alte Nonne bin. Ich bin Bonnie, und ich wurde zu meiner eigenen Schuld.

Diese Spekulation vertiefte nur ihren Haß auf die Leute ringsum. Innerhalb von nur wenigen Minuten war der Abstand zwischen ihr und ihren Mitmenschen so groß geworden wie der schwarze unendliche Schacht, in den sie gestürzt war.

Wie sie sie haßte, diese strahlenden Gesichter, diese unschuldigen Augen, diese aufreizenden Kurven und alles enthüllenden Hosen. Zwei Kinder gingen vorbei. Ihre Gesichter waren mit Schokolade verschmiert. Sie roch das Aroma von Snickers-Riegeln im sauren Atem der Kinder. Sie hätte sie liebend gern über einem offenen Feuer geröstet.

Während sie weiterging, gewahrte sie eine Ameisenprozession, die sich über den Bürgersteig bewegte. Diese Tiere waren hilflos. Anders als die Menschen konnten sie verletzt werden. Sie hüpfte herum, sprang auf und nieder und zerstampfte sie zu Ameisenmus.

»Sind Sie in Ordnung, Miß?«

Ein Polizist. »Ja, ich mag nur keine Ameisen.«

»Dieses Jahr haben wir unzählige davon. Ich hab' auf meinem Gelände das ganze Jahr über Ameisenfallen aufgestellt.«

Sie überquerte die Straße. Wohin ging sie überhaupt? Das wußte der Teufel. Sollte die Katze sich um sie kümmern. Die Katze wußte immer, was sie wollte. Wenn man sich weigerte oder in der Hölle zögerte, dann verwandelte das verdammte Biest sich in einen echten Tiger.

Irgend etwas summte in ihrem linken Ohr wie eine gigantische Wespe oder vielleicht auch eine Katze, die sich bemühte, menschliche Laute von sich zu geben.

Doch die Worte waren deutlich. Sie beschrieben ihr nur, was als nächstes geschehen sollte. Überquere die Ames Street und geh einen Block weiter. Dann biege nach links auf die North Street ab, einen Block weit, und dort steht, dicht vor der Rückfront des Tempels kauernd, Bruder Pierce' schäbiger Airstream-Anhänger mit der Aufschrift ›Gott ist Liebe‹ auf beiden Seitenflächen.

Sie kam außer Atem dort an.

»Bruder Pierce? Bruder Pierce, sind Sie da?«

Sie hämmerte gegen das Fliegenfenster, das mit Kleiderbügelhaken am Türrahmen befestigt war. Das Innere des Anhängers war dunkel und still und warm von der Tagessonne, obgleich der Tag ziemlich kühl gewesen war.

»Bruder Pierce?«

Sie öffnete die Fliegentür und trat ein. Der Anhänger war nicht groß. Die eine Seite wurde von einem stinkenden, ungemachten Bett eingenommen, die andere von einem Schreibpult und einem mit einer Plastikdecke belegten Tisch, der beladen war mit schmutzigem Geschirr.

Sorgfältig schloß und verriegelte sie die Tür. Die Stellen, wo die Klauen der Katze ihr die Kopfhaut aufgerissen haben, brannten wie Feuer. Sie hatte keine Lust, dieser Kreatur noch einmal zu begegnen.

Dies war wirklich ein finsteres kleines Loch. Heiß. Stinkend. Sie schaute sich nach Zigaretten um, fand ein altes Päckchen Saratoga 100s, steckte sich eine zwischen die Lippen. Verblüffenderweise fand sie auch ein Streichholzbriefchen. Wenigstens wurden ihr einige kleine Annehmlichkeiten gestattet. Aber als sie sah, daß in dem Briefchen nur noch zwei Zündhölzer übrig waren, deren Phosphorköpfe bereits zerbröselten, versuchte sie gar nicht erst, eines anzuzünden. Welchen Sinn hätte es? Ohne viel Aufhebens warf sie die Zigarette und die Zündhölzer über die Schulter.

Die Stimme hatte ihr nicht mitgeteilt, was sie an diesem Ort tun solle, daher blieb sie einfach stehen, reglos wie ein nicht gesteuerter Zombie.

Während die Minuten verstrichen, erschien Mutter Stern vom Meere immer weniger als ein Selbst und mehr als eine Erinnerung. Bonnie kehrte zurück, und die alte Nonne machte ihr Platz. Der wiederauftauchenden Frau kam es so vor, als wäre die Wahnidee vom Erscheinen der Mutter Stern vom Meere eine unerwartete Folge ihres zeitweisen Todes.

Sie fror und fühlte sich unbehaglich, als sie erkannte, daß sie über Erinnerungen aus einer Zeit verfügte, in der sie tot gewesen war. Demnach war der Tod in keiner Weise eine totale Leere oder Schwärze gewesen, ganz und gar nicht.

Es war Mutter Stern vom Meere und... o Gott.

Was für ein Problem. Aber sie hatte doch nicht das Leben von Mutter Stern vom Meere ruiniert – oder etwa doch?

Ganz gewiß hatte sie das getan. Und sie war dafür in die Hölle gekommen. Schon bald würde sie wieder dorthin zurückkehren. Dann für immer.

Mutter Stern vom Meere stand im hinteren Teil des Wohnwagens, und ihre Tracht blähte sich und erweckte den Eindruck von Flügeln. Hinter ihr befand sich ein Berg Whiskeyflaschen. Bonnie floh verzweifelt vor dieser düsteren Erscheinung – und stürzte einem kleinen, fetten, keuchenden Mann in die Arme, der zur Tür wollte. »Ich muß Bruder Pierce sprechen«, jammerte der Mann.

»Er ist nicht da.«

Der Mann rang die Hände. »Ich muß ihn sprechen!«

»Sie werden warten müssen.«

»Ich kann nicht warten! Hab' keine Zeit.« Sie hörte auf einer Seite des Wohnwagens Bremsen quietschen. »O Gott! Bestellen Sie ihm, daß heute nacht in der Stadt ein Hexenritt stattfinden wird. Es ist ein Geheimnis, wir dürften davon gar nichts wissen! Sagen Sie es ihm!«

Drei weitere Männer kamen zum Wohnwagen gerannt. Dann machte der Dicke sich keuchend und pfeifend wieder davon, seine Verfolger dicht hinter ihm. Ihr Wagen federte in einer Staubwolke um die Ecke, gelenkt von einem vierten Mann.

Ein Hexenritt? Das durfte sie niemals weitergeben!

»Kann ich dir helfen, Tochter?«

»Oh!«

»Ich bin Simon Pierce.« Er lächelte nicht, sondern entblößte lediglich seine Zähne.

»Ich –« Sie wollte ihm antworten, daß sie soeben im Begriff war, wieder zu gehen, aber das konnte sie schlecht tun. Dies war sein Zuhause, und sie stand mitten drin.

»Ich verbiete stets, daß Angehörige der Kongregation hierher kommen.« Er kicherte. »Ich bin ein leidenschaftlicher Flaschensammler, und einige meiner Prachtstücke sind sehr wertvoll. Für mich geradezu unersetzlich, für andere wertlos.« Er starrte sie mit berechnendem Blick an. »Wer bist du, Tochter?«

»Ich bin – eine Botin! Ich habe eine Nachricht für Sie von, von –« Sie wartete darauf, daß die Stimme in ihrem Ohr wieder erklang. Doch sie hörte nur Stille.

»Bill Peters? Hat Bill dich hergeschickt?«

Sie mußte sich etwas einfallen lassen. »Genau der«, plapperte sie los. »Bill hat mich geschickt. Ich soll Ihnen bestellen, daß heute nacht ein Hexenritt stattfinden soll.« Es war wie von selbst über ihre Lippen gekommen.

»Bill hat das gesagt? Wo ist er jetzt?«

»Einige Männer waren hinter ihm her –«

»Red nicht weiter. Sei gesegnet, Tochter! Du hast mir einen Goldschatz beschert. Reinstes Gold!«

Dann war das also der Grund, warum sie hergeschickt worden war. Die Katze der Hölle wollte ganz sicher gehen, daß Bruder Pierce von dem Hexenritt Kenntnis hatte.

Er schob sich an ihr vorbei und ging zum Telefon. Das letzte, was sie von ihm sah, war sein Rücken, als er sich über den Apparat beugte und aufgeregt und freudig zu reden begann. Sie mußte sofort ins Labor zurück. Sie erinnerte sich nun an eine unglaubliche Menge von Einzelheiten, und die mußte sie George mitteilen. Mutter Stern vom Meere, genaugenommen. Schlimme Geheimnisse der Toten.

Sie rannte die North Street hinauf zu einer Stelle, wo sie

mit der Meecham und der Morris State Road ein Dreieck bildet. Bonnie war ein vorsichtiges Mädchen. Sie achtete auf den Verkehr aus der Meecham und blieb auf der Fußgängerinsel stehen, wo sie auf eine Lücke im Verkehrsstrom auf der Morris State Road wartete. Sie wartete einige Zeit. Es war Feierabend, und ein stetiger Strom von Fahrzeugen kehrte nach einem arbeitsreichen Tag in das Städtchen zurück.

Hinter ihr erklang ein lautes raubtierhaftes Knurren.

Sie wirbelte herum, geschockt. Alles, was sie sah, waren Augen und Zähne, die in der Luft schwebten. Aber die Augen waren eine einzige Drohung, und die Zähne krümmten sich wie zupackende Fingernägel.

Sie wich vor diesem Schrecken zurück, riß sich davon los und geriet mitten auf die Morris State Road. Das letzte, was sie sah, war der heranrasende Kühlergrill eines riesigen Lincoln. Mike Kominski hatte noch nicht einmal die Zeit, auszuweichen.

Nachdem sie ihre Nachricht abgeliefert hatte, holte Tom die Überbringerin in ihr ewiges Heim zurück.

Kapitel 14
Die Wilde Jagd

Der Mond war aufgegangen und ergoß sein Licht über den Berg. Mandy stand vor dem Haus neben Constance und hielt ihre kalte, trockene Hand und betrachtete die goldene Sichel am Himmel.

»Ich möchte für immer hier bleiben, Constance.«

»Ja.« Scheu lag in ihrer Stimme. Auch nach so vielen Lebensjahren steckte noch immer sehr viel Jugend in ihr. »Aber du mußt dir deiner gewiß sein. Würdest du dafür dein Leben hergeben?«

Mandy hob die Augenbrauen und sah Constance an. »Ich habe es gelernt, solchen Fragen mit Mißtrauen zu begegnen.«

»Nun, du brauchst sie auch nicht gleich zu beantworten.

Dir wird ein Aufschub gewährt. Die Raben kündigen einen Besuch an.«

Mandy hörte das erregte Geschrei von krächzenden Stimmen. Sie konnte in dem Klang Vergnügen und Erregung ausmachen. »Sie kennen den Besuch. Es ist jemand, den zu sehen sie sich freuen.«

»Sehr gut, Liebes. Allmählich lernst du, sie zu verstehen.«

»Aber nur den Klang. Und nicht die Worte.«

»Dies ist bei Vögeln ein und dasselbe. Wenn du ganz aufmerksam lauschst, hörst du die Begeisterung auch in ihrer Begrüßung.« Sie lächelte. »Raben begeistern sich nur für eine einzige Sache, und das ist das Fressen. Daher werden wir unseren Besucher damit beschäftigt finden, sie zu füttern, während er die Straße heraufkommt.«

»Ein er?«

»Die weiblichen Stimmen klingen am deutlichsten. Es ist ein Mann.«

Sie gingen hinein und durch den langen Mittelkorridor in den Vorderteil des Hauses. Ivy hatte die Kerzen noch nicht angezündet. Das würde erst geschehen, wenn der Mond über den Bäumen stand. »Es ist schön, Dinge zu tun, die uns daran erinnern, daß dieser Planet sich dreht«, hatte Ivy dazu gesagt. »Er ist irgendwohin unterwegs, und wir mit ihm ebenfalls.«

Mondaufgang, Sonnenuntergang, die Bahnen der Sterne, all das wurde auf dem Collierschen Gut genau beobachtet.

Ein Mann in Hut, Daunenjacke und Schneestiefeln erklomm soeben die letzte Anhöhe vor dem Haus. Während er ausschritt, warf er den umherschwirrenden, gierigen Vögeln irgendwelche Stücke zu.

Mandy war nicht mehr allzu verzweifelt darüber, daß sie ihre Werke vernichtet hatten. Ein Blick auf die *Leannan* hatte ihre früheren Versuche armselig erscheinen lassen, zumindest die Versuche der Darstellung von Feen. Die Zerstörung dieser Versuche war ein Segen; sie wäre nicht in der Lage gewesen, jetzt noch damit zu leben.

»Nun, seht mal, wer da kommt. Ivy! Robin! Euer Vater besucht uns!«

Während sie und Constance zusahen, wie er sich in seiner

Wolke von aufgeregten Raben dem Haus näherte, hörte Mandy von der Treppe schnelles Fußklappern. Einen Augenblick später stürmten Ivy und Robin an ihnen vorbei und trafen mit ihm an der Treppe zusammen. Mit einem Aufschrei des Glücks warf Ivy sich in seine Arme. »Dad!«

»Hallo, Baby. Hi, Bill.«

»Draußen heißen sie Margaret und Bill«, erklärte Constance. Sie gab keine weitere Erläuterung, während ihr Vater sich auf der breiten Vorderveranda den Schnee von den Stiefeln stampfte.

»Herrgott, Connie, warum holst du dir nicht jemanden, der diese Straße freiräumt? Turnbull würde es für einen Hunderter tun.«

»Hallo, Steven. Komm rein und trockne deine Stiefel am Feuer. Wir haben Glühwein für dich.«

Er trat durch die Tür und rieb sich die Hände. »Niemand macht den Glühwein so wie ihr«, polterte er. Mandy war fasziniert. Robin hatte von der Gefahr gesprochen, daß die Leute draußen zuviel erfahren könnten, doch hier war jemand von draußen, der mit ihnen auf vertrautem Fuß zu stehen schien.

Kurz darauf brachte Ivy Wein in dampfenden Tassen. »Oh, das ist gut«, sagte Steven und näherte sich dem Feuer im Kamin. Sein Gesicht, das im Feuerschein glänzte, vermittelte Kraft und Schönheit. Seine Augen waren von buschigen Brauen überwölbt, doch so wie sie zwinkerten, verrieten sie, daß er die Hexen nicht ganz so ernst nahm wie sie sich selbst. Er schien mit sich im Frieden zu sein und alles so zu nehmen, wie es kam. Sie konnte verstehen, warum man ihm an diesem Ort Vertrauen entgegenbrachte.

»Schnee im Oktober! Unten in der Stadt liegen schon acht Zentimeter.« Er blickte Constance von der Seite an. »Sicher, Schnee im Oktober ist schon ungewöhnlich. Ich frage mich, ob *sie* genauso überrascht war wie wir.« Er kicherte verhalten. »Trotzdem ist es schön, das Weiß gegen die Herbstfarben.«

»Er wird tauen.«

»Gut! Dann bekomme ich ja meinen Kompost fertig. Wann, hat sie dir wohl nicht verraten, oder?«

Constance schüttelte den Kopf. »Das geht die Episkopalen nichts an.«

»Zur Hölle, Connie, ich bin nicht nur Diako, sondern ich bin auch Gärtner. Ich muß es wissen. Außerdem hast du meine Kinder, du alte Hexe. Ich denke, daß ich für den ein oder anderen Gefallen gut bin.«

»Steven, ich möchte dir Amanda Walker vorstellen. Sie wird in Zukunft bei uns sein. Amanda, das ist Steven Cross. Er ist mein Nachbar von der anderen Straßenseite.«

Mandy lächelte. Sie kannte den Namen Cross natürlich. Es war einer der alten Namen in Maywell. Schon unter den Gründern 1702 hatte es die Familie Cross gegeben. Mutter Stern vom Meere hatte das im Geschichtsunterricht in ihre Köpfe hineingepaukt, zusammen mit der genauso wichtigen Tatsache, daß zwei der Gründerfamilien, die Sternleighs und die Albarts, römisch katholisch gewesen waren.

»Mein Gott, du bekommst immer die Schönsten.« Seine große Hand blieb in ihrer liegen. Dann blickte er wieder zu Constance. »Ich dachte, ich komme lieber mal rauf.« Seine Stimme senkte sich. »Irgend etwas ist gestern abend geschehen.« Er schickte einen vielsagenden Blick in Mandys Richtung. »Etwas sehr Ernstes.«

»Sie kann es hören. Sie wird es sowieso erfahren.«

Seine Augenbrauen zuckten hoch. »Du meinst, sie ist die neue...«

»Stimmt. Aber gratuliere ihr noch nicht, sie hat erst die erste Prüfung bestanden. Also, warum bist du hergekommen? Was ist passiert?«

»Gegen Mitternacht gestern abend fiel mir eine Menge Verkehr draußen auf der Bridge Road auf. Ich ging den Weg hinunter, um mir den Grund anzusehen. Es war eine regelrechte Prozession, Connie.«

»Wer?«

»Bruder Pierce hat von irgend etwas Wind bekommen.«

»Vielleicht ist es ihm gelungen, einen Spion in einen der Stadt-Coven einzuschmuggeln. Das würde mich nicht überraschen. So wurde es früher immer gemacht.«

»Ich hoffe, es ist niemand von denen, die unsere Anlagen nutzen.«

»Das bezweifle ich. Die Coven, die sich in Sankt Georg treffen, tun das schon seit Jahren.«

»Wie steht es mit Leonora Browns Gruppe?«

»Die Priesterin Quest. Sie ist noch ziemlich neu. Hast du jemand aus ihrem Coven kennengelernt?«

»Der Rektor meint, es sei eine gute Gruppe.«

»Und dein Charlie kennt sich bei Menschen gut aus. Nein, ich glaube nicht, daß mein Problem dort zu suchen ist. Viel eher sehe ich es bei der Kominski-Gruppe. Sie hat jetzt drei Coven. Ich hab' sie gewarnt, nicht zu schnell zu wachsen.«

Steven lächelte. »Ihr verkauft Ekstase. Und das ist etwas, das sich in der heutigen Zeit nur schwer übertreffen läßt. Die Leute wollen mitmachen, Connie. Ich glaube nicht, daß dir klar ist, wie sehr ihr das Leben in Maywell beeinflußt. Viel nachhaltiger, als du es vor fünf Jahren getan hast.«

»Ich erkenne das schon. Du darfst nicht annehmen, daß ich nicht weiß, was ich tue. Und meine Leute können wirklich den Mund halten.«

Er drückte das Kinn auf seine Brust. Seine Augen zwinkerten nicht mehr. »Bitte verzeih mir, aber du solltest gewisse Unterschiede machen. Nicht nur Bruder Pierce sondern auch jeder andere in der Stadt weiß, daß heute nacht irgend etwas Großes stattfinden soll.«

»Natürlich. Sie müssen es auch wissen.«

Er wich überrascht zurück. »Wie bitte? O Connie, ich bitte dich!«

»Die Grundlage, der Kern des Rituals ist Gefahr. Wenn es nicht gefährlich wäre, dann würde es nicht funktionieren. Um real zu werden, muß die Magie etwas Ernstes sein. Wir veranstalten hier keine Spielereien.«

Mandy hörte aufmerksam zu. Sie glaubte diesen Worten.

Cross' Stimme erhob sich, als er fortfuhr. »Connie, ich glaube nicht, daß du begreifst, was deine Leute tun. Sie werben und rekrutieren in der ganzen Stadt, sogar in den Kirchen. Sogar bei Bruder Pierce.«

»Sie werben nicht. Wir rekrutieren nicht. Hexen sind selten. Man muß schon ein ganz besonderer Mensch sein, um Hexe werden zu können.«

Er schüttelte den Kopf. »Ist ja auch egal, auf jeden Fall geht ihr an die Öffentlichkeit. Connie, deine Leute leben in einem Fantasieland, und dies ist eine sehr konservative kleine Stadt.«

»Gerade hier in Maywell hat die Toleranz eine lange Geschichte.«

»Maywell ist eine christliche Gemeinschaft, natürlich ist sie tolerant. Außer Pierce. Der ist alles andere als tolerant.« Steven verstummte und starrte lange zu Boden. Schließlich ergriff er wieder das Wort: »Du bist in Gefahr. Ihr alle seid es.« Diese Gewohnheit öffentlicher Rituale ist überaus unverantwortlich. Und was die Werbung angeht...«

»Wir treiben keine Werbung!«

»Was immer es ist! Es wird dich in Schwierigkeiten bringen. Merk dir meine Worte. Wegen dieser Dinge zerbrechen ganze Familien. Ich will dir sagen, wie Maywell über dich denkt. Die Toleranten – wir, die Katholiken, die meisten Kirchen – halten immer noch an dem Prinzip ›leben und leben lassen‹ fest; aber je mehr Lärm ihr macht, desto unbehaglicher ist uns zumute. Und was Bruder Pierce' Anhänger betrifft, so nimm dich in acht. Die laufen nämlich mit lodernden Fackeln durch die Nacht, meine Liebe.«

Connie lächelte leicht. »Wir müssen tun, was wir tun, und sein, was wir sind. Niemand hat in dieser Hinsicht tatsächlich eine Wahl. Wenn es bedeutet, daß die Stadt uns auf lange Sicht die Toleranz versagen wird, dann muß es wohl so sein. Aber wir lieben und respektieren euch. Bestell das deiner Kongregation, Steven. Wirst du das tun?«

»Du weißt, daß ich tue, was ich kann. Aber ich habe eine geradezu übermächtige Ahnung, daß euch die Dinge aus der Hand gleiten. Haltet euch für eine Weile etwas zurück.«

»Es tut mir leid, Steven.«

Er nahm einen tiefen Schluck von dem Glühwein. »Was ist eigentlich in diesem Gebräu?«

»Kot von der Kröte und Beine vom Wurm.«

»Vielen Dank, das muß ich mir aufschreiben. Es gab gestern abend da draußen mehr als nur eine Prozession. Etwa hundert Meter vom Tor entfernt, in Richtung Stadt, befindet sich an der Mauer eine große versengte Stelle.«

Constances Augen wurden schmal. »Eine versengte Stelle?«

»Das Gras ist verkohlt, die Mauer ist mit Ruß bedeckt, und die überhängenden Äste sind geschwärzt. Jemand muß auf dich eine Riesenwut haben, Connie.«

Constances Augen zwinkerten. »Pierce, natürlich.«

»Wahrscheinlich. Aber außer ihm hast du auch noch eine Menge anderer Feinde. Könnte irgendein Ehemann sein, dessen Frau ihn verlassen hat und in dein Dorf gezogen ist. Es könnten sogar mehrere sein.«

»Es gibt insgesamt nur zwei Familien, die in dieser Weise vom Dorf beeinflußt wurden. Und einer der Ehemänner scheint allmählich zur Vernunft zu kommen. Der andere ist von seiner Arbeit zu besessen, um sich um uns zu kümmern.«

»Dann war es Bruder Pierce. Soweit ich gehört habe, will er dieses Anwesen bis auf die Grundmauern niederbrennen. Er will den Hexenvirus ausmerzen.« Er hustete. »Dieser Wein lockert meine Brust genauso wie meine Zunge. Dein verdammter Schneesturm hat mir eine Erkältung eingebrockt, Liebes!«

»Wir beeinflussen das Wetter nicht. Das ist nur ein Aberglaube.«

Steven reagierte darauf mit einem krampfhafteren Husten.

»Ivy, was meinst du, was gegen den Husten deines Vaters getan werden kann?«

»Nun, er steckt in den Bronchien, dort löst sich eine Menge Schleim. Es ist nicht sehr ernst. Ich würde Zwiebelsaft empfehlen.«

»Sehr gut. Aber warum bist du dir so sicher, daß es nichts Ernstes ist?«

»Er klingt nicht rauh, der Husten, also nicht entzündet, und auch nicht so tief und brustwärts, wie man es bei einer Lungenentzündung fast immer hat. Und dann ist es auch kein Husten, der auf einen Tumor hinweisen könnte.«

»Siehst du, Steven. Deine Tochter wird wahrscheinlich eine recht kompetente Kräuterspezialistin werden. Ivy, gib ihm die Rezeptur.«

»Sieben kleine weiße Zwiebeln aufschneiden und in einer

Tasse Honig kochen. Und zwar zwei Stunden lang. Die Flüssigkeit durch ein Sieb seien und sie dann ganz langsam in kleinen Schlucken trinken. Anfangs muß man häufig husten –«

»Kann ich mir vorstellen.«

»Dann hört es auf, Dad. Dein Husten wird kuriert.«

»Ich werde es erst einmal mit Robitussin versuchen, Baby. Ich liebe dich heiß und innig, aber ich glaube nicht, daß Mom mich die Zwiebeln in der Küche auskochen läßt.«

Ivy setzte sich auf die Sessellehne. Sie streichelte, was von seinem Haar noch übrig war. Robin, der vor ihm auf dem Fußboden saß, nahm seine Tasse und füllte sie aus dem Kessel, den sie ans Feuer gestellt hatten. Für einen kurzen Moment wurde Mandy sich der Tiefe der Liebe bewußt, die zwischen dem Mann und seinen beiden Kindern bestand. Er sah wieder zu Constance. »Dann versprich mir wenigstens, daß du vorsichtig sein wirst.«

»Die heutige Nacht ist für uns überaus ungünstig, um vorsichtig zu sein.«

Und wieder war da ein Hinweis auf drohende Gefahr.

»Geht nicht in die Stadt.«

»Wir gehen überallhin, wohin unser Ritual uns führt. Das Prinzip der Jagd ist Gefahr.«

»Das hast du schon mal gesagt! Nun, paß auf, wenn du schon verrückt spielen willst, dann tu mir wenigstens einen kleinen Gefallen. Erzähl Sheriff Williams von deinem Plan.«

»Das habe ich natürlich getan.« Sie lachte. »Ich mußte sogar eine Hufsteuer von fünfzehn Cents bezahlen.«

»Ich bin froh, daß er Bescheid weiß. Ich möchte nicht, daß der arme Kerl einen Herzanfall bekommt.«

»Johnny Williams ist ein guter Mann, Steven. Wir haben zusammen draußen in Rollo's Road House getanzt.«

»Du erinnerst dich noch daran? Wann hat dieser Laden eigentlich zugemacht – während des Krieges?«

»Vor dem Krieg. Der Grund, daß ich mich erinnere, ist der, daß Johnny mich immer daran erinnert, wenn ich ihn sehe.« In Constance' Gesicht war ein pfiffiger Ausdruck getreten. Zu behaupten, daß sie früher einmal sehr kokett gewesen war, wäre ziemlich ungenau. Sie war es noch immer.

Aus der Ferne kam ein einziger Gongschlag. »Der Mond hängt jetzt zwei Fingerbreit über dem Berg«, stellte Constance fest. »Wir haben vor Mitternacht noch eine Menge zu erledigen.«

Er schlug sich mit der Handfläche gegen die Stirn. »Ich sage dir, daß die halbe Stadt auf der Lauer liegt, und du hast die Absicht, um Mitternacht durch die Straßen zu reiten? Du mußt wahnsinnig sein!«

»Mag sein, daß die halbe Stadt mir an den Kragen will, doch die andere Hälfte steht auf meiner Seite.«

»Nicht die Hälfte, meine Liebe, höchstens ein Viertel.«

»Viele von den anderen sind meine Freunde.«

»Nun werde doch endlich vernünftig. Du tust gerade so, als hättest du nicht gehört, was ich gesagt habe. Du wirst dich selbst zum Gespött machen und eine ganze Reihe deiner Freunde verlieren.«

Mandy erkannte etwas Leidenschaftliches in dem Blick, mit dem Steven Constance anfunkelte, etwas, dessen er sich wahrscheinlich gar nicht bewußt war. Der Gong ertönte erneut.

»Ich vermute, das bedeutet, daß ich gehen muß.«

»Das bedeutet es, Steven.«

Er stand auf. »Danke für den Wein. Und sag nachher nicht, daß ich dich nicht gewarnt habe, wenn du heute nacht in Schwierigkeiten gerätst.« Er marschierte los, seine Kinder folgten ihm. »Eure Mutter läßt euch grüßen. Die Äpfel sind reif, und ich soll euch sagen, daß sie dreißig Scheffel ernten wird. Sie sind hervorragend gediehen, und das ganz ohne Zaubersprüche.«

»Das glaubt sie«, sagte Ivy. »Die erste Beschwörung habe ich im Obstgarten am Beltane-Tag vorgenommen.«

»Das werde ich ihr erzählen. Bestimmt wirft sie dann den Dünger fort.«

»Ich wünschte, sie würde es tun. Sie braucht ihn nicht. Er ist für ihre Bäume ein richtiger Schock. Dadurch altern sie vorzeitig.«

»Auch wir haben eine gute Ernte«, fügte Robin hinzu. »Kürbisse und Mais und Weizen und Hafer. Und unglaublich viele Brombeeren. Wir werden wieder viele Kräuter haben.«

Zwischen den dreien breitete sich ein verlegenes Schweigen aus. »Dann wird es wirklich eine gute Ernte«, meinte Steven dann.

»Die beste«, sagte sein Sohn. Eine Pause entstand, dehnte sich.

»Deine Schwestern vermissen dich.« Steven blieb an der Tür stehen. Er breitete für Sohn und Tochter die Arme aus. »Hört ihr?« Einen Moment später war er in der Nacht verschwunden. Bald ertönten erneut die Rufe der Raben und wurden leiser, je weiter er sich entfernte. »Heh! Weg von dem Hut! Ich hab' nichts mehr zu fressen für euch!«

Dann war er nicht mehr zu hören.

Ivy ging mit einem Wachsstab herum, und schon bald erstrahlte das Haus im warmen Kerzenlicht. Mandy sah Robin durch die Küche eilen. Der Knall beim Zuschlagen der Tür ließ sie scharf Luft holen. Sie war voll erwartungsvoller Gespanntheit. Sie wußte, daß sie der Mittelpunkt des Rituals war. Natürlich war sie besorgt. Sie sagte sich, daß es nichts anderes war – lediglich Besorgnis. Sie würde sich nicht einer tiefen Furcht überlassen, einer lähmenden Angst, die sich einstellt, wenn man sich etwas durch und durch Fremdem stellen muß.

»Was habe ich heute nacht zu tun?« fragte sie Constance.

Ihre Mentorin ergriff ihre beiden Hände. »Du bist die Jägerin, Liebes.« Sie war darüber nicht überrascht. »Ich hoffe, du kannst ohne Sattel reiten.«

»Ganz bestimmt nicht! Ich habe seit meinem sechzehnten Lebensjahr auf keinem Pferd mehr gesessen!«

»Nun, dann versuch's. Außerdem wirst du das Lichtkleid tragen.«

»Was soll das denn heißen?«

»Du wirst sehen. Und jetzt komm, der Mond wartet nicht.«

Das nächste, was Mandy bewußt wahrnahm, war, daß sie Constance durch den Kräutergarten nacheilte. Der Gedanke, sich zu weigern, kam ihr gar nicht in den Sinn.

Als sie das Dorf erreichten, gingen sie zwischen zwei Hütten hindurch und fanden den Ort seit Mandys kurzem Besuch, als sie zum erstenmal das Anwesen betreten hatte, auf wundervolle Weise verwandelt vor. Überall brannten Kerzen; sie erzeugten kleine Lichtinseln entlang der verschneiten Wege, schimmerten in den Fenstern der Hütten, in den Laternen vor den Häusern. Stechpalmenzweige schmückten alle Türen. »Du wirst heute den Palmenkönig jagen, meine liebe Amanda«, erklärte Constance. »Wie immer sind die Regeln dieses Spiels recht simpel. Du mußt dich nur anstrengen.«

Und wieder hatte sie nur vage Informationen bereit. Mandy erinnerte sich, wie sie sich den Stone Mountain hochgekämpft hatte, ohne zu wissen, welches Ziel sie verfolgte. »Was ist, wenn ich vom Pferd falle?« murmelte sie halblaut und wußte gleichzeitig, daß sie darauf keine Antwort erhalten würde.

Sie wurde wieder getestet. Nun gut. Sie reckte das Kinn vor. Sie war wild entschlossen, jeden Test zu bestehen, den man mit ihr machen wollte.

Constance blieb mitten im Dorf stehen. Sie sah wunderbar aus, mit der Kapuze auf dem Kopf und in ihrem bodenlangen Umhang. Ihr Gesicht wurde von den Kerzen erhellt, und der Mond stand am Himmel über ihr. »Wenn du an irgendeinem Punkt versagst, meine Liebe, dann zünden wir das Dorf an und kehren nach Hause zurück. Dann hören wir ganz einfach auf.«

Ein Stein schien plötzlich in ihrer Brust zu schlagen. »Ist es so wichtig? Liegt es alleine an mir?« Plötzlich kam sie sich selbst armselig vor.

»Das ist deine Nacht, meine Liebe. Du hast deinen Platz bei der Leannan behauptet, wie ich selbst es vor fünfzig Jahren getan habe. Um dich weiter zu bewähren, mußt du den Palmenkönig fangen und ihn besitzen. Das beweist deine Stärke. Der Palmenkönig, das sind wir alle, unsere Covenstatt, unsere Art zu leben. Wenn du uns führen willst, mußt du uns erst einfangen.«

Mandys Gedanken gingen noch immer den möglichen Sinn dessen durch, was sie soeben gehört hatte, als Constance zu dem großen Rundbau am Kopfende der Stadt schritt und seine Tore aufriß.

Der Raum dahinter war ein Wunder aus Licht und Duft; es

schien sich um eine Kombination aus Scheune und Ritualraum zu handeln. Rundum an den Wänden befanden sich Stallungen voller Pferde und Rinder und Ziegen. Mandy sah herrliche Reittiere mit glänzendem Fell und wundervoll gebürsteten Schweifen. Der Geruch war nicht unangenehm, sondern nur intensiv animalisch. Die Stallungen bildeten aber nur den äußeren Kreis. Der größere Teil des Raumes bestand aus festgestampftem Lehmboden, auf dem ungefähr vier Dutzend Leute saßen – Männer, Frauen, Kinder.

In der Mitte des Kreises stand Robin, auf dem Kopf eine Palmenkrone, sein Körper glänzte, als wäre er gewachst worden. Er war, wie alle anderen, völlig nackt. Als er sie anlächelte, freute sie sich.

Ein vertrauter schwarzer Schwanz hing von einem Dekkenbalken herab und zuckte gelegentlich.

Schrilles Dudelsackpfeifen und das Klappern von Knochen erklang. Sechs Paare betraten den Kreis um Robin. Eine junge Frau von etwa achtzehn Jahren rannte umher, hatte ein mächtiges Breitschwert in der Hand und zeigte mit seiner Spitze zu Boden. Die Dudelsäcke heulten ohrenbetäubend. Mandy dachte an all die Filme über Schotten im Krieg, die sie gesehen hatte, und kannte den Sinn und die Wirkung dieses grandiosen Klangs. In den Händen solcher Leute, wie denen, die sie gerade hielten, waren die Dudelsäcke Instrumente, die Mut einflößten.

Das Gesicht von Bruder Pierce, von Haß verzerrt, schien vor ihr zu schweben.

Die Gruppe im Kreis begann ihren Palmenkönig zu umtanzen, wobei sie klatschten und sangen:

›Feuer des Lebens,
Eile, eile, eile!
Feuer und Flamme, in der Göttin Namen,
Eile, eile, eile!
Herz und Hand des Palmenkönigs,
Eile, eile, eile!‹

Jetzt verstand sie alles. Sie ließen sie auf einem Pferd nackt durch eine feindselige Stadt reiten und hinter einem Burschen mit Zweigen im Haar herjagen.

Sie wollte weg, wollte fliehen, als kräftige Hände sie plötzlich ergriffen und mit sich in das Gewimmel der Menschen rissen. Sie zerrten an ihrer Robe, bis sie von ihren Schultern glitt, dann an ihrer Jacke, ihrer Bluse, ihren Jeans. Und bald war sie oberhalb der Gürtellinie nackt. Das Ganze wurde von so viel Gelächter begleitet, daß das Gewaltsame im Akt des Entkleidens gemildert wurde. Schließlich hoben sie sie hoch über ihre Köpfe, und während sie von Hand zu Hand wanderte, zogen sie ihr auch noch die Jeans aus.

Sie kreischte bei den zahlreichen unerwarteten Berührungen auf, bis sie sich schließlich in die Mitte des Kreises gereicht und zu Füßen des Palmenkönigs niedergelegt fühlte.

Robins Augen waren sehnsuchtsvoll geweitet. Zwischen seinen Beinen konnte sie sein erregtes Fleisch erkennen.

In seiner Nähe herrschte ein seltsamer Geruch wie Mehltau und ranziger Tran und Mentholbonbons. Einen Moment später wußte sie, warum. Er tauchte seinen Finger in eine Schüssel mit einer dickflüssigen Salbe und ließ einen dicken Tropfen davon auf ihren Bauch fallen.

»Heh!«

Sie hielten ihre Arme hoch über ihren Kopf, umfaßten ihre Fußgelenke. In ihren Gesichtern lag jedoch soviel Liebe, daß sie nicht einmal den Versuch machte, sich ihnen zu entziehen.

Als Robin die Salbe auf ihrem Bauch verstrich, stellte sie fest, daß die Berührung seiner Hände angenehm sein konnte. Er verteilte den glitschigen Gestank auf ihrem gesamten Körper und ließ nur ihre Intimzonen unberührt. Ein Prickeln durchlief ihren Körper, sie wurde warm. Das Gefühl war ähnlich wie nach dem Gebrauch von Ben Gay, jedoch noch intensiver und in keiner Weise entspannend. Im Gegenteil, sie wollte rennen und springen und schreiben; sie hatte das Gefühl, als könnte sie fliegen.

Die junge Frau, die das Schwert gehalten hatte, kniete sich neben Mandy. »Es brennt jetzt ein wenig«, flüsterte sie. »Es ist nicht schlimm und hört bald auf.« Sie nahm etwas von der Salbe und verrieb sie flink auf ihrer Scham.

Ein leichtes Brennen! Nur mit Mühe konnte sie einen Schrei der Qual unterdrücken. Als hätten sie ihre Probleme erkannt, begannen die Dudelsäcke wieder zu heulen, und das Knochengeklapper wurde von Trommeldröhnen unterstützt.

Kein Wunder, daß Legenden von fliegenden Hexen erzählt wurden. Diese Salbe vermittelte ihr ein Gefühl, als würde sie schweben. Mehr, als zu schweben. Wenn sie die Augen schloß, glaubte sie, neben Tom oben im Dachgebälk zu sitzen.

Sie stellten sie auf die Füße und tanzten mit ihr herum, klatschten in die Hände, drehten und schoben sie zu einem neuen Rhythmus. Die Dudelsäcke waren nun verstummt und von Flöte, Trommel und Knochen abgelöst worden, den alten Instrumenten solcher Tänze, weicher vielleicht als die dröhnenden Dudelsäcke, doch auf ihre Art nicht weniger erregend.

›Maiskolben und Gerstenähren,
Und Maiskolben sind so schön;
Und niemals vergeß' ich die selige Nacht,
Inmitten der Ähren mit Mandy!‹

Glückseligkeit erfüllte Mandy Walker. Zur Hölle mit ihren Sorgen, das macht *Spaß*! Zum erstenmal in ihrem Leben tanzte sie richtig, nackt und ungehemmt inmitten des Geruchs von Tieren und des Schweißes von Menschen – und mit ihrem eigenen unheimlichen Gestank – herum und herum und herum, bis sich das mit Palmzweigen geschmückte Dachgebälk drehte und der Palmenkönig auf seinem Thron sich drehte, mit seinen lächelnden Lippen und seinen dunklen wundervollen Augen, deren Glanz so intensiv war, daß sie ausgelassen lachte.

Sie hatte das Gefühl, als hätte sie diesen Tanz schon einmal getanzt.

In diesem Moment stoppte der Tanz. Enttäuschung machte sich in Mandy bemerkbar. Dann hörte sie, was die anderen hatte innehalten lassen. In der Ferne erklang ein Horn. Ein Jagdhorn.

Constance. Sie war irgendwo dort draußen und rief sie zur Jagd.

Die Stille war nur von kurzer Dauer. Es folgte ein erregter Aufschrei. Mandy fand sich auf einem mächtigen schwarzen Pferd wieder, einem schnaubenden, aufgeregten, stampfenden Riesen von einem Rapphengst.

Sie war nackt. Als Zügel hatte sie nur die Mähne. Dann hatte man sie auch schon durch die Tür nach draußen gezogen, so schnell, daß sie sich beinahe den Kopf gestoßen hätte.

»Ich brauche meine Robe!«

Jemand gab dem Pferd einen Klaps, und wie der Blitz jagten sie mitten durch das Dorf, wobei die Hufe ihres Pferdes im Galopp Kerzen zertrampelten. Und genauso schnell waren sie in die Nacht hinausgeprescht, dahindonnernd, die Finger krampfhaft in die Mähne gekrallt, ihr Körper wegen der Salbe hin und her rutschend, das Pferdehaar ihre Beine massierend. Und, dessen war sie sich sicher, sie hielten auf den Sumpf zu.

»Heh! Pferd, halt an! Ohhh, stop!« Sie zerrte an der Mähne. Das Tier schnaubte und stürmte weiter.

Sie konnte sich nur festklammern und hoffen. Vielleicht wurde sie nur bewußtlos, wenn sie herunterstürzte. Nicht getötet. Bitte nicht in einem solch herrlichen Augenblick getötet werden!

Die Salbe hatte eine immer intensivere Wirkung auf sie. Zum Beispiel war ihr nicht im mindesten kalt. Und sie empfand bei der Berührung des Pferdehaars an ihren Beinen kaum einen Schmerz. Und obwohl sie sich festklammerte und weinte, erschien ihr das rasende Tempo des Tieres immer weniger schrecklich.

Es wurde aufregend, seltsam beängstigend in der gleichen Weise, wie die Fahrt auf einer Achterbahn beängstigend sein kann. Sie legte eine Hand auf den federnden Hals des Tieres. Es war eine wundervolle Kreatur, dieses Pferd.

Es schnaubte.

»Es ist alles in Ordnung, Pferd.«

Sie fühlte unter sich seine Muskeln arbeiten, spürte das Blut durch seine Adern rauschen, wie sein Schweiß sich mit ihrer Glitschigkeit vermischte, während sie durch die Nacht donnerten.

Sie stellte fest, daß sie sich für einige Sekunden aufrichten und, während sie es tat, den Wind in ihrem Gesicht genießen konnte.

Dann konnte sie sich noch weiter aufrichten. Sie konnte ihre Knie gegen die Flanken des Pferdes drücken und Reithaltung einnehmen.

Dieser Ritt war mehr als nur gut. Sie warf den Kopf hin und her und kreischte alle Freude und Wildheit und Macht hinaus, die in ihrer Seele aufgestaut war. Und ihr Reittier wieherte ein Echo. Sie hörte die Männlichkeit seiner Stimme und wußte, daß das Tier auf etwas in ihr geantwortet hatte, von dem sie niemals geahnt hätte, daß es in ihr existierte. Sie war eine *Frau* auf diesem Lebewesen, kein passives Werkzeug, sondern eine Frau voller Kraft und Stolz und Schönheit.

Sie spürte die intime Berührung mit dem Fleisch des Tiers unter ihr so direkt und bewußt, daß sie erschrak. Der Hengst wieherte erneut, ein voller, vergnügter Laut, und warf sich geradezu nach vorne. Sie stürmten und jagten und donnerten dahin, der Schaum von seinem Maul peitschte in ihr Gesicht, sein Geruch füllte ihre Nase, wenn der Wind nachließ, und sie rasten und stürmten, wurden nicht müde, nicht schwach, sondern wurden immer stärker und stärker zusammen, als sie durch die Nacht hetzten.

Jagen, hetzen, ja! Sie sollte Robin jagen. Sie warf den Kopf in den Nacken und stieß wieder einen Schrei aus, einen Schrei aus dem tiefsten Grund ihres Bauchs bis in ihren Kopf, ein schrilles, scharfes, schneidendes Schwert von einem Schrei.

Weit weg hörte sie das Jagdhorn antworten. Weit, weit im Norden.

Sie brauchte überhaupt nicht zu rufen, brauchte auch die Mähne ihres Pferdes nicht anzufassen. Sie brauchte nur den Druck von ihren Knien auf ihre Füße zu verlagern, und er fiel in ruhigen Trott. Leichter Druck ließ ihn gehen. Und wenn sie die Beine hob, blieb er stehen.

Das Horn erklang erneut. Hinter ihr – oder nicht? Ihr Pferd wandte den Kopf nach hinten, erwiderte im Licht des Mondes ihren Blick. Schaum stand auf seinem Fell, und es bebte vor Erregung.

Das war kein normales Pferd. Dieser Hengst wußte, wohin er gehen mußte, das spürte sie. Er wußte, wo der Palmenkönig zu finden war. Sie brauchte nichts anderes zu tun, als sich seinem einfacheren und klareren Geist und seinen Instinkten anzuvertrauen.

Soweit sie wußte, war kein Pferd normal, gewöhnlich. Wahrscheinlich gab es überhaupt kein ›normales‹ Pferd oder ein ›normales‹ Frettchen oder eine ›normale‹ Ente, genauso wie es keine ›normalen‹ Feen oder ›normalen‹ Menschen oder ›normalen‹ Katzen gab.

Sie ließ ihn ihr Knie spüren, und schon jagten sie weiter, flogen am Rand des Sumpfs entlang, hinein in die Hügellandschaft, in der das Haus in der Ferne leuchtete, weiter nach Norden in das Tal, als sie je vorgedrungen war, durch endlose Felder, einige nach gerade erfolgter Ernte erdig duftend, andere noch reifend, Mais und Getreide und Kürbisse, die Erde schwer von saftiger Frucht. Sie fragte sich, ob der frühe Schnee wohl viel von der Ernte zerstört hatte.

Sie trotteten über einen Pfad zwischen Getreidefeldern. Nun stieg das Gelände an, und sie wanderten durch einen Obstgarten, wo die Hufe des Pferdes die gefallenen Früchte zerstampften und einen sauren Eindruck dem schweren, köstlichen Gemisch der Gerüche hinzufügten.

»Palmen«, flüsterte sie. »Palmenkönig.«

Nein, noch weiter im Norden. Tief am Himmel stehend erkannte sie den Polarstern, wie er über dem dunklen Geheimnis des Landes darunter schwebte. In dieser Richtung wartete der Palmenkönig.

Aber wie weit? Sie kamen jetzt an Häusern mit elektrischem Licht vorbei, und Hunde konnten angesichts des bizarren Anblicks und des noch unglaublicheren Geruchs der Eindringlinge nur müde winseln.

Sie näherten sich einem Haus, das von Kerzen erleuchtet war, die jedoch schnell gelöscht wurden. Leute stürzten durch die Tür nach draußen, rannten hinter ihr her, gegen die Kälte in Roben gehüllt. Sie holten auf und berührten ihre Beine, dann fielen sie in der Dunkelheit wieder zurück.

Die Hufe ihres Reittieres klapperten auf dem Kopfsteinpflaster und hallten in der Stille wider. Sie war sich ihrer Nacktheit überdeutlich bewußt.

Dann heulte ein Motor auf, und ein Automobil schoß vorwärts. Sie wurde von den Scheinwerferstrahlen aufgespießt; sie hörte, wie der Motor die Wut des Fahrers hinausbrüllte, als die Lichter auf sie zurasten. Sie hämmerte dem Pferd die Knie in die Seiten und zerrte heftig rechts an der Mähne. Der Hengst fiel in Galopp und bewegte sich eine steile Wiese hinauf. Der Wagen folgte mit dröhnendem Motor und quietschenden Reifen, dann ein Aufheulen, als er an einem Bordstein hängenblieb.

Sie schrie, als das Pferd über Gartenzäune sprang, durch Gärten stürmte und über leere Swimming-pools hinwegsetzte. Dann waren sie in einer Gasse, dann in der nächsten Straße. Vielleicht hatte man für sie so etwas wie eine Straßensperre errichtet, aber die hatten sie jetzt auf jeden Fall überwunden. Sie freute sich, sie fühlte wieder die Wildheit, die Freiheit, den wahnsinnigen, schwitzenden, keuchenden Donner des Rittes.

Und sie wußte, daß sie dem Palmenkönig jetzt näher gekommen war. Aus alter Gewohnheit hatte sie Männer begehrt und auf sie gewartet. Nie zuvor hatte sie sich selbst das Gefühl gestattet, sich einfach zu nehmen, was sie wollte.

Sie passierten die Kirchen der Stadt und den Stadtpark dahinter. »Such ihn«, flüsterte sie ihrem Reittier ins Ohr. »Such ihn für mich!«

Hinter ihnen brummten und knatterten weitere Fahrzeuge, deren Scheinwerfer die Straßen absuchten, die den Stadtpark umgaben.

Dann sah sie das leuchtende Schild von Bruder Pierce' Tempel. Menschen rannten hinein und kamen heraus, Autos kamen an und fuhren ab – es glich einem Wespennest, in dem jemand mit einem Stock herumrührte. Im gleichen Augenblick wußte sie, daß *er* ganz in der Nähe war.

Ihr Pferd blieb stehen. »Komm schon, weiter!« Sie drückte mit den Knien. Der Hengst wandte den Kopf und sah sie an. »Dann ist dies also der Ort«, murmelte sie.

Sie saß ab, stand einen Augenblick auf wackeligen Beinen

und mußte sich erst wieder an den festen Boden unter ihren Füßen gewöhnen. Schnee knirschte unter ihren Sohlen. Die Salbe wirkte jetzt nicht mehr so stark; sie spürte, wie eisig kalt die Nacht wirklich war. Einen halben Block vom Tempel entfernt befand sich ein anderes von Kerzen erleuchtetes Haus. Auch dort gab es also Hexen. Aber er hielt sich nicht in dem Haus auf. Nein, er war draußen. Sie sollten unter dem Nachthimmel zusammenkommen.

Er war ein schlauer Junge, sich so nahe an den Tempel von Bruder Pierce heranzuwagen. Clever gemacht. Aber sie hatte jetzt vor nichts mehr Angst, nicht einmal davor.

Wenn nötig, wäre sie durch den Mittelgang des Tempels geritten. Ob es der Ritt, die Salbe oder die Tatsache war, daß sie nackt durch die Straßen geritten war, auf jeden Fall war sie erregt. Noch nie hatte sie jemanden so intensiv begehrt wie den Palmenkönig.

Ihr Pferd drehte den Kopf, stellte die Ohren auf und lauschte einem Geräusch hinter ihnen. Und bekam noch nicht einmal die Gelegenheit, aufzuschreien, als ein Schuß aus einer Schrotflinte sein Gehirn zersiebte. Der mächtige Körper erschauerte und brach zusammen. »Okay, Hure, reck die Hände hoch!« Sie begann zu rennen.

»Stopp!«

Zur Hölle damit. Wenigstens hatte sie die Dunkelheit auf ihrer Seite. Sie lief. Ein Schuß ging donnernd hinter ihr los, und etwas zischte an ihrer rechten Schulter vorbei. Schrotkugeln. Lauf weiter.

»Ich hab' das verdammte Pferd erwischt!«

Mein Pferd, mein Pferd, mein wundervoller magischer Freund!

»Sie läuft in Richtung North Street!«

»Schnapp sie, Mann!«

Sie floh und zwang sich, den Schrei nicht hinauszulassen, der ihr in der Kehle steckte. Später würde sie noch Zeit genug haben, ihrem Zorn freien Lauf zu lassen.

Mein Pferd!

In den dreißig Minuten, die sie zusammen gewesen waren, hatten sie und der Hengst Freundschaft geschlossen. Gefährten der Leidenschaft waren sie geworden.

Ein weißer Schimmer vor ihr, ein erstickter Schrei, und sie begriff, daß sie den Palmenkönig gefunden hatte! Ihr herrliches Pferd hatte sie genau zu seinem Versteck gebracht.

Als er über die North Street sprintete, sah sie ihn deutlich im Licht der Straßenlaternen, seine blasse Haut, seine langen Beine, die Palmenkrone auf seinem Kopf.

Aber auch andere sahen ihn. Autoscheinwerfer durchschnitten die Nacht, und an beiden Enden der Straße heulten Motoren auf. Als Mandy die Straße überquerte, blieben ihr nur noch wenige Sekunden. Dann quietschten Bremsen, und wütende Stimmen brüllten durcheinander: »Es ist die Hexe! Nur die Hexe!«

Hinter sich hörte sie wildes Rauschen und Krachen in den Büschen. Sie wußte, daß sie sich wieder auf dem Gelände des Anwesens befand und die Grenzen von Maywell hinter sich gelassen hatte. Die North Street, wo die Mauer um das Anwesen stand, war gleichzeitig die Stadtgrenze. Hier befanden sich die Ruinen von Willowbrook, einer nicht fertiggestellten Trabantenstadt, die begonnen worden und abgebrochen worden war, nachdem Mandy Maywell verlassen hatte.

Sie verharrte auf einer von Unkraut überwucherten Straße, um auf den Palmenkönig zu lauschen. Das Krachen hinter ihr kam stetig näher, begleitet von einem Stimmengewirr und wütenden Flüchen. Dann, als sie fast sicher war, ihn verloren zu haben, bewegte sich ein Gebüsch fast neben ihren Füßen.

Augenblicklich sprang sie vor – und berührte seine heiße Haut und seine stechende Krone. Sie riß sie ihm vom Kopf und schleuderte sie hoch in die Luft. Er keuchte erstickt, rannte wieder los, doch sie packte sein Handgelenk und kreischte ihren Triumph mit der ganzen Kraft ihrer siegreichen Seele hinaus, ohne an die Leute hinter ihr zu denken und ohne auf die tanzenden Lichtstrahlen der Taschenlampen zu achten, die nach ihr suchten.

Er bäumte sich auf, versuchte sich aus ihrem Griff zu lösen. Ihr Blut war derart in Wallung, daß sie ausholte und ihm mit der Faust mitten ins Gesicht schlug. Er gab einen heiseren Stöhnlaut von sich und sank nieder.

»O Gott, ich habe ihn getötet!«

Aber nein, er kroch weiter. Das war wieder ein Trick! Sie machte einen Satz auf ihn zu, umklammerte seine Taille, setzte sich rittlings auf ihn und hielt ihn am Erdboden fest.

Und spürte in ihrer grenzenlosen Lust, wie seine zum Platzen harte Männlichkeit zwischen ihren Beinen eindrang.

Ein Lichtstrahl streifte ihren Kopf, und ein brutaler Triumphschrei wurde ausgestoßen.

Sie konnte sich wegen des Pfeils der Lust, den er in sie gestoßen hatte, nicht rühren. »Wir müssen weglaufen«, flüsterte sie, aber sie blieb einfach sitzen, starrte in sein blutüberströmtes Gesicht, spürte ihn in sich und erlebte eine Ekstase, die sie fast den Verstand verlieren ließ.

Und sie hörte Raben. Und Schreie, aufgeregte Schreie. Die Lichtstrahlen tanzten zu einem überlauten Krächzen am Himmel umher, wie Mandy es noch nie gehört hatte. Der Lärm entfernte sich schnell in Richtung Tempel.

Als der Palmenkönig unter ihr sich verströmt hatte, erhob sie sich, setzte sich seine Krone auf den Kopf und sah sich plötzlich von anderen Hexen umringt, die nach dem langen Lauf außer Atem waren. Sie trugen normale Kleidung, Mützen, Jacken, Wanderschuhe. Offenbar mußten nur die Hauptpersonen des Rituals nackt durch die Straßen der Stadt laufen.

Wortlos drängten sie sich um sie, legten ihr die Robe um und reichten ihr ein süßes, köstliches Getränk aus heißem Wein mit Honig.

Gemeinsam mit ihnen wanderte sie am westlichen Rand der Stadt entlang und unter den Klippen des Stone Mountain entlang zurück zum Anwesen. Sanfte Hände trugen ihren Geliebten.

Sie nahm im Mittelpunkt des Kreises Platz. Sie legten ihn, der fest eingeschlafen war, vor ihr nieder.

Dann ergaben die Menschen sich dem Zauber der Nacht. Sie verstand kaum etwas von den Ritualen, nur soviel, daß die nackten Körper in ihrer Umgebung nichts anderes bedeuteten als Ekstase.

Sie waren zu zwölft, sechs Männer und sechs Frauen, die im Kreis um sie und den Palmenkönig herumtanzten. Sie bewegten sich ständig nach rechts, tanzten und klatschten in die Hände und sangen dazu ein einziges Wort:

Moom, Moom, Moom, Moom.

Sie schrien, sie flüsterten, sie tanzten, bis der Gesang zu einem einzigen Ton wurde und sich nur langsam zu einem anderen Wort formte, das sie anfangs nicht richtig verstehen konnte.

Moomamaamannamuaman adamoom amandoom.

Dann hörte sie es – ihren eigenen Namen. Amanda. Sie hörte zu, wie er durch den Gesang schwebte, und betrachtete die schweißtriefende Nacktheit der Menschen, die ihr zu Ehren tanzten, und fragte sich dabei: Für wen oder was halten sie mich?

Wer bin ich?

Kapitel 15

Für George war Bonnies Tod wie ein riesiger schwarzer Felsbrocken, der ihn zerquetschte wie ein Fuß eine Ameise.

Clark hatte ihn einen Wahnsinnigen genannt und das Projekt im Stich gelassen und war zur Covenstatt zurückgekehrt, um Constance zu berichten, was geschehen war.

Sie waren gemeinsam im Ameisensaal der Fakultät gewesen, als sie die Neuigkeit erfuhren.

»Draußen auf der MSR ist eine Studentin überfahren worden«, hatte Pearl Davenport gerufen, als sie den Kopf zur Tür hereinsteckte.

Clark wurde grau im Gesicht.

Das langgezogene Heulen der Polizeisirenen hallte durch den Raum.

»George, wohin zum Teufel ist Bonnie verschwunden?«

»O Gott, o Gott!«

»Pearl, wer –«

»Clark, es war ein Mädchen. Sie wurde überfahren. Ich überquerte gerade die verdammte Straße, ein furchtbares Krachen ertönte, und dann – o Jesus – scheint sie wie ein Stück Lumpen bis in den Himmel zu fliegen.«

»Ein Mädchen war es also! Wer, Pearl, wer?«

»Blond. Zierlich. Ich hab' sie nicht allzu deutlich gesehen. Ich glaube, sie trug ein College-Sweatshirt. Sie wirkte irgendwie weggetreten. Und dann stand sie plötzlich mitten auf der Straße, und oh, ich kann gar nicht daran denken!«

»Pearl, komm her, setz dich. Henrietta, bring mal eine Tasse Kaffee.« Geschäftige Bewegung an der Theke, die grauhaarige Henrietta erschien mit einer Plastiktasse Kaffee.

Clark packte George' Arm, umklammerte ihn. »Sie ist es, Freundchen!«

Clarks verrosteter Datsun schlingerte und schleuderte, vorbei an den verschneiten Wiesen und an den Umkleidekabinen des Sportplatzes, zum Tor hinaus und hin zu den zukkenden Lichtern der Polizeiwagen und den roten Warnleuchten der Fahrzeuge des Sheriffs.

Mitten auf der Straße eine Schleifspur, dunkelbraun, eine Mischung aus Blut und Gummi. Der Fahrer hatte mit aller Kraft zu bremsen versucht. »Diese verfluchte Ecke!«

»Clark, wir wissen es doch nicht!«

»Zur Hölle. Sie war verstört. Sie ist einfach auf die Straße gelaufen.«

»Wir wissen es nicht mit Sicherheit!«

Er rammte den Fuß auf das Bremspedal, packte George' Schultern und brüllte: »Du verdammtes Arschloch! Wir wissen es! Wissen es genau! Sie war es, und wir haben sie umgebracht! Du und ich haben sie in unserer Arroganz getötet! Jesus, dafür, ein solches Experiment mit einem menschlichen Wesen auszuführen, und das ohne einen einzigen Tierversuch vorher und ohne jede Vorsichtsmaßnahme – dafür müßten wir ausgepeitscht werden, wir beide. Connie wird uns fragen: Wo war euer Gewissen?« Sein Atem rasselte.

»Hör auf. Beruhige dich. Wir müssen die ganze Sache durchdenken. Wir sollten vernünftig bleiben. Angenommen, es war Bonnie. Es gibt keinen Hinweis dafür, daß dieser Vorfall mit uns in Verbindung gebracht werden kann. Es war ein Verkehrsunfall. So etwas passiert alle Tage. Uns kann niemand etwas anhaben.«

»Mein Gewissen ist alles andere als rein. Wahrscheinlich verbringe ich den Rest meines Lebens in Buße.«

»Du sprichst von Connie. Sie hat uns dazu gedrängt.«

»Sie hat aber nie von uns verlangt, sorglos zu Werke zu gehen.«

»Sie hat uns dazu getrieben! Wenn überhaupt jemand dafür büßen muß, dann alleine Constance Collier.«

Clark gab darauf keine Antwort. Als George ihn schließlich anschaute, lachte er, aber in totaler Lautlosigkeit, wobei seine Schultern bebten und sein Gesicht völlig ausdruckslos blieb. »George«, flüsterte er, »wenn du nicht sofort aus meinem Wagen steigst, dann ramme ich deinen Schädel durchs Fenster.«

»Bitte, Clark –«

»George, ich warne dich.«

»Wir müssen doch jetzt zusammenarbeiten.«

»Verschwinde!« Er drehte sich in seinem Sitz, zog die Beine an. Seine Füße waren nur wenige Zentimeter von George' Kopf entfernt. »Ich bringe dich um, du selbstgerechter Bastard, ich schwöre, daß ich es tue.« Dann begann der Mann zu weinen, bitterlich und hemmungslos, schluchzend, seine Augen voller Schmerz, und George wußte, wer es gewesen war, den Clark geliebt hatte, und daß er seine Geliebte den Forderungen seines Handwerks geopfert hatte.

Sie waren zwei ausgestoßene Männer, George Walker und Clark Jeffers. Clarks Tränen verrieten George jedoch, daß sie an völlig verschiedene Orte verbannt worden waren. Die Intensität seiner eigenen Trauer war so groß, daß er diese Tränen nicht ertragen konnte. Wenn er weinte, das wußte er, würde er in seinen Keller hinabsteigen und seine Kerze anzünden und dort sterben.

George ging hinaus in den Herbstabend, umschwirrt vom Geplärr aus den Polizeifunkgeräten, dem Motorengedröhn und den leisen Stimmen der Polizisten mit ihren Maßbändern. Stone Mountain hatte eine dunkel orangefarbene Aureole. Der Berghang selbst war tiefschwarz. Clark fuhr nicht weg. Er beobachtete George aus dem Wagen heraus, und George wußte, was er zu tun hatte. Er näherte sich einem Polizeibeamten, der gerade einen Scheinwerfer aufstellte. »Entschuldigen Sie.«

»Ja?«

»Ich brauche eine Information. War –«

»Hören Sie, ich bin nicht autorisiert, mit Reportern zu reden. Außerdem wurden bisher die nächsten Anverwandten noch nicht benachrichtigt.«

»Nein, Sie verstehen nicht. Ich bin Dr. Walker vom College. Das Mädchen... ich fürchte...«

»Sie war Studentin, wenn Sie das meinen.«

»Ich weiß. Aber hören Sie, wenn sie identifiziert wurde, muß ich... hieß sie vielleicht Bonnie Haver?«

»Demnach kannten Sie sie. Das tut mir leid. Sie hat nicht gelitten. Sie war sofort tot. Es tut mir aufrichtig leid.«

George konnte sich nicht rühren. Er wollte irgendwie Trauer zeigen, aber in ihm war nur diese schlimme, tödliche Kälte.

Er setzte sich in Bewegung, ging. Einen Fuß vor den anderen setzend, überquerte er die MSR und die Verkehrsinsel; er brachte die letzten dreißig Meter der Meecham hinter sich, wo sie in die MSR einmündete, dann die North Street hinunter.

Er wußte, daß Clark ihm nachschaute. Er konnte sein eigenes Ende spüren wie den Sturz eines Engels, dessen Flügel sich im dünnen Mondlicht auflösen.

Maywell erschien in seiner Abendstimmung weich und friedlich, so anschmiegsam, als wolle es seine Besucher verführen. So sanft wie eine Liebkosung. Wind kam von Norden auf, rauschte durch das Tal, riß von den Rasenflächen entlang der Straße Schneewirbel mit.

Eine Katze erschien auf der Straße, ein riesiges schwarzes Ding, genauso häßlich und abstoßend wie die Bestie, die ihn im Labor bedroht hatte. Er stampfte mit dem Fuß auf. »Verschwinde!« Das Tier huschte auf ein Haus zu.

»Bonnie, die Schöne, Bonnie so fein, fuhr mitten ins Höllenfeuer hinein. Bonnie, die Schöne... O Scheiße!«

Er mußte herzhaft lachen. Wirklich, was für eine absurde Karriere hatte er hinter sich, nicht einmal bedeutend genug, um als Riesenwitz durchzugehen. Es war nicht mehr als eine trübe Wirklichkeit, der Geruch von Lysol auf dem Laborfußboden, das Verenden von Fröschen und Affen.

Als Schönheit wanderte sie über diese Welt, und gestorben

war sie in weiß Gott welchem Grauen. »O Constance, warum hast du es gewollt? Wofür sollte es gut sein?«

Vor seinem geistigen Auge sah er die alte Frau, ernst, königlich, wie sie im Salon ihres hinfälligen alten Hauses vor ihm stand. »George, ich muß dem Tod die Stirn bieten. Ich muß fähig sein, zu töten und wieder ins Leben zurückzuholen, und zwar einen Menschen, und vollbringen muß ich es nicht später als im Dezember 1987. Meinen Sie, das wäre möglich?«

»Constance, die Forschung in diesem Bereich steckt noch in den Kinderschuhen. Außerdem gibt es gar nicht soviel Geld, um sie zu finanzieren.«

»Geld kann ich Ihnen nicht geben. Es darf keine direkte Verbindung zwischen uns geben. Bitte, George, es ist lebenswichtig für die Zukunft der Covenstatt.«

Er konnte nicht erklären, daß es unmöglich war. Tränen traten wieder in seine Augen. Bald würde er Connie aufsuchen und ihr alles beichten müssen. Wie konnte er sie jemals um Vergebung bitten?

Er kam am Tempel von Bruder Pierce vorbei und hörte ihn im Saal brüllen. Automobile trafen ein, Leute eilten zu den Tempeltüren. Hier und da sah er einen Kombi stehen, durch dessen Heckfenster er Gewehre in ihren Halterungen erkennen konnte. Aufschneider. Rotnacken. Abschaum.

»Abschaum! He, Bruder Abschaum!« Er formte einen Schneeball und schleuderte ihn gegen das große Schild. Gott ist Liebe, in der Tat. Gott ist ein Kreis ohne Umfang und Mittelpunkt. Gott ist nirgendwo. Und Gott interessiert sich für gar nichts.

Leute waren auf dem Parkplatz stehengeblieben, große Leute mit winzigen Gesichtern in ihren fetten Schädeln. »Hallo, Jungs! Lobet den Herrn!«

»Amen, Bruder.«

George ging nun etwas schneller, kreuzte die Stone und dann die Dodge. Er wollte nach Hause. Plötzlich bekam er keine Luft mehr. Nach Hause? Sein Haus war düster und kalt. »Kate? Bitte, Katie!«

Kätzchen Kate und die Kinder. Weggezogen.

Sie hatte geweint, und er hatte gelacht. Aber jetzt weinte er auf seinem Weg die Bridge Street hinunter, an der Elm mit ihren dunklen Häusern vorbei und in die Maple. Er strebte seinem eigenen dunklen Haus entgegen, zur Haustür, dann weiter ins kalte, dunkle Wohnzimmer.

Warum zum Teufel weinst du überhaupt? Denke an Saul Jones. »Sie ist ausgezogen? Gut. Dann kannst du auf Scheidung klagen, ohne mit einer Gegenklage rechnen zu müssen. Sie bekommt die Kinder und du das Haus.« Das war eine Lösung nicht ohne Reiz. Andersherum wäre es eine Katastrophe gewesen. Um ganz ehrlich zu sein, er kam ganz gut ohne seine quengelnden, heulenden, schmeichlerischen, enttäuschten Kinder zurecht. Die enttäuschte Generation. Sie sollten alle in der Covenstatt leben. Sie hatten sogar dort draußen ihre eigene Schule, offiziell genehmigt und anerkannt.

»*Du* verläßt *mich*, Baby«, hatte er gesagt. »Und wenn du mir nicht das Haus und den Wagen läßt, werde ich anfangen, um die Kinder zu kämpfen.« Das machte ihr genug Sorgen, um die Probleme schon im Ansatz abzuwürgen, ehe sie sich überhaupt meldeten.

»Die sind längst weg. Gestern abend haben sie sich auf den Weg gemacht. Ursprünglich war es sowieso ihre Idee gewesen.«

»Du hast sie verführt!«

»Laß dir von einem Psychiater helfen, und wir kommen wieder zurück.«

»Ich suche mir eine Freundin.«

»Wie wäre es statt dessen mit einer Katze?«

»Du Ekel!«

»Du bist verrückt, George. Ich werde es Constance erzählen. Sie wird dich bei einem Rechtsanwalt anmelden und dich hinbringen.«

Constance tat nichts von alledem. Sie war zu praktisch. Sie war zu sehr auf George' Arbeit angewiesen, um seine Rebellion zu riskieren.

»Warum, Constance? Warum?« Ihm war niemals der Grund genannt worden, warum seine Forschung für sie so wichtig war. Nun wollte er es wissen. Vielleicht half es, das Feuer in ihm zu dämpfen. Er konnte spüren, wie das rote

Monster seiner Wut in ihm rumorte, und es machte ihm Angst: »Warum? Sie müssen es mir sagen, Sie müssen es einfach!« Constance stand mit einem traurigen und zugleich geheimnisvollen Lächeln vor ihm. »Ihre Trauer bietet Ihnen die Chance zu wachsen, George. Ich habe nie gesagt, daß es einfach ist.« Über die Erinnerung zutiefst betrübt, rieb er sich seine Augen mit den Fäusten, bis er grüne Sterne sah. Er sank auf den Fußboden seines staubigen Salonfußbodens und jammerte so laut und verzweifelt wie Clark es getan hatte. Schluchzen schüttelte ihn. Er goß in dem gleichgültigen Haus seine Trauer, seine Niederlage und seine Verzweiflung aus.

O Kätzchen Kate, ich brauche dich jetzt. Ich war an dem Tag, an dem du gingst, so froh. Wenn ich nur an den wunderbaren Morgen denke, als ich bis Mittag schlief, Miami Vice ansah und ganze elf Budweiser trank. Herrgott, was für ein schöner Tag. Ich war wieder ein richtig glücklicher Junge, das Genie meiner Mama. Ich war nicht mehr dein Ehemann, der verfluchte Versager.

Aber wir waren zusammen jung, Kate, und wir hatten einige Dinge gemeinsam. Erinnere dich an den Satz, Kate – ›etwas Verblüffendes, ein Junge, der aus dem Himmel fällt!‹ O Baby, etwas Verblüffendes also. Ich habe dich geliebt und dich weggeworfen. Okay, ich gestehe, ich bin direkt durch den Himmel gestürzt. ›Etwas Verblüffendes ... ein zerbrechliches Schiff, das vorbeikam, sah etwas Verblüffendes ...‹ Er konnte sich nie an ihr ganzes Lieblingsgedicht erinnern. ›Ein zerbrechliches Schiff auf der Durchreise sah etwas Verblüffendes ..., einen Jungen, der aus dem Himmel fiel.‹ Nur diese eine Zeile.

Im Haus roch es schwach nach Leinöl aus dem Kasten mit den Farben, den Mandy auf die Sonnenveranda gestellt hatte. Er mochte den Geruch; er erinnerte ihn an die sechs Wochen des Sommers 1968, den er in Florenz verbracht hatte. Dort waren Studenten aus der ganzen Welt gewesen, vorwiegend Kunststudenten, die an der Restaurierung der Meisterwerke in den Uffizien mitwirkten, die im Jahr vorher bei einem Hochwasser gelitten hatten.

Er hatte die magische Roisin kennengelernt, eine Irin, mit

der er einige Wochen zusammengelebt hatte, bis er in ihrem Koffer die Überreste einer toten Eule gefunden hatte.

Entsetzt war er vor ihr davongelaufen. Roisin, verloren und vergessen im gefährlichen Rauschen der Zeit.

In den toten Fluten versinkt das letzte welke Blatt.

Dieses scheinheilige Getue hatte lange genug gedauert. Es wurde Zeit, daß der Abschaum bestraft wurde. Er schuldete Kate etwas, er war auch den Kindern etwas schuldig, er schuldete Constance etwas, und nun war er auch Bonnie verpflichtet. Er ging in die Abstellkammer.

Er öffnete die Falltür.

Er stieg hinab zu Kätzchen Kate.

Hier schlief er manchmal unter den Katzenaugen, die er an die Wand gemalt hatte und die ihn anstarrten, unter den Katzengesichtern, die ihn anfunkelten, unter den wandernden, springenden und tanzenden Katzen um ihn herum, unter den langen Katzen und den kleinen Katzen, den Katzen des Todes und der Hölle.

Einmal hatte er eine verbrannt, er und sein bester Schulfreund Kevin. Sie hatten eine Katze namens Silverbell verbrannt, eine riesige schwarze Katze mit schwankendem Gang und einen geknickten Schwanz. Die Katze von Claire Jonas. Sie hatten ihr Sterno ins Fell massiert und dann ein Zündholz daran gehalten.

Er schlug den Kopf gegen die Hinterwand, diejenige hinter den ausgeschnittenen Katzen und den gezeichneten Katzen, den Pelzbüscheln, den knisternden Hautresten. Dies war die Klagemauer.

»Jenny ist heute dort reingegangen, George. Ich hab' dir ja erzählt, was passieren würde, wenn du es nicht abreißt und die Kinder es mitansehen.« Karens Fuß schlug heftig gegen die Tür.

»Seht mal, ich bekomme Hilfe.«

»Wie oft hast du das gesagt? Fünfzig Mal? Ich möchte eine Scheidung, George. Ich kann nicht länger hierbleiben. Ich möchte nicht, daß die Kinder weiterhin dem ausgesetzt sind, was mit dir nicht ganz in Ordnung zu sein scheint.«

»Ich hab's dir doch gesagt, ich gehe zu einem Seelendoktor. Constance wird sicherlich jemanden kennen.«

»Das wirst du niemals tun. Außerdem brauchst du wahrscheinlich einen Exorzisten viel dringender als einen Seelendoktor. Dieser Raum ist böse! Böse, George, und grauenvoll und völlig verrückt, und deine Tochter hat ihn gesehen. Weißt du, was sie gesagt hat? ›Jesus‹, sagte sie. ›Das ist also der Grund, warum Daddy mich so heftig schlägt?‹«

»Ich wußte es schon immer. Irgendwann und irgendwie bringen Katzen mich um.«

Er schaute sich in seinem Raum um. Dieser Raum war eine Katze. In gewissem Sinn war er alle Katzen.

Er war Tink Tink! Ein blauer Blitz auf dunkelgrünem Rasen.

Was zum Teufel, es war lustig, sie geht zur Tür, Claire öffnet sie, und da ist die brennende Katze, zusammengekrümmt, und wälzt sich auf der Veranda hin und her.

Sie brachten sie zum Tierarzt. Und George kann es nicht einmal jetzt vergessen.

Einschläfern. Schlaf gut und adieu, schließ die gottverdammten Augen. Bonnie! Möge goldener Schlummer dir – oh, Mist. Irgendwie geht mir meine Chance durch die Lappen. Komm schon. Liebling, Wind der westlichen See, blase, blase...

O schlaf endlich ein, Jenny, bitte schlaf.

»Nichts für dich, Daddy.«

George zog sich aus. Er kniete sich hin. Er zündete eine Kerze an. Er beugte sich darüber, bückte sich, spürte, wie Wärme sich zu Hitze steigerte, zu einem deutlichen Schmerz. Seine Brust war von Dutzenden runder, roter Narben gezeichnet, allesamt Nachwirkungen ähnlicher Folterungen.

Im Kätzchen-Kate-Zimmer, vor den marschierenden, den gelbäugigen und schleichenden Katzen der Welt, kniete George und zwang seinen zitternden Körper in die hungrigen Flammen, bis ein Punkt unter seiner linken Brustwarze, ein frischer Punkt, zischte und rotglänzend wurde.

»Gott.« Er wich vor der Flamme zurück, kratzte an der Qual seiner Wunde und rollte und rieb das verfilzte Kellerlaken in die straffe Haut. Speckbrust. Ist das lustig oder unheimlich?

Sehr schön. Hemd anziehen, ordentlich in die Hose stopfen, einen guten Job übernehmen, autsch, aber es darf nichts durchsickern. Hinter der Tür befand sich ein Stapel alter Zeitungen.

Mal sehen. 14. September 1983, *The Collegian*. Bilder von Dot Chambers, Sorority Mavin, ›Folterrituale, die näher betrachtet werden müssen‹.

Die SAOs mußten ihren langen Marsch absagen, und die Phi Betas ihr Flußpaddeln.

Es gibt so viel Wut in dieser Welt. Er schmierte Dot Chambers auf sein nässendes Fleisch, dann drückte er die Kerzenflamme mit Daumen und Zeigefinger aus und kletterte über die Leiter ins Erdgeschoß zurück.

Ein bißchen Qual konnte soviel Wut kurieren, soviel Trauer. Bonnie war eine Freiwillige gewesen. Sie war in einer ernsthaften, ehrenhaften Sache das höchste Risiko eingegangen und hatte verloren. Die Hexen würden ihren Körper der Erde zurückgeben. Man würde ihm verzeihen. Das Experiment würde vergessen. Warum Constance es jemals gebraucht hatte – es würde auf jeden Fall geändert. Die Welt würde sich weiterhin entfalten, und die Covenstatt würde weiterleben, ohne daß jemals jemand von den Toten zurückgekehrt ist.

Er holte sich ein Bier und wanderte umher, wobei er sich wegen der kleinen Mandy Sorgen machte. Sie machte Illustrationen für Constance, nicht wahr? Schon bald wäre sie eine Hexe, das war wohl sicher.

Hexe. Hure. Kate konnte früher einmal ganz gut blasen, damals, ehe die Zeit zu Ende ging. Kate, die Bläserin – den Kopf ganz unten und den Mund weit offen. Wenn man wollte, konnte man Kate zum Mittelpunkt seiner Erinnerungen machen.

Als er seufzte, kräuselte sich die Dot-Substanz. Okay, in Ordnung. Er kippte den Rest Budweiser und ging in die Küche, eine zweite Dose holen.

Nein?

Alles erledigt. Das Kühlschranklicht verlieh der düsteren Küche einen noch düstereren Glanz. Düsternis und Leuchten, Düsternis und Leuchten, Edelweiß, Edelweiß... erinnere dich an *The Sound of Music*. Kate war damals noch ein

Mädchen, dann war da der alte Chevy II, damals in den Tagen Martin Luther Kings und Bull Conners und der Yippies, und war das nicht eine schöne, singende Zeit?

Bang.

Ein kurzer leuchtender Augenblick. Shamalot. A-a-a-y! Ich sollte ein großer Wissenschaftler werden. Mann. Ich habe bei der Wissenschaftsmesse gewonnen. Dazu ein Westinghouse-Stipendium (beinahe). Ich errang eine Anstellung (beinahe).

Bang.

»So sagte er im Augenblick seiner Niederlage zu sich selbst, wart mal 'ne Sekunde. Das Experiment wurde durch äußere Bedingungen beeinträchtigt. Bislang gibt es keinen plausiblen Grund, die ganze Sache abzublasen.«

Wurde der Unfall und die Tote erst einmal mit seinem Labor in Verbindung gebracht, dann würde alles beschlagnahmt, seine Aufzeichnungen und seine Geräte.

George schlüpfte in seine Jacke, zog den Reißverschluß zu, ging durch den Abstellraum in die Garage. In Ordnung. Er mußte sein Eigentum vom Campus transportieren. Es waren immerhin seine verdammten Spulen.

Seine Überwachungsgeräte brauchte er eigentlich nicht. Nur die Videokamera. Er würde sein eigenes Aufzeichnungsgerät aus dem Spielzimmer holen. Mein Gott, er war dazu verdammt, zu Hause zu experimentieren. Unten zwischen den Katzen, wo es stinkt wie nach verbranntem Rinderfett.

Na schön, okay, zu Hause zu experimentieren heißt nicht, daß die Ergebnisse von vornherein unbrauchbar sind. Hier einige Beispiele: synthetischer Kautschuk wurde auf einem mit Holz beheizten Herd entwickelt. Und die Entdeckung des Penicillin erfolgte rein zufällig.

Während er seinen Wagen die Auffahrt hinunterlenkte, blickte er zu seinem Haus zurück und dachte: Eines Tages wird es ein Museum sein. Und das Kellerfenster da unten, zwischen Rosensträuchern, die Menschen werden darauf zeigen und sagen, dort hat Versuchsobjekt X seine letzte Reise angetreten, gleich hinter dem Fenster. Und am Ende wird Constance mir dankbar sein. Ja, sie wird mir für das danken, das zu tun ich im Begriff bin.

Die Straßen waren dunkel und erstaunlich leer. Er drückte auf den Knopf, der seine Uhr erleuchtete: schon nach Mitternacht. Verdammt viel Zeit war unbemerkt verstrichen. Er mußte sich lange bei Kätzchen Kate aufgehalten haben.

Nun gut. Er brauchte dort Zeit. Gut. Das hieß, daß er länger gelitten hatte. Je länger er im Kätzchenraum litt, desto größer war seine Chance auf ein glückliches Leben. Er war voller Stärke. Macht. Der Macht des Schmerzes. Liebes Dot, auf meiner Brust klebend, wer wird es sein?

Es muß eine Sie sein, natürlich, denn nur eine weibliche Versuchsperson wird in meine Sieben-Spulen-Anordnung passen. Mandy war nicht so riesig, und früher oder später würde sie hierher zurückkommen.

Mandy, Liebes, du bist eins achtzig groß. Du paßt hinein. so eben noch, aber du paßt.

Gab es nicht irgendeinen Song über Amanda? ›Leb wohl, Amanda... de de dah... süße Amanda.‹ Er lächelte. ›Leb wohl, Amanda... denk an mich, wenn du zwischen den Sternen wandelst.‹ Das war's – Tritt nur auf die Sterne, Amanda.

Ich denke nach.

Er bog in die Ames ein, überquerte die kleine Brücke dort und sah im Licht seiner Autoscheinwerfer einen höchst ungewöhnlichen Anblick. Ein riesiges schwarzes Pferd, eine nackte Frau auf seinem sattellosen Rücken, die beiden umgeben von einem Schwarm dunkler, umherschießender Vögel. Hufe klapperten und Krähen krächzten, und die Frau stieß einen solchen Schrei aus, daß George ebenfalls unwillkürlich einen Schrei ausstieß und weiterschrie, bis seine Kehle streikte.

Nebelritual? Dazu war die Jahreszeit schon zu weit fortgeschritten. Ein Scherz? Diese Dummheiten gab es nicht mehr.

George raste in seinem Wagen auf die Erscheinung – Pferd, Frau und Vögel – zu. Das Pferd war keinen Meter von der Frontpartie des Volvo entfernt, als es hoch in die Luft sprang, über den Bürgersteig hinweg und mitten auf den Rasen. Es rannte weiter, wobei Schneewolken von seinen Hufen aufstiegen, um das Haus herum und in den Hintergarten.

George saß dort und starrte ihm nach. Er war wieder völlig

nüchtern. Wieder hörte er die Frau schreien. Motoren dröhnten, Lichter rasten vorbei. Kombis, Schrotgewehre. Typen mit Bierdosen und Zigarren. Waren dies College-Krawalle? Nein, unwahrscheinlich.

Es wurde viel kälter.

George fuhr auf den Campus, ging in sein Labor und fing an, die Spulen in Kartons zu packen. Vier Gänge hin und zurück, und der Wagen war voll. Es blieb nur noch eine Sache, die geholt werden mußte: die Betäubungspistole. In den Patronen war genug Skopolamin enthalten, um einen Menschen für eine Stunde zu betäuben.

Die Pistole war nirgendwo zu finden. Clark, zweifellos, wollte sicherstellen, daß der Arzt sich nicht selbst ans Messer lieferte.

Nein, noch nicht. Der gute Onkel Doktor hatte ziemlich am Boden gelegen. Doch nun schickte der gute Doktor sich an, wieder mitzufliegen.

Er hatte einen wundervollen Plan. Er war im Begriff, die Spinne des Hauses zu werden. Wo er es sich in seinem Netz immer bequem machen würde.

Früher oder später würde die liebe kleine Mandy wieder zurückkehren, und wenn auch nur, um ihre Sachen zu holen.

Wenn sie das tat, dann würde er sie töten.

Leb wohl, Amanda.

Und sie wieder in ein normales Leben zurückholen.

Hallo, ihr alle. (Applaus.)

Sie würden sich ihren unermeßlichen Triumph teilen.

Kapitel 16

Mandy erwachte durch das Geräusch von tropfendem Wasser. Sie öffnete die Augen und stellte fest, daß sie auf nackten Erdboden blickte. Ihre Schultern schmerzten, ihre Oberschenkel schmerzten, und schmieriges männliches Fleisch umfing ihren Körper. Der heraufziehende Morgen ließ keinen Zweifel daran, daß Robin ein Bad dringend nötig hatte.

Während sie endgültig wach wurde, stürzten mächtige, erschütternde Emotionen auf sie ein. Da war erst einmal die Trauer um das Pferd, das getötet worden war, doch gleichzeitig meldete sich etwas anderes in ihr, ein Gefühl der Angespanntheit, als befänden sich plötzlich Stahlfedern in ihren Knochen und als strotzten ihre Muskeln plötzlich von neuer Energie. Robin war kein lebensgroßes, entferntes Abbild ihres Vaters, sondern weitaus kleiner, und sie wußte, daß sie Macht mit einem Mann teilen konnte, oder sie ihm sogar zu nehmen in der Lage war, wenn sie es wünschte.

Neben diesen neuentdeckten Gefühlen und inneren Kräften existierte jedoch auch noch etwas Größeres. Im Verlauf der vergangenen vierundzwanzig Stunden war es als neuer Mittelpunkt ihres Selbstverständnisses aufgetaucht und hatte alles bisherige umgeworfen und neu geordnet. Es war ihre Erinnerung an die *Leannan Sidhe*, die Feenkönigin. Sich im Stroh aalen zu können und zu wissen, daß sie die *Leannan* tatsächlich gesehen hatte und daß das Feenland eine Realität war, vermittelte ihr ein Höchstmaß an Freude und Zufriedenheit. Für sie hatte die Bedeutung der Welt an Tiefe und Reichtum gewonnen. Die Freude, die sie erfüllte, reichte über die Liebe zu der *Leannan* hinaus und schloß Robin und Constance und die gesamte Covenstatt ein. Sie hatte, so dachte sie, das Zentrum der Schönheit der Welt erreicht.

Genußvoll und ausführlich streckte und reckte sie sich und spürte dabei jeden Muskel, jeden Knochen.

Das Wasser gurgelte, plätscherte und tropfte überall in der Umgebung des aus Ruten geflochtenen Gebäudes. Hier und da stahl sich ein Tropfen durch das Flechtwerk. Der jahreszeitlich völlig verfrüht gefallene Schnee taute.

Um sie herum seufzten und schnarchten andere Menschen. Sie war als einzige wach, doch die Tiere rührten sich bereits in ihren Stallungen. Am Rande des Gewirrs schlafender Menschen kaute eine Ziege genußvoll an frischem Heu.

Neben ihrem überwältigenden Gefühl eigenen Wohlbefindens gab es auch noch eine physische Tatsache, die sie nicht ignorieren konnte. Sie fühlte sich klebrig und feucht, schmutziger noch als in den Tagen schmuddeliger Turnschuhe und Sandkästen. Sie konnte sich nicht erinnern, sich jemals so sehr nach einer Dusche gesehnt zu haben wie in diesem Augenblick. Die Tropfgeräusche weckten in ihr die Sehnsucht nach dem Gefühl eines warmen Strömens auf ihrer Haut, nach dem Geruch zarter Seifenblasen, wenn sie die Spuren der nächtlichen Schlacht wegwuschen.

Sie starrte auf die seltsamen Rautenformen, die in den Augen der Ziege funkelten. Auf irgendeine Weise erschien ihr die Ziege nicht völlig animalisch unschuldig. Wer weiß schon, was im Bewußtsein eines Tieres vorgeht – gibt es dort die vielbeschworene totale Leere, oder ruht dort eine stumme, reglose Intelligenz? Die Ohren stellten sich nach vorne. Der starrende Blick der Frau hatte das Tier mißtrauisch gemacht.

Die Erinnerung an Donner in der Finsternis stellte sich ein. Der grelle Blitz einer Schrotflinte, das Zittern ihres verendenden Pferdes.

Ihres Pferdes? Sie kannte nicht einmal seinen Namen.

Aber für eine kurze Weile war dieses Pferd ein Teil von ihr gewesen. Der Hengst war der schattenhafte Mann gewesen, den sie ein- oder zweimal in sich selbst angetroffen und geweckt hatte. In jeder Frau, dachte sie, liegen die Leben eines Vaters und eines Banditen von einem Mann verborgen, der irgendwie durch diese wahnsinnige Liebe zu Pferden wachgerufen wird, wie man sie bei vielen erwachsenen Frauen antreffen kann. Mandy konnte sich daran erinnern, früher viele Pferdebilder besessen zu haben und oft genug Landwirtschaftsausstellungen besucht zu haben, um sich die Pferdeauktionen anzusehen.

Man tötet nicht so einfach ein prachtvolles Pferd.

Robins Hand ruhte sacht auf ihrem Oberschenkel. Sie führte sie an ihre Lippen und küßte sie. Wie fremd sie ihr war. Sie entschied, daß sie ihn nicht richtig liebte. Sie empfand Leidenschaft für ihn. Für sie war das eine sehr seltene Erfahrung. Ihre Beziehungen zu Männern waren niemals so klar und eindeutig gewesen. Zwischen ihr und ihrem Vater hatte es zu viele Unstimmigkeiten gegeben, als daß sie sich voll und ganz einem Mann hätte anvertrauen können.

Träge fuhr sie mit den Fingern in sein Haar, berührte sein schlafendes Gesicht. Würde sie ihn lieben, diesen Mann, der ihr gegeben worden war, oder schloß das große Geschenk dieses sich verzweifelt anklammernde Ding aus?

Durch die Rauchabzugsöffnung über ihr drang ein Lichtstrahl. Draußen gackerten Hühner, und ein Hahn meldete sich mit fröhlichem Krähen. Eine Kuh stampfte in ihrem Stall auf, und etwas gab grunzende Geräusche von sich.

Etwas anderes bewegte sich in den entfernteren Schatten und erfüllte die Dunkelheit vor der Außenwand mit Unruhe. Als Mandy den Kopf hob, um genauer hinzusehen, stoppte die Bewegung.

Sie wurde jedoch nicht getäuscht. Selbst ihre nur kurze Erfahrung mit der freien Natur hatte ihre Aufnahmefähigkeit verändert. Die Raffinesse eines Tiers überlistete sie nicht mehr so leicht. Sie wußte, daß dort etwas war.

Stille trat ein, und gleichzeitig begannen die Schatten sich wieder zu regen. Etwas begann zu gleiten, veränderte den Schwung eines Beins, die Dicke eines Oberschenkels, die Länge eines Arms, während es sich zwischen den Schläfern bewegte.

Mandy begriff plötzlich, was sie da sah, und als es ihr klar wurde, biß sie in ihre Faust, um einen aufkeimenden Schrei zu unterdrücken. Es bewegte sich stetig durch den Raum, hielt den Kopf knapp über dem Fußboden, ließ die Zunge gelegentlich vorschnellen und betrachtete seine Umgebung aus Augen, die wie polierte Knöpfe aussahen.

Mandy verfolgte, wie das Wesen in die Mitte des Kreises gelangte. Etwa in der Mitte seines länglichen Körpers befand sich eine Ausbuchtung in der Größe einer Ratte. Sie war mindestens eins achtzig lang, die tiefrote und gelbe Kreatur, die vor Gesundheit zu leuchten schien, falls so etwas bei einem Reptil überhaupt möglich war. Das Wesen befand sich nach seiner frühmorgendlichen Jagd auf dem Heimweg.

Die Schlange war nicht dumm. Sie wagte sich nicht in die Nähe der Tierstallungen, sondern sie hielt auf die Tür zu, wählte ihren Weg über die schlafenden Menschen hinweg und hielt sich sorgsam von den Huftieren fern. Als sie über den Po eines Babys rutschte, kicherte die Kleine im Schlaf.

Keine zehn Sekunden, nachdem sie in einer Spalte im Flechtwerk neben der Tür verschwunden war, schlug der große Gong an. Jemand hustete. Das Kind erwachte lachend. Andere Schatten erhoben sich im Halblicht. Roben und Jakken und Hemden wurden zusammengesucht. Mandy verfolgte die Aktivitäten durch halbgeschlossene Augen. Sie wollte sich keine Gelegenheit, so klein sie auch war, entgehen lassen, mehr über diese Leute zu erfahren. Sie konnte sich jetzt der Tatsache stellen, daß sie für sie wichtig war, und daher störte es sie um so mehr, daß sie ihr so fremd waren. Sie hatte bereits erfahren müssen, daß direkte Fragen ihr nicht weiterhalfen. Fragte man sie nach ihrem Namen, so antworteten sie mit Namen wie Flamme oder Wildaster oder Granat. Aber nie mit einem richtigen Namen.

Als existiere er zur Hälfte in ihrer Fantasie und zur anderen Hälfte in der Realität, sah sie Tom im Dachgebälk hocken, wo er nur schwach zu erkennen war. Dieser Kater hatte furchtbare Dinge getan. Man konnte seine Wut deutlich in der Art hören, wie er atmete.

Die allgemeine Unruhe im Raum weckte auch Robin. Er drehte sich, streckte sich, dann seufzte er.

»Hi«, sagte sie.

»Ich muß eigentlich am Leben sein. Mein ganzer Körper tut mir weh.«

»Damit bist du nicht alleine. Ich bin hungrig und voller Blessuren.«

Er lachte. »Du kannst dich glücklich schätzen, daß du nicht schnell essen und dann zusehen mußt, daß du wegkommst. Ich muß jetzt den weiten Weg nach New York fahren.«

Er machte sicherlich einen Scherz. Der Palmenkönig konnte unmöglich zum Heer der Pendler gehören.

»Nun schau nicht so verblüfft. Ich komme mir ja vor, als hätte ich zwei Köpfe oder so etwas. Ich besuche das Pratt Institut. Ich studiere Design. Das ist nichts Ungewöhnliches. Viele von uns fahren täglich in die Stadt. Trotz allem muß die Covenstatt auch in der realen Welt existieren. Und die befindet sich dort draußen, glaub mir nur, und qualmt und spuckt einen ständigen Strom von Big Macs und Videogeräten aus.«

Er stand auf und machte ein paar zaghafte Schritte. »Verdammt. Ich sollte eigentlich den Unterricht heute morgen sausen lassen. Sieh dir nur meine Füße an.«

Sie berührte die Schnitte, die Schwellungen, die Abschürfungen. Er war in der vergangenen Nacht barfuß und nackt unterwegs gewesen. Unter diesem Gesichtspunkt waren seine Füße eigentlich in einer recht guten Verfassung.

Nun, da sie vollständig wach war, erinnerte sie sich an jedes Detail der wilden Jagd. Und sie fragte sich nach der Moral einer solchen Eskapade. Sie und Robin hatten ihre Körper mißbraucht. Und darüber hinaus waren da der Tod des Pferdes und die furchtbare Verfolgung, die mit einem Mord an ihnen hätte enden können. Was die wilde Jagd ihr geschenkt hatte, war die Entschlossenheit, ernste und direkte Fragen zu stellen. Sie wußte es nicht, aber sie machte ihre ersten zögernden Schritte in Richtung Herrschen. »Warum bist du in die Stadt gegangen?«

»Die wilde Jagd wäre nicht wirklich wild, wenn es keine Gefahr dabei gäbe. Und außerdem wären die Coven in der Stadt bitter enttäuscht worden.«

»Gefahr hätte man auch im Wald finden können.«

»Eine harmlosere, sicherere Gefahr? Also hör mal ... Unser Feind lebt in Maywell.«

»Ich habe mein Pferd verloren.«

»Raven war ein großartiges Tier.«

»Ich habe ihn, glaube ich, geliebt.«

»Er war schließlich in der vergangenen Nacht auch ein Teil von dir, nicht wahr?«

»Mehr als du dir vorstellen kannst.«

»Dann ist er es noch immer, Amanda. Jetzt und für alle Zeiten. Und du solltest Bruder Pierce dafür danken. Er hat dir Raven gegeben.«

»Das ist doch lächerlich!«

»Keine Luft ist süßer als die, welche wir atmen, nachdem wir unseren Feinden entkommen sind.« Robin berührte ihr Gesicht. »Komm schon«, sagte er, »mal sehen, was wir zum Frühstück bekommen.«

Sie stellte fest, daß sie seine Berührung duldete und den Trost in seiner Stimme annahm. Die wilde Jagd war vorüber. Niemand brauchte ihr zu sagen, daß sie auch diesen Test bestanden hatte. Sie wußte es aus der neuen Kraft und Sicherheit in sich.

Sie traten hinaus in einen milden Morgen. Der Erdboden war matschig, alles war naß vom Tauwasser. Die Temperatur war merklich gestiegen. In der Luft lag der Duft von heißem Brot und Holzfeuern, gemischt mit einem kälteren Hauch, der vom Berg herabwehte. Robin atmete tief ein und schaute sich um. »Wenn der Schnee nur eine Woche früher gefallen oder einen Tag länger liegengeblieben wäre, hätte er unsere Ernte vernichtet.«

»Da habt ihr aber Glück gehabt.«

»Einige Leute bei uns glauben, daß die *Leannan* das Wetter steuern kann. Alle Coven haben in einer Beschwörung um Tauwetter gebeten. Vielleicht wurde es dadurch ausgelöst.«

»Dann erklär mir doch mal ein paar Zaubersprüche.«

»Bald.«

»Nun hör endlich auf. Ich bin es leid, von euch dauernd hingehalten zu werden. Ich will es jetzt erfahren!«

»Sieh doch – schnell!« Er zeigte auf ein Dickicht am Fuß des Berges.

»Was?«

Er lachte. »Eine Fee. Man muß schnell reagieren, wenn man eine zu sehen bekommen will.«

»Ich würde sie gerne noch einmal aus nächster Nähe betrachten.«

»Das erlauben sie einem nicht.«

»Ich würde auch die *Leannan* gerne wiedersehen. Ich meine, sie richtig sehen.«

»Außer Constance bist du das einzige menschliche Wesen, das jemals die *Leannan* gesehen hat. Es sei denn, es gibt einige, die sie ebenfalls gesehen, das aber nicht überlebt haben.« Was er erzählte, freute und erschreckte sie zugleich. Sie warf den Kopf in den Nacken und lachte tief in ihrem Innern. Sie erinnerte sich an das silberblonde Haar, an das Gesicht mit seinem fröhlichen, verstohlenen Lächeln. »Überlegst du, wie sie aussehen mag?«

»Natürlich.« Seine Stimme klang scharf, stellte sie ein wenig enttäuscht fest.

Sie gelangten zu einer Hütte unweit der Dorfmitte. Dort bereitete Ivy in einem Kessel über dem offenen Feuer Hafergrütze. Mandy war vorher noch kein einziges Mal im Innern einer Hütte gewesen. Die Decke war niedrig, und an zwei Wänden lagen Strohsäcke. Sie wurden von dunkelbraunen Vorhängen aus Homespun verhüllt. Jedes Lager bot Platz für zwei Personen. In der Mitte des Raumes stand ein großer Tisch, der mit vier irdenen Schüsseln gedeckt war. Ein Laib Schwarzbrot lag auf einem Holzbrett in der Tischmitte. Daneben befand sich ein großer Kanten Käse und ein Krug. Hinzu kamen Steinguttassen und Holzlöffel. Ein junger Mann in grauem Nadelstreifenanzug stellte Teller neben die Schüsseln.

»Guten Morgen, Ivy«, sagte Robin. »'n Morgen, Gelbjakke.«

»Ihr beide seht ja furchtbar aus«, erwiderte Ivy. »Und ihr riecht noch schlimmer. Geht bitte runter zum Schwitzhaus. Es wird noch genug zu Essen übrig sein, wenn ihr wieder in einem erträglichen Zustand seid.«

Robin ergriff Mandys Arm und zog sie nach draußen. »Es ist ihr Haus«, sagte er. »Wir sollten sie lieber nicht ärgern.«

»Ich würde sowieso am liebsten vorher baden.«

»Du kennst das Schwitzhaus? Ich hatte gehofft, es wäre eine Überraschung für dich.«

»Wovon redest du?«

»Vom Schwitzhaus. Ich habe es entworfen, mußt du wissen. Die Konstruktion, alle Vorrichtungen. Alles.«

Sie hatte das lange flache Gebäude am Rand des Dorfes vorher noch nicht bemerkt. Rauch stieg aus den hohen Schornsteinen an beiden Enden des Gebäudes auf. Es war aus Backsteinen erbaut und hatte ein Dach aus Holzschindeln.

Schuhe und Stiefel säumten die Treppe zum Eingang. Ein Vordach schützte Kleidungsstücke vor dem Einfluß der Witterung. »Häng deine anderen Kleider unter deine Robe.«

»Ich trage keine anderen Kleider.«

Sie zogen sich gemeinsam aus. Sie stand da, spürte beißend die Kälte der Morgenluft, und ihre Hände bedeckten ihre Brüste.

»Ich hoffe, es ist drinnen warm.«

Er öffnete die Tür zu einem dampferfüllten Wunderland. Allein der Duft war schon unvergeßlich, ein betäubendes

Ambrosia aus Tannen und Zedern und Seife. Zedernholzbalken schwitzten über ihren Köpfen. Da waren drei Becken, die aus glasierten Ziegeln gemauert waren. Unter jedem befand sich ein Feuerkasten mit glühenden Kohlen. Leute saßen bis zum Hals im Wasser. Eine Frau lag auf einem Holztisch und wurde sanft von einer anderen massiert. Zwei Männer absolvierten gemeinsam auf dem nassen Kachelboden Streckübungen. Die Leute unterhielten sich halblaut, lachten. Männer rasierten sich vor einem langen, vom Dampf triefnassen Spiegel. Der Rasierschaum färbte ihre Gesichter hellgrün. Ein Mädchen, blond und hochgewachsen, warf Holzscheite ins Feuer und ging dann zu einem großen Segeltuchmechanismus. Sie tauchte den Segeltucheimer in eines der Becken und zog ihn dann mit Hilfe einer Winde hoch bis unter die Decke. »Die Dusche ist bereit«, sagte sie zu Robin und Mandy.

Wenigstens wurde ihr ein Wunsch erfüllt. Die Seife war jedoch nicht so fein. Die Stücke waren schwer und grün und mit Kräutern durchsetzt. Der Schaum, den sie bildeten, war sehr dicht und roch nach Minze und vermittelte Mandy das Gefühl, einen glatten, sauberen Körper zu haben, fast so als wäre die Seife durch die Haut gedrungen und hätte sie sogar von innen erneuert.

»Spült euch ab«, sagte das Mädchen. »Das Wasser geht zur Neige.« Während Mandy ihre Wäsche beendete, hörte sie, wie das Mädchen einigen Leuten in den Behältern sagte, sie sollten sich beeilen.

»Von Maywell fährt am Tag nur ein einziger Bus nach New York«, erklärte Robin, während er sich mit einem großen, groben Badetuch abtrocknete. »Wenn wir den verpassen, dann kommen wir nicht mehr zur Arbeit. Deshalb machen wir unsere rituellen Schwitz-Sitzungen abends. Dies hier ist lediglich das stinknormale öffentliche Badehaus.« Mit diesen Worten stieg er in einen der Behälter. Mandy folgte ihm und tauchte im köstlichen Wasser unter. Die anderen Badenden stiegen gerade heraus, und sie und Robin hatten den Behälter bald für sich alleine.

»Was treibt ihr eigentlich in New York? Ich hatte den Eindruck, als lebtet ihr hier draußen in totaler Isolation und beschäftigt euch mit Ackerbau und solchen Dingen.«

»Wir betreiben eine große Farm. Aber die Leute haben auch Jobs. Sie wollen zum Teil Karriere machen. Einige von uns wollen die nicht aufgeben. Außerdem sind wir wirtschaftlich nicht vollständig autark. Wir müssen schon raus, um bestimmte Dinge zu besorgen.«

»Zündhölzer zum Beispiel –«

»Wir brauchen keine Zündhölzer. Wir benutzen Reibhölzer und Wachsstäbe und tragen sie von Feuer zu Feuer.«

»Kerzen, Kerosin?«

»Ich bezweifle, daß die ganze Covenstatt im Jahr mehr als zehn Gallonen Kerosin verbraucht. Das Wachs kommt von unseren eigenen Bienen. Wir haben sehr schöne Stöcke, und Slena Martin ist eine ganz außergewöhnliche Imkerin.«

»Dann Medizin, Chirurgie. Umfangreiche Diagnostik.«

Die Bademeisterin unterbrach das Gespräch. »Ich lasse jetzt das Feuer herunterbrennen. Es ist schon spät, und du mußt deinen Bus bekommen, Robin.«

Robin nickte nur. »Würdest du mir glauben, wenn ich dir sagte, daß die moderne Medizin bis zu einem gewissen Grade eine Sucht ist? Je mehr du dich darauf verläßt, desto nötiger brauchst du sie. Wenn wir krank werden, ich meine richtig krank, dann beginnt das medizinische Team mit seiner Arbeit. Wir setzen dabei im wesentlichen Kräutermedizin ein. Was die Diagnostik angeht, so ist Constance darin unerreicht. Und sie kann auch heilen. Wenn eine Hexe den Tod wählt, dann wird dieses Ereignis von der gesamten Covenstatt begangen. Es ist immer traurig, Abschied nehmen zu müssen, aber wir freuen uns auch für die sterbende Hexe. Du wirst noch vom Land des Sommers erfahren, wohin wir nach unserem Glauben gehen, um auf die Wiedergeburt zu warten. Hexen leugnen den Tod nicht. Für uns ist der Tod ein ebenso tiefes und freudiges Ereignis wie eine Geburt oder eine Hochzeit.«

»Ich betrachte den Tod immer als eine Tragödie.«

»Das ist nur eine kulturelle Gewohnheit. Der Tod ist lediglich ein anderes Stadium des Lebens, vielleicht sogar das beste und reichste Stadium.«

»Aber was ist, wenn jemand – eine weibliche Hexe zum

Beispiel – unter Qualen an Brustkrebs stirbt? Was geschieht dann? Tanzt und singt ihr auch in diesem Fall?«

Ein Schleier schien sich kurz über seine Augen zu senken, dann klärten sie sich wieder. »Ein schwerer Tod ist ebenfalls ein Segen. Außerdem besitzen wir starke Drogen gegen den Schmerz, von der Hypnose ganz zu schweigen. All das ist Connies Angelegenheit. Ich habe davon nicht viel Ahnung.«

»Was ist sie denn, außer eure Führerin.«

»Oh, sie ist gar keine Führerin. Connie ist viel eher eine Mutter denn eine Herrscherin. Zu ihr geht man hin, wenn man in Not ist, wenn man Rat, Aufmunterung, Medizin braucht oder was immer man sonst noch nötig hat. Sie ist für einen da.«

Demnach sah so die neue Rolle ihres Lebens aus. Der eine Lebensweg ging dem Ende zu, Connie war alt geworden. »Sie möchte, daß ich ihre Assistentin bin. Deshalb nennt man mich hier allgemein Jungfrau.«

»Sie hat keine Assistentin. Sie ist die Greisin. Früher war auch sie einmal Jungfrau. Als sie heranreifte, veränderte sich auch der Charakter der Covenstatt. Als sie Jungfrau war, ging es viel wilder, ernster zu. Dann, in der Zeit ihrer Mutterschaft, waren wir Hausbauer, Stoffweber, Zimmerleute. Nun ist sie Greisin, und wir sind eine beschauliche Covenstatt. Wenn sie dahinscheidet –« Er verstummte plötzlich, und sie reichte ihm eine Hand. »Es tut mir leid. Sie wird sterben, sonst hätte sie dich nämlich nicht zur Initiation hergeholt. Du wirst niemals die Rolle einer Assistentin einnehmen. Wenn du Jungfrau bist, dann unterliegen wir alle deinem Willen, und nur deinem Willen, genauso wie wir jetzt zu Connie gehören.« Er hob den Kopf, lächelte. »Du wirst aber auch nicht über uns herrschen. Wir herrschen selbst über uns, jeder einzelne über sich. Die einzige Hierarchie in der Covenstatt ist die von Herz und Herd.«

»Robin, das ist alles unwahrscheinlich faszinierend. Aber ich muß gestehen, daß das Wasser furchtbar kalt wird.«

»Ja, stimmt. Wir sollten lieber frühstücken gehen, falls Ivy uns etwas aufgehoben hat.«

Auf dem Rückweg zur Hütte kamen sie an Frauen und Männern vorbei, die eilig zum Haupthaus unterwegs waren.

Sie hatten Aktenkoffer bei sich, trugen Mäntel, einige sogar Hüte. Andere hatten sich zu einer Arbeitsgruppe zusammengefunden und marschierten auf die Felder hinaus. Diese trugen einfache Homespun-Hosen und Wämser, und zwar Männer wie Frauen.

»Wie steht es eigentlich mit Steuern?« fragte Mandy plötzlich. »Und dann diese Anzüge und Krawatten. Die habt ihr doch bestimmt nicht selbst hergestellt.«

»Die Anzüge sind gekauft. Und was die Steuern betrifft, so wissen die Finanzbehörden, wo wir uns aufhalten, und wir zahlen unsere Steuern. Du wirst nur Schwierigkeiten haben, Glocke, Buch und Kerze als Arbeitsaufwendungen abzusetzen, daher versuch es gar nicht erst.«

»Wurde es denn versucht?«

Er schaute sie mit ausdruckslosem Gesicht an. »Es wurde versucht. Viele unserer Priesterinnen und Priester werden von den Finanzbehörden als Geistliche anerkannt. Jedenfalls war es so bis zum vergangenen Jahr.«

»Und was geschah da?«

»Senator Stennis tauchte auf. Er brachte einen Gesetzentwurf durch, der den Steuerbehörden verbot, Menschen zu begünstigen, die die Hexenkunst praktizieren.«

»Wie bitte? Damit mischt die Regierung sich doch in religiöse Belange ein.«

»Fundamentalistische Christen haben wenig Interesse an der Wahrung der Freiheitsrechte, wenn es sich um Leute handelt, die nicht die gleiche Religion haben wie sie. Die Gesetzesvorlage wurde nach namentlicher Abstimmung angenommen. Die Senatoren befürchteten, unter Umständen als Förderer der Hexenkunst zu gelten.«

Dieser kalte Hauch aus der Außenwelt weckte in Mandy die Erinnerung an ihre eigenen Träume, an die intensive Vision – fast schon eine Halluzination –, auf einem Scheiterhaufen verbrannt zu werden.

Sie sollte also die Verantwortung für diese Menschen übernehmen. Wäre es möglich, daß wieder Zeiten anbrachen, in denen die Senatoren und Fundamentalisten in Amerika an Macht gewannen und erneut die Flammen zum Himmel züngeln würden? Sie war sich schon jetzt darüber im klaren, daß sie die Covenstatt liebte und daß sie alles zu ihrer Erhaltung tun wollte. Wenn sie wirklich auf den Scheiterhaufen steigen sollte, dann würde sie es tun, um das Überleben der Gemeinschaft zu gewährleisten. Sie würde alles für sie tun, was in ihrer Kraft stand, und am Ende, da war sie sich sicher, würde sie Menschen wie die Fundamentalisten besiegen, deren Alltagsleben und Existenz der Beweis für die Existenz des absoluten Bösen in der Welt zu sein schien. Wenn es wirklich einen Satan gab, dachte Mandy, dann war das fundamentalistische Christentum eines seiner wichtigsten Werkzeuge, um Seelen einzufangen. Sie beteten zu Jesus Christus und folgten gleichzeitig dem Ruf ihrer dämonischen Herzen, indem sie Bücher verbrannten und auf den Rechten anderer herumtrampelten, indem sie auf Amerikas edle und alte Tradition der Meinungsfreiheit spuckten. Sie dachte an Bruder Pierce, an seine freundlichen, traurigen Augen. Er war ein Mensch, der dem Bösen diente, und dabei war er noch nicht einmal ein schlechter Mensch. Er war gefangen, saß in der Falle. Und die Traurigkeit in seinen Augen sagte ihr, daß er die Wahrheit seiner falschen Religion längst kannte. Wie anders war sie doch als die ständig neu aufblühende Blume, welche der wahre Geist des Christentums ist.

Während sie durch die Covenstatt wanderten, prägte Mandy sich so viel wie möglich ein und versuchte sich einen realistischen Eindruck von dieser Gemeinschaft zu verschaffen. Wenn sie ihre Jungfrau sein sollte, dann hatte sie noch ein riesiges Pensum an Hausaufgaben zu erledigen.

Das Dorf unterschied sich von jedem anderen Ort, den sie je gesehen hatte. Allein schon die Luft schien ganz anders zu sein. Hier gab es keinen unterschwelligen Hinweis auf Unterdrückung, wenn man die freie Art und Weise betrachtete, in der Männer und Frauen auftraten. Es war eher eine Art kontrollierter Offenheit, die schwer zu charakterisieren war. Frauen schafften es, das wußte sie. Aber es ergab keinen Sinn, wenn ein Geschlecht vom anderen beherrscht wurde. Der Reiz, auf sexueller Basis Politik zu treiben, war überwunden worden.

In dem Augenblick, als sie Ivys Hütte wieder betraten, verstärkte sich dieser Eindruck noch. Ein fast undefinierbarer

Eindruck von gegenseitigem Besitz herrschte zwischen Ivy und Gelbjacke. Obwohl es ihr zu entströmen schien, wurde keiner von beiden dadurch eingeengt.

Robin wollte zum Wasserkessel, als Ivy ihm ein Stück Brot und eine Scheibe Käse reichte. »Trink einen Joghurt und sieh zu, daß du wegkommst«, sagte sie. »Du hast keine Zeit mehr.«

»Ich weiß nicht, ob ich fahren soll. Meine Füße sind in einem furchtbaren Zustand.« Er schüttete eine dicke, braune Flüssigkeit aus einem Krug in eine Tasse, trank sie und nahm das Brot und den Käse. Gelbjacke erhob sich, um sich auf den Weg zu machen. »Mach's gut, Ivy, und vielen Dank. Auf Wiedersehen, Amanda.«

Er und Ivy küßten sich an der Tür. »Rechtsanwälte machen sie scharf«, flüsterte Robin. »Sie ist nicht dumm. Utopische Lebensgemeinschaften können zerbrechen, aber Juraexamen halten ein Leben lang.«

»Du bist aber kein sehr überzeugender Zyniker, Robin.« Sie küßte ihn, ein kleiner, scheuer Kuß, der sie beinahe genauso überraschte wie ihn. Es war nicht Liebe, die sie das hatte tun lassen. Eher hegte sie für Robin lyrische Gefühle. Sie beobachtete ihn beim Essen, sah seine schlanken Hände, die so geschickt waren, betrachtete seinen groben Homespun-Pullover, der seine Kraft verhüllte. In der vergangenen Nacht hatte sie mit diesem Mann geschlafen.

Hatte sie das wirklich? Nein, sie hatte mit dem Palmenkönig geschlafen. Und das war der Unterschied zwischen ihnen: Er war der Palmenkönig nur in der Nacht, während der wilden Jagd. Aber sie war stets Amanda.

»Laß mich mal deine Füße ansehen, Bruder.« Ivy kniete vor ihm nieder.

»Der rechte ist am schlimmsten.«

»Das sehe ich. Aufgeplatzte Blasen.« Sie tastete die Stellen ab. »Glücklicherweise stammen die winzigen Hauteinstiche von Dornen und nicht von Nägeln. Aber nur um ganz sicher zu gehen, solltest du dir von Dr. Forbes lieber eine Tetanusspritze geben lassen, ehe du in die Stadt fährst.«

»Wie erfreulich.«

Amanda hörte das Gespräch mit Interesse. »Wer ist Dr. Forbes?«

»Eine männliche Hexe«, antwortete Robin. »Sein Hexenname lautet Immergrüner Stern, deshalb nennen wir ihn immer Dr. Forbes. Er führt alle Impfungen und Immunisierungsmaßnahmen und so weiter durch. Ich glaube, ich habe nur deshalb vergessen, ihn zu erwähnen, weil ich Spritzen nicht mag.«

»Ich bereite eine Arnikasalbe für dich zu, wenn du zurückkommst«, versprach Ivy. »Aber du solltest schon jetzt wissen, daß ich den Einstich sehen möchte.«

Mit einem leicht verzweifelten Blick verließ Robin die Hütte.

»In zwei Stunden ist er wieder auf dem Damm«, sagte Ivy und hantierte in der Küche herum. »Sobald er sicher sein kann, den Stadtbus versäumt zu haben, wird sein Zustand sich dramatisch bessern.« Sie sah Mandy an. »Ich habe Speck«, sagte sie. »Er stammt vom Eber des Dorfs, und er ist köstlich. Wir sind sehr stolz darauf.«

»Speck?«

»Ja, eine dicke Scheibe herzhafter Speck. Magst du keinen Speck?«

»Das schon, aber ich hatte irgendwie den Eindruck, daß es hier nur Vegetarier gibt.«

»Einige sind es ganz sicher. Aber ich bin es nicht, und ich habe auch dich nicht dafür gehalten. Außerdem ißt du, als hättest du einen Bärenhunger. Ich glaube, das zusätzliche Eiweiß kann dir nur guttun.« Sie deckte weiter den Tisch. Mandy machte Anstalten, ihr dabei zu helfen, doch Ivy ließ es nicht zu. »Du bist ja praktisch schon Jungfrau der Covenstatt. Laß mich meine Hochachtung ausdrücken, indem ich dich bei Tisch bediene, wenn es dir nicht allzu unangenehm ist.«

Aus einem ersten Impuls heraus wollte sie erwidern, daß es ihr unangenehm war, doch genau das Gegenteil stimmte. Tief in ihrem Innern gestand sie sich ein, daß die Position, die man ihr gegeben hatte, sehr angenehm und richtig erschien.

Dennoch machte sie sich Sorgen. Die Herausforderungen der vergangenen beiden Tage hatten ihr die Passivität in ihrer

Persönlichkeit deutlich gemacht, von der sie nicht das Geringste auch nur geahnt hatte. Indem sie sie in eine unglaublich schwierige Situation nach der anderen stießen, hatten Constance und die Hexen ihr demonstriert, wie selten sie ihr Leben selbst in die Hand nahm, und wie leistungsfähig sie war, wenn sie es wirklich tat. Das Problem war, daß sie die Passivität erkannt, sie aber noch nicht vollständig überwunden hatte. Wenn sie nun für alle diese Menschen und ihre ungewöhnliche Lebensweise die Verantwortung übernehmen wollte – vor allem in einer Zeit der Verfolgung –, mußte sie in sich gehen und ihre Passivität in Stärke umwandeln.

Sie hatte ihr bisheriges Leben immer gemeistert, indem sie sich selbst in bestimmte Situationen manövrierte und dann abwartete, daß irgend etwas geschah, und das war nicht genug. Nun sollte sie Jungfrau der Covenstatt sein. Nicht Präsidentin oder Königin, sondern Jungfrau. Für sie war das ein wunderschönes Wort. Nicht so kalt wie ›Greisin‹ oder so warm wie ›Mutter‹. Jungfrau. Etwas Heimeliges lag darin, aber auch noch ein anderes Element, ein Element, das Wildheit in sich barg.

Jungfrau war ein Wort für Liebe und Macht. Sie sah sich selbst wieder bei der Jagd, hörte sich schreien.

Jungfrau bedeutete frauliche Sanftheit. Es bedeutete behutsames Beginnen. Aber es gab auch die Anspielung auf die Jungfrau von Orleans und auf Athene, die Göttin der Schlacht, und auf die jungfräuliche Jägerin Diana. Die Jungfrau, die, leise singend, auf einem Stein am Bach saß ... die Jungfrau, die auf Raven saß und zu den nächtlichen Schlachten ritt. Es war schon unendlich lange her, daß Frauen in der Männerwelt eine solche Rolle inne gehabt hatten. Sie erinnerte sich, eine Hymne an Ishtar gelesen zu haben, die im Morgengrauen der Zeiten geschrieben worden war:

Beherrscherin der Waffen, Festung in der Schlacht
Die die Gesetze erläßt und die Krone des Reiches trägt,
Du gnadenreiche Jungfrau ...

Sie setzte sich zu der Mahlzeit, die Ivy ihr zubereitet hatte. Alleine in ihrem Heim bewies Ivy liebenswürdige Zurückhaltung. Das bissige kleine Luder aus dem Irrgarten existierte nicht mehr. Eigentlich war der ganze Vorfall – alles, was Mandy auf dem Collier-Anwesen erlebt hatte – offensichtlich Teil der großen Prüfung ihres Geistes. Die Choreographie des Ganzen war sehr fein gesponnen, aber nicht unsichtbar. Sie kannte das Ziel: Es sollte ihr helfen, ihre innerliche Kraft zu finden und aus ihr heraus zu leben, damit sie Jungfrau sein konnte.

»Ich muß zur Farm hinaus«, sagte Ivy, während sie Mandy eine Scheibe gebräunten Speck servierte. »Wir ernten Kürbisse.« Sie lachte. »Der Wein-Coven wird in diesem Jahr eine ganze Menge Kürbiskuchen und Kürbisbrot backen und Kürbissuppe zubereiten. Wir haben eine reiche Ernte.«

»Ist der Farmbetrieb nach Coven geordnet?«

»Es gibt drei Farm-Coven, einen Schäfer- und einen Vieh-Coven. Die anderen haben alle weitergesteckte Aufgaben.«

»Und wie lauten ihre Namen?«

»Nun – wir sind Wein. Und dann ist da Demeter. Sie liefern das Getreide. Und Holunder kümmert sich um die Obstgärten. Schwere Arbeiten erledigt der Fels-Coven. Io betreibt Viehwirtschaft. Sie haben das Schwein großgezogen, das den Speck geliefert hat, den du gerade ißt. Er hieß übrigens Hiram, der Eber, meine ich. Er war ein freundlicher Bursche. Er hat immer seinen Rüssel in die Taschen der Kinder gesteckt und genascht.« Mandy hörte auf zu kauen. »Wer Fleisch ißt, soll es mit vollem Bewußtsein tun, sonst dringt die Last des Todes einem ins Blut. Das sagt Constance immer, wenn sie uns Fleisch essen sieht.«

Zögernd begann Mandy wieder zu kauen. Diesmal schmeckte der Speck ganz anders, aromatischer und saftiger. Der Eber hatte dafür sein Leben hingegeben. Dieses Opfer steckte irgendwie in dem Fleisch und konnte von einer sensiblen Zunge geschmeckt werden. Ihr ganzes Leben lang hatte sie Fleisch gegessen und niemals über die Leiden nachgedacht, die damit einhergingen, es für den Menschen zuzubereiten. Nie zuvor wäre sie auf die Idee gekommen, die Tiere zu ehren, die für sie ihr Leben hingaben. Irgend etwas war hier seltsam, seltsam und beängstigend, und es schien am Rande des Bewußtseins zu lauern. Mandy hatte plötzlich Angst und aß nichts mehr von dem Speck.

Ivy fuhr fort: »Außer uns in den Coven gibt es auch noch Leute wie dich, die nicht in einem Ritual in die Covenstatt aufgenommen wurden oder sich noch nicht für einen bestimmten Coven entschieden haben. Sie – nicht du – sind eine Art Außenseiter. Sie wohnen in den beiden Hütten am Ende der Straße.«

Mandy lächelte. »Du hast mir über die Organisation dieser Gemeinschaft mehr erzählt als jeder andere.«

»Na ja, nachdem du den Palmenkönig gefangen hast –«

»Habe ich die Prüfung bestanden?«

Ivy lächelte. »Sagen wir einfach, daß Connie mit deinen Fortschritten sehr zufrieden ist.« Ihre Wangen röteten sich. »Wir anderen, um ganz ehrlich zu sein, sind einfach überwältigt.« Ihr Gesicht wurde ernst. »Wie war die *Leannan*?« fragte sie mit leiser Stimme.

»Sehr klein. Blaß, blond. Ihre Augen waren dunkel, hatten fast die Farbe von Sandelholz. Sie war schön, aber nicht so, wie man es sich vielleicht vorstellen mag. Ihr Gesicht hatte einen fröhlichen Ausdruck, wirkte irgendwie leicht, hell – besser kann ich es nicht beschreiben. Aber es war auch sehr wach, sehr wachsam. Es war das wundervollste Gesicht, das ich je gesehen habe. Und irgendwie auch das drohendste.«

Ivy starrte lang in Mandys Augen. »Was für ein wunderbares Erlebnis muß das für dich gewesen sein. Ich würde eine Menge dafür geben, einmal die *Leannan* anschauen zu dürfen.«

Mandy konnte nur nicken. Es war nicht leicht, über die *Leannan* zu reden. Manchmal erschien sie wie eine Erinnerung, dann wie ein Traum. Ivy werkte im Kasten herum. »Ich muß jetzt endlich Robins Salbe anrühren und mich auf den Weg machen. Fühl dich hier wie zu Hause. Und wenn du willst, kannst du meine Utensilien benutzen. Es wäre mir sogar eine Ehre, wenn du es tätest.«

»Deine Utensilien?«

Sie wies auf den Küchenherd. »Meine Hexen-Utensilien. Laß nur die Finger von den zum Trocknen ausgelegten Kräutern. Connie wird mir den Kopf abreißen, wenn ich in diesem

Semester nicht mein Kräuter-Examen bestehe.« Stille breitete sich zwischen ihnen aus. Ivy betrachtete Mandy mit aufrichtiger Sorge. Sie fuhr, wenn auch nur krampfhaft bemüht, fort: »Heute ist wirklich ein idealer Tag zum Ernten. Darauf haben wir gewartet. Grashüpfer hat über vierhundert gute Kürbisse gezählt!« Sie war für ein paar Minuten am Herd beschäftigt, zerstieß in einem Mörser getrocknete Kräuter und mischte sie dann mit gereinigtem Fett. Sie ließ die Salbe mit einer Nachricht an Robin auf dem Tisch stehen, und mit der Aufforderung, ebenfalls auf die Felder hinauszukommen, da er ja sowieso nicht in die Stadt führe. »Seine Füße sind gar nicht so schlimm. Und wir können die Hilfe gut brauchen.« Dann war sie gegangen, und die Tür schloß sich hinter ihr mit einem Knarren und einem abschließenden Klick.

Mandy stand mitten in dem kleinen Raum. Eine tiefe Stille trat ein. Sehr schnell ließ der Geruch des gebratenen Specks sie all ihr Unbehagen darüber, Hiram zu verspeisen, vergessen, und sie setzte sich wieder. Sie befand sich in einem Stadium gesteigerter Sensibilität. Ihr ganzer Körper vibrierte vor Leben. Ihre Sinne waren übernatürlich wach und empfindlich. Sie stellte zum Beispiel fest, daß sie sich selbst essen hören konnte. Ihre Kiefer knarrten, die Zähne knirschten, ihre Lippen schmatzten. Es waren keine unangenehmen Geräusche. Sie begann auch, sehr schwach die Klänge einer Harfe wahrzunehmen, die sich mit ihren eigenen Lauten mischten. Wahrscheinlich wurde sie nebenan oder etwas entfernt gespielt. Sie konnte es nicht eindeutig entscheiden. Auf jeden Fall war es ein lieblicher Klang, eine Melodie, welche sie an tausend andere Melodien und an längst versunkene Momente und Tage erinnerte.

Normalerweise dachte Mandy nicht viel über ihre Vergangenheit nach. Das Leben war einfach zu schwer gewesen, um sich darüber den Kopf zu zerbrechen. Niemand in ihrer Familie hatte sich intensiv um sie gekümmert oder sich für ihren Wunsch interessiert, Künstlerin zu werden. Sie war für ihre Mutter und ihren Vater eine Last, eine Unterbrechung in dem titanischen Duell, das ihre Ehe kennzeichnete.

An einem heißen Nachmittag, als sie siebzehn war, hatte sie ein paar gerahmte Gemälde entdeckt, die im Dachgebälk der Garage untergebracht waren. Sie war hinaufgeklettert und hatte sechs Gemälde entdeckt, die ihre Mutter darstellten, alle sehr groß und alle furchtbar. In ihnen vermischten sich Sentimentalität mit schlechter Technik und einer grauenhaften Farbauswahl. Ihre Mutter sah auf den Bildern aus wie eine Leiche mit Händen und Beinen eines haarlosen Gorillas. Sie war eine üppige Frau, aber nicht so grobknochig.

Die Tatsache, daß diese Gemälde von ihrem Vater stammten, machte Mandy eine Menge klar, als sie sie dort oben im Staub fand, geheime Zeugnisse seines Versagens. Daß sie das Talent ihrer Tochter ignorierten, war keine Folge ihrer gescheiterten Ehe, sondern es war ein bewußter Akt.

Sie hatte den Raum voller Wut über ihre Eltern und ihre tragische Selbstsucht und ihre Gleichgültigkeit gegenüber ihrem eigenen Kind verlassen. Sie wurde verstockt und feindselig, am Ende sogar rebellisch. Es gab schlimme Ausbrüche, und Mandy hatte ihre Verachtung für die versteckten Bilder hinausgeschrien. Dad hatte daraufhin geweint, und Mutter hatte sich mit glühenden Wangen davongeschlichen. Erst sehr viel später begriff Mandy, was hinter diesen Reaktionen verborgen war. Sie betrachteten die Bilder als eine Art persönlicher Pornographie, doch sie vernichteten sie nicht, weil sie ihre einzige Verbindung zu einer Zeit darstellten, als ihre Ehe noch intakt war.

Nicht lange danach zog Mandy nach New York.

Sie beendete ihre Mahlzeit und stand vom Tisch auf. Die Harfe war verklungen, und mit ihr die leidvollen Erinnerungen an die Vergangenheit. Es waren jedoch auch lehrreiche Erinnerungen. Sie erkannte, daß sie ihren Eltern mit mehr Liebe hätte begegnen sollen. Nun war es jedoch dazu zu spät.

Sie wußte im Augenblick nicht, was sie mit dem Tag anfangen sollte. Sollte sie sich im Dorf umschauen? Konnte sie das? Und was war mit der Bibliothek im Haupthaus – was enthielt sie?

Ehe sie aufbrach, warf sie einen Blick auf Ivys rituelle Utensilien, welche auf einem Stück weißen Leinens auf dem Kaminsims lagen. Am auffallendsten waren ein langes silbernes Schwert und ein kürzeres Messer, beides mit einer zu einem

Haken gebogenen Spitze. Dann war da eine säuberlich zusammengerollte rote Schnur und ein kleiner Kessel. Mandy konnte darin Gegenstände erkennen, aber sie hatte keine Ahnung, um was es sich handelte, und sie wagte es auch nicht, einfach in den Kessel zu greifen und sie herauszunehmen.

»Das ist ein schöner Kessel.«

»Constance!«

»Guten Morgen, Liebes. Ich hab' dir ein paar saubere Sachen mitgebracht.«

Constance schlenderte in die Hütte und legte ein Bündel auf den rohen Holztisch. Mandy packte die Kleider aus.

Sie waren wundervoll – eine cremefarbene Seidenbluse, ein Tweedrock, Strumpfhose und Gucci-Schuhe. Ein kleines Make-up-Set vervollständigte die Ausstattung. »Constance, diese Kleider – was hat es damit auf sich?«

»Du solltest sie anziehen. Du bist jetzt eine Prinzessin für die halbe Bevölkerung von Maywell. Nicht lange, und du bist ihre Königin.«

»Ich dachte, es hieße Jungfrau.«

»Das ist nur der erste Abschnitt des Kreislaufs. Jungfrau, dann Mutter, dann Greisin. Ich bin, ganz offensichtlich, die Greisin. Und ich bin am Ende meiner Zeit angelangt.«

»Constance, du bist noch gesünder und rüstiger als die meisten Frauen, die nur halb so alt sind wie du.«

»Spiel nicht die Besserwisserin, Kind. Wenn eine Frau in meiner Lage sagt, daß sie dem Tod nahe ist, dann solltest du das akzeptieren. Und du hast zudem nicht mehr allzuviel Zeit, bevor ich abtrete. Und jetzt steh nicht da wie eine Vogelscheuche. Zieh dich an!«

»Ich kann diese Sachen nicht tragen – ich befinde mich auf einer Farm.«

»Du wirst heute vormittag in die Stadt fahren.«

Mandy zog sich an. In dem Make-up-Set fand sie sogar Parfüm. Norell. Constance machte wirklich alles richtig.

»Warum fahre ich in die Stadt?«

»Du wirst schon sehen.«

Mandy wollte das nicht gelten lassen, nicht mehr. »Ich bin nicht so passiv, wie du vielleicht denkst, Constance. Bisher hast du im großen und ganzen gemacht, was du wolltest. Doch ich fürchte, daß ich von jetzt die Gründe für alles erfahren möchte, ehe ich zustimme. In der vergangenen Nacht hätte man mir genausogut den Schädel wegblasen können.«

Constance zuckte die Achseln. »Du möchtest doch Jungfrau der Covenstatt werden, oder nicht?«

»Habe ich eine Wahl?«

»Natürlich. Versage bei einem Test, und du wirst deines Geburtsrechtes verlustig gehen.«

»Was würde denn mit mir geschehen, wenn ich versagte? Zum Beispiel, sagen wir mal, wenn ich in der vergangenen Nacht den Palmenkönig nicht gefunden hätte?«

»Oh, du solltest aber den Palmenkönig finden, egal wann, so lange du am Leben warst. Bei diesen Tests kannst du nur versagen, indem du getötet wirst. Wenn du also anstelle meines Pferdes erschossen worden wärest –«

»Mein Gott. Willst du mir etwa damit klarmachen, daß der einzige Sinn der Tests darin besteht, den Beweis zu erbringen, daß ich am Leben bleiben kann? O Constance, das ist ja furchtbar. Das ist ja geradezu gegen jede Moral! Ich werde so etwas nicht mehr tun. Ich steige aus.«

»Nein, nicht du. Du bist viel zu entschlossen, meine kleine Kriegerin. Du wirst es durchstehen. All deine Instinkte wollen dich die Covenstatt schützen lassen. Ich weiß es, denn ich bin der gleiche Typ wie du.«

»Constance, das ist absolut verrückt. Ich will nichts davon hören. Ich will es nicht!«

»Nenn mich nie wieder verrückt, du kleines Balg. Wenn du eine Vorstellung davon hättest, wie schwer das alles für mich ist – welche Opfer tatsächlich für dich gebracht wurden –, dann würdest du auf die Knie fallen und mir dafür danken.«

»Dann verrat's mir doch! Warum sollte ich dir dafür danken, daß du mich in die Gefahr bringst, getötet zu werden? Das würde ich herzlich gerne wissen.«

»O welche Energie in dir steckt. Als ich deinen Lebenslauf las, fragte ich mich schon, wie du wohl sein würdest.«

»Versuch jetzt nicht, das Thema zu wechseln. Ich möchte endlich Bescheid wissen, und zwar hier und jetzt!«

»Nun, was du eigentlich wissen möchtest, ist, warum du

überhaupt dein Leben riskieren sollst. Du kannst die Covenstatt nicht so lieben wie ich, nämlich mehr als das Leben. Du kennst die Covenstatt kaum. Aber schon bald wirst du sie genauso lieben wie ich.«

»Das sehe ich auch kommen.«

»Du mußt dich darauf vorbereiten.«

»Ich weiß. Ich muß meine innere Kraft finden, damit ich reagieren kann. Das habe ich verstanden. Mir kommt es so vor, als hätte ich es auch getan.«

Sie betrachtete Mandy von oben bis unten. »Ja, eigentlich schon. Das mit der *Leannan* und mit dem Palmenkönig hast du ganz gut gemacht. Insofern, als du noch am Leben bist.«

»Die *Leannan* ... es ist die Tatsache ihrer Existenz, an die ich mich klammere. Ganz gleich, was ich empfinde, das verrät mir etwas sehr Reales und Wichtiges.«

»O kleine Kreatur, wie unschuldig du doch bist. Ich denke, in mir steckt noch genügend Arroganz, die es mir unmöglich macht zu denken, daß überhaupt jemand meinen Platz einnehmen kann. Dann wieder sehe ich das Feuer in dir, und ich denke: Du könntest es schaffen. Und ich will dir eines sagen. Du wirst eine furchtbar schwierige Regentschaft haben. Es wird die Hinrichtung von Hexen geben, Umweltkatastrophen, vielleicht wird uns sogar die in einen Krieg getriebene Welt mit verbrennen. Aber dennoch, wenn du die Initiation überlebst, denke ich, daß ich der *Leannan Sidhe* beipflichte. Du bist die allererste und beste Wahl.«

»Ich nehme an, ich beklage mich nur, weil ich dieses Gefühl ständiger Bedrohung nicht kenne. Ich sehe zwar die Notwendigkeit, aber dennoch, habe ich mich nicht schon längst bewährt?«

»Kennst du die Geschichte von Persephone im Hades?«

»Natürlich.«

»Du hast dich nicht eher bewährt, als bis du in die Welt der Toten eingedrungen bist und wieder zurückkehrst, um uns davon zu berichten. Und ich werde nichts mehr dazu sagen, außer daß eine junge Frau – keine besonders gute Hexe, aber immerhin eine Hexe – für dich gestern gestorben ist, und ich wünsche, daß du ihr Andenken ehrst und nicht mehr so viel herummeckerst.«

»Sie ist für mich gestorben? Bei der wilden Jagd?«

»Davor. In einem völlig anderen Teil des Prozesses, nämlich dem, der in enger Beziehung zum großen Test steht.«

»Ich wünschte, du wärest nicht so verdammt rätselhaft!«

»Vorher hast du dich nicht beklagt. Wenn der Tod dieser Frau irgendeine Bedeutung haben soll, dann beschwer dich jetzt nicht. Und übertreib es nicht mit dem Lidschatten. Der Vamp-Look ist schon lange nicht mehr gefragt.«

»Ich wünschte, ich hätte alles unter Kontrolle!«

»Die einzige, die hier alles unter Kontrolle hat, ist die *Leannan*. Sie weiß etwas von dir, von dem du überhaupt keine Ahnung hast. Die *Leannan* weiß, wer du wirklich bist.«

»Ich bin ich. Und mehr ist da nicht.«

»Du bist eine alte und zudem sehr mächtige Hexe.«

Diese Worte schienen in Mandys Hirn wie ein weißer Blitz einzuschlagen. Sie erschauerte, so groß war die Gewalt dieses inneren flammenden Erkenntnisschubs.

Constance fuhr fort: »Du hast vor deiner eigenen Geschichte Angst. Das ist auch der Grund, warum du in deinem Leben immer nur der Mitläufer gewesen bist. Du wirst weiter dahintreiben, bis du endlich beginnst, das zu tun, wozu du geboren wurdest.«

»Du meinst, die *Leannan* hat alles unter Kontrolle. Sie ist wie ein Gespenst. Wir sehen sie kaum, und schon gar nicht hören wir sie sprechen. Die meisten hier haben sie noch nie gesehen.«

»Sie hält sich keine fünfzig Fuß von diesem Ort entfernt auf. Sie hat sogar für dich auf ihrer Harfe gespielt. Hast du es nicht gehört?«

»Die Musik war sehr hübsch.«

Constance schnaubte. »Sie wollte dein Gewissen wekken, und das hat sie getan. Du hast daraus gelernt. Und nun – hör gut zu – mußt du handeln. Du mußt sofort damit anfangen. Zeige dich in der Stadt. Die Stadt-Coven brauchen eine Aufmunterung.«

»Wo ist mein bewaffneter Wächter?«

»Du darfst keinen Wächter mitnehmen.«

»Was war mit Raven? Er hätte einen brauchen können.«

»Laß uns zum Haus gehen. Dein Wagen steht dort, und du mußt in einer Stunde bei deinem Onkel sein.«

»Bei meinem – seit wann? Ich will nicht zu meinem Onkel. Ist dir das nie in den Sinn gekommen?«

»Du hast noch Bilder und Rahmen und Farbe dort liegen. Kleider. Bücher. Du mußt die Sachen abholen.«

»Ich möchte nicht von hier fort. Wenn ich so wichtig bin, dann muß ich auch ein paar eigene Entscheidungen treffen können. Und meine Entscheidung ist, daß ich hier in der Covenstatt bleibe.«

»Die Aussicht darauf, hier Jungfrau zu werden, macht dich anmaßend, Amanda. Und ich glaube, daß ich dich anmaßend überhaupt nicht mag.«

»Dann komm nicht her und kommandier mich herum. Ich habe meinen Anteil an schlimmen und schwierigen, von dir in Szene gesetzten Erfahrungen gehabt, und ich habe nicht vor, noch mehr in dieser Richtung zu erleben.«

»Welchen möglichen Schrecken könnte dein Onkel für dich bereit halten?«

»Ich möchte einfach nichts mit ihm zu tun haben. Er ist irgendwie verstört, und ich werde ihn nicht zu meinem Problem machen.«

»Nach dem, was Raven in der letzten Nacht zugestoßen ist und nach dem Vorfall mit der jungen Frau möchte ich lediglich die Moral der Coven in der Stadt etwas stärken.«

»Und warum gehst du nicht hin?«

»Du bist doch diejenige, die sie sehen wollen.«

»Wie kannst du dir dessen so sicher sein? Mein Eindruck ist eher, daß ich eine Art Außenseiterin bin.«

Constance sah sie lange an. »Du wurdest mit deiner und für deine Rolle geboren.«

»Du kennst mich doch kaum.«

»Das sagst du! Du offenbarst dich in deinen Werken, liebes Kind. Ich kenne dich aus deinen Gemälden. Und ich weiß, daß dein visuelles Geschick mehr als normal, geradezu außergewöhnlich ist. Es ist nahezu einmalig.«

»So gut bin ich gar nicht.«

»Als Malerin wohl nicht. In den Fantasievorstellungen von Elfen und ähnlichen Wesen liegt etwas grundsätzlich Banales, das gebe ich zu. Doch die Art und Weise, wie du sie darstellst, die Intensität deiner Vision läßt auf eine sehr starke und fähige Fantasie schließen. Ich weiß es, denn ich habe einige Zeit mit deinen Werken zugebracht.«

»Ich auch!«

»Die *Leannan* sagt, daß du das Geburtsrecht hast, und ich sage, du hast die Macht. Wenn du Dinge aus deiner Fantasie sichtbar machen kannst, dann kannst du auch zaubern, was nichts anderes ist, als die reale Welt neben der inneren aus Bildern und Träumen zu erfahren und mitlaufen zu lassen. Du hast die Kraft, das Haus des Paten aufzusuchen und wieder zurückzukommen. Ich habe es geschafft, und ich bin viel geringer als du.«

Das Haus des Paten besuchen?

In der Geschichte, die Constance an jenem Abend den Kindern erzählt hatte, war der Pate der Tod gewesen.

Der Besuch in der Stadt erschien ihr plötzlich noch gefährlicher.

Sie wünschte, man würde sie in Ruhe lassen, damit sie umherwandern und mehr über die Covenstatt erfahren könne, vielleicht sogar malen. Einige Portraits von den Hexen, Zeichnungen von Raven, bevor die Erinnerung zu sehr verblaßt war.

Constance blickte ihr direkt in die Augen. »Das, meine Liebe, ist nicht dein Schicksal. Die Tage des Malens und Träumens sind jetzt vorbei. Du hast eine große Arbeit vor dir.«

Was konnte Mandy dazu sagen? Constance hatte geradezu ihre Gedanken gelesen. »Was bist du, Constance?«

»Das hast du mich schon mal gefragt.«

»Was bist du?«

»Die beste Freundin, die du je hattest!« Ihre Stimme hallte durch die Hütte. In der Stille, die darauf folgte, setzte das Harfenspiel wieder ein. Diesmal traf die Melodie Mandy mitten ins Herz, denn sie hatte sie seit ihrer Kindheit nicht mehr gehört.

Süß und sacht, süß und sacht,
Wind der westlichen See.
So leicht und sacht bläst er und lacht,
Der Wind der westlichen See...

Die Harfentöne stammten von einem sehr kleinen Instrument, das von Fingern gezupft wurde, welche die Saiten mit höchster Genauigkeit spielen konnten. Hinter dem Ernst von Constances Gesichtsausdruck war ein Lächeln verborgen. Die *Leannan* möchte, daß du dich auf den Weg machst, Amanda.«

Die Musik, Constances liebevolle Art, Mandys Erinnerungen, all das zusammen schuf einen Moment erhabener Schönheit. Mandy stellte fest, daß sie nicht den Mut hatte, ihnen zu verweigern, worum sie sie baten.

»Dein Onkel braucht dich jetzt. Hilf ihm. Trotz allem ist er immer noch der Bruder deines Vaters.«

Der Bruder ihres Vaters. Zu einer anderen Zeit hätte das vielleicht eine sehr große Bedeutung gehabt.

Die Harfe flüsterte, die Harfe sang.

Mandy zog die mitgebrachten Kleider an. Constance umarmte und küßte sie und wünschte ihr viel Glück. »Sei gesegnet«, flüsterte Constance.

Mandy begann ihre Reise.

Kapitel 17

Der Vormittag war gnadenlos hell; Wassertropfen und tauender Schnee funkelten an jedem Ast und jedem Grasbüschel. Amanda lenkte ihren Volkswagen durch die Pracht und spürte bewußt den Faltenwurf ihres teuren Rockes und den schweren Duft ihres Parfüms.

Sie war sich darüber im klaren, daß sie im Begriff war, die Welt des Todes zu betreten und daß es für ihre Reise große und alte Vorbilder gab. Persephone wandert durch die Unterwelt, um im Frühling wieder ins Leben zurückzukehren. Sie ist der Mais, der sich während des Winters im Acker versteckt, im Sommer zum Leben erwacht und den Menschen Nahrung und Wohlstand bietet.

Amanda sollte Persephones Reise unternehmen, und sie sollte es jetzt tun, gekleidet wie für ein Opfer. Constance war offensichtlich selbst am Rande des Todes entlanggewandert, als Hobbes auf sie schoß. Auch in anderen alten Kulturen – bei den Indianern, vielen afrikanischen Stämmen, bei den Bewohnern Sibiriens, wo immer die alte Religion sich hatte halten können – mußte man diese Reise unternehmen, wenn man für andere der Führer sein wollte.

Der Volkswagen schnurrte gemütlich weiter. Es war von den Männern nett gewesen, daß sie den Wagen für sie aus dem Schlamm gezogen hatten. Und es war auch nett gewesen, daß man ihr gesagt hatte, wie sie das Anwesen mit dem Auto verlassen konnte. Sie mußte dazu einer fast vollständig versteckten Fahrspur folgen, die zwischen den Hügeln hindurch nach Norden und auf die Farm führte.

Zwischen den kleinen Erhebungen war es richtig unheimlich, vor allem, wenn man sich klar machte, wie alt sie waren und was sie angeblich enthalten sollten. Wie war die Feenstadt gewesen? Hatte es dort silberne Türme oder bunt bemalte Tore oder perlweiße Dächer gegeben, die unter der Sonne eines prähistorischen Himmels brüteten? Oder war die Feenkönigin von irgendeinem fernen Ort hergekommen, von den Sternen zum Beispiel, und das erst vor kurzem?

Existierten ihre alten Städte nur in der Fantasie ihrer Anhänger? Irgendwie stellte sie sich vor, daß sie in Bauwerken lebten, die sehr stark den runden Gebäuden der Hexen ähnelten. Ihre gesamte Zivilisation war eine der Magie, die auf dem einfachsten aller Güter gründete. Ihr Ruhm war jener, der mit Gedanken nicht zu fassen war.

Für sie war der Geist eines Menschen einfach zu kontrollieren. Daher schien die *Leannan* ihre äußere Erscheinung schnell ändern zu können, oder sie konnte sich sogar unsichtbar machen.

Niemals würde die Feenkönigin in dieser Welt erscheinen, jedenfalls nicht so lange, wie sie so war, wie sie war, nämlich ein Ort der Illusionen. Sie taten nichts anderes, als von den Hügeln in der Nähe zu beobachten und während ihrer Flüge hinunterzuschauen.

Das Ziel der Hexen war es, eine Welt zu schaffen, in der sogar eine Fee verstanden würde, was eine Welt bedeutete, in der die Menschen die Erde nicht länger als etwas betrachteten, das scharf von ihnen abgegrenzt war, sondern die Menschheit als ein Organ im Organismus des Planeten ansahen und das Universum in all seiner Wahrheit sehen konnten, ohne den Selbstbetrug, daß die menschliche Rasse anders war als die Kontinuität des Planeten, auf dem sie lebte.

Die *Leannan* war ohne Frage die schönste Erscheinung, die Amanda je gesehen oder sich vorgestellt hatte. Sie weinte fast, als sie sich an die Musik der winzigen, perfekten Harfe erinnerte und sich vorstellte, wie winzige Finger die goldenen Drähte streichelten.

Gerade noch rechtzeitig schaltete sie herunter, sonst wäre sie auf dem nunmehr weichen sandigen Untergrund hängengeblieben. Plötzlich stellte sie fest, daß das Tal hinter ihr lag und sie sich auf der Hexenfarm befand.

Als sie in der vergangenen Nacht hindurchgefahren war, hatte sie längst gewußt, daß der Boden dort fruchtbar war, doch bei Tag war die Üppigkeit des Wuchses erstaunlich. Hier ratterten keine Traktoren, und die Luft roch nach der Süße der Pflanzen und transportierte nicht den scharfen Geruch von Düngern und Insektiziden.

Der Duft war betäubend, als er durch ihr offenes Fenster hereindrang, während sie die schmale Straße zwischen endlosen Maisfeldern entlangfuhr. Der Geruch war eine Mischung aus nassem Heu und Getreidehalmen und der Fäulnis der Jahreszeit. Zwischen den umgelegten Stangen und den braunen Weinranken waren die Farm-Coven an der Arbeit. Amanda kam zu einer Gruppe von Frauen, die damit beschäftigt waren, mit Sensen dem Weizen zu Leibe zu rücken. Sie wanderte an der Straße entlang, um ihre Werkzeuge pfiff der Wind, die Ähren fielen unter einem Zischen und Sirren, und hinzu kam das Gerassel der Weizenkörner auf Leintuch.

Sie sangen bei der Arbeit:

›Where have you gone, John Barleycorn,
Where have you gone, John Barley?‹

›I've gone to the fields where the stalks are grown,
You'll find me in the fields, John Barley.‹

Der Gesang wurde geflüstert, als wäre er alleine für die Ähren gedacht. Entzücken lag in den Gesichtern der Schnitterinnen, als der Weizen fiel. In der Nähe tollte eine Gruppe Kinder lachend in den geschnittenen Halmen herum, und drei Männer banden Heu zu Bündeln.

Noch nie zuvor hatte Mandy einen derartigen Eindruck davon bekommen, wie alt einige menschliche Dinge geworden waren. Die Menschheit betrieb nun schon seit langer Zeit Ackerbau und Viehzucht. Sie spürte in diesen Feldern und Äckern nicht die Anwesenheit von irgendwelchen moderneren Gottheiten, sondern das Rätselhafte und die Energie der alten Götter schienen hier sehr real zu sein. Demeter war die Göttin der Erde, auch Gaia genannt. Die Katholiken kannten sie als gesegnete Jungfrau Maria. Aus ihrem Leib ging ihre Tochter Persephone hervor und floh aus dem Hades. Bei den Römern lautete der Name Persephones Proserpina; und sie war die Göttin der Gesundheit und des Wohlbefindens, aber auch des Todes.

Amanda mußte wissen, was auch Proserpina lernen mußte. Dieses Wissen konnte nur in der Welt der Toten gesucht werden. Mit diesem Wissen konnte sie der Covenstatt einen gewissen Reichtum verschaffen.

In vielen Gruppen wurde gesungen, wobei die vollen Stimmen der Arbeiter mit dem Summen der Insekten und den hellen Rufen der Kinder zu konkurrieren schienen. Während Amanda vorsichtig weiterfuhr, wurde ihr bewußt, wie reichhaltig das Leben in den Feldern tatsächlich war. Wie kam es, daß ein solcher Zauber vergessen worden war?

Wohin entwickelte sich die Menschheit, wenn sie sich anschickte, Farmen wie diese verschwinden zu lassen? Zuviel von der Freude, mit der Erde zu arbeiten, war geopfert worden. Gebete sind nicht nötig, um die gedüngten Pflanzungen in Iowa und Kansas und Kalifornien zu unterstützen, aber ohne Gebete sind wir weniger menschlich, als wir es früher einmal waren, und unsere Farmen sind weniger von Leben erfüllt, und unsere Speisen werden den Bedürfnissen unseres Fleisches immer weniger gerecht.

Und dennoch, unsere Flucht aus der Magie und dem gebetsreichen Dasein war nicht ganz ohne Sinn: Irgendwo lag hier das Grauen verborgen vor dem grellen Licht der Sonne.

»Hallo, Amanda!« Eine hochgewachsene Frau hielt einen großen Kürbis hoch, wobei ihre Gestalt in der weitläufigen Landschaft winzig erschien. Amanda winkte ihr aus dem Fenster zu und betätigte die Hupe. Die Frau hatte jedoch den Kürbis hingelegt und kam über das Feld gerannt. Amanda erkannte zu ihrem Erstaunen in der Frau Kate, George' ehemalige Frau. Sie hielt den Wagen an und stieg aus.

»Amanda, laß dich anschauen, nein, bist du gewachsen!«

Sie umarmte Kate, deren Haar grau geworden war, doch deren Gesicht von der Sonne und der Arbeit mit einer gesunden Röte strahlte. Sie trug ein lockeres Homespun-Kleid, das mit einer schwarzen Kordel gerafft wurde. An den Füßen trug sie Riemchensandalen, die in Höhe der Knöchel geschnürt wurden. In ihrem Haar steckte eine silberne Nadel mit dem Symbol des Viertelmondes.

»Kate, ich hatte keine Ahnung, daß du hierher gegangen bist.«

»Wir alle sind hier. George war unmöglich geworden.«

Amanda nickte.

»Constance hat uns oft vom Kommen der Jungfrau erzählt, aber ich wäre nie darauf gekommen, daß du es bist. Als ich dann deinen Namen hörte, dachte ich: Ist es denn möglich? Dann sah ich dich. Unsere Amanda. Ich kann es gar nicht glauben.«

Schweigen trat ein. Kate hatte offensichtlich noch etwas anderes auf der Zunge. Sie lächelte noch immer, aber in diesem Lächeln lag tiefer Schmerz. »Ich habe eine Nacht in eurem Haus verbracht«, erzählte Amanda. »Ich will jetzt gerade hin und meine Sachen holen.«

»Hast du ihn gesehen? Constance erlaubt ihm nicht mehr, das Anwesen zu betreten. Geht es ihm gut?« Ist das überhaupt die richtige Frage?

George ging es ganz offensichtlich nicht gut. »Darfst du ihn denn nicht sehen?«

»Herrgott, nein. So streng ist Connie nicht. Ich habe Angst, ihn zu sehen. Amanda, irgend etwas ist ihm zugestoßen, etwas Düsteres, das im weitesten Sinn mit Constance zu tun hat. Denk ja nicht, daß sie immer so lieb und zuvorkommend ist. Das ist sie nicht! Sie hat ihn in ihre Geschäfte mit dem Tod hineingezogen. Sie sah Dinge bei ihm, aufgrund derer er süchtig wurde. Es war so, als hätte der Tod das Haus betreten. Wir waren in einem der Kominski-Coven. Wir waren so glücklich. Es war neu, und es machte Spaß. Dann begann George oben auf dem Anwesen mit diesen Sitzungen mit Constance. Und gleich als nächstes hatte er mit einer Reihe von Experimenten begonnen, in deren Verlauf er versuchte, Wesen zu töten und sie wieder zum Leben zu erwekken.« Plötzlich verstummte sie, schaute sich mißtrauisch um. »Laß uns im Wagen weiterreden.« Amanda folgte ihr. Sie drehten die Seitenfenster hoch. »Ich glaube, Constance hat irgend etwas mit seinem Geist gemacht. Er ist verändert. Plötzlich wollte er eine rituelle Kammer im Keller.«

»Das Kätzchen-Kate-Zimmer?«

»Gott, ja! Es war so verrückt. Was um alles in der Welt haben Katzen damit zu tun? Er schloß sich dort ein und vollzog Akte der Selbstverstümmelung. Er brachte sich mit Kerzen Verbrennungen bei. Ich vertraute Constance und schickte ihn zu ihr, und es wurde mit ihm noch schlimmer! Seine Arbeit beherrschte mehr und mehr sein Leben. Er verbrachte ganze Tage im Labor, zusammen mit diesem schrecklichen Mädchen, Bonnie Haver, einer Streunerin und Drogensüchtigen.«

»Bonnie Haver? Meinst du die aus der Schule?«

»Ja, du müßtest eigentlich in ihrer Klasse gewesen sein oder zumindest in ihrer Nähe.«

»Ich erinnere mich an sie. Sie war in einen furchtbaren Skandal verwickelt. Es war schon mehr als nur ein Skandal.«

»Sie ist jetzt nicht besser, als sie damals gewesen war! Sie hatte einen grauenvollen Einfluß auf George. Je öfter er sie sah, desto mehr Zeit verbrachte er in diesem schlimmen, widerwärtigen Raum. Mein Gott, Amanda, ich konnte die versengte Haut riechen. Es war widerwärtig, ekelerregend!« Sie schlug mit der Faust auf das Armaturenbrett. Sie weinte und konnte nicht weiterreden.

Es gab da sicherlich an Constance eine düstere Seite. Düster und kompliziert.

Die Worte eines Gedichtes, das früher einmal eines ihrer liebsten gewesen war, kamen ihr in den Sinn:

> Der Schnitter Damon bin ich, stets bereit,
> Zu mähen die Weiden weit und breit.

Für einen kurzen Moment konnte sie ihn sehen, mächtig und dunkel, wie er über den Feldern stand, mit seiner Sense auf der Schulter, die erschien wie ein feuriger Sonnenstrahl. Ich bin der Pate Damon –

»Er war ein so brillanter Kopf. Jetzt ist er verrückt.«

Auf allen Weiden kennt man mich...

Snick. Snick. Snick. Und schon fallen die Halme.

Hinabzusteigen in die kalte Höhle...

All die Weiden, die er mähte.

»Warum bist du hergekommen?«

»Ich wollte es, ich hatte den verzweifelten, innigen Wunsch, hier zu leben. Die Kinder auch! Der arme George – was mit ihm passiert ist, ist wirklich schlimm, aber ich liebe nun mal die Covenstatt.«

»Hast du Constance darauf angesprochen?«

»Natürlich! Sie hat sich alles angehört, dann hat sie mich umarmt und fortgeschickt. Ende der Geschichte. Amanda, man erzählt sich überall, daß du die neue Jungfrau der Covenstatt sein wirst. Bitte, wenn du es wirst, dann denk an das, was ich durchgemacht habe. Mein Ehemann ist irgendeinem Plan von Constance geopfert worden.«

»Ich werde daran denken, Kate. Und ich werde Constance dazu bringen, mir alles zu erzählen, sobald ich aus der Stadt zurück bin.«

Kate küßte sie auf die Wange. In ihren großen Augen lag eine tiefe Sorge. »Ich möchte meinen Mann zurück«, sagte sie. Dann ging sie wieder an ihre Arbeit.

Als sie weiterfuhr, hatte Amanda den Eindruck von etwas

noch Düstererem und Größerem, als sie es erwartet hatte. Das Problem bei diesem Spiel war, daß die Schauspieler den Plot nicht kennen durften. Daher waren sie keine Schauspieler mehr, sondern Puppen. Sie wollte aber keine Puppe sein, jedenfalls nicht im Zusammenhang mit einem so schlimmen und gefährlichen Geheimnis.

Als sie an den Gemüsefeldern vorbeifuhr, zitterte sie. Die warme, klare Luft färbte sich vom Dunst der schnellen Schneeschmelze perlweiß. Sie spürte die nahe Anwesenheit eines magischen Plans, furchtbar und schön zugleich, so süß wie das Licht des Tages und doch so gefährlich. Sie entsann sich der Leibwächter *Leannans* mit ihren Rattenzähnen. Auch die *Leannan* mußte solche Zähne haben. Stammten die Feen etwa von Nagetieren ab, so wie wir von den Affen, oder waren sie von einem anderen Planeten zur Erde gekommen? Und Constance – was wußte sie wirklich, und welches Ziel wollte sie tatsächlich erreichen.

Während sie die letzte Kurve der Straße nahm, glaubte sie Pferdegetrappel zu hören. Genau hier hatte sie aufgeschrien, aus reiner Lust, auf dem Rücken des Pferdes zu sitzen, als sie zusammen umhergaloppiert waren. O du schönes Pferd!

Die Grenze des Anwesens wurde durch einen lückenhaften Drahtzaun, ein paar Pfähle und ein verwittertes Schild gekennzeichnet, auf dem vor unbefugtem Betreten gewarnt wurde. Da war Brombeerdickicht, aus dem lautes Gelächter der Männer drang, die gemeinsam Beeren pflückten und die, dem Klang des Gelächters nach zu urteilen, überhaupt keine Langeweile hatten.

Dann überquerte sie die rohe Holzbrücke in die Außenwelt. Hinter einem abgemähten Feld stand eine Reihe mit Fensterläden verrammelter Häuser. Sie erinnerte sich daran, wie in der vergangenen Nacht die Lichter ausgegangen waren, an die Kapuzenleute, die hinausrannten, an erregte Stimmen, das Rascheln von Füßen im grauen Gras, das scharfe Zischgeräusch heftigen Einatmens.

Sie hatten sie berührt, als sie vorbeiritt, weil sie sich davon eine positive Wirkung versprachen.

Auf der Straße wurde der Schotterbelag von glattem Asphalt abgelöst. Dann war da ein gelbes verwittertes Holzschild: Corn Row. Dahinter erstreckte sich eine Kopfsteinstraße mit hübsch abgesetzten Bordsteinen, die von fast kahlen Bäumen überschattet wurde. Da standen hohe Häuser auf beiden Seiten, hübsche viktorianische Bauten mit geschwungenen Veranden und Türmchen und Witwentürmen, die von Zuckerbäckerverzierungen umrandet waren. Ein Mann mit tief in die Stirn gezogener Mütze beobachtete sie aus einem der Gärten. Er hatte etwas Fettes und Grünes in der Hand. Sein Gesicht war angespannt.

Während sie ihre Fahrt beschleunigte, sah sie, wie er sich nach hinten lehnte, den Arm hob und das Ding warf. Sie rammte den Fuß auf das Gaspedal. Der Wagen brüllte auf, und gleichzeitig schlug das, was der junge Mann geworfen hatte, mit einem dumpfen Laut und einem nassen Klatschgeräusch auf dem Verdeck des Wagens auf.

Sie wendete auf zwei Rädern und schlug die Richtung Bridge Street ein. In ihrem Wagen stank es plötzlich nach Benzin. Sie dachte: Nein! Nicht das, sie dürfen mich nicht in Brand stecken! Mehr als alles andere haßte sie das Feuer. Die Vorstellung, davon verschlungen zu werden, verfolgte sie in ihren Alpträumen. Sie bereitete sich darauf vor, anzuhalten und aus dem Wagen zu springen.

Aus irgendwelchen Gründen explodierte die Benzinbombe nicht. Während sie wieder beschleunigte, sah sie im Rückspiegel, wie der Mann über die Straße rannte.

Sie warten dort, dachte sie, an der Grenze des Anwesens, auf jeden, der sich herauswagt. Kein Wunder, daß die dort stehenden Hexenhäuser den ganzen Tag verriegelt und verrammelt waren. Sie wurden wegen ihres Glaubens regelrecht belagert.

Während sie die Bridge Street in Richtung Lanes hinunterfuhr, herrschte um sie herum das friedliche Kleinstadtleben. Ein blauer Lieferwagen von Hiscott's Drugstore fuhr vorbei, gefolgt von einem Kleinbus voller Schulkinder. Er bog in die Main Street ein und fuhr zu dem aus rotem Backstein erbauten Schulgebäude, welches eine Seite der Church Row einnahm. In der Ferne läuteten Glocken. Es war noch früh. 8 Uhr 30.

Unter den größeren Bäumen fiel das Tauwasser so dicht

wie Regen, und sie mußte die Scheibenwischer einschalten. Der Benzingestank verflüchtigte sich allmählich. Amanda behielt ihr zügiges Tempo bei; sie kam sich in den Straßen dieser Stadt seltsam ausgesetzt vor. Die Versuchung, umzukehren und auf das Anwesen zurückzukehren, war nahezu unwiderstehlich. Aber das konnte sie nicht tun. Sie begriff zwar nicht so ganz, was sie in der Stadt tun sollte, jedoch war sie entschlossen, Constance' Anweisungen zu befolgen. Tief in ihrem Innern hatte sie eine Ahnung, daß sie sehr wohl begriff, was sie tat, obgleich ihr Bewußtsein sich weigerte, den Sinn dieser Handlungen anzuerkennen.

Ihr Plan sah vor, daß sie zu George' Haus fuhr, ihre Sachen zusammensuchte und so schnell wie möglich von dort verschwand. Wenn das alles war, dann könnte man diesen Stadtausflug durchaus als neuerliche Mutprobe ansehen. Vielleicht war der Mann mit der Benzinbombe sogar in Wirklichkeit ein Anhänger von Constance. Wahrscheinlich war deshalb die Bombe auch nicht hochgegangen.

»Der Sinn der Initiation«, hatte Constance erklärt, »ist die Konfrontation mit dem Paten. Um die Menschen in den Gesetzen der versteckten Welt zu unterweisen, müssen wir den Tod kennenlernen.«

Der Schatten des Schnitters schien die ganze Stadt in unheimliches Dunkel zu tauchen, Damon auf dem Seelenacker. Constance hatte gesagt, daß Amanda die Covenstatt nicht genauso liebte wie ihr eigenes Leben. Aber sie war doch da und ließ zu, daß Constance nach ihrem Gutdünken über sie verfügte, indem sie sich in jede neue Gefahr stürzte, die ihre Lehrerin für sie bereit hielt.

Der Schnitter mähte, seine Sense sang.

Sie gelangte zur Ecke Maple Lane und bog nach links ab. Welkes Laub lag als dicke Schicht auf George' Rasen. Kein Vorhang verhüllte die Fenster des Hauses, die wegen der Dunkelheit im Innern des Hauses schwarz waren. Sein Volvo stand in der Einfahrt. Amanda lenkte ihren Wagen daneben, stellte die Zündung ab und zog die Handbremse an. Da die Büsche vor den Häusern fast völlig kahl waren, war der Volkswagen bis zum Ende der Straße deutlich zu erkennen. Sollte jemand anderer eine Benzinbombe für sie bereithalten, so würde er nicht lange brauchen, um zu erfahren, wo sie hingefahren war.

Sie strich mit dem Finger über den Ölfilm auf ihrem Wagendach.

Das Haus war völlig still. Sie ging zur Haustür, griff nach dem Türknauf und drehte ihn. Die Tür schwang auf.

Die Eingangshalle lag im Dunkeln, das Wohnzimmer zur Linken war leer. Sie ging hinein und wollte zum Eßzimmer weitergehen, um nachzuschauen, ob George sich im hinteren Teil des Hauses aufhielt.

Auf halbem Weg zum Schlafzimmer hörte sie, wie Jane Pauley französische grüne Bohnen anpries. George hockte in der Küche vor dem kleinen tragbaren Fernseher und stopfte sich geistesabwesend Chips in den Mund. Eine offene Flasche Cola stand neben ihm auf der Anrichte.

»George?«

»Oh, gütiger Himmel, Amanda! Hast du mir einen Schrekken eingejagt!« Das Lächeln stand wie festgefroren in seinem Gesicht, und er schien sehr müde zu sein. »Ich hatte angenommen, du wärest ganz auf das Anwesen gezogen.«

»Ich denke schon, daß es für mich günstiger ist, dort zu wohnen. Schließlich arbeite ich ausschließlich dort.«

Seine Augen schienen aufzuleuchten. Die Abruptheit seiner Gesten verriet unterdrückte Wut.

»Auf dem Anwesen ist es wunderbar ruhig«, sagte sie bedächtig.

»Nein, Amanda, von Ruhe kann überhaupt keine Rede sein. Erst in der vergangenen Nacht fand dort ein Ritual statt. Du hast sicher schon davon gehört. Ich kam die Stone hoch, als ich ein nacktes Mädchen auf einem schwarzen Pferd vorbeireiten sah. Wunderschön. Sie entfernte sich über die Wiesen, ehe ich ihr Gesicht erkennen konnte.« Er lachte, und sein Lachen klang wie ein heiseres Husten.

Wie sollte sie darauf reagieren? Er schien von ihr überhaupt nichts zu wissen, obgleich auch er zu dem Hexenkreis zu gehören schien. Sie beschloß, vorsichtig zu sein. »Constance erwähnte, daß in der vergangenen Nacht in der Stadt einiges passiert sein soll.«

»Von hier bis Morris Plains reden die Leute darüber. Und

du erinnerst dich doch an Bruder Pierce. Dieser Prachtkerl. Er hat einen Rappel. Er hat seine Leute zusammengetrommelt. Sie haben das Pferd dieses Mädchens erschossen und wurden danach von einem Schwarm abgerichteter Krähen in den Willowbrook-Ruinen übel zugerichtet. Herrgott, die ganze Stadt scheint durchzudrehen! Ich hab' die Nachrichten der Station in Altoona abgehört, aber dort wurde nichts erwähnt. Trotzdem ist das in dieser Gegend die große Sensation.«

Es sah ihm gar nicht ähnlich, soviel zu reden. George war ihr manchmal so ähnlich erschienen wie ihr Vater, dessen Spezialität lange Schweigephasen waren.

Je eher sie den Sinn der letzten Prüfung verstand, desto eher konnte sie in die Sicherheit des Anwesens zurückkehren. »Lassen wir mal die Stadt beiseite, George. Ich möchte lieber wissen, wie es dir geht.«

»Mir? Außerordentlich gut. Meine Experimente könnten nicht besser laufen.«

»Läßt Bruder Pierce dich in Ruhe?«

»Dafür haben deine Freunde schon gesorgt. Er ist jetzt mit den Hexen vollauf beschäftigt.« Er lächelte schwach. »Du solltest dir mal ansehen, was neuerdings vor dem Tempel los ist. In gewisser Weise ist es spaßig.«

Warum war George so nervös? Warum hatte sie plötzlich Angst? »Ich wollte dich etwas fragen«, sagte sie schnell. »Bist du mein Pate?«

»Es ist schon einige Jahre her, seit ich das letzte Mal darüber nachgedacht habe. Aber ja, ich bin wohl für deine spirituelle Entwicklung verantwortlich.«

»So ist es also.« (Wo immer du gemäht, bist du bekannt.)

»Ich bin der einzig Wahre.« Er grinste.

Dieser Test betraf den Tod, okay. Ihren Tod. Constance war zu weit gegangen. »Ich habe auf dem Collier-Gut noch eine Menge zu tun. Ich glaube, ich packe jetzt meine Leinwände und die anderen Sachen –«

»Bruder Pierce und seine Leute haben vor dem Tempel einen Scheiterhaufen errichtet. Ein Pfahl mit einem Haufen Holz drumherum. Es ist ein geradezu dramatischer Anblick.«

In ihrer Nase lag noch immer der Benzingeruch.

»Das überrascht mich kaum.«

»Sie haben das Pferd erschossen. Ein herrliches Tier. Ich habe es genau gehört. Ich war nach dem Sheriff als erster am Ort des Geschehens. Er ist auch Mitglied des Hexenvolks, erzählen die Leute sich.«

Amanda erinnerte sich an den Deputy, der offensichtlich überzeugter Fundamentalist war. In dieser Abteilung mußten unerträgliche Spannungen herrschen. »Wie schrecklich, auf diese Weise ein Tier zu töten.« Sie bemühte sich, ihre Stimme so fest wie möglich klingen zu lassen. Sie hatte das Gefühl, daß er, wenn sie sich zu abrupt bewegte, versuchen würde, sie anzufassen.

»Ich hab's gesehen. Ein schönes Tier. Das arme Pferd ist nicht sofort gestorben. Ich höre nicht gerne ein Pferd schreien. Der Sheriff mußte es von seinen Qualen erlösen.«

Sie starrte in sein grinsendes Faunsgesicht. Bis zu diesem Moment hatte sie sich damit getröstet, daß Raven nicht gelitten hatte. Eine Vision formte sich, wie es wirklich abgelaufen war:

Für ein paar Sekunden lag er stumm da, verwirrt, nicht begreifend, was mit ihm geschehen war. Als er erkannte, daß der Erdboden sich unter seiner Flanke befand, versuchte er aufzustehen. In diesem Moment meldete sich der Schmerz, ein dröhnender, wüster Schmerz, der sich von seiner Nase bis zu seinem Hals erstreckte. Als er aufschrie, waren Gelächter und ein Tritt gegen sein Maul die Antwort. Er schrie durch blutige, zerschmetterte Nasenknochen. Er konnte nur noch mit einem Auge sehen. Und auch damit suchte er sie, als er sich etwas beruhigen konnte.

Dann hatte er den Polarstern gesehen. Und er war in die hohen, verschneiten Berge galoppiert. Der Gnadenschuß des Sheriffs hatte ihn auf die Reise geschickt.

»Amanda, es tut mir leid. Ich wollte dich nicht aufregen.« Er machte eine unbeholfene Geste.

»Ich rege mich nicht auf. Ich kann nur keine Grausamkeiten gegen Tiere leiden.«

»Amanda –«

»George, ich muß jetzt fahren.«

Er lachte scharf, dann brach er abrupt ab. »Ich bin nervös. Manchmal glaube ich, daß Maywell die Hölle ist.«

»Damit hast du wahrscheinlich recht.« Sie wollte weg von diesem Ort, wollte raus.

»Gib mir deine Hand, Liebling.«

»Nein, George.«

»Du bist meine Patin! Ich möchte, daß wir Freunde sind.«

Sie mußte Zeit gewinnen. »Was für Sorgen hast du denn, George?« Während sie sprach, wich sie vor ihm zurück.

»Ich? Sorgen? Überhaupt nicht. Alles ist bestens.«

»Du siehst schlimm aus.« Sie machte einen weiteren Schritt von ihm weg. Die Aufgabe dieser Prüfung bestand darin, die Höhle des Paten Tod zu betreten und etwas Wertvolles daraus mitzubringen. Sie war hier, und der Schatz waren die Utensilien ihrer Kunst.

»Ich habe lange gearbeitet. Und wenn ich alleine bin, dann esse ich nicht richtig.« Er schwenkte seine Cola-Flasche. »Amanda, ich bin unheimlich froh, daß du hier bist.«

Wie konnte jemand, der soviel Mitleid zeigte, gleichzeitig so beängstigend erscheinen? »Beruhige dich, George.«

»Ich werde dir nicht weh tun.«

»Bleib dort stehen, George. Komm bitte nicht näher.«

»Amanda, du begreifst nicht. Ich biete dir einen Platz im Kreis der Unsterblichen an. »Was war das denn? Jetzt schien das Geschehen vom Drehbuch abzuweichen. »Unsterblichkeit! Du wirst das Geheimnis aller Geheimnisse kennenlernen!«

»George, beruhige dich!«

Er schwenkte seine Colaflasche. Speichel tropfte ihm aus dem Mund. »Sie können mich hassen und mich auslachen, und sie können auch meine Arbeit vernichten, aber niemals werden sie meinen Ideen den Garaus machen! Nein, meine Ideen werden die Zeiten überstehen, und am Ende werden sie über alles triumphieren.« Er lächelte marionettenhaft. Sie sah die Wahrheit in diesem Lächeln. Er war gescheitert, total und umfassend, und dieses Scheitern hatte ihn um den Verstand gebracht.

Ihr einziger Gedanke bestand darin, von hier zu verschwinden, aber er hatte sich zwischen ihr und der Tür aufgebaut. Sie war gezwungen, mit ihm zu reden und zu versuchen, auf diese Art und Weise herauszukommen. »George, reiß dich zusammen. Wenn irgend etwas im Argen ist, dann können wir beide uns hinsetzen und darüber reden wie zwei zivilisierte Menschen. Ich kann dir sicher helfen, George.«

»Das kannst du sogar bestimmt! Du bist jung und stark und hast genau die richtige Größe!«

Was meinte er damit?

Als er sich auf sie stürzte, gelang es ihr, zur Tür auszuweichen.

Er reagierte mit außerordentlicher Gewandtheit. Seine langen Arme legten sich um ihren Hals. Die Wucht seines Manövers war so groß, daß die Colaflasche an der Wand in tausend Scherben zersprang.

Er hat wohl eine Vergewaltigung im Sinn, dachte sie bitter. Tatsächlich. Sie schien ihm mehr Gegenwehr entgegenzusetzen, als er erwartet hatte.

Er bewegte sich so schnell, daß er sie dennoch von den Füßen riß. »Wir gehen jetzt in den Keller. Du Idiotin, wehr dich doch nicht so! Alles wird bestens laufen. Du brauchst dir überhaupt keine Sorgen zu machen.«

»Du Bastard! Versuch mich anzufassen, und ich reiße dir die Eier ab.« Sie würde es tatsächlich tun.

»Vergewaltigen? So etwas tue ich nicht. Dafür habe ich vor den Frauen zuviel Respekt.«

»Hör doch, George, du – zerr nicht so an mir herum! Wohin willst du mich bringen?«

»In den Keller, Liebes. Dort steht meine Anlage.«

Sie wand sich und dachte an den Raum voller Katzenbilder. Der Vorraum zum Hades.

Herrgott, das war wirklich verwickelt. Er war Hades, und er hatte sie trotz ihrer Vorsicht total überrumpelt, genau wie in der alten Sage. Er schleppte sie hinab in die Unterwelt.

»Komm schon, hör auf, um dich zu treten. Du kommst doch nicht von hier weg.«

»Laß mich los, George, ich warne dich!« Sie konnte nicht in die geeignete Position gelangen, um ihm richtig weh zu tun. Wenn er es schaffte, sie hinunterzuschleppen, dann hatte sie bei der Prüfung versagt.

»Was ich dir gebe, ist ein Geschenk. Du wirst erfahren, wie es ist, wenn man stirbt und wieder ins Leben zurückkehrt. Überleg doch, du wirst es erfahren! Du wirst berühmt, Amanda!«

Es dauerte ein paar Sekunden, bis sie erkannte, was er beabsichtigte. Als sie es erkannte, geriet sie in Panik und schrie. Er war im Begriff, sie in seiner Maschine umzubringen! Sie zu töten! Das war kein Spiel mehr. Constance hatte sie im wahrsten Sinne des Wortes in den Tod geschickt.

»Die Anlage ist noch nicht richtig getestet worden. Möglicherweise bringst du mich um!«

»Es funktioniert perfekt. Es kann nichts passieren.«

»Warum steht die Anlage dann in deinem Keller und nicht im Labor? George, hör mir doch zu. Du mußt wieder vernünftig werden.«

Sie redete Unsinn, und sie wußte es. Ihr Körper, ihre Knochen, ihr junges Blut waren in Panik. Sich drehend und windend gelang es ihr schließlich, ihre Fingernägel in seine Wangen zu graben. Während er zurückwich, trat sie nach hinten aus und rammte wieder und wieder ihren Schuhabsatz gegen sein Schienbein, wobei sie sich hin und her warf.

Und plötzlich war sie befreit.

Sie kam auf die Füße und stolperte zur Küchentür. Er war keinen Meter von ihr entfernt, schnaubend, ein blutiger Hautlappen hing von seiner Nase herab, und er stürzte ihr nach.

Dann war sie durch die Tür, rannte so schnell sie konnte um das Heck seines Volvo herum, rutschte auf dem nassen Gras aus, stürzte.

Er ließ sich einfach auf sie fallen, so daß die Luft pfeifend aus ihren Lungen gepreßt wurde. Doch auch diesmal konnte sie sich von ihm befreien, und sie schaffte es, schwankend bis zu ihrem Wagen zu gelangen. Sie stieg ein und fingerte hektisch mit dem Zündschlüssel herum. Als sie ihn endlich ins Zündschloß schob, schlängelte sein Arm sich durch das Seitenfenster, und seine Finger packten ihr Haar. »Unsterblichkeit, du kleine Schönheit! Du wirst glücklich sein! Glücklich!«

Es tat so weh, als er an ihren Haaren riß, daß sie Sterne sah. Aber sie startete den Motor. Mit den letzten Kraftreserven legte sie den Rückwärtsgang ein und ließ das Kupplungspedal hochschnellen.

Irgend etwas stach in ihre Schulter. Als sie genauer hinsah, zog er gerade eine Spitzenkanüle heraus. Sie kreischte auf, griff nach ihrem Arm. »Es ist nur Scolopamin, Amanda«, sagte er, und seine Stimme war voller Bedauern. »Es wird dir nicht schaden.«

Sie starrte voller Grauen auf ihre Schulter. Es war so, als würde sie von einer Wolke tropischer Wärme eingehüllt. In der Ferne hörte sie den Motor ihres Wagens. Schnell! Du bist zu langsam!

Sie trat auf das Gaspedal. Von ganz weit weg drang ein fröhliches Lachen an ihre Ohren. »Ich hab' den Zündschlüssel, Kleines. Ich hab' ihn herausgezogen. Du kannst mit dem Wagen nicht mehr fahren, der Motor läuft nicht mehr.«

Was war mit dem Motor geschehen?

»Komm, laß uns ins Haus zurückkehren.«

»Neeee-iiiin... nein, danke...« War das ihre Stimme? So leer, so fern.

»Komm doch. Steig aus.«

Er öffnete die Tür. Dann stützte seine Hand ihren Ellbogen.

»Laß uns gehen, Amanda. Wir haben noch eine Menge zu tun.«

Sie stieg aus dem Wagen, obwohl sie es nicht wollte. Es gab keine Möglichkeit mehr, sich zu widersetzen. Während er mit ihr ins Haus ging, schaute sie sich voller Sorge um. Dann schloß er die Tür und begann sie durch den Korridor in den Abstellraum zu führen.

»Tom?«

»Was soll das?«

Er war im Spielzimmer und lag wie eine lange, schwarze Pythonschlange auf der Sofalehne. Sein geknickter Schwanz zuckte, seine Augen funkelten.

»Tom, hilf mir! Tom!«

George schaute sich um. »Hier ist niemand außer uns,

Liebes.« Aus irgendeinem Grunde konnte er den Kater nicht sehen.

Tom streckte sich und gähnte.

»Bitte, Tom, bitte!«

»Sei vorsichtig, Kleines«, sagte George, »du mußt eine Leiter hinuntersteigen.«

»Oh, eine Leiter.« Bitte...

»Genau so. Jetzt ganz hinunter. Prima. Jetzt bist du da. Bleib stehen.«

Sie konnte sich nicht bewegen, auch wenn sie es gewollt hätte. Seine Stimme war das einzige, dem sie gehorchte.

»Autsch, du schwankst ja. Hast du es gemerkt? Ich mußte dir eine ziemlich starke Dosis verpassen, Liebling. In einer Minute bist du völlig weggetreten. Und jetzt komm, beeil dich.«

Wieder das Kätzchen-Kate-Zimmer. Sie mochte diesen Raum nicht. An der Decke war die Darstellung von einer Galaxis, die sich spiralförmig durch die Unendlichkeit wand. Darauf erschien ein schlanker, schwarzer Kater. Schwarz und gefährlich und wunderschön. »Tom, hilf mir!«

»Leg deine Hände auf dem Bauch über Kreuz. Bitte. Es tut mir leid, daß ich keine breiten Gurte habe, ich weiß, das wäre angenehmer. Aber ich kann es nicht riskieren, daß du dich im Schlaf bewegst und den Versuchsaufbau beschädigst. Außerdem wirst du etwas unbeholfen sein, wenn du aufwachst, daher finde ich es so besser. Habe ich recht, Kleines?«

Schwach, undeutlich spürte sie, wie ihre Hände und ihre Füße gefesselt wurden, spürte, wie ein Seil um ihren Körper gewickelt wurde und wie die Welt um sie herum allmählich versank.

Sie träumte lange, verschwommene Träume von der wunderschönen Herrin des Berges, vom Palmenkönig und von Raven und von der neuen Welt.

Und von Tom... der gähnte, während George im Begriff war, sie zu töten.

Das erste, was sie sah, als sie das Bewußtsein wiedererlangte, war das furchtbare Gesicht des Panthers an der Dekke.

»Hallo, Amanda. Wie fühlst du dich?«

»Ich habe Kopfschmerzen.« Sie versuchte, sich zu bewegen, bemerkte, daß sie noch immer gefesselt war. Ihre Verwirrung war total. Sie war gefesselt und wurde von glänzenden braunen Keramikgebilden umgeben. Sie versuchte erneut, sich zu bewegen, aber die Stricke hielten sie fest.

»Ich wurde getötet! Du hast mich getötet, nicht wahr?«

Er legte ihr eine Hand auf die Wange. »Wir fangen jetzt erst mit dem Experiment an, Liebes. Ich mußte erst warten, bis die Wirkung der Droge sich verflüchtigt hatte. Du hast den ganzen Tag geschlafen.«

Schwärzeste Verzweiflung deckte den winzigen Funken Hoffnung zu, der in ihr aufgeflackert war. »Nein! *Nein!*«

»Nicht so laut, Kleines. Die Häuser stehen ziemlich dicht zusammen.«

»Hilfe! *Helft mir!*«

»Jetzt aber still.«

Sie hörte ein Summen, spürte, wie der Tisch erbebte, schwankte. Ein schreckliches Kitzeln breitete sich in ihrer Brust aus und zielte auf ihr Herz.

»Wir sehen uns gleich wieder. Mach's gut!«

Die Dunkelheit fing sie auf.

Kapitel 18
Roter Mond

moom moom
hör meinen ruf
moom moom
sprich zu mir
Anselm Hollo, ›Trollsgesang‹

Kein Wind strich an ihr vorbei, und sie traf auf nichts, aber sie wußte, daß sie stürzte. Sie schleuderte und schwankte. Es war grauenvoll, auf ein Ende durch Zerschmettern zu warten, das nicht kommen wollte.

Sie schrie, aber es gab keinen Laut. Sie rief: »Töte mich nicht! George, bitte, bitte.« Ihre Stimme war tot.

So war es also. Diese – diese alles verschlingende Leere. Ihr Körper war kein Körper mehr. Er erschien eher als Rauch denn als Fleisch, schwerfällig, dick und kalt. Aber wach und sich seiner bewußt und sehr, sehr ängstlich. George hatte sie tatsächlich getötet. Natürlich würde er sie niemals zurückholen. Wenn er es könnte, dann hätte er sicherlich noch immer sein Labor und die offizielle Unterstützung seiner Arbeit. Sie hatte die Höhle des Paten Tod betreten und ihr Leben verloren. Der letzte Test war vorüber, und sie würde niemals ihr Erbe in der Covenstatt antreten können.

Sie begann, sich in ihrem Sturz zu krümmen, wartete auf den brutalen Aufprall und darauf, daß ihre Rippen sich in ihre Schultern bohrten. Wenn das Grauen ein Tier war, dann stürzte sie gerade durch seinen Schlund.

Aber sie besaß keine Rippen mehr, und es würde auch keinen Aufprall geben. Sie fiel ins Nichts, und sie selbst wurde dabei auch zu nichts.

Durch ihren Geist irrte ein bruchstückhafter Gedanke: Ich löse mich auf.

Sie glaubte nicht, daß sie es ertragen konnte, nicht dieses endlose Fallen und Stürzen, ohne auf etwas aufzuschlagen, und das in dieser absoluten Stille und Dunkelheit.

»Bitte, ich kann nicht sterben. Ich muß zurückkehren.«

Ein schreckliches, schmales Gesicht flackerte in der Nähe auf, als stellte es eine Erwiderung auf ihren Hilferuf dar. Sie wollte es wegschlagen, diesen verhungerten Schatten von einem Gesicht mit weißen Würmern anstelle von Augen. Doch das Gesicht hatte fein geschnittene Augenbrauen und eine vertraute Form. Amanda wehrte sich mit der ganzen Kraft ihrer Seele dagegen.

»Tochter«, sagte das Gesicht, »willkommen in der Hölle.«

»Mutter! Mein Gott, was ist mit dir passiert?«

Das Gesicht verschob sich und erstarrte dann. Es schrumpfte und stürzte dann in sich selbst zusammen. »Ich habe«, gurgelte es, »ich habe immer falsch gelebt...« Und dann war es verschwunden.

»Nein, Mama, nein!« Wie schrecklich, wie widerwärtig, was für eine Tragödie. Sie sagte, sie hätte falsch gelebt – aber wie falsch? Und was hatte sie getan?

»Mama!«

Das Gesicht erschien wieder und zerfiel nur wenige Zentimeter vor Amandas Augen. Die Haut schlotterte um die Knochen, die Haare wuchsen in die Länge und verfilzten. Ein Zerfall, der in Mutters Jahr ein ganzes Jahr gedauert haben mußte, wurde in wenigen Sekunden wiederholt. Amanda schrie und schlug, doch ihre Hiebe gingen widerstandslos durch die Erscheinung hindurch.

»Mama, warum?«

»Ich brauche das. Ich habe es mir so ausgesucht. Ich muß für mein Leben Buße tun.«

»*Wie bitte?*«

»Seit deinem sechsten Lebensjahr habe ich dich gehaßt.«

»Du hast mich nicht gehaßt, Mama! Du –« Aber es stimmte, nicht wahr? Erinnere dich nur an die heißen unruhigen Nächte, in denen sie nicht zu dir kommen wollte, erinnere dich daran, mit welchem Spott sie deine künstlerische Arbeit begleitet hatte, und erinnere dich vor allem daran, wie sie dagesessen hatte, starr und steif wie eine Mutter aus Holz, während Dad dir eine Tracht Prügel verabreichte. »Mama, ich verzeihe dir! Ich verzeihe dir!« Würmer, verschwindet aus ihren Augen! Haut, komm zurück! Haare, hört auf zu wachsen!

»Wir wählen den Zeitpunkt unseres Sterbens selbst aus, Liebling, und wir irren uns niemals.«

»Ich vergebe dir.«

»Ich muß mir selbst vergeben, und das dauert noch einige Zeit.«

»Du brauchst aber nicht so zu leiden!«

»Ich habe Mutter Stern vom Meere gebeten, deinem Interesse für Kunst entgegenzuwirken.«

»Mama, das weiß ich. Und sie hat deine Bitte ignoriert.«

»Du wurdest im Pratt Institut aufgenommen. Und ich habe den Brief mit der Nachricht über deine Zulassung vernichtet.«

»Seitdem habe ich im Pratt Institut schon zwei Semester lang gelehrt. Pratt ist mir mittlerweile gleichgültig geworden.«

»Ich wollte dich zerstören. Ich wollte dir weh tun.« Das Gesicht glühte, während sie sprach, als loderte in seinem Innern ein Feuer.

»Mama, ich verzeihe dir.«

»Ich war eifersüchtig! Du warst so schön und begabt, und ich war nicht mehr als – ich.« Irgend etwas bewegte sich hinter ihr, etwas Kompliziertes.

»Ich verzeihe dir!«

»Ich kann mir selbst nicht verzeihen!«

Amanda sah es jetzt deutlicher, ein riesiger schwarzer Brocken von einem Ding mit stechenden grünen Augen.

Als es seinen Mund öffnete, erfüllte ein lauter, schriller Schrei die stille Luft. Mama schüttelte sich, ihr verfaultes Fleisch löste sich von ihren braunen Knochen, während die Katze sich näherte. Es war ein Kater. Er war mächtig groß, aber sein Gesicht war ihr vertraut; sie erkannte das zerfetzte Ohr.

Amanda war vor Staunen wie benommen, als sie seiner ansichtig wurde. Tom mußte der Tod oder der Teufel oder sonst etwas sein. Dabei war er so süß und niedlich gewesen, als er Milch schleckte und es sich in ihrem Bett gemütlich gemacht hatte.

Ein krachendes Geräusch ertönte, als er ein Stück aus Mamas Schädel herausbrach. Amanda konnte das Gehirn darin sehen, so schrundig wie ein Schwamm, den man in Clorox getaucht hatte, um ihn dann trocknen zu lassen. Als Toms lange rosige Zunge herauszüngelte, gab Mutter ein wildes Plappern von sich. Dann bekamen ihre Augen einen leeren Ausdruck.

Während Amanda schrie, verkrampfte sich ihr Magen, ihre Kehle brannte, ihre Haut zog sich vor Zorn zusammen. Tom fraß. Wenigstens war auch nicht ein Büschel von Mutters rauhem Haar übriggeblieben.

Dann bemerkte Amanda, daß Tom sie anstarrte.

Der Blick in diese Augen vermittelte ihr ein völlig anderes Gefühl. Sie konnte sein Starren geradezu körperlich spüren, und es war für sie wie ein wilder Schneesturm in ihrer Seele, der jede Nische und jeden Winkel ihres Seins heimsuchte.

War dies das Jüngste Gericht? War es möglich, daß ein

Kater – nein, es war einfach undenkbar, daß ein Kater über sie zu Gericht saß.

»Bitte –«

Die Augen hellten sich auf und bekamen einen zwingenden Ausdruck.

»Nein! Nein! Bleib weg von mir!«

Das Maul öffnete sich.

Am Ende von Toms Schlund sah Amanda Flammen züngeln, und dahinter eine unendliche Legion von Tragödien, jede so furchtbar und persönlich wie ihre eigene.

In ihm wartete die Hölle.

»Wer bist du? Warum verfolgst du mich?«

Eine Antwort erhielt sie nicht, aber im öligen Strom seines Atems lag der Gestank verbrannten Haares von den Toten, die noch im Fegefeuer schmorten.

Er wurde größer und größer, so groß, daß sie, wenn sie es gewollt hätte, aufrechten Hauptes in sein aufklaffendes Maul hätte schreiten können. Aber sie wollte es nicht! »Ich habe mich keiner Sache schuldig gemacht! Ich wurde getötet, und ich gehe dort nicht hinein! Ich muß wieder zurück, weil mein Leben noch nicht zu Ende ist und sie mich brauchen!«

Augenblicklich klappte das Maul zu.

Dann landete sie, leicht wie eine Feder, auf einem grauen und stillen Feld. Ihr Körper hatte wieder Substanz und fühlte sich wieder solide an. Oder zumindest fast solide. Als sie an sich herabschaute, konnte sie sehen, daß sie sich selbst sah, aber sie hatte dabei das Gefühl, als könnte sie durch Wände gehen. Sie blickte zum sturmdurchtosten Rand des Horizonts. Dies war ein leeres Land. Tom strich um ihre Beine. Er sah sie mit seinen kleinen Katzenaugen an und schien jeden Moment mit den Augen zu zwinkern.

Nach dem, was sie gesehen hatte, fürchtete sie sich vor diesen Augen. Vielleicht würden sie wieder groß und bedrohlich, und dann würde sich auch das Maul wieder öffnen und –

Er trug ewiges Leid in seinem Bauch.

Und doch war er das einzige andere Wesen an diesem Ort, daher war sie irgendwie auch froh über seine Anwesenheit. Ohne ihn anzuschauen, bückte sie sich und streichelte ihn.

Sein Fell knisterte vor Elektrizität. »Ich wünschte, du könntest sprechen. Ich wünschte, du könntest mir sagen, was hier eigentlich vorgeht.«

Er redete nicht, aber eine sanfte Gewalt ließ sie den Kopf drehen. Sie war verblüfft über das, was sie sah: die friedlichste, vollkommenste Landschaft mit Bäumen und grünen Hügeln, einem blauen Himmel mit vereinzelten weißen Wolken, und im Schatten des Himmels etwas Wunderbares, das keine festlegbare Form hatte. Es war eher die Anwesenheit eines Zustands – eine emotionale Färbung –, als erfüllte absolute Güte die Luft. Amandas erste Liebe, ein Junge, der in einem Feuer ums Leben gekommen war, näherte sich ihr. »Ich erinnere mich an dich«, sagte er, und in seiner Stimme schwang etwas Ewiges, Grenzenloses mit. »Ich habe auf dich gewartet.« Er breitete die Arme aus, und was ihm entströmte, war ein schönes altes Lied.

Andere Stimmen fielen ein und übertönten schließlich seine Stimme. Sie klangen fest und greifbar, und sie sangen: ›Moom, moom, hör unseren Ruf. Moom moom hör unseren Ruf…‹ Der Gesang ging weiter und weiter, zerteilte und erfüllte die weiche Sommerluft, welche sie liebkoste.

Sie erkannte die Stimmen – es waren Ivy und Robin und Constance und die anderen. »Ich kann euch hören!«

Fast brach ihr Herz: Vor ihr lag der Himmel, hinter ihr lag das Leben. Die Namen, welche die Hexen riefen, weckten in Amanda machtvolle, bis dahin verschüttete Gefühle. Moom! So vertraut. Wie Moom ihr Leben geliebt hatte!

»Ich muß wieder zurück! Die Hexen brauchen mich!«

Ihr alter Freund lachte sehr sanft. »Tom bewacht die Grenze zwischen hier und dem Leben, Amanda. Du kommst nicht an ihm vorbei. Und niemand, der in seinem Schlund verschwindet, kommt jemals wieder zum Vorschein.«

Der Gesang ging weiter.

»Heh! Ich höre euch!« Es zerrte an ihrer Seele. Trotz der Worte ihres alten Freundes wandte sie sich vom Himmel ab.

Die Luft um sie herum begann zu vibrieren und zu vergehen. Und sie wußte, daß es nur deshalb geschah, weil sie soeben eine feste und unumstößliche Entscheidung getroffen hatte: Sie würde ins Leben zurückkehren, irgendwie, wenn es ging.

Ein kalter Wind kam auf. Häßliche graue Wolken trieben über den Himmel. Ihre erste Liebe wurde zu einem schwarzen tanzenden Skelett in einer ausgebombten Landschaft, und anstelle des Gesangs erhob sich ein Chor von verzweifelten Schreien der Not. Sie drangen wie Donnerhall aus den Wolken, und Amanda sah, daß das Grau des Himmels monströse fliegende Erscheinungen verbarg.

Grauen breitete sich in ihr aus. Die Erscheinungen in den Wolken hatten Flügel und schwarze Schuppen und lange rote Fingernägel. Sie wußte, daß es Dämonen waren.

Über ihrem Furiengeschrei erklang weiterhin der Gesang: ›Moom moom moom moom‹, weiter und weiter.

Sie wollte irgendwie den Himmel aufreißen, wollte die trüben grauen Wolken teilen, um zu den Sängern zu gelangen.

Tom war zurückgekehrt, mürrisch und schleichend, gelegentlich laut miauend. »Tom, sie rufen mich zurück, ich kann sie hören! Bitte, Tom, sag mir, wie ich zu ihnen gelange! Sie brauchen mich! O Gott, ich kann spüren, wie sehr sie mich brauchen!«

Sie rannte, sie sprang, sie schlug in die Luft. Als sie an den verkrümmten Überresten eines Baumes emporkletterte, konnte sie in den Wolken das erwartungsvolle Schmatzen der Dämonen hören.

Wie absurd, dachte sie, sich ausgerechnet dafür entschieden zu haben. Niemand kam jemals von den Toten zurück, nicht wenn die Hölle einem den Rückweg versperrte. Einmal in die Dunkelheit eingedrungen...

Wächter: ein großer brauner Skorpion mit dem blauäugigen Gesicht eines kleinen Mädchens.

Wächter: ein weißer Vogel, der Lügen trällerte.

Wächter: etwas, das einst eine Nonne gewesen war. Mutter Stern vom Meere.

Seit der sechsten Klasse hatte Amanda nicht mehr an sie gedacht.

Tom begann zu sprechen, eine scharfe, aufrüttelnde Stimme in ihrem Kopf: »Sie sind die Soldaten des Todes, die Dämonen.«

»Dann ist der Tod böse.«

»Der Tod ist der Tod, weder gut noch schlecht. Er ist einfach nur da.«

Sie rannte. Es war brutaler, simpler Instinkt, die Reaktion des Affen und des schleichenden Panthers. Der Boden unter ihr war schwammig und wies die Glätte von Haut auf. Vielleicht war es sogar Haut. Dieser unheimliche Ort konnte sich durchaus auf dem Rücken irgendeines unvorstellbaren Monsters befinden. Sie rutschte, glitt durch seine weichen, schimmernden Falten und atmete seinen süßlichen Gestank ein.

Für einige Zeit lief der Kater neben ihr her. Dann sah sie ihn vor sich herumspringen.

Dann spuckten die Wolken einen Tropfen heißen, klebrigen Regens aus.

Der Tropfen kitzelte ihr Gesicht. Sie hob die Schatten ihrer Hände und berührte den Schleim. Er wimmelte von haarfeinen Würmern. Das Kitzeln in ihrem Gesicht wurde zu einem Stechen, dann sofort zu einem dumpfen Schmerz. Sie griff erneut nach oben und zog ein großes Stück Haut ab. Es war wie ein Kampf gegen ein fadenartiges Wesen. Sie warf es angewidert weg und wischte sich die Hände an dem gummiähnlichen Boden ab.

Die Empfindung in ihrem Gesicht war furchtbar, ein Schmerz und ein salziger Schnitt und das Jucken eines Insektenstichs. Sie blickte zum Himmel empor, der sich verformte und auf sie zu stürzen schien, als stießen von oben riesige Finger die Wolken herab. »Laß mich nach Hause zurückkehren! Ich gehöre nicht hierher, und ihr werdet mich nicht halten können!« Sie hätte am liebsten irgend etwas geworfen, aber sie hatte nichts.

Jemand flüsterte ihr ins Ohr, und sie wußte, daß es ein Dämon war: »Du mußt noch eine Menge lernen, Baby.«

»Wage nicht, mich so zu nennen! Ich bin Amanda Walker und nicht dein Baby!«

Die Wolken tanzten und stürmten, wurden zu einem gigantischen Schädel voller Blitze und drangen allmählich auf sie ein. Die grinsenden Gebisse brüllten so lauten Donner hinaus, daß sie sich die Ohren zuhielt und schrie, aber ihre eigene Stimme verhallte.

Und sie hatte einen seltsamen Gedanken: Die Dämonen in den Wolken hassen mich nicht. Sie tun nichts anderes als ihre Arbeit.

»Dein Körper kann dich nicht mehr zurücknehmen. Tot ist tot. Diejenigen, die zurückkehren, enden als Gespenster, nutzlose Opfer der Winde.«

Dies war eine neue Stimme, nicht so mächtig wie der Sturm. Sie war eher leise und sanft und voller Frieden. Amanda hatte so etwas schon einmal gehört, beim Feenstein. Wenn man eine Stimme als heilig bezeichnen konnte – sie sank auf die Knie. »Ich dachte, sterben ist genauso, als ginge man eine lange, hohle Röhre hinunter, in der man seinen Großvater oder sonst jemanden trifft, von ihnen willkommen geheißen wird und –«

»Jeder Mensch schafft sich seinen eigenen Tod.«

Amanda war sich zunehmend sicher, daß sie diese Stimme kannte. Und wenn sie sich nicht irrte – dann besserte sich ihre Lage erheblich. »Wer bist du?«

Für einen winzigen Augenblick erhaschte Amanda den Blick auf eine strahlende, winzige Frau, geradezu vollkommen, mit Vogelbeeren im Haar.

»*Leannan*, du bist es. Ich hatte gehofft, daß es so ist. Hör doch, bitte hilf mir von hier fort. Ich muß einen Weg zurück finden, ohne in der Hölle enden zu müssen.«

Die *Leannan* betrachtete sie. »Du hast dir selbst ein schwieriges Problem beschert.«

»Aber ich verdiene es nicht, in die Hölle zu kommen. Ich habe mich keiner Sache schuldig gemacht.«

»Wenn du meine Hilfe möchtest, dann komm mit mir.« Tom hielt sich an ihrer Seite, und er sah neben der Feenkönigin riesengroß aus. »Mach dir wegen deiner Dämonen keine Sorgen. Sie werden dich nicht davon abhalten, noch tiefer in den Tod vorzudringen.«

»O nein, das ist es nicht, was ich wünsche. Ich muß hier heraus. Ich muß in die Covenstatt zurückkehren!« Sie wandte sich um – und sah sich einem hageren Mann gegenüber, in dessen Gesicht ein Grinsen lag und dessen Augen von Vergewaltigung sprachen. Er legte eine feuchte Hand um ihren Hals. Plötzlich waren sie und er so fest und solide wie normale lebendige Wesen. Sie konnte seine ranzige Haut riechen, sah seine ölige Zunge, hörte die Luft in seinen Nasenlöchern pfeifen. »Heh, Baby«, sagte er, »laß uns tanzen.«

»O Gott! O Gott, hilf mir!«

Er holte ein langes schartiges Messer hervor. »Das ist Gott.« Als er anfing, sie zu würgen, stand sie sehr echte Qualen durch. »Das ist erst der Anfang, du stinkende Hure. Ich werde dir das Herz herausschneiden und es vor deinen Augen verzehren!«

Die Klinge streichelte empfindliche Haut, und sie sah einen Tropfen Speichel in seinem Mundwinkel größer werden. »*Leannan*, bitte, du hast gesagt, du wolltest mir helfen!«

»Dann mußt du mir folgen.«

»Es tut mir leid. Ich werde es tun.«

Augenblicklich veränderte sich der Lustmörder. Seine Gestalt begann zu flimmern, und er verdrehte die Augen. Sein Messer fiel in den Staub, sein ganzer Körper zitterte und fiel in sich zusammen.

Dann war Tom wieder da und ließ seinen Schweif pfeifend wedeln. »Du warst es! Immer warst du es! Du bist böse, du bist ein *Monster!*«

»Er gehorcht dem Gesetz, Amanda. Und das mußt du auch.« Eine Hand so klein, daß sie sich anfühlte wie eine winzige warme Maus, stahl sich in ihre. »Komm mit mir. Ich möchte dir deine Vergangenheit zeigen, damit du erkennst, was dich so stark gegen dein besseres Wissen zu den Hexen getrieben hat. Vielleicht erkennst du dann, daß du dorthin gehen solltest, was für dich der Himmel ist, welches ich das Land des Sommers nennen möchte. Du hast längst deinen Frieden verdient.«

»Ich möchte zurückkehren. Ich muß.«

Die *Leannan* seufzte. »Du bist so stark«, sagte sie traurig. Aber ihre kleine Hand drückte Amandas Finger.

Amanda ging mit der *Leannan*. Sie war sich nicht ganz sicher, ob sie es wirklich wollte, aber jede andere Wahl erschien ihr noch schlechter. Sie hatte ihren letzten Rest an Beharrungsvermögen und Gegenwehr beim Kampf gegen Tom, den Lustmörder, verloren.

Sie befürchtete, daß er nur der erste in einer langen Reihe

von Wächtern am Tor des Lebens war. Der Skorpion zum Beispiel war noch schlimmer. Und der kleine Vogel war noch viel schlimmer. Und dann war da Mutter Stern vom Meere. Herrgott, sie war die Personifikation von Schuld. In der Schule hatte sie es geschafft, wegen eines offenen Schnürsenkels die Hölle auf Amanda herabzurufen.

»Würdest du dich bitte beeilen, Amanda? Ich habe mit dem verdammten Feuer Probleme.«

Das war Constance Collier ... und dieser Ort ... sie hielten sich nicht mehr auf der hautähnlichen Fläche auf, sie waren ... o Gott, es war alles vertraut. »O *Leannan*, danke. Ich danke dir!« Sie hatte Amanda in die Covenstatt zurückgebracht. Und damit tiefer in den Tod.

»Der Schleier zwischen Leben und Tod ist an dieser Stelle ungemein dünn. Aber unterlieg keinem Irrtum. Ich habe dich der Erlösung, die du suchst, kaum näher gebracht. Constance soll dir dein erstes Leben zeigen. Vielleicht erkennst du dann, daß du das Recht auf den Sommer hast, den du dir verdient hast.«

Die Wiese war klar und hell, und Constance stand als scharfe Silhouette vor der Sonne. Die Dinge waren noch immer etwas seltsam: Zum Beispiel waren um sie herum Leute, aber sie waren nicht mehr als vage Schatten, die in einem kaum wahrnehmbaren Kreis saßen. Connie rührte in einem mächtigen Eisenkessel, und auch das war sehr deutlich.

Sie lächelte Amanda an. »Du bist so langsam wie Sirup, Mädchen!« Ihre Stimme erneuerte Amandas Entschlossenheit. Trotz der Worte der *Leannan* konnte sie hören, wie verzweifelt Connie ihre Rückkehr wünschte. Die alte Frau schwenkte zur Unterstreichung ihrer Ausführungen ihren langen Stab. »Beim Namen der Göttin, wir müssen dich irgendwie zurückholen.«

Amanda lief zum Rand des Kreises. »Constance, bin ich wirklich tot? Das ist doch verrückt – wenn ich tot bin, wie kannst du dann hier sein?«

»Gehe den Kreis gegen den Uhrzeigersinn ab, und du kannst hereinkommen. Dann erkläre ich dir alles.« Amanda begann zu gehen. »Nicht so herum. So ist es mit der Sonne. Entgegen dem Uhrzeigersinn ist die andere Richtung.«

Innerhalb des Kreises war sogar die Luft anders. Sie hatte weniger von dem Glanz göttlicher Luft; sie roch nach Feldern und Farmen. Wenn sie ganz genau hinschaute, konnte sie die Gesichter der Leute erkennen, die sich an den Rand kauerten. Sie erkannte Ivy, und ihr Herz klopfte, als sie Robin entdeckte. Aber ganz bestimmt sah man sie nicht. »Wo liegt dieser Ort?«

»Wir können uns hier für einige Zeit aufhalten. Der Hexenkreis befindet sich zwischen den Welten.«

»Bin ich auf dem Anwesen?«

»Der Kreis befindet sich an beiden Orten.«

»An welchen Orten? Hast du mir irgendeine Droge gegeben?«

»O kleines Mädchen, die Droge ist der Tod. Du bist wirklich und wahrhaftig tot. Und wir wissen noch nicht einmal, ob der Wahnsinnige, der im Augenblick deinen Onkel spielt, sich soweit zusammenreißen kann, daß er dich wieder ins Leben zurückholt. Er *will* es nicht, das ist schon mal sicher.«

»Aber du hast mich doch zu ihm geschickt! Wenn du nun wußtest, was geschehen würde –«

»Um die Hexen im Leben führen zu können, mußt du die Geheimnisse des Todes kennenlernen. Und um das zu tun, mußt du sterben. Wenn es nun keine Chance gibt, daß du zurückkommst, bist du nicht richtig tot.«

»Die *Leannan* sagte mir, daß du mir zeigen würdest, warum ich nicht zurückzukehren brauche. Doch du scheinst mich um jeden Preis zurückhaben zu wollen.«

»Zuerst einmal werde ich dir dein erstes Leben zeigen. Wie du verarbeitest, was du siehst, ist deine Angelegenheit. Ich werde jetzt im Kessel rühren, und du beugst dich vor, um hineinzuschauen. Achte gut auf alles, was erscheint, junge Frau!«

Der Kessel gurgelte und brodelte fast wie ein lebendiges Wesen; er kochte und warf Blasen. Bald schon begann Amanda Dinge zu sehen, die in dem trüben Wasser herumschwammen. Schatten, Gesichter... Dinge, die sie genauer hinschauen ließen.

»Das ist richtig, das ist gut!« Constance rührte heftiger. »Die Tennisschuhe, die du mit zehn getragen, ein paar Fotos aus diesen frühen Tagen. Babyspielzeug auch dazu. Von deinem ersten Freund das Gesicht. Und Old Moll mit der Nase dem Himmel zu, und die Katzendecke – erinnerst du dich?«

»Ich erinnere mich.«

»Dann sieh weiter. Sieh dir das Leben in der Schule an.«

Irgend etwas stimmte bei diesem Bild nicht. Ihre Kindheit war doch nicht so schrecklich gewesen. Oder etwa doch?

Das Wasser wirbelte und rauschte. Sie erinnerte sich an die sechste Klasse. Da waren Daisy O'Neill und Jenny Parks, die am Fenster saßen, und hinten Bonnie Haver und hinter ihr die dicke Stacey.

Zwei raschelnde Mädchenschlangen kamen hinter Mutter Stern vom Meere den Kapellengang hinunter. Sie sangen zur Melodie von *Stabat Mater*:

»Iß ein Würstchen am Freitag,
und du bist verdammt.
Heul viel oder masturbier,
und du bist verdammt.
Ertränke dein Baby oder stiehl Mutters Radiergummi,
und du bist verdammt.«

»Moment mal«, sagte Amanda. »Am Freitag Fleisch zu essen, ist keine Sünde mehr.«

Bonnie Haver: »Aber du hast es getan, als es noch eine war, deshalb bist du verdammt.«

»Ich bin noch nicht einmal katholisch! Möglich, daß Mutter Stern vom Meere mich heimlich getauft hat, als ich einmal nachmittags an meinem Pult eingeschlafen bin, aber –«

»Du bist verdammt!«

Am Rand des Kreises sah Amanda erneut den Mann mit dem scharfgeschnittenen Gesicht. Er trug einen langen, lappigen Mantel. In seiner Hand hielt er ein rauchendes Brenneisen. Er hielt es hoch. »Wollt ihr ein paar Narben, Mädchen?«

Constance schwang ihren Stab und rief: »Hinfort, Tom! Komm als ihr Freund, oder bleib wo du bist!«

»Er ist ein Dämon, Connie, und ich glaube, die *Leannan* könnte auch einer sein!«

»Nein, Amanda, das sind keine Dämonen, nicht diese beiden. Sie sind Götter. Engel hätte deine Mutter Stern vom Meere sie genannt. Auf jeden Fall sind sie ein Hurenpaar. Das sind alle Götter. Sie sind alles, was du möchtest, das sie sind; sie tun alles, was du von ihnen erwartest. Wenn du dich selbst für schuldig erklärst, dann stecken sie dich in die Hölle und geben dir deinen Dämon. Oder sie singen gemeinsam mit dir im Himmel. Es hängt alleine von dir ab.«

Gegen ihren Willen ertappte Amanda sich dabei, wie sie tief in ihre eigene Seele blickte, wo das Moos der Vergeßlichkeit wucherte. Und unter dem Moos sah sie es: »Ich habe diese Nonne gehänselt. Und ich habe es mit voller Absicht getan, weil ich wollte, daß sie litt. O Gott, ich tat es, weil ich sie haßte.«

Der Mann mit dem Brandeisen trat sofort in die Mitte des Kreises. Mit einem Schrei kippte Connie nach hinten und verschmolz mit den Schatten ihrer Hexen. Amanda starrte auf die blaue, rauchende Spitze des Eisens.

»Und nun, meine Liebe, spreiz deine Beine.«

Das wollte sie nicht tun. Sie war schuldig, aber nicht *so* schuldig. »Ich war nur ein kleines Mädchen. Es war die unschuldige Wut eines Kindes.«

Der Mann drehte sich und zischte sie an, dann war er wieder Tom, rollte sich vor ihren Füßen zusammen und ließ den Schwanz hängen.

Connie kam zurück und klopfte sich die Maisfäden aus der Kleidung. Dieser Acker war gerade erst abgeerntet worden.

»Die spezielle Gottheit, die du Tom nennst, ist dein Begleiter, Liebes. Du mußt lernen, ihn unter Kontrolle zu halten. Bis es soweit ist, sei lieber vorsichtig. Denk daran, daß er deinen Wünschen entspricht. Wenn du diese Reise der Schuld fortsetzen willst, halte die Augen offen.«

Amanda schaute den Kater an. Er zwinkerte mit einem grünen Auge.

»Nein, Liebes, achte nicht auf ihn. Schau wieder in den Kessel. Sieh dir an, was du für die Hexen hast erleiden müssen. Du brauchst kein schlechtes Gewissen zu haben, wenn du ein solches Opfer nicht mehr bringen willst.«

»Ich dachte, du wolltest, daß ich zurückkomme, Connie?«

»Aber nicht aus einem Gefühl der Schuld heraus. Sondern aus Liebe. Aber sieh jetzt mal. Sieh genau hin.«

Da war jemand im Kessel, ein hochgewachsener und wilder Jemand von einem fernen Ort und aus einer fernen Zeit.

»Du siehst jetzt allmählich, wer du warst. Du bist schon seit langer, langer Zeit eine Hexe.«

»Dieser andere da unten – ich erinnere mich auch an ihn. Er hat mich verbrannt!«

»Das tut er immer. Aber laß dich nicht von seinem Bischofsmantel täuschen. Geh in eine Zeit zurück, in der er noch einfachere Kleidung trug.«

Amanda schaute noch tiefer in den Kessel. In diesem Moment erbebte er, als hätte jemand dagegengetreten. Sie schien auszurutschen und vom Rand wegzukippen. Das Wasser, das allmählich klarer geworden war, wurde wieder trüber.

»Was ist los?« rief Constance. »Wer stört meinen Zauber?«

»Es tut mir leid.«

»Was willst du, Ivy? Kannst du nicht erkennen, daß sie hier ist? Kannst du sie nicht sehen?«

»Connie, ich versuche mein Bestes!«

»Dies ist der wichtigste Kreis, den wir je geschlagen haben! Wage ja nicht, ihn zu durchbrechen. Und jetzt sing, Mädchen, *sing*!«

Als der Gesang wieder gleichförmig wurde, klärte sich auch das Wasser im Kessel. Aber so blieb es nur für einen kurzen Moment. Bald war das Wasser noch trüber als vorher.

»Ivy, du brichst den Zauber und singst nicht mit.«

»Ich sitze in einem verdammten Ameisenhügel, Connie. Die krabbeln überall auf mir herum.«

»Sing!«

Das Wasser klärte sich. Amanda schaute hinein. Wie schon vorher trieben Spuren ihrer Kindheit an die Oberfläche. Darunter schienen die verschiedenen Farben ihrer Leben auf; abgeschlossene Welten, die in düsteren alten Meeren versunken waren.

Immer weiter zurück wanderte Amanda durch das Gewühl der Zeiten und gelangte zu einem winzigen braunen Dorf, das unter etwas unendlich Riesigem und Weißem kauerte, einem Bergmassiv aus reinem Eis, einem Gletscher.

»Dies war dein erstes Leben, Amanda. Du warst gerade erst der Göttin aus den Wimpern gefallen. Damals warst du noch ganz neu und unerfahren.«

Zu spät bemerkte Amanda, daß sie sich zu weit vorgebeugt hatte. Sie verlor die Balance und kippte in den kochenden Kessel.

Es gab einen kurzen Eindruck intensiven Schmerzes, dann saß sie plötzlich in einem stinkenden Zelt. Es roch nach ranzigem Fett und menschlichem Schmutz, saurem Atem und Schweiß. Sie hielt entsetzt die Luft an, schockiert darüber, daß sie offensichtlich Fett angesetzt hatte. Ihr Geist dachte in einer ihr unbekannten Sprache. Ihr Körper war kleiner, aber schwerer, ihre Brüste glichen enormen Pendeln, die feucht und prall von Milch waren. Sie schwang sie über dem Feuer hin und her.

Auf ihrem Kopf saß ein Jagdhorn, um den Hals trug sie einen Reif aus raffiniert geflochtenen Ranken vom Wilden Wein des vergangenen Jahres, und zwar den Reif, auf dem die rote Gottesblume erblühte.

Sie war Moom, Tochter der Roten Göttin. Moom, die Glückliche, die Reiche, die Gute. Um ihre Schenkel lagen die Lederstrumpfbänder, jedes aus feinstem Rehleder hergestellt und gut weichgekaut. Sie waren mit den verschiedenen Existenzphasen der Roten Göttin geschmückt und waren ein Sinnbild des Lebens ihres Trägers, der in ihnen tanzen, arbeiten, lieben konnte, ohne sie auch nur für einen winzigen Augenblick abzulegen.

Wenn sie sie trug, dann war sie die Göttin. Ohne sie war sie nur Moom. Sie achtete darauf, daß die Knoten festsaßen, ganz gleich ob es in ihren Füßen kitzelte. Andere Frauen beneideten sie um die Strumpfbänder und lagen am liebsten den ganzen Tag in ihrem Schoß und starrten sie stundenlang an. Die erste unter diesen war Leem, die die große Königin vor Moom hätte sein können, wenn sie nicht ein Höhlenbärjunges gestohlen hätte, um sich nachts daran zu wärmen. Dessen Mutter erschien rasend vor Wut und biß ihr eine

Hand ab. Keine verkrüppelte Frau konnte die Strumpfbänder binden.

Das Ritual der Milcherzeugung ging weiter. Während sie über den Flammen umherschwebte und tanzte, hörte Moom, wie das Leder des Zelts klatschend gegen den Rahmen schlug. Das ganze Zelt bebte. Ein eisiger Lufthauch stahl sich hinein und brachte die Männer und Kinder im äußeren Kreis dazu, an die Frauen im inneren Kreis, der das Feuer umgab, heranzurücken. Moom spürte, wie die Milch aus ihren Knochen strömte, sie spürte, wie sie sich ihren Weg durch die Milchkanäle in ihrem Fleisch suchte, und sie wußte, daß sie ihre Brüste füllte.

Schon bald wurden sie groß und prall, schimmerten braun im Feuerschein, und die Warzen waren hart und tropften.

Die Frauen machten es sich jetzt in ihrer sitzenden Stellung bequem. Alle waren jetzt gefüllt. Sie begannen zu klatschen. Dreimal laut, dreimal leise, dreimal schnell, dreimal langsam. Sie summten die Musik der Bienen, um für die Familie das Sommerglück zu erflehen. Zuerst kamen ihre Töchter, dann kamen ihre Söhne zu ihnen und bedienten sich jeder seinem Alter gemäß, die jungen soviel sie wollten, die älteren weniger und so weiter. Währenddessen warteten die Männer.

Dann brachte jeder Mann eines seiner Geheimnisse ans Feuer, eine schwarze Bisonkeule, die Leber von einem Steinbock, einen Mammutmagen, vollgestopft mit Blüten und Wurzeln. All diese Dinge legten sie in einen riesigen irdenen Kessel, der den größten Schatz der Familie darstellte. Sie warfen Fackeln hinein, bis er zischte und qualmte und das Zelt mit den köstlichsten Gerüchen füllte.

Moom kaute das blaue Fleisch des Magens, während ihre Männer sich an ihrer Brust labten und danach ihren monatlichen Blutfluß verzehrten.

So teilte Mooms Familie sich die Speisen von Mann und Frau in dem versunkenen Winter vor unendlicher Zeit, nicht allzu weit von dem Ort entfernt, der eines Tages Alesia genannt werden sollte, später dann Eleusis, dem Mittelpunkt der Geheimnisse der Antike.

Dort geschah es, in dem harten Frühling ihres fünfzehnten Jahres, daß Moom das schrecklichste Ende fand.

Das Wasser hatte im Maimond ihr Land überflutet und war den Lenden des mächtigen weißen Königs entströmt, bis die Männer sagten: »Die Pisse des weißen Königs wird eines Tages die Welt überfluten.«

Moom meinte: »Wir müssen in unserer Heimat bleiben.«

Die Männer sagten: »Wir können nicht in der Pisse des weißen Königs leben. Wir müssen von hier fort.«

Als böses Omen stürzte ein großes Stück des weißen Königs, so riesig, daß es bis zum Himmel aufzuragen schien, mit einem Getöse auf die Weide, das einem die Zähne lokkerte und das Lederzelt flappen ließ wie einen aufgeregten Vogel.

So zogen sie alle davon, alle bis auf die handlose Leem, welche sie den Winden überließen. Sie stiegen die langen Felsbänder hinunter bis in die Wälder, wo die kleinen Tiere lebten. Das Leben im Wald war schwer, denn ein Jäger konnte manchmal einen ganzen Tag damit zubringen, ein Tier zu hetzen, das noch nicht einmal einen einzigen Mund satt machte. Moom waren jedoch die Geheimnisse von Pilzen und Beeren offenbart worden, daher brauchten sie nicht zu verhungern.

Jenseits des Waldes waren die Prärien so voller Bisons, daß die Luft schon danach zu riechen schien. Moom fragte sich, ob es sich nicht um ein einziges Tier mit vielen Körpern handelte, so eng blieben sie stets beisammen.

Mitten auf dieser Prärie, wo Wasser floß, hatten Männer viele Lederzelte aufgestellt, und sogar einige aus Gras und Lehm. An diesem einen Ort standen mehr Zelte, als Moom sich je hätte vorstellen können.

»Ich bin Alis«, sagte der Platzhalter, als Moom mit ihrer Familie bei ihm erschien. »Wir sind Alesianer!«

»Wir sind Moom.« Sie schlug sich auf den Bauch. »Ich bin die Moom! Die mächtige! Voll von Milch und Blut und Babys.«

Alis lachte. Er war hochgewachsen und hatte einen grauen Bart. »Achtzehnmal habe ich die Sonne zurückgebracht! Oh! Ich bin *der* Alis! Der mächtigste.«

Sie war verwirrt und staunte. Herausgefordert von einem Mann, der noch nicht einmal die Rote Mondgöttin in sein Kinderzimmer hereinlassen konnte? Wie kam es, daß er so dumm war? Sie wußte nicht, daß Leem schon vor ihnen dagewesen war, da sie alleine und daher schneller unterwegs war, und dieses Intrigenspiel inszeniert hatte. »Es könnte sein, daß du die Göttin austrocknest! An deiner Stelle würde ich es nicht riskieren!«

Die Ländereien von Alis, so bemerkte sie, waren gelb und staubig trotz des Flusses.

Er warf sie nieder, nahm ihr die Strumpfbänder ab und legte sie sich selbst an. Dann schnallte er einen Lederschutz vor seine Lenden, um seine Ausbuchtung zu verhüllen. Er tanzte den Geheimnistanz der Frauen, schlug sich auf den Bauch und stieß Geburtsschreie aus. Dann bauten die Alesianer Käfige aus kräftigen Schößlingen und sperrten Moom und ihre Frauen darin ein.

Als heiße Steine drumherum aufgestapelt wurden, rannte Moom in ihrem Käfig herum und rief und schrie in namenloser Qual. Einen ganzen Tag, an dem die Sonne den Himmel von Alesia überquerte, litt sie. Und sie sah Leem, die zwischen den Männern saß und ihren Armstumpf schwenkte. Die Stäbe an den Enden waren mit Mooms geröstetem Blut bedeckt, und sie selbst war lilafarben. Sie war zerbrochen. Sie roch wie der Bodensatz in ihrem Kessel. Ihr Haar war so brüchig, daß es einem in der Hand zerbröselte.

Schließlich rief sie aus: »Ich bin Moom!« und starb.

Die Alesianer verzehrten Moom und ihre Frauen. Sie blieben danach noch ein ganzes Jahr am Fluß, doch die Männer machten keine Milch und gebaren nichts Junges. Irgendwann kamen andere Frauen und nahmen Mooms Strumpfbänder von Alis' Beinen ab, und die Alesianer zogen damit von dannen.

Amanda lag weinend, erschöpft in dem schimmernden, sterbenden Kreis. Die Gestalten um sie herum waren ebenfalls erschöpft und hatten sich von Gespenstern zu Asche verflüchtigt. Irgendwo erklang eine Glocke.

»Amanda! Bei den vier Winden! Erhebe dich! Amanda!«

Sie konnte es nicht. Sie war zu müde. Schwarze Finger senkten sich aus dem Himmel herab, näherten sich ihr.

»Amanda, du mußt aufwachen. Die Dämonen nehmen dich sonst mit!«

Die Stimme wurde von den dicken schwarzen Wolken gedämpft.

»Du bist unschuldig, Amanda. Du hast genug geopfert!«

Sie fühlte sich immer schwerer und träumte wieder. Sie erinnerte sich an den Sommer und an Cherry Kool-Aid-Limonade und an Mammas köstlichen Honigkuchen und an ihr eigenes kleines Spielhaus im Hof.

»Ich pflegte immer so zu tun, als bestünde es aus Zukker...«

»Amanda, du Närrin! Du läßt dich von ihnen übers Ohr hauen. Sie können dich nicht in den Sommer mitnehmen. Sie wollen dich vernichten!«

»Die Hütte im Wald... Honigkuchen...«

»Es sind Monster. Sie wollen deine Seele fressen.«

Wie närrisch Connie sich anhörte. »O Connie, es ist doch nur Tom mit einem seiner Tricks.«

»Tom ist ein Freund! Aber diese Dinge – o Gott!«

Der Qualm roch wie Geißblattblüten. Amanda erinnerte sich an den Hinterhof, an den tickenden Sprinkler, dazu summte Mamma eine alte Melodie.

»Singt, Hexen! Singt aus vollem Herzen und tiefster Seele! Seht ihr denn nicht, was mit ihr geschieht? Sie ist nicht schuldig, und sie wollen sie trotzdem in die Hölle stecken, weil sie es wagt, ins Leben zurückzukehren. Bitte, bei der Göttin, *singt!*«

Der Qualm hatte sich zu einer Schar grauer Schemen verwandelt. Einer davon verschob sich und wurde in seinen Konturen schärfer und entwickelte sich zur soliden Gestalt eines sehr hübschen Mädchens von etwa zwölf Jahren, das ein blaues Kleid trug. Eine Hand versteckte sie hinter ihrem Rücken, in der anderen hielt sie eine Leine. An der Leine hing ein Bär, ein großer und freundlicher Bär, wie ihn Amanda nie zuvor erlebt hatte. Er bückte sich, als er ihrer ansichtig wurde, und betrachtete sie mit derart intelligenten Augen, daß ihr Blick auf sie wirkte wie ein Lied.

Der Bär sagte: »Ich bin ein ganz besonderer Bär, meine Liebe, denn ich kann dir Visionen vermitteln. Und die sind besser als dieser Kesselquatsch.« Nach diesen Worten folgte er seiner Herrin in das Dunkel außerhalb des Kreises. Aus Constances Kehle drang ein letzter, verhallender Schrei: »Vergiß es nicht, Amanda, du bist nicht schuldig...«

Und Amanda folgte dem Mädchen und ihrem wunderbaren Bären.

Kapitel 19

Simon Pierce betrachtete von seinem Standort aus, was er über den schadhaften Zaun hinweg vom Collier-Anwesen sehen konnte. Er schaute in ein Brombeergesträuch jenseits der Maisfelder. Es war schönes Land, und es war mit Liebe gepflegt worden. Die meisten näher gelegenen Felder waren bereits abgeerntet. Das nächste Objekt, das sich anzuzünden lohnte, war ein Areal mit noch nicht geschnittenem Mais, etwa dreihundert Meter entfernt.

Hunderte von Jahren lang hatten die Bewohner von Maywell sich von diesem Ort ferngehalten. Es hatte nicht einmal gelegentliche Wanderer gegeben, die sich dorthin verirrt hatten. Niemand betrat das Anwesen ohne eine persönliche Einladung durch Constance Collier. Die meisten sagten, das geschähe aus Respekt vor ihrer Privatsphäre; doch Bruder Pierce hatte dunkle Gerüchte gehört. Es soll Beschwörungen und Flüche gegeben haben, die tatsächlich gewirkt haben. Um 1820 hatte Early Jones einmal versucht, auf dem Collier-Land Holz zu schlagen. Seine Frau gebar danach furchtbar deformierte Zwillinge. Er selbst war an einer seltsamen fortschreitenden Schwäche seiner Gliedmaßen gestorben. In jüngerer Zeit hatten die Wilson-Brüder einmal am Stone Mountain gejagt. Sie hatten berichtet, ›kleine Männchen‹ gesehen zu haben, die die Tiere verscheuchten. Vor zwei Jahren hatte man sie gefunden, wie sie in den Endless Mountains, weit weg vom Anwesen, tot neben ihrem Lagerfeuer lagen. Beide hatten im Schlaf Herzanfälle erlitten. Natürliche Ursachen – oder Constance Collier?

Simon wollte nicht auf das Land dieser Frau vordringen. Aber er mußte es. Er hatte seine Kongregation zu höchster Erregung angestachelt. Sie mußten etwas unternehmen, und er mußte sie führen. Zum Beispiel die Maisfelder abbrennen. Es war einfach und praktisch, und sie glaubten, ungeschoren davonzukommen. Der moralische Aspekt dieser Tat belastete ihn sehr, vor allem jetzt, als er sah, mit welcher Sorgfalt der Boden bearbeitet wurde. Es tat weh, gutes Land zu verbrennen. Er war in dem Bewußtsein großgezogen worden, daß das Land eine Quelle des Wohlstands ist. Doch dieses Land war gut, weil es verhext war. Unter seiner Fruchtbarkeit war es verfault.

Simon gab dem Mann hinter ihm ein Zeichen und ging die Straße hinunter. Anfangs ging er neben der Straße her, doch dann wurde er kühner und lief auf dem Grasstreifen zwischen den Fahrspuren weiter.

»Vorsicht, Bruder Simon. Bleib lieber von der Straße weg.«

»Wir sind hergekommen, um die Arbeit Gottes zu tun. Wir haben keinen Grund, uns zu ducken oder zu verstecken, Bruder Benson.«

»Dies hier ist ein Privatgrundstück. Wenn wir hier gesehen werden, ist das für den Sheriff Grund genug, auf mich zu schießen.«

»Weshalb, wenn Gott das Gras des Feldes beschützt, welches heute steht und morgen schon in den Ofen geworfen wird, soll er nicht auch dich beschützen, o du Kleingläubiger?« Simon hatte Mitleid mit den armen und mißverstandenen Landbewohnern und empfand das Gejammere des Deputy Sheriffs als überaus enttäuschend. »Gib dich in die Hand Gottes, Bruder Benson. Wenn der Herr will, daß auf dich geschossen wird, dann wird auf dich geschossen. Du kannst jetzt stolz erhobenen Hauptes einherschreiten, denn du führst eine Mission der Gnade aus, durch die du diese Ignoranten die Macht des Herrn lehrst.«

Sein Geist schlug sich mit der Komplexität der Situation herum. Simon liebte klare Situationen, aber davon war diese hier weit entfernt. Er brauchte die Hexen als animierendes Element; er empfand außerdem grenzenloses Mitleid mit ihnen. Er war nicht der Typ, dem es Spaß machte, andere zu schlagen.

Er tastete tief in seiner Hosentasche nach dem verschrumpelten, braunen Talisman seiner eigenen Sünde. Er ruhte dort und erinnerte ihn sein Leben lang an seine furchtbare Tat. Seine Gegenwart spendete ihm Befriedigung; oft betete er mit ihm. »Herr, nimm mich bald zu dir und stürze mich ins tiefste Feuer.« Und solange er auf seinen eigenen Sturz in seine plastisch ausgemalte Hölle wartete, rettete Simon Pierce die Seelen anderer.

Er packte den harten Knubbel, der seine Hand war. Die Hand war einmal weiß gewesen. Weich und süß bei jedem Kuß. Die Hand hatte sich einmal am Körper von einer der schönsten Schöpfungen des Herrn befunden, an einem unschuldigen kleinen Mädchen. Ehe er den Weg zum Herrn gefunden hatte, war Simon so verwirrt, so verstört und wütend gewesen. Seine Mutter war keine gute Mutter gewesen. Nachdem sein Vater während einer Bibel-Verkaufsreise, die nie zu Ende ging, verschwunden war, hatte sie herumgehurt, hatte einen Mann nach dem anderen nach Hause mitgebracht, und dann hörte er immer ihr Bett gegen die Wand zwischen den Zimmern stoßen, und einmal war einer der Männer nackt zu ihm gekommen, und sie hatte ihm mit einem Steakklopfer auf den Kopf geschlagen und ihn auf die Feuerleiter hinausgestoßen.

Sie trank und schluckte Diätpillen und schlug Simon, wobei sie ihn verfluchte, und dann verfiel sie in Stadien unterdrückter Wut.

Manchmal träumte er sogar jetzt noch, daß er in einem Waisenhaus großgezogen wurde. Er mußte sich anstrengen, sich an seine wahre Kindheit zu erinnern. Vor seinem zwanzigsten Lebensjahr war er arm gewesen und hatte mit der verbrauchten alten Ruine von einer Mutter in einer Slumbehausung gelebt; und eines Nachts drehte sie durch und wollte sie beide in Brand stecken. Im Alter von vierzehn Jahren verlor er sie. Es war bitter, denn ohne sie fühlte er sich so einsam, und doch war sie so schlecht gewesen.

Als er älter wurde, wanderte er von einem Waisenhaus ins nächste und stellte fest, daß seine hervorbrechende junge Sexualität völlig verdreht war. Er konnte keine Frauen lieben, nicht einmal die in seinem Alter. Er konnte sie nicht ertragen. Seine Gefühle und Begierden konzentrierten sich auf kleine Mädchen. Sie waren so hilflos, und bei ihnen fühlte er sich so sicher.

Dann kam Atlanta und seine Verwandlung und dann sein strenges Leben der Buße. Heute beabsichtigte er, zwei gute Taten zu vollbringen: Er stärkte moralisch seine Anhänger und gab den Hexen Gelegenheit zu erkennen, welchem Irrtum sie in ihren Lehren unterlagen.

Wenn es gut war, warum empfand man es dann als schlimm? Manchmal sah er Christus als rotäugiges Monster von seiner eigenen Art, und er fragte sich: Verehre ich nun den Herrn, oder wurde ich von einem Dämon mit Bart betrogen? Er unterdrückte die Tränen, die sich in seinen Augenwinkeln sammelten.

Die Luft war warm, und die Sonne ließ lange Schatten über die Felder wandern. Er schaute auf seine Uhr. 4 Uhr 30. Um den Hexen zu entgehen, hatten sie beschlossen, bei Tageslicht zu kommen, wenn man sie am wenigsten erwartete.

Und tatsächlich, alles war ruhig. Über allem lag die vertraute Melancholie; da waren die abgeernteten Felder, aber da war auch noch etwas anderes, etwas Furchtbares. Man konnte es riechen. Das Land war einfach zu fruchtbar. Es sah hübsch aus, solange man nicht genau hinsah, aber wenn man es genau betrachtete, dann erkannte man das Verwerfliche, Obszöne. Gott hatte niemals beabsichtigt, daß sein Land so stark bearbeitet wird.

Dieser Reichtum war ein Geschenk des Satans. Unter diesem Aspekt war es doch nicht so schlimm, wenn er das Land verbrannte.

»Heh, sieh doch mal!«

»Was ist da, Bruder Turner?«

»Etwa vierzig Liter Brombeeren.« Der kleinwüchsige Mann lächelte und wies auf den dichten Brombeerbusch rechts vom Tor. Dabei hielt er einen Zinkeimer hoch. »Wir können eine Orgie feiern!« Die anderen Männer lachten. Turner nahm eine Handvoll Beeren und aß sie.

Simon wußte genau, was er jetzt zu tun hatte. Er sprang zu Turner hin, packte sein Handgelenk und schleuderte die Beeren fort. »Sei kein Narr! Das ist Hexengift!«

»Sie riechen frisch.«

»Und ich sage dir, wenn du von den Produkten der Teufelsfarm essen willst, dann kannst du auch gleich auf die Bibel des Teufels schwören! Du ißt nur aus dem Garten des Herrn!« Er riß Turner den Eimer aus der Hand. »Wage es niemals, diese Art von Verderbtheit und Schlechtigkeit an deine Lippen zu führen!«

Nun kam also der erste Test für Simon und für alle anderen. Die Brombeeren waren prall und waren mit großer Sorgfalt gepflückt worden. Keine war zerplatzt. Simon wußte, wie schwierig das Brombeerpflücken sein konnte, dachte an die Dornen und an die Empfindlichkeit der Beeren. Soviel Arbeit steckte in dem Eimer. Sie zu vernichten, dazu braucht man innere Kraft.

»Jesus«, flüsterte er, »ich liebe dich.« Er kippte die Beeren auf den Erdboden. Er trat in die feuchte Masse. »Kommt schon, macht mit, deswegen sind wir ja hergekommen! Dieser Abfall sollte wohl in Maywell verkauft werden. Eure Kinder hätten diejenigen sein können, die von den Beeren des Teufels essen!«

Im Gebüsch standen noch einige weitere volle Eimer. Er nahm den nächsten und hob ihn hoch über den Kopf. Für einen spannenden Augenblick hielt er ihn so. Der Eimer war schwer. Als er ihn zu Boden schleuderte, schlug er mit einem dumpfen Laut und einem nassen Klatschen der reifen Früchte auf.

Simon stand da und betrachtete die restlichen Eimer. Ein seltsames Gefühl, fast der Erleichterung, ersetzte sein vorheriges Bedauern. Er erkannte es als den Geist Gottes, der in ihm wirksam wurde. »Preiset Gott!« So mühsam sie auch war, ganz sicher war dies eine Arbeit in seinem Weinberg.

Aber die anderen Männer hielten sich zurück. Deputy Benson stand noch immer unweit des Tores, seine Hand ruhte nervös auf dem Griff seiner Pistole. Sein Abzeichen, stellte

Simon fest, befand sich nicht an seiner Brust – als würden die Leute ihn ohne Stern nicht erkennen.

Simon erschauderte. Nun drehte und wendete der Geist Gottes sich in ihm und traf auf den sanfteren Geist der Hand. Die Hand hatte einer wunderbaren kleinen Person gehört, einer Heiligen – Simon war sich sicher –, und sie konnte den Einfluß dieser bösen Felder nicht ertragen. Die Hand offenbarte ihm, daß der Tod selbst zwischen den Stoppeln hockte, als befände sich das Grenzland des Herrn dort hinten am Tor. Bruder Turner bückte sich und hob etwas auf.

»Was ist das?«

Simon betrachtete das kleine in Tuch verpackte Päckchen. »Mach's mal auf.«

»Ich will es aber nicht öffnen.«

Simon nahm es ihm aus der Hand. Er löste die Schnur, die das Päckchen zusammenhielt. Darin lag das verwitterte Abbild eines kleinen Mannes, aus dem Wurzeln herausragten. Er schleuderte es zu Boden. »Alraune«, sagte er. »Sie haben sie in den Feldern ausgelegt, um den Segen des Teufels zu erbitten.«

»Ich werde das kleine Ding nach Haus mitneh...«

»Laß es liegen, Turner. Das hier ist kein Spiel. Sie haben dieses Gebilde derartig mit satanischer Energie aufgeladen, daß es nachts zum Leben erwachen könnte und dir an die Gurgel fährt.«

»Mein Gott!«

»Du weißt nicht, was es alles bewirken kann. Heutzutage haben die Menschen keine Ahnung mehr von den Mächten des Teufels. Von seiner nackten, reinen Macht! Nimm das Ding mit, und es zerrt dich geradewegs in die Hölle hinunter, merk dir meine Worte!«

Die Männer wichen vor dem Püppchen zurück. Die Hand riet Simon, sich von diesem Ort des Bösen zu entfernen. Die Hand sagte: »Tue Gottes Werk, und beeil dich!«

»Wir werden uns hier vom Fluch des Bösen reinigen, Brüder. Jeder von uns wird einen Eimer nehmen und ihn ausschütten.«

Es soll bluten, und das Blut soll fließen im Überfluß. Aber erst muß das Messer die Haut ritzen. Wenn sie gemeinsam die Beeren vernichteten, sagte Simon sich, dann würden seine Anhänger auch etwas kühner werden. Und der nächste Akt würde sie noch sicherer machen und so weiter, bis der große Plan, den Gott ihnen gegeben hatte, endlich erfüllt werden konnte.

Er blickte über die Felder. Hinter ihnen konnte er das Dach des Collier-Hauses sehen, das sich knapp über die Baumwipfel erhob.

Die Hand rührte sich in seiner Tasche, tastete und kitzelte und erregte.

Sie hatte ihn auf unvergeßliche Art und Weise erregt, dieses zarte Mädchen.

Er breitete die Arme unter dem Feuer der Sonne aus, denn eine Vision kam über ihn. Er sah das Land so, wie es sein würde, im Feuer gereinigt, alle Felder schwarz wie der Tod, und das Haus hinter den Bäumen eine qualmende Ruine. »Auf diesem Berg«, sagte er und wies auf das Dach des Hauses, »werde ich meine Kirche erbauen.« Und er sah es ganz deutlich vor sich: eine wunderschöne Backsteinkirche mit einem hohen Turm und einem prachtvollen Säulengang. Ein genauso schöner Ort für den Gottesdienst wie Rugged Cross in Atlanta, ein wahres Haus des Herrn, wo sein Feuer und seine Rechtschaffenheit weilten. »O der Herr hat mir einen Blick in die Zukunft geschickt! Aus der Asche des Hexenhauses wird sich der Ruhm seines Namens erheben!«

»Ich höre etwas.« Deputy Benson zeigte in die Richtung. In der Stille, die auf seine Worte folgte, hörte Simon es ebenfalls, menschliche Stimmen, die zu einem unheiligen Rhythmus erklangen. »Moom! Moom! Moom!« Und über diesen längeren Tönen die Stimmen von Kindern, die etwas schneller sangen: »Moom moom moom! Moom moom moom!« Da war auch noch eine andere Stimme, die jedoch einzeln erklang. Eine alte Frau rief jemanden.

»Wie lautet der Name?«

»Amanda. Sie ruft den Namen Amanda.«

»Amanda Walker. Die Satansfrau selbst. Die Satansreiterin.«

»Wir sind nicht sicher, daß sie es war. Es hätte auch jede andere von ihnen sein können.«

Simon wandte sich an den Deputy. Allmählich störte es ihn, wie Benson durch seine teuflischen Verzögerungen und Fragen den Energiefluß störte. »Preiset den Herrn, Deputy!« Er griff nach einem Eimer Beeren. »Für dich!«

Benson war jemand, der sich durch viele Bars geprügelt hatte, bevor er vor dem Absinken gerettet und ein Vertreter des Gesetzes wurde. Er zeigte grinsend seine falschen Zähne. »Klar, Bruder. Preiset den Herrn!«

»Lobet seinen Namen!« Dies war ein wichtiger Augenblick. Wenn Benson die Brombeeren nicht ausschüttete –

Er tat es. Er drehte den Eimer um, und sie ergossen sich in einem hübschen Haufen über die Straße. O Herr, wie wunderbar sind deine Wege. Nur um seine Tat zu bekräftigen, hob der Deputy seinen linken Fuß und trat auf die Beeren und zerquetschte sie.

Der Geist Gottes kam nun über sie alle. Anfangs zögernd, gingen die anderen Männer jetzt eifrig dazu über, auch noch den Rest Brombeeren zu vernichten. Bruder Pierce lauschte dabei mit einem Ohr ständig auf den Teufelsgesang. Es ließ sich nicht feststellen, wie viele Dämonen sich dort drüben hinter dem Stapel trockener Maisstrohbündel versammelt hatten. Er war nicht als Streitmacht gekommen, noch nicht, und hätte einer übernatürlichen Attacke wenig entgegenzusetzen gehabt.

Er wollte nicht, daß das Unternehmen damit endete, daß seine Leute diesen Ort fluchtartig verließen. Er wollte, daß sie hocherhobenen Hauptes fortgingen.

So etwas mußte man allmählich und behutsam aufbauen. Die Kühnheit würde sich mit dem Erfolg schon einstellen.

Brombeeren und Brombeersaft waren überall verteilt, auf der Straße, im Gras und an den Schuhen von einigen seiner Männer. Simon hätte diese besudelten Schuhe küssen mögen, so wie er die heiligen Füße des Herrn geküßt hätte. »Ich denke, wir sollten gleich dort drüben auf dem Feld ein Feuer entfachen. Es wird schon von selbst bis zu dem noch nicht abgeernteten Mais weiterwandern.«

»Der Erdboden ist sehr feucht«, sagte Turner.

»Die Sonne hat die Stoppeln getrocknet. Ich denke, es wird schon klappen.«

Turner schwenkte den Benzinkanister. »Ich finde noch immer, wir sollten es mit dem Mais machen. Wenn wir ein abgeerntetes Feld anzünden, fügen wir ihnen doch keinen Schaden zu.«

»Das Feuer wird sich ausbreiten. Der Herr möchte nicht, daß wir uns zu nahe an die Dämonen heranwagen.« Der Gesang bewirkte, daß Simon das Gefühl hatte, seine Kopfhaut ziehe sich zusammen.

Er ging ein kleines Stück auf das Feld hinaus. Der Gesang war hypnotisch, wie ein schleichendes Gift, das betäubte. Sie mußten sich beeilen. »Okay, dann schütten Sie einen schmalen Streifen auf die Straße. Dadurch befinden wir uns dahinter und können alles verfolgen, seht ihr? Sie kommen sicher angelaufen, sobald sie den Qualm sehen. Dadurch befindet das Feuer sich zwischen ihnen und uns.«

»Eine ausgezeichnete Taktik«, lobte Deputy Benson. »So erwischt uns niemand.«

»Wir tun hier die Arbeit des Herrn, Bruder Benson. Ich bin stolz darauf, in seinem Namen zu handeln.«

»Klar, aber ich habe trotzdem keine Lust, von einer Bande verdammter Hexen geschnappt zu werden.«

Simon gestattete sich ein verstohlenes Lächeln. Bruder Benson würde eine Menge Probleme haben, seinem Chef alles zu erklären. Riesenprobleme, ginge man davon aus, daß der Sheriff zum Hexenkreis gehört. Wer wußte es schon; vielleicht war Bruder Benson sogar ein Spion der Hexen.

Das Benzin roch angenehm. Simon hatte seinen Geruch schon immer gemocht. Als er ein kleiner Junge war und die Welt noch schön aussah, setzte Simon sich, wenn sein Vater mit dem DeSoto von einer längeren Fahrt nach Hause kam, immer draußen auf die Stoßstange und roch die Dämpfe, die aus dem Kühlergrill herausdrangen. Es war ein herrlicher Duft, und er erinnerte sich bis auf den heutigen Tag daran.

»Tretet zurück«, sagte Benson. Er hatte ein Streichholz angezündet. Er beugte sich vor und warf es ins getränkte Gras. Ein Knistern ertönte, und eine Feuerwand sprang hundert Meter lang am Rand der Felder und mindestens zwanzig Fuß weit in die Höhe.

»Ohh! O – Gott, Gott, Gott!«

Turner stand in Flammen! Auf seinen Armen und seiner Brust tanzten wütende gelbe Flammen. Aufgeregt versuchte er sie mit seinen Händen auszuklopfen. Die Flammen klangen wie im Wind flatternde Markisen.

Benson packte ihn – und bekam eine brennende Hand ins Gesicht. Er wich zurück, sein eigenes Haar und eine Schulter in Flammen.

»Ein Fluch, ein Hexenfluch liegt auf uns!«

Turner brannte lichterloh. Sein Gesicht war eine grauenvolle Maske des Schreckens und der Qual, seine Arme und seine Brust loderten. »Helft mir! Oaaahhhh Gott! Aaaahhh!« Er begann zu rennen, dann stürzte er auf die Straße. Er schlug sich mit seinen brennenden Händen auf den Kopf, und auf seinen Haaren tanzten bläuliche Flammenzungen.

Zwei Männer hatten ihre Mäntel heruntergerissen. Sie stürzten sich auf Turner und erstickten die Flammen. Fettiger Qualm wallte unter den Mänteln hervor.

Als das Feuer gelöscht war, eilte Simon zu seinem Getreuen, kniete neben ihm nieder. Fast hätte er aufgeschrien beim Anblick des furchtbaren Werks, das das Feuer angerichtet hatte. Er mußte sich anstrengen, seine Stimme ruhig klingen zu lassen. »Du wirst wieder in Ordnung kommen«, sagte er. »Gott wird dich heilen.« Aber der Mann war alles andere als in Ordnung. Seine Haare waren schwarz, seine Wangen und seine Schultern leuchteten feuerrot, wo sie nicht geröstet waren. Und seine Hände, die Hände des armen Mannes, waren nur noch zwei versengte Stümpfe.

Simon konnte sich nicht mehr unter Kontrolle halten. Er weinte. Die Augen des armen Turner rollten in seinem Kopf.

»Heh! Leute!«

Eine junge Frau in Jeans sprang mitten durch das Feuer, das sie gelegt hatten, gefolgt von zwei weiteren und dann drei jungen Männern. Simon sprang auf. Er war jetzt aufrichtig entsetzt. Es war ein Fluch und auch ein Zauber – diese Hexen wurden von dem Feuer nicht einmal angesengt. »O Jesus, es sind tatsächlich lebende Dämonen!«

Simon wandte sich um und sah, daß die meisten seiner Männer auf der Straße waren und davonrannten. An der

Spitze Deputy Benson, der sich ein Taschentuch auf die Wange preßte, wo Turner ihn verbrannt hatte.

Simon schaute die beiden Männer an, die bei ihm geblieben waren. Dann blickte er auf Turner hinab, dessen Augen rollten und dessen Beine sich langsam bewegten, als liefe er in einem furchtbaren Traum noch immer vor den Flammen davon, die ihn erfaßt hatten.

Die Hexen waren stehengeblieben. Sie standen beieinander und starrten verblüfft auf den verbrannten Mann. Simon sah harte, unmenschliche Gesichter, bösartiges Grinsen. »Laßt uns verschwinden!« brüllte er.

»Und was ist mit ihm?«

»Er ist ein toter Mann.«

Drei weitere Hexen sprangen durch die Flammen. Sie hatten Schaufeln bei sich. Auf der anderen Seite der Feuerwand rief jemand Anweisungen.

Simon ergriff genauso panisch die Flucht wie der Rest seiner Gruppe. Und während er startete, hörte er auch die Schritte seiner letzten beiden Getreuen, die seinem Beispiel folgten.

Diese Hexen waren ein gut organisierter Haufen. Sie waren bereits damit beschäftigt, die Flammen zu ersticken, diese verdammten Schwarzseelen. Als Simon das Tor erreichte, wandte er sich um, um sich zu vergewissern, welche Fortschritte sie machten – und seine Füße rutschten unter ihm weg. Er landete mit einem dumpfen Schlag und einem nassen Platschen. Er war auf den Brombeeren ausgerutscht. Davis und Nunnally rannten an ihm vorbei. Für einen kurzen Moment glaubte Simon, von wilden Hexenfrauen gefangen zu werden, die in ihren flatternden Umhängen die Straße herauf kamen. Sie schwenkten lange Holzstäbe. Er kämpfte sich auf die Füße und rannte weiter. Sein rechtes Bein schmerzte höllisch, und seine Hände und seine Kleider waren voll roter Flecken.

»Simon«, hörte er hinter sich. »Simon Pierce, du Narr!« Es war eine vertraute Stimme, eine sehr vertraute Stimme. »Lauf nicht weg! Hab keine Angst!«

Er zögerte. Das war eine Stimme aus seiner eigenen Kirche! Er hatte sie schon bei Gebet und Gesang vernommen. Er hatte auch gehört, wie diese Frau gerettet wurde. Sie gehörte zu denen, die ihren Mann verlassen hatten, und sie hatte auch ihre beiden jüngsten Kinder mitgenommen. Er wandte sich um. »Effie, bei der Liebe Jesu, laß mich dich nach Hause bringen.«

»Oh, Simon, nein. Das kann ich nicht.« Sie kam zu ihm, die Wangen gerötet und die Augen blitzend. »Du machst einen großen Fehler. Auch sie sind Gottes Volk. Wir verehren ihn nur auf eine etwas andere Art und Weise.«

»Die Verdammten huldigen dem Satan anders als die Geretteten dem Herrn huldigen.«

»Du begreifst einfach nicht. Dies ist der beste, der glücklichste, der moralisch reinste Ort, an dem ich je gewesen bin. Ich bin stark und gesund. Sogar meine Allergien sind verschwunden. Und du solltest Feather sehen – das ist der Hexenname der kleinen Sally –, sie ist nicht mehr das schüchterne kleine Mädchen, das ihr Daddy immer schlug. Sie ist jetzt die Hohepriesterin des Kinder-Covens, und sie nimmt ihre Aufgabe so ernst. O Simon, dieser Ort ist so voller Liebe, genauso wie Christus voller Liebe ist. Du kannst nicht Christ sein und so erbittert hassen!«

»Du dienst dem Teufel!«

Sie reckte den Kopf, stolz und trotzig. »Nein, mein Herr, du bist derjenige mit Feuer und Schwert in der Faust. Wenn es einen Teufel gibt, dann bist alleine du sein Diener.«

Simon streckte seine Hand nach seiner abtrünnigen Anhängerin aus, aber sie wich vor ihm zurück. Die anderen Hexen drängten heran, das heißt die, welche nicht bei Turner geblieben waren. Simon drehte sich um und verließ mit schnellen Schritten das Land.

Der Van rollte bereits, als er ihn erreichte. »Stopp! Warte auf mich!« Eddie Martin saß am Steuer; es war sein Wagen. Simon schlug mit der Faust gegen die glänzende Seitenwand. »Eddie, bitte!«

Schließlich blieb er stehen. Die hintere Tür glitt auf, und Simon kletterte hinein. Es war ein gemütlicher Van, mit Sitzen an den Seiten und einem großen Kühlschrank gleich hinter dem Fahrer. Eddie packte den Kühlschrank immer mit Budweiser voll, wenn er einen Jagdausflug nach Pennsylvania unternahm. Dort in den Endless Mountains wimmelte es nur so von Rotwild.

»Wir haben Turner zurückgelassen! O Jesus, wir haben Turner liegengelassen!«

»Reg dich nicht auf, Benson«, sagte Eddie hinter seinem Lenkrad. »Betrachte es doch einmal anders. Wir haben der Satans-Farm Schaden zugefügt, und die meisten von uns sind am Leben und haben eine Menge zu erzählen.«

Simon hätte es selbst nicht besser ausdrücken können. Eddie war ein Mann nach dem Willen des Herrn.

»Die Hexen hätten uns alle töten können«, fügte Simon hinzu. »Wegzulaufen im Dienste des Herrn ist keine Schande, Männer. Wichtig ist alleine, daß wir zurückkehren werden.«

»Ein Mann ist tot. Hier wird deshalb bald die Hölle los sein. Wir hatten in Maywell schon seit zwanzig Jahren keinen Mord mehr, nicht seit der alte Coughlin überschnappte und auf die Unitarierkirche schoß.«

»Wer hat etwas von Mord gesagt, Bruder Benson?«

»Der Mann wurde in Brand gesteckt – von einem Zauber!«

»Du willst jemand sein, der Gesetze lehrt, dabei kennst du die Gesetze nicht einmal. Der Staat von New Jersey akzeptiert keine Geschichten über Zaubersprüche, ganz gleich ob sie stimmen oder nicht. Der Gerichtsarzt wird einen Unfall daraus machen. Wir sind die einzigen, die wissen, wie es wirklich war; und wir haben dafür nicht den geringsten Beweis, oder etwa doch?«

»Diese Alraunwurzel. Die können wir vorlegen.«

»Du mußt erst einmal die Wirksamkeit der schwarzen Magie beweisen. Magie gibt es, seit Satan in die Hölle geworfen wurde, und es ist bis jetzt noch nichts bewiesen worden. Nein, Bruder, das ist jetzt dein persönliches Problem. Wir wissen, daß dort ein Zauber gewirkt hat und daß der arme Mann verhext war, aber der Staat New Jersey hat keine Ahnung davon, es ist ihm auch egal. Warum, meinst du, duldet der Staat überhaupt lebende Hexen auf seinem Gebiet? Erzähl mir jetzt nicht, die Bürokraten wüßten nichts über sie. Diese Regierungsleute, ihnen gefällt es, wenn die Arbeit Satans in ihrer Mitte erledigt wird! Und wie sie das mögen. Wir sind Soldaten, jeder von uns, Soldaten des Herrn. Aber wenn man den Staat New Jersey fragt, dann wird er antworten: Es war ein Unfall!«

Ein vielstimmiges Amen erscholl. Der arme Turner hatte im Dienst des Herrn einen schweren Tod gefunden, aber er hatte für sie alle etwas Gutes bewirkt. Sein Tod machte ihn zu einem Märtyrer, und er war der positive Beweis für die gesamte Kongregation, daß die Hexen böse waren und vernichtet werden mußten. Simon würde für diesen Engel eine Messe veranstalten, wie Maywell sie noch nie gesehen hatte.

Das Volk des Herrn würde nicht aufgeben, nur weil es ein Opfer zu beklagen hat. Im Gegenteil, die Tragödie würde ihm neue Kraft verleihen. Sie waren vom Blut eines der Ihren geläutert worden. Bis dahin waren sie nicht mehr gewesen als eine Schar verängstigter Kinder.

Nun würden sie zum flammenden Schwert, das von der gerechten Hand Gottes geführt wurde.

Kapitel 20
Folter

Es fiel Amanda leicht, dem Bären zu folgen, denn er trug Glocken um den Hals, und wenn er sich bewegte, dann klingelten sie fröhlich. Eine leichte Sommerbrise wehte um Amandas Kopf, und sie ging lachend hinter dem schwarzen Tier her durch die Gassen und Plätze ihrer eigenen frühen Kindheit.

Sie strebten einem bestimmten Tor entgegen, einem sehr wichtigen Tor.

Das kleine Mädchen, das den Bären führte, blieb neben Dads wertvollem blühenden Pflaumenbaum stehen, dem in Metuchen, in jenen schönen Tagen, ehe sie nach Maywell umgezogen waren.

Sie hatte ein süßes Gesicht, ihr Kleid war aus blauer Spitze, und sie versteckte die rechte Hand stets hinter ihrem Rücken, eine reizende Pose. Sie winkte mit der linken

Hand, und Amanda konnte der Verlockung nicht widerstehen, auf das alte hintere Tor zuzurennen, das in ihren Hof führte.

Das alte Hintertor, der alte Hof: hier war immer ein warmer Junitag 1969, ein Jahr höchster Glückseligkeit, lange bevor die Probleme in Amandas Familie begannen.

Sie öffnete das Tor und trat hindurch. Sogar die Luft roch gut! Sie zitterte fast vor Freude. Gleich um die Ecke des Hauses konnte sie sich lachen hören, ihre eigene, sechs Jahre alte Stimme, glockenhell und voller Freude. Sie wollte weitereilen, doch dann zögerte sie. Dies war die falsche Richtung. Sie mußte den Kessel wiederfinden, um mit den Hexen erneut Kontakt aufnehmen zu können. Warum war sie dem Bären gefolgt? War sie hypnotisiert worden?

Sie wandte sich um, um zurückzugehen. Augenblicklich veränderte sich alles. Lautes Geschrei ertönte und Dröhnen, Wände erhoben sich, ein Holzdach krachte nach unten, und im gleichen Augenblick fand sie sich auf ein Bett gefesselt in einem Sägewerk wieder. Baumstämme rumpelten vorbei. Wenn sie an ihrem Bauch entlangschaute, gewahrte sie die Quelle eines ohrenbetäubenden Singens und sah das verwischte Schimmern der Säge; und sie wußte, daß sie in zwei Teile geschnitten würde. Sie bäumte sich auf, sie warf sich hin und her, sie kreischte. An einem weiter entfernten Fenster gewahrte sie Tom, der seinen Rücken streckte und ausspuckte und dann hinter der Scheibe auf und ab ging, seine Augen zwei Lichter voller Grauen.

Die rechte Hand des kleinen Mädchens, losgelöst von ihrem Körper, erschien in der Luft und legte den Hebel um. Das Singen der Säge wurde immer schriller, und das Brett begann zu vibrieren. Amanda spürte schon bald einen kühlen Windhauch an ihren Fußsohlen, dann eine scharfe Hitze, als das Sägeblatt näher kam.

Dann rotierte es zwischen ihren Beinen, wobei der rasende Stahl die Haut an ihren Fußknöcheln und an der Innenseite ihrer Knie weghobelte.

Sie erinnerte sich plötzlich, als sie erst zehn war, wie sie unter der Bettdecke *Der wahnsinnige Mönch* beim Licht der Taschenlampe gelesen hatte.

Er hatte eine Frau in zwei Hälften zersägt. Er hatte es langsam gemacht.

Und sie, in ihrem sommerlichen Bett, hatte sich nicht die schreiende Qual vorgestellt, zerrissen zu werden, sondern das viel leisere Grauen des Lufthauchs auf ihrer Scham, welcher das Herannahen des rotierenden Werkzeugs ankündigte.

Diesen kleinen Windhauch spürte sie jetzt, und zwar oben an ihren Oberschenkeln. Heißes Sägemehl wirbelte hoch, dann senkte es sich wieder und kitzelte auf ihrem Bauch. Schon bald würde der Klang des mit einem hohen Singen schneidenden Stahls sich zu einem etwas weicheren Schnarren verwandeln.

Das Mädchen beugte ihr zartes Gesicht über Amanda und schaute sie an. Ihre Augen waren nicht mehr blau. Sie waren rot wie bei einem Apfel.

»Versuch nicht zurückzukehren. Du machst einen großen Fehler. Wir wollen dir nicht weh tun, Amanda. Wir haben noch nicht einmal etwas gegen dich. Im Gegenteil, wir wollen dich zu einer von uns machen.« Und ihre Augen wurden wassergrün.

Amanda war von sich selbst angeekelt. Sie hatte sich so einfach hinters Licht führen lassen. Wie dumm, auf einen simplen Karnevalstrick mit einem sprechenden Bären hereingefallen zu sein. Aber sie würde sich nicht erweichen lassen, nicht einmal jetzt. Sie war immerhin tot. Und die Säge und der Körper waren beide nur Einbildung.

Als die Klinge sie schließlich berührte und sie das gefräßige Grauen der Zähne an ihrer versteckten Haut spürte, brach alles zusammen, was sie an Entschlossenheit aufgebaut hatte. »Ich verspreche es! Ich werde nicht zurückkehren.«

»Ich glaube dir nicht.« Der Klang der Klinge veränderte sich. Amanda hatte das Gefühl, als würde sie brutal gekniffen, als würde ihre Haut zusammengepreßt und fortgerissen.

»Ich gehe nie mehr zurück! Ich gehorche dir! Ich schwöre!«

»Bei was?«

»O halt die Säge an. Halt sie an!«

»Bei was schwörst du?«

»Bei – bei –«

»Bei deiner eigenen unsterblichen Seele?«

»Bei meiner Seele! O ja, bei meiner Seele!« Konnte ein Dämon heraushören, wenn man ihn belog? Amanda hoffte es nicht.

»Na schön, ich gebe dir deinen Sommertag zurück.«

Augenblicklich befanden sie sich wieder in dem alten Hof, Amanda und dieses seltsame kleine Wesen. Während das Mädchen vor ihr herging, gewahrte Amanda, daß die Kleine am Ende des Armes, den sie immer versteckte, einen Stumpf hatte.

Das Mädchen erwähnte es nicht, und Amanda wagte es nicht, darüber zu reden. Deshalb setzten sie ihren Weg schweigend fort. Auf der Leine hing Wäsche, darunter auch Amandas Lieblingsjeans mit den weiten Beinen. »Ist das der Kindheitshimmel?«

»Oder die Hölle. Was immer dir lieber ist. So manches Kind hat als schweigenden Beobachter des Lebens ein eigenes totes Ich.«

»Aber die Zeit... die Vergangenheit... wie...«

Das kleine Mädchen zuckte die Achseln. »Es ist nicht so wichtig.« Sie hockte sich ins Gras und bedeutete Amanda mit ihrem Armstumpf, sich neben sie zu setzen. »Du hast die richtige Entscheidung getroffen, mit mir und Ursa zu kommen. Die Hexen nennen diesen Ort das Land des Sommers. Die Christen kennen es als Himmel. Und dein alter Hinterhof ist erst der Anfang. Auf der anderen Seite des Highway stehen geflügelte Paläste, und dann wartet gleich hinter der Drive-in-Bank das Erlebnis, Gott zu schauen.«

Das war überhaupt kein Himmel, und Amanda wußte es. Sie blickte traurig zum Tor zurück. Tom war verschwunden. Dahinter erstreckte sich die weite graue Ebene, wo ihre Reise durch den Tod begonnen hatte. Ganz schwach konnte sie den heiseren Gesang der Hexen vernehmen.

»Sie brauchen mich. Ohne mich geben sie auf.«

»Du brauchst nicht dorthin zurückzukehren, Amanda. Du hast deinen Tribut an die Hexen geleistet.«

»Aber ich wurde noch nie gebraucht, nicht so wie jetzt. Es ist nicht so, daß ich ein schlechtes Gewissen habe, wenn ich ihnen nicht helfe. Ich weiß, daß ich in vergangenen Leben sehr viel geleistet habe. Ich habe Moom gesehen. Aber ich liebe sie.«

Für einen Moment wurden die Augen des kleinen Mädchens so hell wie blutige Sonnen. »Ursa!« rief sie, »ich brauche dich!«

Der Bär kam heran, wobei seine Glöckchen in einer Weise anschlugen, die Fröhlichkeit signalisieren sollte. Er beugte sich näher zu Amanda hin. Sein Atem war so süß, oder nicht? Als sie diesen schweren, heißen Odem wahrnahm, dachte sie sofort an Nachtschattengewächse oder auch an verfaulte Pflanzen.

»Demnach haben also die *Leannan* und Constance damit Erfolg gehabt, dich von deiner Schuld zu befreien, und du willst noch immer zurückkehren. Starkes Mädchen.«

»Ich sagte doch schon, ich liebe meine Hexen.«

»Du liebst die Folter – denn genau die wirst du erleben, wenn du zurückgehst.«

»Dann muß ich sie eben über mich ergehen lassen.«

Das Mädchen lächelte. »Wir sind uns so ähnlich, du und ich. Du bist eine gute Magierin, Amanda, und ich bin eine schlechte.« Sie lachte ein wenig. »Mit acht Jahren war ich ein Monster; und ich wurde ermordet, ehe ich dreizehn war.«

Amanda schaute ihr in die Augen. Sie waren völlig ohne Tiefe. Sie schienen wie aufgemalt. Sie sah nichts, keine Weisheit, keine Hilfe, nicht einmal Haß. Dämonen können manchmal wie Menschen aussehen und manchmal wie Alptraumwesen, aber im Grunde schienen sie Maschinen zu sein.

»Da du ja so stur bist, Amanda, werde ich dir jetzt eine Vergangenheit zeigen, die deiner Zukunft sehr ähnlich ist, wenn du zurückkehrst.«

»Du meinst, ich habe eine Wahl? Ich kann zurück?«

»Wir sind dir zu Diensten, Amanda. Deine Dämonen sind ein Teil von dir selbst.«

»Ich werde zurückgehen.«

»Ich werde dir den schlimmsten Schrecken zeigen, den du dir vorstellen kannst.«

»Das ist mir gleich, du wirst mich nicht aufhalten.«

»Ich werde dir den Tod auf dem Scheiterhaufen zeigen.«

»Ich muß gehen – jetzt!« Amanda sprang auf.

»Ursa«, sagte das Mädchen träge, »halte sie auf, bitte.« Die Klauen des Bären schoben sich wie Gitterstäbe vor ihr Gesicht. Seine immense Kraft zog sie in das weiche Gras zurück.

»Ich sagte, ich werde dir zeigen, was mit dir geschehen wird. Du kleine Närrin, es ist bereits geschehen. Sieh es dir nur an.«

Die Stimme war größer als das Mädchen – sogar als der Bär. Es war genauso, als hätte der ganze Ort, das Gras, die Bäume, der widerwärtig gelbe Himmel die Worte ausgestoßen. Und die Klauen drangen nacheinander durch Amandas Haut und ihren Schädel und versanken kalt in ihrem Gehirn.

Und brachten Visionen mit.

Sie sah die Erde, wie sie war, als der grüne Matsch sich zum erstenmal darauf ergoß, ein schäumender Kessel von einem Planeten, von bitteren Winden gepeitscht und in der Qual seiner Geburt heulend, die Sonne blau und wild, Kometen und Meteore auf noch nicht festgelegten Bahnen umherirrend, der elektrisch unausgewogene Himmel ließ immer wieder neues Leben in die Masse unter ihm einschlagen.

Ursa jagte sie durch die Schreie und das Klirren von fünf Milliarden Jahren bis hin zu einem verregneten Nachmittag auf einem Berg über einer mittelalterlichen Stadt. In der Nähe stand ein neu erbautes Haus mit häßlichen kleinen Schlitzen als Fenster und knatternden roten Wimpeln.

Sie fühlte sich nicht mehr wie ein Gespenst.

Sie war aber auch nicht mehr ihr altes Selbst, die Amanda mit den Künstlerhänden und den Träumen. Ihr Name lautete hier Marian, und sie verabscheute dieses Haus. Es gehörte dem Bischof von Lincoln, und den haßte sie noch mehr als sein Haus.

Sie saß auf ihrem Berg und verfluchte den Palast unter ihr. Sie war die Lady des Waldes, die Königin der Hexen. Die Strumpfbänder, die sie trug, unterschieden sich nicht sehr von denen Mooms, aber sie befanden sich nicht an schmutzigen nackten Beinen. Diese Strumpfbänder lagen auf einer Haut so blaß wie Milch.

Sie war die große Herrscherin der ländlichen Welt. Ihre

Schönheit besänftigte die wildesten Herzen, und in dieser Zeit gab es davon eine ganze Menge. Ihre Mutter hatte noch in aller Offenheit regiert, doch wegen der Christen war Marian fast ständig auf der Flucht und kam nur zu ganz besonderen Gelegenheiten auf ihren Zeremonienberg. Die übrige Zeit verbarg sie sich im Sherwood Forest, verteidigt von Robin Goodfellow und seinen Gefährten.

An diesem besonderen Morgen jedoch saß sie auf ihrem Hocker und empfing ihre Untertanen. Am vergangenen Abend war Maiabend gewesen, und Robin als Pate hatte den Mond auf sie gezeichnet. Sie hatte gespürt, wie er in ihren Bauch gelangte und dort während des Festivals in der Dunkelheit leuchtete. Wie die Frauen im Wald gestern gekreischt hatten, während die Dudelsäcke heulten und die Trommeln dumpf rollten. Robin mit seinem Geweih war herumgesprungen und hatte getanzt, bis sein großer Stein von einem Teufelsschwanz senkrecht vor ihm stand, und er und Marian hatten sich der allgemeinen Verzauberung angeschlossen.

Der Bischof, das wußte sie, raste vor Wut über dieses Brunst-Fest.

Er sagte, er habe aus Rom ein Dekret bekommen, in dem es heiße, daß sie und ihresgleichen als fleischgewordene Dämonen erkannt worden seien. Sie hatte ihm darauf nichts erwidert, an jenem Sonntag nach Lichtmeß, als er sie von den Stufen seiner armseligen Kirche herab herausgefordert hatte. Sie war schließlich noch immer Jungfrau von England. Es stand ihr nicht an, mit einem gemeinen Bischof zu reden; sogar der König kniete vor ihr nieder, nicht wahr, und zwar im geheimen. Selbst Edward küßte während der Mysterien ihre Strumpfbänder in Mabs Höhle.

So saß sie auf dem Mabhill und ließ den Wind mit ihrem Haar spielen und verband all die miteinander, welche in der Nacht miteinander ihren Spaß gehabt hatten, und tat so, als bemerke sie die Ankunft des Bischofs und seines kettenrasselnden Soldatentrupps nicht.

Ein junger Mann gewahrte ihn, hob eine Hand und sagte: »Knie nieder vor der Jungfrau von England!« Als Erwiderung blickte der Bischof von Lincoln zum stummen Gott der Katholiken auf. Der Elfen-Junge, der breit und kräftig und stark war, reckte sich und stieß die weiße Mitra vom Kopf des Bischofs.

Er war kahl bis auf seine Tonsur, und deren lange braune Locken flatterten im Wind. Das Volk lachte, und als sie es taten, kitzelte einer der Soldaten den Elf mit einem Dolch. Der Elf taumelte nach hinten, als Blut aus der Wunde schoß, welche der Dolch in sein Gesäß gerissen hatte.

Diesmal lachten der Bischof und seine Männer und zwar auf Kosten des Jungen. Bald verließen sie den Berg und kehrten in die Stadt zurück und schlossen die Tore hinter sich.

»Der Bischof hat einen Elf bluten lassen«, flüsterten die Menschen. In den darauffolgenden Tagen verbreitete die schreckliche Nachricht sich im ganzen Land, und schon bald leerten sich alle Kirchen, von denen die meisten noch so neu waren, daß ihre Steine noch weiß leuchteten.

In den darauffolgenden Monaten verarmte der Bischof und mußte viele seiner in Waffen stehenden Männer von dannen ziehen lassen.

Und was die betraf, die zurückgeblieben waren, so verging kaum eine Nacht, in der die kleinen Elfen nicht einen von ihnen mit ihren kleinen Pfeilen vergifteten. Am Mittsommernachtsabend kam der Bischof und kniete vor Marian nieder und küßte die Strumpfbänder der Jungfrau von England.

In diesem Jahr, 1129, war die Mittsommernachtsfeier ein großes Vergnügen mit all den getrauten Paaren von dem Feuersprung im Mai und mit dem Bischof und seinen Priestern, als sie für die Göttin alleine tanzten, zusammen mit dem einfachen Volk der Grafschaft.

Aber dieser Bischof war raffiniert. Nicht für einen einzigen Moment ließ er von seinem stummen Gott ab, und er vergaß auch nicht seinen Papst in dessen Königreich in Rom. In Grimby lief ein schwarzes Schiff im Hafen ein, heraufgeschickt, wie man sich erzählte, von der großen katholischen Festung von Canterbury. Auf diesem Schiff reisten siebzig hochgewachsene Ritter und siebzig Knappen und Pferde für alle. Sie marschierten durch die Lincoln Wolds und erklommen den Berg.

»Meine Lady«, sagte der Elfenbote schließlich, »sie haben den Trent in Booten überquert, die aus den geheiligten Bäumen gemacht wurden, die am Ufer standen.«

Sie nickte nur und hieß ihn, sich zurückzuziehen, ehe sie sich wieder ihrem Weinen hingab. Niemand außer ihr wußte, wie sehr sie gegen das Eintreffen der Richter mit Gebeten und Beschwörungen gekämpft hatte. Und alles umsonst. Daß sie bereits den Trent hinter sich hatten, konnte nur eines bedeuten: Ihre Stunde war gekommen. Die Göttin rief ihre Jungfrau zum Roten Mond zurück.

Aber ihre Leute brauchten sie. Ohne ihren Glauben würden sie dahinsiechen und sterben. Sie würden gottlos oder, schlimmer noch, Katholiken werden. Alleine in ihrem Palast tief im Sherwood-Wald verborgen, wartete sie und betete. Ihr Gebet nahm die Gestalt einer Visionssuche im Kessel der Greisin an. Sie schaute lange in das blubbernde Stew ihrer eigenen Vergangenheit.

Früher war diese Art von Suche immer mit Weisheit belohnt worden.

Aber nicht dieses Mal. Nein, ihre *lange syne* – die Erinnerung an ihre bisherigen Leben – wurde für sie geschlossen.

Und was sollte nun aus diesem schönen Palast aus Holz und Weidengeflecht und aus ihrem Robin werden? Sie seufzte bei dem Gedanken, daß die Holzbalken niedersanken und den Termiten und dem Schwammpilz überlassen wurden und daran, daß der schöne tanzende Robin niemals mehr tanzen würde.

Nachdem die Ritter den Trent überquert hatten, folgte eine Woche allmählich zunehmender Spannung. Sie wagten es nicht, das Waldreich der Jungfrau zu betreten, denn dort wäre ihre Rüstung ihnen nicht Schutz genug, wo die Elfen und Feen sie töten konnten, während sie schliefen, oder ihre Essensvorräte vergifteten.

Aber die Ritter brauchten gar nicht den Wald zu betreten. Sie kannten die kalte Wahrheit: Wenn sie lange genug warteten, dann würde die Jungfrau zu ihnen herauskommen.

Die Tage wurden kürzer, und der Nordwind kehrte in den Sherwood-Wald zurück. Robin unternahm nutzlose Raubzüge in das Lager der schwarzen Ritter, doch ihre Verteidigung war immer auf dem Posten und schlug ihn jedesmal zurück. Mehr noch, die Eisenrüstung der Ritter schützte vor den Treffern auch des raffiniertesten Bogenschützen. Ihre dünnen vergifteten Pfeile konnten zwar ein Kettenhemd durchdringen, aber von den Metallplatten prallten sie ab.

Halloween kam heran, und damit auch der uralte Brauch der Jungfernreise. Noch nie in der Geschichte hatte bisher eine Jungfrau davon abgesehen, dieses uralte Ritual durchzuführen. Sich jetzt zu verstecken, würde heißen, daß die alte Religion offensichtlich keine Macht mehr hatte oder daß ihre Zeremonien nicht mehr wert waren als das nackte Leben einer Jungfrau.

Sie konnte nur hoffen, daß der Bischof von Lincoln am Ende zögern würde, sie zu töten, aus Angst davor, daß die Landleute sich gegen ihn erheben könnten.

Aber er war ein schlauer Mann. Oberflächlich betrachtet schien es, als hätte er mit diesen Rittern nichts zu schaffen. Der Sheriff von Nottingham war ihm in dieser Situation als Zwischenträger dienlich; er kommandierte die Truppe. Nur wenige der einfachen Leute wußten genau, um was es wirklich ging.

Der rote Mond ging am Halloween-Abend auf, und die Feen kamen mit der silbernen Kutsche. Sie war vor Jahrhunderten von einem Silberschmied der Feen geschaffen worden. Die Kutsche war eine Schale aus Silber mit silbernen Rädern. Gezogen wurde sie von acht Feenpferden, kleine Tiere, aber stärker noch als ihre Herren.

Sie waren in den unteren Regionen des Waldes unterwegs, wo die Bäume so mächtig waren und so dicht beieinander standen, daß die Durchfahrt mit einem eleganten Gefährt nahezu unmöglich war.

An diesem Halloween-Abend erreichte sie den Mabhill nicht. Als sie den Wald verließen, machte der Sheriff von Nottingham sich hinter einem Zaun bemerkbar. »Hallo, seid ihr die Hexenkönigin?«

Sie sagte nichts.

»Ganz gleich, ob Ihr's seid oder ob Ihr's nicht seid, Ihr könnt auf keinen Fall hier durch. Ich suche die Jungfrau von England, um ihr die Strumpfbänder zu küssen und mich mit ihr zu vergnügen. Seid Ihr diese?«

Sie durfte eine Antwort darauf nicht verweigern; dies zu tun, wäre Gotteslästerung. »Ich bin die Jungfrau, guter Herr«, sagte sie und hob für ihn die Röcke.

Aber er kam nicht zu ihr. Statt dessen sprangen Ritter aus Nischen und Löchern und packten sie mit eiserner Hand. Die Elfen wehrten sich mit ihren kleinen Schwertern, aber sie konnten gegen die Lanzen nichts ausrichten. Zwei Ritter fielen durch Treffer zwischen die Ritzen ihrer Rüstungen, doch die meisten Pfeile richteten keinen Schaden an. »Seht doch, sie wollen mit Zweiglein gegen uns kämpfen, diese Zwerge«, lachte einer der mächtigen katholischen Soldaten.

Der stumme Gott war doch nicht so schwach, wie Marian gehofft hatte.

Sie setzten sie in einen Käfig, der aus Binsen geflochten war, und schleppten sie durch die Nacht und kamen am nächsten Morgen in Lincoln Town an. Die Jungfrau war vorher noch nie in einer Stadt gewesen, und sie sah zu ihrem Erstaunen Hühner und Schweine auch dort herumlaufen, wo sonst die Menschen ihre Wege und Plätze hatten. Kein Wunder, daß die Stadtleute alle krank aussahen und zu Aufruhr neigten. Qualm hing in den Straßen, und Trolle wanderten umher und bettelten zischend um Geld. Brot war in großen Mengen in den Häusern aufgestapelt und an den Türen lagen Weinschläuche. Da waren auch viele Fässer mit Apfelsaft und Cider. Die Kranken lagen in den Ecken herum, und schmuddelige Kinder rannten mit Abfallresten in ihren schwarzen Händen hin und her. Sie konnte nur staunen, als sie sich aus ihrem engen Käfig die Wunder und das Grauen dieses Ortes anschaute.

Am Ende tauchte auch der Bischof von Lincoln auf. Angekündigt wurde sein Erscheinen durch ein lautes Blasen auf dem Krummhorn, und begleitet wurde er von Soldaten in weißer Rüstung. Er selbst saß auf einem Pferd, und seine Brust war goldglänzend; auf dem Kopf trug er einen Helm aus poliertem Messing.

Er mochte imposant erscheinen, aber Marian war die Jungfrau von England, die Göttin der Erde, und sie erwiderte seinen Blick sogar aus ihrem Käfig heraus. Er sagte nichts, denn dies war sein Reich, hier hatte er Herrschaftsgewalt. Aber wie wollte er diese Herrschaft ausüben? Würde er ein Gefängnis um den Wald erbauen oder den Himmel einfangen? Wie wollte er ihrer habhaft werden?

In einer Prozession, die von Tanz begleitet war, brachten sie sie eine schlammige Straße hinauf und durch ein Holztor des Bischofspalastes. Über dem Tor sah sie etwas Grauenvolles, es war ein Anblick, der sie innerlich zu Eis erstarren ließ. Es waren viele Dornen dort angebracht, und auf jedem Dorn steckte der Kopf einer Fee. Einige waren schon schwarz von Fäule, andere waren kahl bis auf die Knochen, und von anderen tropfte sogar noch Blut herunter.

Wie konnte dieser Mann es wagen, Feen zu töten? Sie würden die Pocken auf ihn und alles, was mit ihm zu tun hat, herunterbeschwören. Sie würden ihn vergiften.

Aber sie hatten es nicht geschafft, denn er ritt noch immer stolz und unversehrt einher.

Ganz egal, was noch geschehen sollte, sie würde niemals zum stummen Gott beten. Ihr Leben gehörte der Göttin; mehr noch, sie war die Göttin. In den Mysterien wird enthüllt, daß eigentlich jede Frau eine Göttin ist. Sie ist sowohl das Wasser wie auch die durstige Kehle; sie ist auch das Trinken. Und der gehörnte Gott, der Pate, den die Katholiken den Teufel nennen, ist gleichzeitig als Tod ihr Verbündeter, der das Leben gibt und es nimmt.

Die Katholiken erklären, der Mensch wäre aus der Sünde geboren. Aber was war das? Marian hatte nie eine gesehen. War es möglich, daß diese Sünde aus einem Becher ausgekippt wurde oder daß man sie auf dem Markt verkaufte? Nein, sie sagten, diese Sünde lebt in der Seele. Aber wo? Die Greisin des Kessels wohnte hier, und der Kessel zeigte die Wahrheit nur in seinem spirituellen Inhalt. Sie wußte es, sie hatte schon oft davon gekostet.

Sie trugen sie in eine hohe, dunkle Halle, die höchst kunstvoll aus Steinen erbaut war. Verglichen hiermit, war ihr eigener Palast wirklich etwas armselig. Aber bei ihr roch es wenigstens nach Wald, nicht nach fettigem Feuer und saurem Bier.

»Wir werden gleich anfangen«, sagte der Bischof. Sie trugen sie über eine gewundene Steintreppe nach unten. Sie bekam von einer jungen Frau, die ihr schnell huldigte, ehe sie verschwand, ein Glas Milch. Wenig später kam der Bischof die Treppe hinuntergestampft. Er hatte sich bescheidene braune Roben übergeworfen.

»Henker, der erste Grad.«

Sie hatte nichts dagegen, daß man sie auszog. Sie war daran gewöhnt, sich vor anderen nackt zu bewegen. Kleider waren lediglich Schutz vor dem Wind. Aber als sie auch Hand an ihre Strumpfbänder legten, fiel sie vor Staunen fast in Ohnmacht. Dann wehrte sie sich gegen ihre fummelnden, unbeholfenen Finger. Sie kämpfte mit aller Energie der legendären Jungfrau Boadicea, die gegen die Römer gekämpft hatte und auch nicht aufhörte zu kämpfen, als fast zwanzig Krieger lachend und furzend auf ihr saßen, die meisten leicht benommen von dem Kampf mit ihr.

Am Ende bekamen sie die alten Strumpfbänder der Göttin, und es war das erste Mal, seit Anbeginn der Zeitrechnung, daß sie sich nicht an den Beinen der Jungfrau von England befanden. Sie schrie auf und wandte sich endlich an den Bischof. »Ich verlange von Ihnen, mein Knappe, daß ich sofort befreit werde, damit ich meine Strumpfbänder wieder anlegen kann.«

»Spannt sie!«

Sie taten mit ihr Unglaubliches. Sie wurde auf eine hölzerne Liegestatt gefesselt, so daß sie nicht aufstehen konnte. Sie knarrte, und als das geschah, schoß ihr ein furchtbarer Schmerz in Arme und Beine. Nach einer Weile knarrte es wieder, und ihre Wirbelsäule schien in Flammen zu stehen. Ihr Magen wollte sich aus seinen Halterungen losreißen. Die Galle kam ihr hoch, und als sie sie ausspuckte, herrschte im Raum heiteres Gelächter.

»Gestehe, daß du eine Hexe und Giftmischerin bist.«

»Ich bin die Jungfrau von England, Sir. Sie müssen doch wissen, daß ich eine Hexe bin. Natürlich bin ich eine Hexe!«

»Du hast die Brunnen von Lincolnshire vergiftet. Gestehe es!«

»Die Feen haben sie mit Pocken angesteckt, Sir. Gebt ihnen

die Totenschädel zurück und bringt keinen mehr um, und ich werde den Fluch so bald wie möglich lösen.«

»Den zweiten Grad, Henker, bitte.«

Die Männer hoben sie von dem Holzbrett herunter und sagten ihr, sie solle stehen, aber sie konnte nicht stehen. Daher mußte sie vor dem Henker knien, als er ihr die Zöpfe abschnitt. Wie lang und schwarz sie waren, wie sie da auf dem schmutzigen Steinboden lagen. Sie summte ein kleines Lied für sie und trauerte dann darüber, daß sie sie nie mehr tragen würde.

Sie schütteten eine schwarze Flüssigkeit über ihren Kopf und zündeten sie an. Die Schmerzen waren furchtbar, ihre Ohren und ihre Kopfhaut rasten vor Schmerz, als wäre das Fleisch bis auf die Knochen heruntergebrannt. Ihr Körper wollte davonlaufen, aber sie stürzte zu Boden, kaum daß sie es versuchte. Um ihre Beine waren dicke Knoten, und sie konnte sie beim besten Willen nicht bewegen.

»Ich bin gebrochen«, stöhnte sie.

»Dann sag endlich, daß du eine Hexe und Giftmischerin bist. Du warst es, die die Brunnen von Lincolnshire vergiftet hat, Lady.«

»Ich sagte doch schon, gebt ihnen die Totenschädel – oh, es tut so weh, Sir, wirklich. Wissen Sie denn nicht, daß ich eine geweihte Göttin bin? O, wo sind meine Strumpfbänder?«

»Der dritte Grad.«

Ihr Kopf schmerzte so furchtbar, daß sie kaum noch denken konnte. Sie konnte jedoch noch fühlen, als man sie hochhob und ihre Handgelenke in Ringe legte. Sie peitschten sie unbarmherzig aus. Sie wurde ohnmächtig, und die Göttin selbst kam zu ihr und machte ihr ein Versprechen, das ihr Mut verlieh. »Nur noch eine kleine Weile wirst du leiden, meine Tochter. Dein Körper wird schon bald den Geist freigeben, und ich werde dich aufnehmen.«

Die Göttin erschien in ihrem Traum als Bärin. Aber als Marian erwachte, war da ein anderes Tier zugegen, ein großer schwarzer Kater, den sie gut kannte. Er stolzierte zischend und den Bischof anfauchend durch den Raum.

»Seht mal – ihr Begleiter ist erschienen, um sie zu retten! Fangt die Bestie, damit wir sie mit ihr verbrennen können!«

Der Mann, der es schaffte, den alten Tom zu berühren, mußte zusehen, wie ihm ein Finger bis auf den Knochen aufgeschlitzt wurde. Dann sprang Tom ins Dachgebälk. Und bald konnte man nur noch seine grünen Augen sehen. Dann, mit einem Zucken seines Schwanzes und einem wütenden Schrei, war er verschwunden. »Siehst du, Kind, selbst der Teufel verläßt dich.«

»Die Göttin kann mich ebenso wenig verlassen, wie die Luft mich verlassen kann.«

»Der vierte Grad!«

Sie legten sie in einem Holzkasten mit Brettern zwischen ihren Beinen. Dann schlugen sie Keile zwischen diese Bretter und preßten und zerquetschten die Knochen ihrer Beine und fügten ihr Qualen zu, die sie schreien ließen, bis kein Ton mehr aus ihrer Kehle drang. »Sag, daß du die Brunnen vergiftet hast!«

Aber sie hatte die Besinnung verloren und konnte nichts mehr sagen.

Sie erwachte vom fernen Hahnenschrei. Ein Junge, vor Angst zitternd, kam zu ihr und legte Breiumschläge auf ihre Beine und ihren Rücken und gab ihr kräftiges Bier zu trinken, soviel sie wollte. Dann huldigte er ihr. »O Göttin«, murmelte er, »die Bauern im Lande weinen, weil die Stadtleute dich gefangen haben.«

»Mein Kind.« Sie konnte nicht mehr sagen und erbrach wenig später das Bier.

Dann erklang wieder das schreckliche Signal aus den Krummhörnern und Dudelsäcken, und der Henker kam zurück. Sie schrie entsetzt auf, als sie ihn sah, doch als sie alleine waren, huldigte auch er ihr und weinte bitterlich. Um ihm mitzuteilen, daß sie für sein Tun Verständnis hatte, legte sie ihm eine Hand auf den Kopf, aber sie hatte nicht mehr die Kraft, irgend etwas zu sagen.

Bald tauchten auch die Soldaten wieder auf und setzten ihr eine trichterförmige Pappröhre auf den Kopf. Dann packten sie sie und schleiften sie hinaus in den nebligen Morgen. Mitten im Garten des Bischofs stand ein Pfahl. Der Sheriff von Lincoln und der Sheriff von Nottingham und andere Lords kamen heran, und der Sheriff von Lincoln verlas die Klage:

»Du bist des Verrats am König für schuldig befunden worden, indem du dich selbst Königin von England genannt hast und seine Brunnen vergiftet hast. Und du hältst Tiere bei dir und sagst, du seist eine Hexe. Kraft meines Amtes als Sheriff dieser Grafschaft befehle ich, daß du an den Pfahl gebunden und für deinen Verrat im Feuer sterben mußt. Deine Asche wird in den Fluß gestreut und wird nicht in geweihtem Boden begraben, denn du bist eine Hexe!«

Sie konnte sich nichts Schlimmeres vorstellen, als von einem Feuer verschlungen zu werden. Sie rollte mit den Augen, wehrte sich trotz der Schmerzen in ihren Beinen. Die Foltern hatten sie geschwächt, und sie konnte nicht fliehen. Bald stand sie an dem hohen Pfahl, an den man sie so brutal gefesselt hatte, daß sie glaubte, die Stricke würden ihren Körper durchschneiden. Sie weinte vor all den Edlen und den Ladys aus der Grafschaft, von denen viele ihr gehuldigt hatten, und vergaß in ihrer Qual, daß sie Jungfrau war.

»Nicht die Fackel!« schrie sie. »O tut sie weg! Tut sie weg!« Aber der Henker, immer noch weinend, legte sie an das Reisig zu ihren Füßen.

Es war eine schreckliche Zeit, zuschauen zu müssen, wie das Feuer herankroch und sich langsam durch das Holz nach oben fraß.

Und plötzlich strich es wie mit glühenden Eisen über ihre Füße. Sie konnte es nicht ertragen, und sie bewegte, was sie bewegen konnte, also nur ihren Kopf. Und dann erfaßten die Flammen auch die Robe, in die man sie gehüllt hatte, und griffen nach ihrem Fleisch.

»O Göttin, Göttin!« Sie wandte ihr Gesicht zum Himmel, um die Herrin der Wolken zu suchen – und sie fand sie. Ja, dort, die Herrin in ihrer unendlichen Vielfalt der Formen und Gestalten, wie sie über den Himmel tanzte.

Während die Flammen sie verschlangen, schaute sie hinauf zu den weißen tanzenden Wolkenwesen, friedlich in einem endlosen Blau.

Und dann starb sie.

Und Amanda, die sich im Land des Sommers rekelte, verstand endlich die Botschaft dieser Erinnerung. Mit gemischten Gefühlen konnte sie voraussehen, was sie erwartete, wenn sie wieder ins Leben zurückkehrte: ein anderes Feuer, eines, das viel langsamer brannte.

Kapitel 21

Constance rührte mit dem Eifer einer Besessenen in dem Kessel. Aber sie war schon alt, und ihr Körper protestierte. Die müden Arme konnten nicht ewig rühren. »Amanda, hör mir zu! Amanda!«

Trotz all ihres Wissens und ihres Verständnisses einer Situation, die sie im wesentlichen selbst geschaffen hatte, hatte Constance nicht mit dem gerechnet, was geschehen war. Irgend etwas Riesiges und Seltsames kam die Straße entlang, ein wütendes, enttäuschtes kleines Mädchen, das irgendwie gleichzeitig in dieser wie in der anderen Welt lebte.

Ihr Körper war dem Verfall bereits anheimgefallen, doch ihr Geist kämpfte darum, ein unvollständiges Leben zu Ende zu leben.

In dem Augenblick, in dem Constance die Wut des toten Kindes spürte, wußte sie, daß sie Mandy möglicherweise nie mehr zurückbekommen würde. Es gibt in seiner Raserei keinen schlimmeren Dämon als den, der sein Schicksal nicht verdient hat. Das Kind war um sein Leben betrogen worden. Die Bitterkeit des Mädchens trieb es dazu, anderen wehzutun. Noch hatte sie die Ursache und Tiefe dieses Wunsches nicht begriffen. Und ohne eine Lebensspanne, die es sie lehren könnte, würde sie es niemals verstehen.

Warum dieser Dämon in Amandas Tod erschienen war, konnte Constance sich nicht vorstellen. Es war so, als gäbe es außerhalb von Amandas Seele Mächte, die ihrer Seele befahlen, die Reise fortzusetzen. Und sie folgte diesen Aufforderungen. Constance konnte es spüren. Sie rührte und stöhnte und schwitzte, aber die Schleier zwischen den Welten wurden dicker und dicker. Sie spürte die Einsamkeit, die sich ausbreitet, wenn ein Geist sich vom Kreis abwendet. »Amanda!«

Das kleine Mädchen war der Schlüssel. Aber was war ihr

angetan worden, das sie zu dem gemacht hatte, was sie war? Warum war sie noch teilweise lebendig? Und wie war so etwas möglich? Ein solches Kind müßte doch längst ganz weit weg im Land des Sommers weilen.

Die einzige Erklärung war, daß ein Teil von ihr immer noch in dieser Welt sein mußte, als würde er sich in einem besonders seltenen Prozeß an reales physisches Leben klammern. Was immer es war, es kettete sie an bittere Erinnerungen. Der einzige Schutz vor ihr würde darin bestehen herauszufinden, wie sich diese seltsame Verbindung unterbrechen ließ.

Vor ihrem geistigen Auge konnte Constance das Mädchen sehen, recht hübsch, in einem blauen Kleidchen – und mit einem Stumpf, wo eigentlich ihre rechte Hand hätte sein müssen.

Das war es demnach, die Hand.

Was schenkte ihm denn Leben? Doch nur Zuneigung und Aufmerksamkeit schafften das, und welche verdrehte Seele könnte denn eine so enge Beziehung zu der abgetrennten Hand eines kleinen Mädchens haben?

In ihrer Vision konnte sie ganz vage Bruder Pierce erkennen, wie er näherkam. Ja, es wurde Zeit für ihn. Sie hatte es genau vorausgesehen in ihren langen Nächten der Meditation vor der *Leannan*, als sie ihren Geist der drastischen Führung durch dieses übermächtige Wesen überließ. Die *Leannan* hätte überall mit Constance zusammentreffen können, doch ihre Zusammenkünfte fanden stets in der Mabhöhle auf der Rückseite des Stone Mountain statt. Constance war es so lieber. In ihrer Qual konnte sie gelegentlich recht laut werden. Ein Blick von der *Leannan* konnte das Ego eines Menschen zerstören. Oft hatte die *Leannan* ihr die furchtbaren Details des Todes vorgeführt, den sie für Constance ausgesucht hatte. Nicht wissend, daß die Zukunft hart ist, sondern wissend, daß sie unerträglich werden kann.

In ihrer männlichen Gestalt als König der Katzen webte die *Leannan* am Webstuhl der Zeit. Sie webte das Leben von Maywell genauso wie sie das Muster von Amandas Reise geknüpft hatte. Aber es war ein recht grober Stoff.

Der Wille und das Bemühen des menschlichen Geistes waren es, die erst die Feinheiten hinzufügten.

Nun kam dieser eckige, von Schuld zerfressene Mann mit einigen seiner Getreuen.

Tom, der dauernd den Hexenkreis umwandert hatte, blieb stehen und drückte sich flach auf den Boden. Ein Blick zu Constance verriet ihr alles: Die Hand wurde nicht erwartet. Sie enthielt eine Wut, die nicht in die Welt der Lebenden gehörte.

Sie war zu unendlicher Zerstörung fähig.

Einen Augenblick später züngelten auf der anderen Seite des Maisfeldes Flammen hoch. Trotzdem und auch trotz der Schreie, die über dem Knattern und Knistern zu vernehmen waren, versuchten Constance und der Wein-Coven ihren Kreis beizubehalten.

»Moom moom moom moom moom moom«, ging der Gesang und wanderte zwischen den Welten umher, als führte er neben seinen Schöpfern ein Eigenleben. »Moom moom moom moom.«

Es gab eine vage Chance, daß Constance den Haß des mißhandelten Kindes ableiten konnte, doch das ging nur, wenn sie alles verstand, was mit dem Mädchen zusammenhing. Für sie war es offensichtlich, daß die Hand in irgendeiner Weise mit Bruder Pierce verbunden war. Aber warum hatte er sie behalten? Sie rührte mit ihrem Haselstock im Kessel und suchte nach Antworten.

Schatten flackerten in dem dampfenden Wasser, Bruchstücke vom Grauen des kleinen Mädchens, ihr bitteres Ausreißerleben und der Mann, der sich in ihre Träume gedrängt hatte und ihr am Ende alles verweigert hatte.

Constance rührte und rührte, aber sie war schon alt und verbraucht, und die Welt im Wasser hatte mit ihr keine Geduld. Ihre Muskeln waren schon vor zehn Minuten vollkommen erschöpft gewesen; nur ihr Wille hielt sie aufrecht. Dennoch hatte sie bisher keine spezielle Vision gehabt, was dem kleinen Mädchen angetan worden sein könnte, das bei ihr eine solche Wut auslöste. Und wo war die Hand? An Bruder Pierces Person. Gütiger Himmel, sie steckte in seiner Tasche!

Sie empfand ihr Leben als einen ausgefransten Saum; sie

wollte die Haselrute fallenlassen. Tom funkelte sie an. In seinen Augen sah sie das Bild der *Leannan*. Die *Leannan* peitschte Constance mit einer Vision von ihrem eigenen Tod. Blaue Flammen rasten über die Decke ihrer Zukunft, gelbe Flammen stachen durch den Fußboden. Das tobende Feuer verwandelte sie in einen schwarzen Klumpen. Sie hörte das Knistern und Zischen ihrer eigenen brennenden Haut. Dann kam der Schmerz; sie schrie vor Qual und versetzte den Wein-Coven in Angst und Schrecken. »Singt!« rief sie. »Singt um euer Leben!«

»Moom moom moom moom!«

Andere Hexen eilten zum Wein-Coven, Roben und Planen von Erntewagen in den Händen, eilten sie den fernen Schreien und Flammen entgegen. In der Nähe klapperten bereits Maiskolben im Wind, der von diesem Inferno ausgelöst wurde.

Der Kessel-Kreis war nicht stark genug, um dem wutentbrannten Kind zu helfen, und so gab es für Amanda nur wenig Hoffnung. »Moom moom moom moom hör unseren Ruf! Moom moom moom *moom!*«

Das Rühren im Kessel durfte nicht nachlassen, sonst wäre Amanda für immer verloren. Schwarze Flügel schlugen in Constances Geist. »Ich werde ohnmächtig! Helft mir!«

Tom sprang auf ihren Kopf und bohrte seine Krallen in ihre Kopfhaut. Der Schmerz hätte sogar einen Rip van Winkle wachgehalten.

»Moom moom moom moom moom –«

Das Wasser wallte auf und warf Blasen, schwer vom Duft von Kräutern und verschiedenen Farnarten, Kochtopf von ein paar gemeinen Kräutern, Fenster zur Seele des Menschen. Schwarzes, gefährliches interessantes Wasser.

Constance war hektisch. Nicht einmal Toms Klauen und sein Schwanz, der sie in der Nase kitzelte, konnte sie noch länger bei Bewußtsein halten.

»Moom moom moom moom!«

Schwarzes Wasser bedeckte Constance. Rudere, rudere, rudere dein Boot sanft den Strom hinunter. Fröhlich und munter, das Leben ist nur ein Traum.

Sie erwachte ein paar Minuten später und stellte fest, daß

der Kreis zerschlagen war und damit auch Amandas einziger Kontakt mit dieser Welt.

Warum um alles in der Welt weckte George Walker sie nicht auf? Er hätte es schon längst tun müssen. Sämtliche Pläne Constances, einen sicheren Weg durch die Unterwelt zu gehen, waren sinnlos gewesen. »Das einzige, was du tust«, hatte die *Leannan* sie beruhigt, »ist Bonnie Haver in ein furchtbares Ende zu schicken. Wenn du nun selbst stirbst, wie willst du die Arroganz dessen erklären, was du getan hast? Würdest du ihren Platz in der Hölle einnehmen? Was würdest du tun, Constance? Sieh dich an, wie du deinen Kopf hochhältst, du arrogantes Biest! Es gibt für Amanda keine andere Garantie als für jeden anderen Schamanen, der diese Reise unternimmt. Wenn es eine Garantie für ihre Rückkehr gäbe, dann wäre sie nicht richtig tot. Du regst mich auf, wenn du das nicht siehst. Wie kannst du nur so dumm, so halsstarrig sein nach allem, was man dir beigebracht hat. Amanda wäre nicht in den Tod gegangen, selbst wenn sie eine Garantie hatte. Sie würde mit reinen Halluzinationen zurückkommen. Du bist eine schändliche Närrin, Constance.«

Die Stimme verletzte mehr durch ihren Ton als durch ihre strengen Worte. »Ich überantworte mich eurer Gnade«, hatte Constance unter Tränen geflüstert. Die Tochter der *Leannan* hatte in der Höhle aufgeräumt. Dann war Tom aufgetaucht, riesig und brüllend, ein Panther mit Zähnen aus Stahl, und hatte sie hinausgejagt.

Es konnte keine Garantie geben. Und Amanda war gestorben, schließlich und endlich.

»Constance! Da brennt ein Mann!«

Sie konnte das grauenvolle Brüllen hören und das Benzin des brennenden Mannes und die klebrigen Überreste seiner versengten Haare riechen. Sie alle rochen es.

»Moomoomoomoom – Moom ...«

»Singt.«

»Connie, wir haben sie verloren. Sie ist nirgendwo mehr.«

»Singt!«

Etwas Furchtbares passierte. Tom sprang hinunter in den Kessel und verschwand mit einem schlimmen Geheul in seinem kochenden Inhalt. Dann, aus dem Wasser aufsteigend, erschien ein kleines Mädchen. Sie winkte mit ihrem Armstumpf. Triumphierend. *Ich bin die Hand, die Hand, die nimmt.*

»Du armes Kind.«

Ein Schrei vom Maisfeld und der Qualm: »Helft uns! Helft uns! Dieser Mann stirbt!« Der Io-Coven war im Augenblick dort draußen. Sie waren zwischen den Maisstengeln herumgelaufen und hatten schadhafte Kolben als Futter für die Schweine gesammelt.

Als das Feuer schon in den unweit stehenden Getreidespeichern wütete, gab der Wein-Coven seine Bemühungen schließlich auf. Angesichts von Connies Erschöpfung, Amandas Irrfahrt und nun dieses kleinen Mädchens, verloren sie alle Hoffnung.

Aber dann änderten die Dinge sich wieder. Bruder Pierce rannte und nahm die Hand mit. Während er rannte, verschwand das Mädchen in einem Funkenschauer, wobei sie mit blitzenden Augen der sich entfernenden Gestalt nachsah.

Da kein Dämon da war, der den Weg versperrte, war der weitere Weg für Amanda klar.

»Wir haben noch immer eine Chance!«

»Moomoomoomoomoomoom . . .«

Aber da war auch nicht der Hauch eines Flüsterns von Amanda.

Es war wirklich ein schwerer Schlag. Nach Constances Tod würde die Covenstatt fortdauern, aber sie wäre ein Schatten ihrer Selbst, schwach und den normalen Zerstörungen des Lebens ausgeliefert. Ohne die Weisheit des Todes und die Verbindung zu den alten Traditionen, die Amanda zurückgebracht hätte, würden sie vielleicht noch eine, vielleicht zwei Generationen überdauern und dann allmählich zerfallen.

Die Maywell-Convenstatt wäre nicht die Wiedergeburt einer alten und friedlichen Lebensart. Die Menschheit würde so weiterleben wie bisher, unfähig, den alles verschlingenden Krieg aufzuhalten, das Bluten der Erde zu stoppen, und sich hilflos dem kommenden Ende entgegenbewegen.

»Hilf uns«, erklang ein weiterer Ruf vom Maisfeld.

Joan und Joringel trugen den verbrannten Mann zwischen sich auf einer Zeltplane. Das Schlimmste an ihm waren seine Hände, die nur noch rußige schwarze Klumpen waren. »Bringt ihn ins Haus«, befahl Constance.

»Bis dorthin ist es zu weit. Er braucht *jetzt* Hilfe.«

Constance gefiel die Vorstellung nicht, daß ein Fremder, ganz gleich wie nahe er dem Tode sein mochte, sich im Dorf aufhielt. Joan und Joringel eilten an ihr vorbei und brachen durch das Maisfeld und ließen sich durch abknickende Halme und die herumfliegenden scharfkantigen Fruchtblätter der noch nicht geernteten Maiskolben nicht aufhalten.

Constance war innerlich vor Verzweiflung über den Verlust Amandas wie gelähmt, aber sie hatte keine Wahl. Die Situation verlangte ihre Anwesenheit. Sie durchbrach den Kreis und folgte den anderen ins Dorf.

Tom jedoch folgte ihnen nicht, denn er war überhaupt nicht mehr da. So schnell und lautlos wie ein Nebelstreif hatte er Maywell durchquert und war zu einem bestimmten Haus geeilt. Auf lautlosen Pfoten huschte er über den Kellerboden und gelangte gleich darauf zum Kätzchen Kate-Raum.

Was für ein Vergnügen würde es für ihn bedeuten, mit diesem katzenhassenden Verrückten abzurechnen. George sollte einen besonders schlimmen und verdienten Tod sterben. Tom hatte alles sorgfältig geplant.

Doch jetzt war noch nicht der richtige Zeitpunkt dafür gekommen. Noch nicht.

Er sprang auf den Tisch, auf dem Mandy und George lagen. Der Wahnsinnige weinte leise, während er den Körper seiner Nichte liebkoste. Der Kater schnüffelte an seinem Bein und schaute an seinem zitternden, gespannten Körper entlang.

Tom sprang wieder herunter und begann den Tisch zu umkreisen. Er hechelte vor Wut. »Miau.«

Der Laut drang tief genug, um George aufwachen zu lassen, aber nicht so vollkommen, daß er sich der Anwesenheit des Katers bewußt wurde. »Uh? O ich – mein Gott, ich war völlig weggetreten!« Er sprang vom Tisch und rannte zu seinen Kontrollinstrumenten hinüber.

Er spürte, wie alles Blut aus seinem Kopf wich. Fünfzehn

Minuten waren es gewesen! Mandy war unwiederbringlich tot.

Fünfzehn Minuten von solch unnachahmlicher Süße. Er hatte auf ihr gelegen, hatte die Reglosigkeit ihrer Lippen geküßt, hatte gespürt, wie ihre Augenbraue seine Wangen kitzelten, hatte seine Lenden gegen den schlafenden Schrein ihres Körpers gepreßt.

Er weinte laut auf, als er sah, was er getan hatte. Dies war seine letzte Chance gewesen, und er war durch das Vergnügen wie hypnotisiert gewesen, ihren toten Körper zu streicheln. Er hatte für sich selbst alles ruiniert.

Nun war er nur noch ein Mörder.

»Miau.«

Was zum Teufel war das? Das konnte doch keine Katze sein, dazu noch lebendig und in diesem Raum.

Er verabscheute die Folter-Katzen an den Wänden seines Zimmers, ihre suchenden Augen und den entflammbaren Pelz. Ihre raubtierhafte Geschicklichkeit, Schmerzen zu verursachen, faszinierte ihn.

Irgend etwas lief nicht ganz richtig. Was wäre, wenn die Folterkatzen...

Aber er hatte sie doch nur aus Magazinen ausgeschnitten. Er hatte sie selbst zu dem gemacht, was sie in der Kammer darstellten. Im Laufe der Jahre hatte er die besten und dramatischsten Katzenbilder gesammelt, die er je gesehen hatte.

Ein großer schwarzer Kater jagte über den Boden – und, mit einem Zischen, verwandelte sich in Silverbell im Augenblick ihres Brennens.

»Nein! Das bist nicht du, du lebst doch gar nicht mehr!« Er wich vor Silverbells geschwärzter, qualmender Gestalt zurück.

Silverbell knurrte. Sie machte einen Schritt vorwärts und schwankte leicht, weil eine Pfote weggebrannt worden war. Sie war jetzt zwischen ihm und der Tür.

»Hau ab!«

Er sagte sich, daß sie nicht wirklich existierte. Sie war tot. Silverbell, die das vergessen zu haben schien, knurrte erneut.

»Willst du mir nicht verzeihen? Bitte verzeih mir!!!«

»Verzeih dir selbst«, schnaubte eine winzige, extrem scharfe Frauenstimme.

Die Stimme war so klein, daß er sie kaum hören konnte, aber sie packte seine Seele mit der Wucht eines Wirbelsturms. Angesichts einer solchen Macht blieb nur noch die Wahrheit übrig, und er schrie sie hinaus: »Ich kann nicht! Kann nicht! Kann nicht! Kann nicht!«

Die Katze hatte sich nun genähert. Sie war so nahe herangekommen, daß er die geräucherte Zunge sehen konnte, die sich zwischen kohlschwarzen Zähnen hindurchschob.

Er trat die Katze mit Wucht, und ihre ausgedörrte Haut zerbröselte. Aber Muskeln und Knochen, auseinandergefetzt, nahmen die Jagd sofort wieder auf und glitten hinter ihm her über den Fußboden. »Gott! O Gott, ich drehe durch! Ich werde verrückt!«

Er stampfte auf den kriechenden und umherrutschenden Resten der Katze herum, trat immer wieder zu, bis auf dem Fußboden nur noch feuchte Flecken zu erkennen waren. »Jesus. Das war aber eine teuflische Halluzination. Wenn das so weitergeht, dann muß ich noch regelmäßig an einen Thorazin-Tropf. Ich muß mich zusammenreißen. Komm schon, Bursche. Du mußt einen toten Körper loswerden.«

Ein weiteres Miau ertönte. Verwirrt blickte George zur Decke, von wo es hergekommen war.

Es war eine wütende, sich windende Masse lebender Katzen. George hatte noch nicht einmal die Gelegenheit zu schreien, ehe sie kreischend und sich drehend und fauchend auf dem Tisch landeten.

Als nächstes erwachten die Wände zum Leben. Während er hinsah, wölbte eine mächtige Perserkatze sich vor und wurde lebendig und sprang auf seinen Hals zu. Sie packte seine Schulter mit kräftigen Klauen. Dann bohrte sie ihre Zähne in seinen Nacken. Er fühlte, wie sie sich durch seine Luftröhre bohrten und den Luftstrom ablenkten.

Von der Decke kamen sie heran, aus allen Wänden, alle Katzen, die er je gekannt und gefürchtet hatte, kratzten und bissen und würgten und töteten ihn allein auf Grund ihrer übermäßig großen Anzahl. Als die Schmerzen einsetzten, schleuderte er einige von sich. Aber immer mehr kamen, bis er nicht mehr war als ein zuckender Haufen im Gewimmel.

Er wurde von dem lebendigen Fleisch seiner Schuld getötet.

Die Katzen verschlangen ihn, kauten und schluckten ihn brockenweise, bis am Ende nur noch ein Gürtel, ein Paar Schuhe und drei Bic-Kugelschreiber übrig waren.

Die Katzen kehrten in die Decke und die Wände zurück. Im Raum wurde es still. Mandy lag da in absoluter Reglosigkeit.

Einige Zeit später gelangte eine Fliege in den Kätzchen Kate-Raum. Sie kreiste ein paar Sekunden lang und suchte nach dem geeigneten Ort für ihr Vorhaben.

Die Fliege landete auf Mandys Oberlippe. Sie putzte sich sorgfältig, dann wandte sie sich um und begann ihre Eier abzulegen.

Sie legte sie in die Kathedrale ihres linken Nasenlochs.

Kapitel 22
Mutter Stern vom Meere

Was die Dämonen nicht verstehen konnten, war, daß Marian ebensowenig in Verzweiflung gestorben war wie Moom. Sie hatte auf ihrem Scheiterhaufen Visionen von der Göttin gesehen und war nachher im Land des Sommers niedergelegt worden, wo ihre Seele sich erneuert hatte. Das Wissen, daß sie bei ihrer Rückkehr ein weiteres Feuer erwartete, hielt Amanda nicht davon ab, in die Covenstatt zurückkehren zu wollen.

»Aber du kannst es nicht, du bist tot!«

»George wird mich wiederbeleben.«

»Dazu ist es zu spät. Er ist ebenfalls tot.«

Das Mädchen in Blau schwenkte ihren Armstumpf, und ein Loch klaffte im Erdboden. »Geh doch, sieh es dir an. Er hat für sich selbst eine wunderschöne Hölle geschaffen.«

Tief unten in dem Loch sah Amanda George auf einem Operationstisch liegen, sein Bauch war aufgeschnitten, die rosigen Eingeweide lagen frei. Sie konnte auf seinen Lippen den Schaum seiner Schreie sehen, jedoch blieb ihr die akustische Demonstration erspart.

Kätzchen spielten mit seinen Eingeweiden und zogen sie lang, als wären es Regenwürmer.

Zu ihrer Verblüffung und ihrem gleichzeitigen Entsetzen sah sie, daß sie selbst sein Dämon war. Sie stand über ihm und hielt das Skalpell in der Hand, das ihn aufgeschnitten hatte. Ihr Dämonenbild schaute zu ihr hoch, grinste und winkte mit dem Skalpell, wie ein Kind mit einem Dauerlutscher winken würde.

»Hör auf! Bitte hör sofort auf!«

»Wie? Das kann nur er, und er will es ganz offensichtlich nicht.«

»Aber er kann doch nicht selbst eine solche Folter ausgesucht haben, und ich selbst schon gar nicht. Ich hasse ihn nicht.«

Das Mädchen kicherte. »Dieses Bild dort unten bist nicht du. Es ist ein Teil von ihm – sein Eindruck von dir.«

»Ich bin nicht grausam, so etwas brächte ich niemals fertig. Warum hat er...«

»Dämonen sind ihren Opfern zu Diensten. Nur sein eigener Dämon kann ihn selbst für den Mord an dir bestrafen.« Eine Geste mit ihrem Armstumpf schloß das Loch. »Genug jetzt davon. Ich kann dir wunderschöne Dinge zeigen, Amanda.«

»Das ist eine Lüge.«

»Ich biete dir das Land des Sommers an.«

»Nein. Ich gehe zurück.«

»Ohne die Hexen, die dich führen müssen, kannst du das nicht. Und ich habe ihren Kreis zerstört.« Sie hielt ihren Armstumpf hoch. »Etwas von mir ist in der lebendigen Welt zurückgeblieben. Meine Hand ist noch dort, und die ist nicht tot. Daher benutze ich sie, um mit dem Leben zu spielen.« Sie lachte laut, und es war ein rauhes und bitteres Gakkern.

Während sie das tat, verschob die Illusion von dem kleinen Mädchen sich für einen winzigen Augenblick, und Amanda konnte erkennen, was in Wirklichkeit das hübsche blaue Kleidchen trug. Es war etwas Hartschaliges, dunkelrot und vielbeinig und scheußlich, und es trug den Namen Abadon.

Es betrachtete sie durch seine viellinsigen Augen, und in jeder Linse sah sie das sanfte, lächelnde Gesicht der *Leannan*. »Du! Du bist es tatsächlich, nur du!«

»Nein. Alles außer dir. Ich bin kein Teil von dir.«

»Du bist mein Dämon. Du mußt ein Teil von mir sein.«

»Oh, der Teufel soll dich holen, Amanda! Warum hast du dich nicht etwas gründlicher informiert? Weißt du denn nicht, daß ich nicht nur *Leannan*, nicht nur Tom, nicht nur Abadon und eigentlich überhaupt nichts von allen bin? Sieh dir an, was für eine Katze ich wirklich bin!« Sie veränderte sich erneut, und sie zischte und fauchte, elektrische Entladungen blitzten an den Haarspitzen ihres Fells auf.

»Schrödingers Katze!«

»Das ist doch nur ein Konzept. Ich bin mehr als das.«

War es gegen das Gesetz des Universums, daß etwas nur das war, als was es erschien?

»Nichts ist gegen das Gesetz. Das Gesetz ist zugleich auch seine Verletzung. Das ist der wahre Kern aller Vorgänge, und der heißt Schrödingers Katze. Bleib ganz ruhig. Ich bringe dich weiter, als du jemals selbst gegangen sein könntest.« Nach diesen Worten ließ Abadon seinen Skorpionschwanz knallen, Tom fauchte, die konzeptionelle Katze zischte, und die *Leannan* stieß ein derart bösartiges Lachen aus, daß Amanda erschrak.

Sie machte einen Schritt zurück, wie betäubt von der Erkenntnis, daß die Welt der Toten zumindest teilweise ein riesiges Schlachthaus der Seelen war, und das handlose Kind, das sich in all diese Gestalten auffächerte, war einer der fähigsten Metzger. Sie führte Amanda auf das knakkende Maul von etwas so Gnadenlosem zu, daß es bereit war, auch die zartesten und wertvollsten unsterblichen Exemplare an menschlichen Wesen zu verschlingen. Es war eine Art Raubtier der Unterwelt, welches vom Menschen nur das Beste verzehrte, genauso wie der Mensch sich nur an vollreifen Früchten oder den zartesten Partien von Tieren gütlich tat.

Nichts, was ein Mensch jemals einem anderen Menschen angetan hatte, war so schlimm wie das.

»Wir müssen aufbrechen«, sagte das Wesen in der Gestalt des kleinen Mädchens aufgeräumt. »Oh, Amanda, du wirst den Sommer lieben. Es macht mich immer so froh, wenn ich jemanden dorthin bringen kann. Ich habe dann wirklich das Gefühl, etwas Lohnendes zu tun.«

Amanda tat das einzige, was sie tun konnte; sie begann wegzulaufen.

Sofort ließ Abadon seine Tarnung fallen und stürzte sich auf sie, packte sie mit seinen enormen Zangen und schleppte sie mit sich.

Amanda wehrte sich mit Fäusten und Zähnen. Sie hatte damit gerechnet, daß das Wesen unermeßlich stark sein würde; daher war sie überrascht, als unter ihren Händen große Stücke der Schale herausbrachen. Und dann entdeckte sie, daß ein Aufdrücken der Scheren nicht schwieriger war als das Zurückschieben schwerer Türen.

Als sie sich befreit hatte, wich das Wesen zurück, schwenkte seinen Stachel hin und her und heulte vor Wut und Schmerz. »Du mogelst, du spielst nicht richtig mit!«

»Ich habe es dir doch gesagt, ich will zurück.«

»Du bist tot, du hast nicht das Recht dazu! Dies ist erst die Grenze der Hölle, Kleines. Zwischen hier und dem Leben gibt es unglaubliche Schrecken!«

»Ich kehre zurück, und dabei bleibt es!«

»Damit verstößt du gegen das Gesetz! Hast du jemals gehört, daß jemand von den Toten zurückgekehrt ist?«

»Osiris. Christus. Lazarus.«

»Und die kleine Amanda Walker aus Maywell, New Jersey. Daß ich nicht lache. Jetzt komm schon, du wirst woanders gewünscht.«

Amanda schlenderte zum Gartentor zurück, entschlossen, diesmal hindurchzugehen und draußen zu bleiben. Sie öffnete es und machte einen Schritt.

Vor ihr erstreckte sich ein Wald, ein überaus ungewöhnlicher Wald. Von ihrem Standort aus sah er nicht besonders hübsch aus. Er schien aus riesigen menschlichen Beinen zu bestehen, die voller eiternder Wunden zu sein schienen.

Amanda gelangte ans Tor. Hinter ihr winkte das Mädchen in Blau mit ihrem Armstumpf und stieß ihr wütendes Lachen aus.

Der Duft des Waldes war ziemlich übel. So mußte Gasbrand riechen, dachte Amanda. Es klebte einem auf den Schleimhäuten wie ein Ölfilm auf Wasser.

»Aber ich habe keine Schleimhäute mehr. Ich bin tot. Alles, was ich sehe und höre, ist eine Illusion.«

Von weit hinter ihr hallte ein Ruf herüber: »Grüß mir auch Mutter Stern vom Meere.« Dann noch einmal das nadelscharfe Gelächter der *Leannan*, das sich mit anderen Lauten vermischte.

Das Geräusch kam von der anderen Seite des Waldes, und es war viel angenehmer. Es war eine Hexenstimme, die immer noch sang.

Robin.

»Ich höre dich! Ich kehre zurück!«

Aber der Gesang wurde nicht lauter, als Amanda den Wald betrat. Die Stümpfe wurden größer und größer und verschluckten alle Geräusche. Sie kam sich furchtbar alleine und klein vor. Ein kleiner weißer Vogel flatterte fröhlich. »Komm mit mir, mir, mir.«

Natürlich brachte der Vogel weitere Probleme. Große Probleme. Doch andererseits hatte sie keine andere Alternative. Die einzige Stelle, wo der Wald sich öffnete, um sie durchzulassen, war dort, wohin der Vogel flog. Sie begann ihm zu folgen. Es erschien nicht sehr sinnvoll, aber man konnte nie wissen. Vielleicht würde sie am Ende durchkommen.

Zwischen den Türmen aus verfaultem Fleisch stank es bestialisch. Sie standen zu dicht zusammen, als daß man zwischen ihnen hätte hindurchgehen können, ohne sie zu berühren. Schon bald war sie mit Schleim und Hautfetzen bedeckt. Der Vogel flog eifrig voraus, tiefer und tiefer in den Wald hinein.

Amanda mußte ihre gesamte innere Kraft aufbringen, um die Selbstkontrolle zu bewahren. Sie war fast wahnsinnig vor Ekel. Die Wunden schienen sie anzuspucken. Und sie hatte sogar den vagen Eindruck, daß ungesehene Hände sie durch die Risse in den Stümpfen hindurch liebkosten.

Welche unheimlichen Lebewesen mochten in diesen widerwärtigen Gebilden hausen? »Faß mich nicht an!«

Nichts antwortete darauf, bis auf den Vogel, welcher plapperte. »Komm schon, los, los.«

Amanda konnte nicht mehr gehen. Sie hielt inne, starrte zu Boden.

Und sah, daß sie vor einer wallenden Matte aus Käfern mit länglichen Körpern stand. »O nein! Oh, ich kann es nicht mehr ertragen! Warum hört das nicht auf? Was habe ich getan?«

»Du hast das Spiel nicht gespielt! Du willst nicht selbst über dich richten, du nicht! nicht! nicht!« Die Augen des Vogels waren wie silberne Nadeln des Hasses.

»Ich bin nicht schuldig, so lautet mein Urteil über mich selbst. Nicht schuldig!« Sie stampfte auf den knirschenden Boden. »Mein Name ist Amanda Walker, und ich bin nicht schuldig. Mein Name lautet Jungfrau Marian, und ich bin nicht schuldig. Mein Name ist der aller Frauen, und ich bin nicht schuldig.«

Die Käfer begannen sich in ihre Füße zu bohren. Sie begann auf und nieder zu hüpfen. »Ich bin Moom, voll mit Milch und Blut und Babys!«

Du, Frau, brennst zum Beweis deines Namens.

Amanda versank in der krabbelnden, eiligen Masse von Käfern. Sie überrannten sie wie eine Woge, aber es war ihr jetzt gleichgültig. Sollte das Schlimmste doch geschehen. Sie hatte sich in eine sehr spezielle Hölle schicken lassen, die eine Hölle, die nicht nach dem Willen der Verdammten entstand: nämlich die Hölle all derer, die sich weigern, sich ihrem eigenen Gewissen zu stellen.

»Das habe ich nicht verdient! Ich nicht!«

Irgendwo in weiter Ferne gab etwas Unermeßliches und Freundliches ihr recht und ließ sie kurz sein Mitleid spüren. Es gestattete ihr, eine Musik zu hören, die menschliche Wesen so gut wie niemals hören, nämlich den unendlichen Gleichklang, der alle Dinge lenkt und ordnet.

Die letzte Herrschaft der Welt ist diese Musik, die weder aus einer Kehle noch vom Vogel stammt, sondern von dem kommt, was die Harfe der Schöpfung spielt.

Die gesegnete Musik der Harfe *Leannans* verhallte im Rascheln der Käfer. Viel war es nicht, aber es erfüllte Amanda mit einer neuen und wertvollen Energie. Trotz der Käfer erhob sie sich zu ihrer vollen Größe. Dennoch löste ihr Gesicht sich nicht aus der krabbelnden Masse. In diesen wenigen Sekunden war sie tief in ihren Massen versunken, so tief, daß sie schon unter der Oberfläche schwamm.

Wenn sie jetzt den Mund öffnete...

Sie hob einen Arm, sie begann die schlüpfigen Wesen eine Handvoll nach der anderen beiseite zu schaufeln, wodurch sie sich hochzog und bei ihren Bemühungen Hunderte von ihnen zerquetschte.

Musik, tatsächlich! Dieser Teil der Schöpfung zumindest war reinste Disharmonie.

Die Stimme der *Leannan*: »Du hast es dir selbst ausgesucht, vergiß das nicht!«

Amandas Lippen kribbelten, und Fühler schoben sich zwischen ihren Zähnen hindurch und kitzelten ihre Zunge.

»Ich habe eigentlich keinen Körper! Daher geschieht das, was ich fühle, auch nicht richtig.«

Aber es fühlte sich echter an als jeder andere Moment ihres Lebens.

Ihre herumfahrende rechte Hand stieß gegen etwas Festes. Sie fühlte, griff zu, klammerte sich fest. Und sie zog sich selbst auf das Wurzelwerk eines der Stümpfe. Der Vogel flatterte und schrie: »Ich dachte schon, du wärst verloren, -loren, -loren, -loren!«

Amanda zog sich endgültig aus dem Sumpf der Käfer. Solange man auf diesem verdammten Ding stand, waren sie kein Problem. Laß dich nur nicht gehen. Laß dich niemals gehen, wenn du versuchst, den Tod auszutricksen.

Amanda holte tief Luft und nahm dabei einen erstaunlichen neuen Geruch wahr.

Es war das Aroma von Pfefferkuchen.

Sie folgte ihrer Nase in die Richtung der Geruchsquelle. »So ist's richtig, richtig, richtig«, zwitscherte der Vogel. Schon bald kam ein anderer Duft hinzu, der von heißer Schokolade. Und dann der Duft von Fruchtgummis. Und dann nur ein schwacher Hauch – nach gegrilltem Steak?

Der Vogel flatterte hin und her, schlug mit den Flügeln und starrte sie mit seinen Silberaugen an. Amanda folgte ihm, weil die Gerüche zum Leben gehörten. Sie trieben ihr die Tränen der Erinnerung in die Augen. Sie hatte Pfefferkuchen so gern gehabt, und sie hatte ihn oft gebacken.

Es war der wesentliche Geruch des schönsten Teils ihrer Vergangenheit, ein Mamma-Geruch, ehe Amanda überhaupt sprechen konnte. Arme Mamma. Was für ein Leid, sein Leben ungebüßt fahren lassen zu müssen. Was später kommt, wird dann so viel härter.

»Wir sind da, da, da!« Der Vogel segelte in eine Lichtung. Amanda fielen fast die Augen aus dem Kopf, als sie erblickte, was dort stand. Mitten auf der Lichtung in ihrem eigenen schwachen, gelben Lichtschein stand die hübscheste kleine Hütte. Sie war mit Schokoladenguß und Fruchtgummis und Zuckerwatte geschmückt. Die Wände und das Dach bestanden aus großen Platten Pfefferkuchen, der Schornstein war ein Lakritzzylinder. Dicker grüner Rauch wallte heraus und stieg in die dunstige Luft.

Amanda fragte sich, wer wohl hinter dem Fenster aus Kandiszucker umherging.

Die Bäume drängten sich näher heran. Das Wesen in der Hütte eilte hinter dem beschlagenen Fenster hin und her, und der Rauch quoll aus dem Lakritzkamin. Der kleine Vogel schraubte sich hoch in die Luft und verschwand. Glücklicher kleiner Vogel.

Amanda hatte nicht die Absicht, diese Hütte zu betreten. Aber in diesem Moment öffnete sich die Tür.

Der Wind trieb etwas von dem Rauch über die Lichtung, und Amanda erwischte einen Hauch von verkochtem Schweinefleisch. Ein seltsam vertrauter Geruch. Sie dachte an Schulspeisung.

In der offenen Tür stand eine dunkle Gestalt. Amanda starrte hinüber, fast unfähig zu glauben, was sie sah, das lange schwarze Gewand, der weiße Ring um das Gesicht, das silberne Kreuz auf der Brust.

Was hatte eine Nonne an einem Ort wie diesem zu suchen?

»Ich bin Mutter Stern vom Meere. Es freut mich, daß du mich besuchen kommst.«

Amanda wollte lieber nicht hallo sagen.

»Komm herein, Amanda, Schatz. Es wird Zeit für unseren Unterricht.«

O ja, sie war es, obwohl sie jetzt eine Stimme hatte so rauh wie die eines Hafenarbeiters.

»Ich denke, ich bleibe lieber hier draußen.«

»O nein, Liebes. Sieh doch mal, ich hab so viele leckere Sachen für dich – Bonbon, Kekse, Pfefferkuchen.«

»Nein, hier draußen finde ich es ganz gut.«

Mutter Stern vom Meere kam heraus, tänzelnd, hüpfend, mit flatternden Armen, ihr Kopf wackelte hin und her, und ihr Unterkiefer klappte auf und zu.

Vielleicht wollte sie besonders lustig erscheinen, doch sie konnte sich kaum ein unvorteilhafteres Spiel ausgedacht haben. Seit sie drei war und von einem Mann verfolgt wurde, der sich als Mr. Peanut verkleidet hatte, haßte Amanda alles, was mit Puppen zusammenhing. Kleine Püppchen verursachten ihr Gänsehaut, aber große Puppen – lebensgroße Puppen – sie grinsten sie in ihren Alpträumen an.

Trotzdem war Mutter Stern vom Meere eine einmalige Puppe, sie bewegte sich und verfolgte dabei finstere menschliche Absichten. Gleich würde sie mit diesen seltsam sich bewegenden Händen nach Amanda greifen und sie festhalten.

Ihre geschminkten Augen waren leer, dennoch seltsam wach.

Als Amanda sich umwandte, um die Flucht zu ergreifen, geschah es, daß sie gegen das gummiartige Fleisch eines der Bäume rannte, die die Hütte umstanden. Die Haut war grau und schlaff, und sie gab nach.

Darin saugte und schwärmte etwas herum – ein fettes, braunes schlangenartiges Wesen, dessen Haut von gelbem Schleim schlüpfrig war.

Das Wesen besaß den Kopf eines menschlichen Wesens. Sie dachte: Möglich, daß ich das Gesicht kenne. Hitler? Stalin? Sie war sich nicht sicher. Es sprudelte Worte hervor. »Helft mir, h-e-e-e-lft mit...« Dann knurrte es, sein Körper schlug aus, und in Sekundenbruchteilen war sie von eisenharten Windungen umschlungen.

Sie sah Blitze, hörte ein altes Lied, ›Lili Marleen‹, ein deutscher Schlager aus dem Zweiten Weltkrieg. Und sie spürte, wie heiße Drähte in jeden Teil ihres Körpers eindrangen und ihn untersuchten.

Sie fühlte, wie sie verschwand, zu weniger als nichts wurde.

Die Drähte waren seine Zähne; es verzehrte ihre Seele.

Doch dann erschauerte das felsenhafte Fleisch, und das Lied entartete zu zischender, fauchender Schmähung, eine Götterdämmerung in Gossendeutsch. Das Wesen spie.

Dann war Amanda plötzlich frei.

Mutter Stern vom Meere: »Komm den Bäumen nicht zu nahe!«

»Ich wußte es nicht.«

»Würdest du jetzt bitte mit mir kommen? Die Klasse wartet schon.«

»Die Klasse?«

»Natürlich. Unsere Gnädige Mutter ist eine Schule, nicht wahr? Deshalb gibt es bei uns Klassen, oder hast du diese beiden verblüffenderweise nicht miteinander verwandten Tatsachen noch nicht zusammengebracht, meine intelligente Kleine?« Sie packte Amandas Ohr mit einer dieser mechanischen Hände und begann sie zur Hälfte mitzuziehen. »Diese Wälder sind tatsächlich weitaus gefährlicher als jeder andere Ort auf Erden. Dort kann dir nichts Schlimmeres passieren, als daß du stirbst. Aber hier – o Gott!«

Unsere Gnädige Mutter war ein düsterer Ort gewesen, eine gotische Festung voll blasser Nonnen und halbkrimineller Mädchen in Trägerröcken und Oxfordschuhen. »Aber ich war doch auf einer Public School!«

»Nicht als du elf warst. In der Zeit hatten wir dich.«

Das simmte. »Doch nur für ein paar Monate.« Mamma war in diesem Jahr an Hepatitis erkrankt, und Dad wuchs alles über den Kopf: Sie waren nicht katholisch, aber Unsere Gnädige Mutter war das nächste Institut, wo man Amanda unterbringen konnte.

Mutter Stern vom Meere klatschte in die Hände. »Ich bin in den Höllen aller meiner Mädchen! Es ist so schön, gebraucht zu werden.«

Amanda haßte Unsere Gnädige Mutter. Würstchen wurden dort Knaller genannt, und man mußte sie vor allem dann essen, wenn man glaubte, daß sie fettig und furchtbar seien; und man mußte im oberen Flur vor der Madonna niederknien, wenn man ungehorsam war. Und sie verpaßten einem verbale Prügel, daß man sich schon schuldig fühlte, weil man lebte.

»Sie haben mich Musik gelehrt.«

»Und du tanzt immer noch nach meiner Melodie!«

»Nein.«

»Na schön, aber geh jetzt endlich rein.«

Die Hütte war tatsächlich ein Klassenzimmer. Das Klassenzimmer.

Es war der furchtbarste Ort ihres Lebens, so furchtbar, daß sie ihre Erinnerung daran mit einer dicken Schicht Amnesie zugedeckt hatte. Dort hatte sie Unrecht kennengelernt, dort hatte sie gelernt zu hassen, und dort hatte sie erfahren, was böse ist.

»War es denn wirklich so simpel, meine Liebe? Habe ich dich nicht geliebt? Habe ich dich nicht im Arm gehalten, wenn du geweint hast, von deinem Vater mit einem blaugeschlagenen Auge in die Schule geschickt? Amanda, du hast mich verletzt. Du hast meinen schönen Namen besudelt. Schämst du dich nicht?«

Der trockene Kreidegeruch des Klassenzimmers ließ sie die Fäuste ballen. Sie erinnerte sich, daß Bonnie Haver einmal ihre Buntstifte gemopst hatte. Als Amanda sich darüber beschwerte, hatte Mutter Stern vom Meere sie dafür getadelt, ihre Arbeit nicht rechtzeitig beendet zu haben, und sie bestraft, während Bonnie ungeschoren davonkam.

»Ich hatte Angst vor Bonnie, Liebes. Sie hat mich vernichtet, mußt du wissen. Ich konnte sie nicht bestrafen. Ich mußte sie immer in Ruhe lassen.«

An jenem Nachmittag nach dem Turnen kamen Bonnie und zwei andere Mädchen, Daisy und Mary, und –

»Sie hatten mich mit den Buntstiften vollgeschmiert! Von oben bis unten haben sie mich angemalt, und Sie ließen mich im Korridor vor der Madonna knien, weil ich ein schmutziges, schmieriges kleines Mädchen war. Sie haben mich mit meinen eigenen Buntstiften beschmiert; und *Sie* haben mich bestraft, *Sie* haben mich immer wieder bestraft, und dann habe ich eines Tages zu Ihnen gesagt, ich würde Sie irgendwann in der Hölle brennen sehen, Sie böser, sadistischer alter Knochensack!«

»Und jetzt bist du hier und fühlst dich schuldig, weil du mich haßtest. Das ist auch richtig so. Und bestraft wirst du auch!« Ihre Stimme senkte sich und klang plötzlich wie das Grollen eines jagenden Puma. »Setz dich.«

»Die Pulte – es sind Gurte daran. Ich glaube nicht –«

»Verdammt noch mal, setz dich! Ich bin deine Lehrerin. Du bist hier, um einiges über dich selbst zu lernen. Setz dich endlich in deine Bank.«

Amanda nahm Platz. Mit klappernden Fingern zurrte Mutter Stern vom Meere sie auf dem Stuhl fest. »Und jetzt, Bonnie-Schatz, kannst du zum Spielen herauskommen.«

»O nein, nicht sie. Nicht diese –«

»Schlägerin? Ja, sie hat sich schon geprügelt, als sie elf war. Schade, daß du sie nicht aus jüngerer Zeit kennst. Sie ist richtig schön gemein geworden.«

Amanda bäumte sich auf. Sie verstand das alles überhaupt nicht. Warum war sie hier? Dies war nicht ihre Hölle. Sie hatte nichts getan, dessen sie sich vor Unserer Gnädigen Mutter hätte schämen müssen. Sie war immer ein gutes Kind gewesen.

»Du hättest mich nicht verachten dürfen. Das ist eine Sünde, die man falsche Anschuldigung nennt.«

»Sie haben es verdient! Und wie!«

»Ich habe Zuneigung verdient. Sie hätte mich getröstet wie ein Regen im Sommer.«

Das wenige Böse, was sie getan hatte, hatte sie in den wenigen Monaten an Unserer Gnädigen Mutter getan. Dort hatte sie gehaßt und wehgetan und Unfrieden verbreitet – aber nur, weil sie selbst so traurig war.

Bonnie tänzelte den Mittelgang hinunter, blond und wunderschön in ihrer grünen Schuluniform, ihr Pferdeschwanz hüpfte, ein bedrohlich aussehendes Lineal wippte in der anderen Hand.

»Mach die Hände auf, Handflächen nach oben.«

»Ich habe nichts getan!«

»Nein, aber ich habe ein Recht auf meinen Spaß. Und jetzt mach endlich die Hände auf. Das wird dir mehr weh tun als mir.«

Es war verrückt. Sie erfuhr jetzt die gleiche Ungerechtigkeit wie in Unserer Gnädigen Mutter, und zwar aus keinem besseren Grund. »Beide Hände, Liebes, wir könnten deine Freunde sein.«

Ungewollt und überzeugt, daß sie einen Fehler machte, tat Amanda was von ihr verlangt worden war. Das Lineal pfiff eine vertraute Melodie, dann sauste es mit einem Klatschen auf die beiden Hände herab.

»Das ist eins!«

Von ihrem Platz vor der Klasse aus klopfte Mutter Stern vom Meere an ihrem Schreibtisch Applaus.

Erneut klatschte das Lineal. Ungewollt schrie Amanda auf.

Es sauste wieder herab. Dann wieder und wieder und wieder. Ihre Handflächen röteten sich. Der Raum hallte von ihren Schreien wider und vom Gelächter ihrer Peinigerin.

»Oh«, sagte Bonnie und schnippte sich eine gelöste Locke aus dem linken Auge, »das hat Spaß gemacht.«

So war es also, wenn die Dämonen die Verdammten in der Hölle foltern, sehr kunstvoll. »Bitte lassen Sie mich heraus!«

»Wie bitte? Das Schwein aus dem Schlachthaus fliehen lassen? Ich bitte dich, Liebes, es gibt nicht die geringste Chance zur Flucht. Lächle, oder wir werfen dich den Bäumen vor.« Bonnie starrte sie mit funkelnden, wütenden Augen an. »Diese Hütte ist das Herz des Waldes. Und Mutter Stern vom Meere – sie ist Satan persönlich.«

Amanda starrte auf ihre pulsierenden, gepeinigten Hände. »Wenn sie Satan ist, wer bist dann du?«

»Ich bin ihre Frau.«

Die Gurte saßen stramm. Amanda ließ geschlagen den Kopf hängen. Sie weinte, und die Tränen waren echt.

Diese waren das erste Lebenszeichen im Keller, wo ihr Körper lag, ein Wunder im alles verhüllenden Dunkel. Sie fielen aus den toten, offenen Augen ihrer Leiche, rollten an den kalten Wangen herunter und tropften auf einen der Kugelschreiber, die George fallengelassen hatte, während er seinen eigenen Todeskampf ausfocht.

Sie tropften auch auf die Covenstatt, in die Sorge des Nachmittags, auf Ivys Hütte. Sie suchten sich ihren Weg durch die Strohmatten und fielen vor Robin herab, der vor Trauer erstarrt dasaß und auf die Tischplatte, besser noch, auf gar nichts starrte.

Kapitel 23

Für Ivy und Robin zerplatzte ein Tropfen völlig ordinären Wassers auf der Wachstuchdecke des Tisches, der mitten in Ivys Hütte stand. »Ich hasse Strohdächer«, murmelte sie. Aus seiner Grübelei aufgeschreckt, hob Robin den Kopf und sah seiner Schwester zu, wie sie wütend umherging. »Verdammt«, sagte sie, »zweimal verdammt.«

»Das Wasser bindet, daß niemand findet.«

»Ich bin nicht wütend, Robin.«

»Ich habe auch nicht gesagt, daß du es bist.«

»O nein. Du hast nur gerade die letzten beiden Zeilen der Wutbeschwörung gesprochen. Aber du hast ja recht. Natürlich bin ich wütend. Ein Mann wurde verbrannt und starb, mein Dach ist undicht, und wir haben Amanda verloren!«

Robin stand vom Tisch auf und legte seine Arme um sie. Er küßte die Tränen fort, die in ihren Augen entstanden. Sie lehnte ihren Kopf gegen seine Brust. »Wie soll es ohne sie mit uns weitergehen?« flüsterte sie.

Die Frage vertiefte Robins Trauer. Draußen eilte wispernd der Abendwind durch das Gras. Constance hatte ihn sorgfältig auf Amandas Ankunft vorbereitet, so daß er, als er sie endlich traf, eine gewisse Art von Ekstase erlebt hatte. Sie war eine leuchtende Frau, wert, daß man ein Jahr auf sie wartete, daß man unzählige Rituale durchlebte und sich stundenlange Instruktionen anhörte. Er liebte sie nicht, obgleich sie physisch überaus reizvoll war. Erst bei der wilden Jagd öffnete er sein Herz für Amanda. Es war nicht ihre zunehmende Macht, die ihn für sie gewann, sondern eher die offene, unschuldige Art, mit der sie sich in diese rituelle Jagd stürzte und sich anstrengte, am Ende erfolgreich zu sein. Ihr

Mut und ihre Verwundbarkeit waren es, die ihn dazu brachten, sie zu lieben, und die alten Erzählungen und Erinnerungen... als er für Jungfrau Marian Robin gewesen war, und das war so lange her.

Nun war sie tot, und seine Trauer war wie eine braune Wolke, die sich nicht nur über seine neue Liebe legte, sondern auch seine Hoffnungen für die Zukunft.

Die unausgesprochene Wahrheit lag in der Stille, die zwischen Robin und seiner Schwester herrschte. Die Vielfalt der Bedrohungen durch Bruder Pierce und den Tod Amandas konnte den Traum der Hexen zum Scheitern verurteilen. Man konnte es fast körperlich der Luft an diesem Ort anmerken, daß das Herz des Anwesens sehr viel schwächer schlug als je zuvor.

Robin holte tief Luft. Er konnte eine solche Stille niemals lange ertragen. »Wenn wir echte Hexen sind, dann können wir vielleicht etwas unternehmen.«

»Zum Beispiel was, außer Amanda zu begraben?«

»Wenn wir nun den Kegel der Kraft errichteten?«

»In unserem derzeitigen Gemütszustand würden wir keinen Erfolg haben.«

»Dann sollten wir unseren Gemütszustand schleunigst ändern! Hör doch, was wäre, wenn der Wein-Coven einen solchen Kegel der Kraft errichtete, so daß du ihn an einem sonnigen Tag mit geschlossenen Augen sehen kannst. Was dann?«

»Und was machen wir dann damit.«

»Begreifst du denn nicht– wir halten ihn über Amandas Körper, und wir schicken einen Wunsch mit, für sie, daß sie wieder ins Leben zurückkehren soll.«

»Bill –«

»Bitte benutz meinen richtigen Namen. Wir sind immer noch Hexen.«

»Entschuldige, Robin. Amanda Walker ist wirklich und wahrhaftig tot. Ihr Körper modert schon in einem Keller drüben an der Maple Lane. Wir wissen letztendlich noch nicht einmal, ob es ein Leben nach dem Tod gibt.«

»Du hast sie heute morgen im Kesselkreis gespürt. Das haben wir alle.«

»Wir haben etwas gespürt. Das gleiche seltsame, rätselhafte Etwas, das wir immer spüren.«

»Es war Amanda – ich konnte sie sogar sehen, irgendwie.«

»Dir ist doch klar, daß dieses ganze Theater mit der Hexerei auch eine Art – nun, ich weiß nicht – eine Art Selbsthypnose sein kann.«

»O nein, das ist sie nicht. Es hat überhaupt nichts mit Hypnose zu tun. Du weißt genausogut wie ich, daß es magisches Denken ist, was sich davon grundlegend unterscheidet. Die Macht der *Leannan* entstammt dem magischen Denken. Du und ich, wir beherrschen es auch, bis zu einem gewissen Grade. Wir können in unseren Köpfen lebendige Visionen wachrufen, die die Realität beeinflussen. Du mußt es doch wissen, du betreibst doch Magie.«

»Ich weiß, ich glaube, ich bin im Augenblick nur dabei, den Mut zu verlieren. Ich komme mir vor, als hätte ich einen Tritt in den Bauch bekommen.«

»Wir müssen es versuchen!«

»Aber du redest davon, die Toten zu wecken! Und dazu ist eine ganze Menge mehr nötig als nur magisches Denken. Das wäre nämlich ein echtes Wunder.«

»Ich kann sie mir einfach nicht tot vorstellen. Sie war so lebendig. Als ich sie bei der Wilden Jagd hörte, diese entfesselte Stimme, die durch ganz Maywell hallte – nun, ich habe entdeckt, wie stark plötzliche Liebe sein kann.«

»Robin, wenn wir es versuchen und scheitern, begreifst du denn nicht, daß dies die Covenstatt noch mehr demoralisieren würde? Die Leute sind verzweifelt. Nicht nur das, sie leben in Todesangst vor Bruder Pierce. Sie sagen, auf uns läge ein Fluch, und ich für meinen Teil denke, daß sie recht haben.«

»Natürlich, Leute, die bereitwillig an einen Fluch glauben, der auf ihnen liegt, glauben genauso bereitwillig, daß Tote wiedererweckt werden können.«

»Sie ist doch erst seit ein paar Stunden tot!«

»Die Geschichte zeigt, daß es schon gemacht wurde. Nicht oft, aber es wurde getan.«

»Die Geschichte ist nichts anderes als ein Geflecht von Lügen.«

Draußen wurden Stimmen laut, Leute die erst spät aus der Stadt zurückkamen. Ihr Lachen war voller Trost. Doch sobald sie die Neuigkeit erfuhren, wurden sie genauso still wie die anderen Bewohner des Hexendorfs.

Bald schlug der Sechs-Uhr-Gong. Keine Kochdüfte drangen aus den Hütten, und kein Licht brannte in dieser Nacht der Trauer.

Trotz Ivys Einwänden traf Robin die Entscheidung, daß sie das Unmögliche versuchen würden. Aber er mußte vorsichtig sein. Ivy wäre sicher nicht die einzige mit Gegenargumenten. Die Leute versuchten sich nicht gerne an Dingen, von denen sie annahmen, daß sie ihre Kräfte und Fähigkeiten überstiegen. Fehlschläge schwächen die Magie, und zu viele Fehlschläge vernichten sie am Ende.

Er mußte sehr umsichtig und behutsam zu Werke gehen. »Es wird Zeit, hinzugehen und sie herzuholen«, sagte er, »wenn wir sie hier auf dem Land der Covenstatt begraben wollen.«

»Oben am Berg. Unweit der Stelle, wo sie die *Leannan* sah.«

»Jawohl. Dort soll sie ruhen.«

Er ging ins Dorf und klopfte an den Türen der dunklen Häuser, bis er den Wein-Coven versammelt hatte. Einige von den anderen wollten ebenfalls mitkommen, was ihm nur recht war. Das einzige Problem war, daß sie kein Transportmittel zur Verfügung hatten. »Warum baut ihr anderen nicht schnell eine Bahre?«

»Beim Haus?« fragte eine Stimme aus der Dunkelheit.

Wenn er sie zum Haus hinaufschickte, dann würden sie alle das Geheimnis erfahren, wie mutlos Connie geworden war. Sie hatte sich dorthin zurückgezogen, wie er wußte, um diese Tatsache vor den Leuten zu verbergen. »Ich habe so ein Gefühl, als hätte Amanda es auf dem Feenstein lieber gehabt.«

Darin war man sich allgemein einig. Der Wein-Coven brach auf, nachdem die Mitglieder sich auf die beiden Combiwagen der Covenstatt verteilt hatten. Während sie über die stille Farm fuhren, vorbei an dem verkohlten Feld, das Bruder Pierce und seine Männer abgebrannt hatten, fragte

Robin sich, ob sie nicht tatsächlich einen Fluch auf sich herabbeschworen hatten.

Sie erreichten den Rand der Farm, dann die Grenze des Anwesens. Die Scheinwerferstrahlen der Fahrzeuge tanzten über die Brandnarbe in der Mauer und dann über die roten Flecken auf der Straße. Seine Hände klebten noch immer vom Einsammeln der Brombeeren.

Ein scharfes *Ping!* ertönte von der Motorhaube.

Ivy, die neben ihm saß, schaute suchend nach vorne. Dann ertönte der gleiche Laut noch einmal. Nur war die Folge diesmal ein langer Riß in der Windschutzscheibe.

Auf dem Rücksitz schrie jemand auf.

Robin drückte auf die Hupe, um den Wagen hinter ihm zu warnen, und rammte das Gaspedal aufs Bodenblech. Der Wagen machte einen Satz und schlingerte dann leicht, bis die durchdrehenden Reifen wieder faßten. Dann schoß er vorwärts, wobei sein alter Motor ratterte und pfiff.

Jemand rief eine Beschwörung: »Flüche der Nacht, davongemacht!«

Robin war gezwungen, die Fahrt zu verlangsamen, aus Angst an der Biegung die Kontrolle über den Wagen zu verlieren. Die Insassen waren still, wie betäubt von der Überraschung und der nackten Angst. »Das waren keine richtigen Kugeln«, sagte er, »sonst wäre die Windschutzscheibe nämlich in tausend Stück geflogen. Wahrscheinlich Luftgewehrkugeln oder Kleinkalibermunition. In einer ernsten Gefahr waren wir eigentlich nicht.«

Er fügte nicht hinzu, was sie alle wußten, nämlich daß es nur eine Frage der Zeit war, bis solche Überfälle sich zu einem offenen Krieg auswuchsen. Die Leute, die am Tor auf der Lauer gelegen hatten, sammelten allmählich mehr und mehr Mut.

»Sie mußten die ganze Zeit jemanden dort postiert haben. Das hätte ich nicht erwartet.«

»Wir stellen Wachen auf«, sagte Wisteria. »Das müssen wir tun.«

Robin hielt rechts am Straßenrand und ließ den nachfolgenden Wagen auf gleiche Höhe kommen. »Ist bei euch alles in Ordnung?«

Grape saß am Steuer. Sie lächelte verkniffen. Sie fuhren weiter, die West Street hinunter zur Main, dann die Main hinauf und über die Bridge zu den Lanes. Vor dem Haus Maple Lane 24 standen mehrere Fahrzeuge.

Aus dem Haus drang melodischer Gesang. Die Stadt-Coven mußten sich spontan dort versammelt haben, kaum daß Constance sie von der Tragödie informiert hatte.

Es ging Robin durch den Sinn, daß er in wenigen Minuten Amandas toten Körper sehen würde. Er fürchtete um seine eigene Fähigkeit, dann noch daran zu glauben, sie wieder leben zu sehen. Ivy stieß ihn sacht an. »Du zitterst, Bruder.«

Von hinten legte Wisteria ihm ihre Hand auf die Schulter. »Wir sind alle bei dir, Robin. Denk daran, daß sie im Land des Sommers ist. Die Göttin sorgt dort für ihre Tochter.«

Es war sehr hart für ihn, diese neue Erfahrung der Trauer.

Himmelsblume öffnete ihm die Tür. Er und sie waren am gleichen Tag initiiert worden.

Robin näherte sich jetzt dem Haus. Es war voller Menschen, natürlich; nicht nur die Hexen der Stadt waren da, sondern auch ein großer Teil der Christengemeinde. Die meisten wahren Christen von Maywell beobachteten die Hexen und ihr Treiben voller Respekt. Nur die Anhänger von Bruder Pierce haßten sie, und die betrachtete Robin nicht als Christen.

Eine Königin war gestorben, und sie würde von allen guten Menschen der Stadt geehrt. Er konnte hören, daß sie eines der Lieder, die allein der Covenstatt gehörten, sangen. Es war eines der schönsten.

»Irgendwo da ist ein Fluß
Irgendwo ist neue Jugend
Ich will mich an ihrem kühlen Wasser laben
Und meine Seele baden in ihrer Tugend.«

Gerade als das Lied endete, kam Sheriff Williams die Stufen heraufgestampft. »'n Abend, Robin«, sagte er. Er umarmte ihn und drückte ihn fest gegen seine nach Zigarrenrauch riechende Schulter.

»Auf uns wurde geschossen, Sheriff. Direkt am Eingang zum Anwesen.

»Ich hab' meinen Deputy dort draußen stehen.«

»Wir haben ihn nicht gesehen.«

»Nun, ich werde mit ihm darüber ein ernstes Wort sprechen.« Er schaute Robin aus entsetzt blickenden Augen an. Der Sheriff hatte für seinen Glauben und seine lebenslange Liebe zu Constance Collier eine Menge aufgegeben.

»Gehen Sie in den Keller hinunter, Robin?«

»Ich gehe hinunter.«

Um durch das Haus zu kommen, mußten sie sich durch Leute drängen, Coven, die dicht beisammen saßen und sich um ihre Priesterinnen und Priester scharrten, und Katholiken und Episkopaten und Methodisten mit ihren Pastoren. Sogar Leute, die sie nicht gekannt hatten, spürten das Wunderbare.

Als sie die Abstellkammer erreichten und Robin das häßliche kleine Loch sah, das in den Keller führte, zog seine Kehle sich zusammen. Sie war zu diesem finsteren Ort hinabgestiegen, um dem Tod entgegenzutreten.

»Sie hat versucht zu fliehen«, erklärte der Sheriff lakonisch. »Hat es wohl bis zu ihrem Wagen geschafft. Er hat sie zurückgeschleift.«

Robin konnte dem Bericht kaum zuhören.

»Fred, wir kommen runter.«

»Okay.«

»Robin?«

»Ja, Sheriff?«

»Passen Sie auf, es sieht schlimm aus.«

»Ich will und ich muß.«

Der Sheriff legte eine große Hand auf Robins Nacken. »In eine Hexe verliebt. Ich weiß genau, was du durchmachst, mein Junge.«

»Wir versammeln uns am Fluß,
am schönen, schönen Fluß...«

Sie sangen wieder, wobei die kräftige Stimme des Episkopalen-Geistlichen die restlichen Sänger führte.

Im Keller stank es nach feuchter Erde und noch nach etwas anderem, nach etwas wie einem überhitzten Heizdraht. Nach etwas Schlimmem. »Wir haben sie nicht bewegt, Robin«, teilte Fred Harris ihm mit. »Wir tragen sie nach oben, sobald der Sarg da ist.«

Sarg. Robin haßte dieses Wort. Er erinnerte sich an das einzige Mal, daß sie sich geliebt hatten, auf feuchter Erde, der Mond rot und niedrig am Himmel, sie so voll wildem Jagdeifer, ihr Körper feucht vom Schweiß und glitschig von der Salbe des Rituals, dazu der Geruch von Pferd und menschlicher Hitze und der schwere Duft der Liebe.

Kälte fächelte über Robin, als er auf den kleinen Raum zuging, in dem Mandy lag. Lampen waren von den Leuten des Sheriffs aufgehängt worden, und der Ort war in grelles Licht getaucht.

»Was ist das? Was sollen all diese... Katzen?«

»Er war verrückt. Wir wußten nur nicht, wie schlimm es wirklich war. Nicht einmal Connie hatte eine Ahnung.«

»Wo ist er, Sheriff?«

»Wir haben seinen Gürtel und einige Kugelschreiber da unten gefunden. Und auf dem Fußboden war Blut. Aber nirgendwo eine Spur von einer Leiche oder einem anderen Körper.«

»Warum glauben Sie, daß er tot ist?«

»Sie weist keine Wunden auf, demnach muß das Blut von ihm stammen. Ich denke, er ist tot.« Er wies auf den großen Blutfleck. »Menschen verlieren im allgemeinen nie soviel Blut und bleiben am Leben. Wer ihn getötet hat und was derjenige mit seiner Leiche angefangen hat, wissen wir noch nicht.«

»Dieser Raum ist –«

»Sie hatte den Mut herzukommen.«

Robin konnte sich kaum überwinden, zu ihr hinzugehen, so furchtbar war dieser Ort, vollgestopft mit Georges seltsamen wissenschaftlichen Apparaten und Katzenbildern.

Robin zwang sich, den Keller zu durchqueren, vorbei an dem

bauchigen Ofen, und die Kammer zu betreten. Aus der Nähe betrachtet, war die Überfülle an Katzenbildern fast unglaublich. Vielleicht wegen dieser Katzenbilder schien dieser Ort mit ihm verbunden, ja ein Teil von ihm zu sein. »Tom ist ein schwarzer Funken«, hatte Constance einmal gesagt, »vom Auge des Todes.«

»Kate hätte uns davon erzählen sollen«, sagte Robin.

»Sie hatte wahrscheinlich Angst. Sieh dir das hier doch an.«

Als er darüber nachdachte, wurde es Robin klar, daß es geradezu unmöglich war, daß Kate Walker dieses Geheimnis vor Constance hatte bewahren können. Natürlich wußte Connie über alles Bescheid. Sie wußte genau, wie gefährlich George Walker war.

Als Robin in die Todeskammer blickte, spürte er die Präsenz als eine Verdichtung der Dunkelheit. »Tom, bist du da?«

»Wer?«

»Connies Schutzgeist. Der, den sie Mandy geben wollte. Ich spüre, daß er da ist.«

»Hier ist nichts dergleichen, Robin.«

»Ich glaube kaum, daß Tom sich zeigen wird.«

»Dieser Kater jagt mir einen heillosen Schrecken ein. Zum einen ist er schon viel zu alt. Wenn ich richtig mitgezählt habe, mindestens vierzig Jahre. In meiner Zeit als Hexe erschien er zum erstenmal, als Connie noch ein Mädchen war und Hobbes auf sie schoß, um sie zur Schamanin zu machen – das war in den zwanziger Jahren, um Gottes willen –, dann, als Simon Pierce in die Stadt kam, und jetzt habe ich ihn wieder herumstreunen sehen, mal hier, mal dort.«

Robin schenkte sich den Hinweis, daß Connie sogar ein Portrait von Tom besaß, das aus dem Jahr 1654 stammte.

Er atmete tief ein. Er durfte sich nicht länger aufhalten, und er schaute auf die Gestalt auf dem Tisch hinab.

Selbst im Tode strahlte sie. Ihre Schönheit, dachte Robin, konnte sogar dem Grab trotzen. Ihr Gesicht war in einem lebendigen Ausdruck erstarrt. Die Augen waren geöffnet, die Brauen zusammengezogen, als wäre sie über etwas verblüfft. Die Hände lagen gefaltet im Schoß. »Wir haben die Schnüre entfernt«, sagte Fred Harris. »Sie war an den Tisch gefesselt.«

Robin betete auf seine eigene stumme Art und Weise zu der Göttin, die ihm immer Furcht einflößte, und zu dem Gott, den er liebte. Er ließ ihre Bilder in seinem Geist erscheinen, die hochgewachsene blasse Göttin und ihr dunklerer Begleiter, wie sie sich im Land des Sommers aufhielten. Er wünschte sich jetzt ihren Trost.

Durch die Kellerfenster drang das Getöse zahlreicher Hupen und das Aufbranden menschlicher Wut. »Verdammt«, sagte der Sheriff, »die lassen uns aber auch nicht in Ruhe, oder?« Die Hupsignale ertönten jetzt in einem wütenden Rhythmus, ein bitterer Ton nach dem anderen.

»Heute ist auch einer von denen gestorben.«

»Robin, dieser Mann hat versucht, eure Farm niederzubrennen!«

»Er ist einen schlimmen Tod gestorben.«

Die Leute draußen knurrten jetzt regelrecht, die Stimmen dumpf und tief wie das Prasseln von Regen auf eine Stelle, die bereits überflutet ist. »Ich sollte lieber raufgehen und vor denen mal ein bißchen mit den Muskeln spielen«, sagte der Sheriff. Er lief durch den Keller.

Robin ging zum Kopf des Tisches. Er wollte ihr die Augen schließen. »Das geht nicht mehr, alter Freund«, sagte Fred Harris. »Jetzt ist es zu spät, um noch etwas im Gesicht zu verändern.«

Er wollte nicht, daß sie so starrte. Das war nicht der Ausdruck einer Toten. Trotz der herrschenden Kälte hatte ihr Körper seine Geschmeidigkeit behalten, als lebte er noch. Auf eine gewisse Weise war das noch grauenvoller als der starre Blick einer normalen Leiche.

Sie hatte ganz offensichtlich noch nicht den ewigen Frieden gefunden. »Gibt es denn gar keine Möglichkeit, etwas zu tun?«

»Ich kann dafür sorgen, daß sie aussehen, als seien sie geschlossen, aber dazu muß ich sie in meinen Arbeitsraum mitnehmen.«

Ihre Augen hatten die Farbe des Mondes kurz vor dem Untergehen am Morgen. Constance hatte gesagt: »Jeder von uns hat einen geheimen Namen, unseren *wahren* Namen. Wenn ihr sie in den Kreis ruft, so nennt sie Moom.«

»Moon?« hatten sie gefragt.

»Nein, mit einem ›m‹. Moom lautet ihr wahrer Name. So nennt die *Leannan* sie.«

»Auf Wiedersehen, Moom. Lebe wohl.« Er stellte sie sich auf einer alten Waldstraße vor, den Koffer in der Hand, wie sie schnell davonging. Tiefe Trauer erfüllte ihn.

Ihm wurde eine Vision von Moom gewährt: ein springlebendiger, kleiner brauner Ball von einem Menschen, der nach Holzrauch und ranzigem Fett roch und vor schenkelklopfendem Stolz und Gelächter strotzte. Das war die junge Moom. Nun schien die alte Seele über ihm zu stehen, das Gesicht sehr ernst vom in langer, langer Zeit erworbenen Wissen. »Ich spüre sie. Sie befindet sich in diesem Raum.«

»Kommen Sie, schnell, die Kiste ist eingetroffen.«

Robin wollte nur noch eine weitere Minute mit ihr alleine sein, aber eine ganze Menge Leute warteten auf ihn, und draußen wurde der Lärm immer schlimmer. Dumpfe Laute ertönten. Steine prasselten gegen das Haus. Sheriff Williams war zu hören, wie er irgend etwas brüllte, aber er erzielte damit keine große Wirkung. Oben dauerte der Gesang an. »Amazing Grace«, dann das Pentagramm-Lied. Ivy führte mit ihrer kräftigen Stimme.

»Geh nur hinauf, Robin. Sag einigen von meinen Jungs, sie sollen runterkommen, um mir zu helfen.«

»Ich helfe dir.«

»Nicht nötig – ich habe oben genug Männer.«

»Ich habe nichts dagegen, sie zu berühren. Ich möchte es sogar.«

Ihr Körper war schlaff und kalt. Die Hand auf sie zu legen, während seine Einbildung ihm vorgaukelte, sie wäre noch voller Leben und Wärme, war tatsächlich ungemein schwierig. Aber es war richtig so. Das war sein Verantwortungsbereich, dieser Körper.

Sie schnallten sie auf die Bahre und trugen sie durch den Keller. Andere Hände hoben sie die Leiter empor. Als Robin aus dem Loch stieg, trug man sie gerade um die Ecke ins Wohnzimmer. Das Haus war voll von flackernden gelben Lichtern. Der Bienen-Coven war mit Kartons voller selbstgemachter Wachskerzen eingetroffen.

Andere lösten die Gurte, nahmen sie von der Bahre herunter und betteten sie in den einfachen Sarg, wie er von den Hexen Maywells bevorzugt wurde, ein Kasten aus handpoliertem Tannenholz, sehr leicht gezimmert. »Das Fleisch soll schnell zu seiner Mutter zurückkehren«, sagte Connie. Die Kiste war eine Konzession an die Bestattungsvorschriften des Staates.

Ruby aus dem Felsen-Coven trat an das Kopfende des Sarges. Sie schaute Amanda lange an. »Wir werden in einer Prozession zurückkehren«, sagte sie. »Der Felsen-Coven wird sie den ganzen Weg bis zum Berg tragen.«

Danach schlossen sie den Sarg, und Fred Harris kam herauf. »Ihr wollt den ganzen Weg zu Fuß gehen? Das sind doch zwei Meilen!«

Ruby war in der Welt draußen Freds Tochter Sally. Robin hätte ihr nicht in dieser Weise widersprochen. »Wir sind zu mehreren hier«, schnappte sie. »Wir wollen es so!«

»Die Menschenmenge da draußen –«

»Hier drinnen drängt sich auch eine Menschenmenge!«

»Okay, Schatz, ich wollte dich nicht angreifen. Ich habe nur auf die Tatsachen hingewiesen.«

»Wir wollen unsere Stärke demonstrieren. Und unsere Achtung vor unseren Toten.« Während dieser Worte versammelte der restliche Coven sich um Ruby. Sie verteilten sich um den Sarg und faßten seine glänzenden Messinggriffe. Andere versammelten sich davor und dahinter, Hexen und Stadtleute, alle mit brennenden Kerzen in den Händen.

Die örtlichen Kirchen predigten Duldung, und die Hexen ihrerseits achteten sie. Zusammen begann die Gruppe, Christen und Hexen gemeinsam, ihre Wanderung durch den Aufruhr der Nacht.

Bruder Pierce stand auf der Rückbank seines Jeeps und reckte im Licht der Benzinlaternen und Suchscheinwerfer sein Kinn wütend vor. Nach der Libanon-Invasion durch die Israelis im Jahr 1982 war seine Kongregation von einer Überlebensmanie erfaßt worden. Noch war der Dritte Weltkrieg nicht ausgebrochen, aber sie hatten nicht aufgehört, sich ständig darauf vorzubereiten. Kombiwagen, Jeeps und PS-starke vierradgetriebene Lkws machten den Wagenpark aus.

»Du bist die Hure des Satans«, brüllte er und wies anklagend auf die herannahende Prozession. »Ihr habt heute einen Menschen getötet, ihr mörderischen Dämonen!«

Ivy stimmte als erste den Gesang an. »Amazing Grace, how sweet the sound, that saved a wretch like me. I once was lost but now am found, was blind but now I see.«

»Ihr seht nichts als die Finsternis und das Böse eurer Herzen! Was treibt ihr dort – trauert ihr für uns?«

Bruder Pierce und seine Herde waren durch die Menschenmenge, die sich vor dem Haus versammelt hatte, angelockt worden, nicht von dem Wissen über das, was mit Amanda geschehen war.

Seine keifende Stimme ging stellenweise im Gesang unter. Für einen kurzen Moment sah Robin sein Gesicht im Scheinwerferlicht von einem der Lastwagen. Sein Ausdruck war nicht mehr Haß. Es war schon mehr. Man konnte den Anblick nicht lange ertragen.

Die Menschenmenge verfiel in Schweigen, als der Sarg zur Tür herausgetragen wurde. Auf der Rückbank seines Jeeps gab Bruder Pierce ein wütendes Zischen von sich. Langsam tastete sich ein Scheinwerferstrahl heran und richtete sich auf den Felsen-Coven und seine Last.

Sie summten leise eine Trauermelodie.

Bruder Pierce zeigte auf sie. »Frohlocket, denn der Tod hat einen der Bösen zu sich genommen!« Er schlang die Arme um sich, tanzte und blickte lächelnd zum nächtlichen Himmel empor. »Denn das Übel brennet wie das Feuer: Möge es das Gestrüpp und die Dornen verschlingen und das Dickicht des Waldes lichten, und mögen sie aufsteigen auf den Schwingen des Rauchs und vergehen! O Gottes Ehre, o Hallelujah!«

Er begann zu klatschen, und jeder Schlag seiner langen, schmalen Hände schnitt durch Robins Trauer. Aber Ruby hatte recht, so absolut recht! Sie gehörten an diesen Ort, mitsamt ihrer Last.

Ein Lied drang aus den Kehlen der Anhänger von Bruder Pierce: »We're gonna tell the World about this! We're gonna tell the nations about that! The battle's done, the victory's been won. There's joy, joy, joy in our hearts!«

Wie schnell sie ihren eigenen Toten vergessen hatten.

Schließlich verließ die Prozession die Straße und ließ Bruder Pierce und seinen jubelnden Mob zurück. Vater Evans holte zu Robin auf. »Ich hoffe, Sie können ihnen verzeihen, Robin.« Er hielt den Kopf gesenkt. »Ich selbst versuche es auch.«

»Und können Sie es?«

»Nein.«

»Für uns ist es noch viel schwerer, Vater. Vor allem für mich. Ich habe sie geliebt, wissen Sie?«

»Der Pfarrer hat mir gesagt, wie wichtig sie für Sie war. Schön und gut, aber dieser Ritt und dann nackt –«

»Das ist bei uns so Brauch!«

»Okay, wollen wir uns nicht darin festbeißen. Sie sollten nur zur Kenntnis nehmen, daß die Katholiken das als Ärgernis empfanden. Sie sollten nichts tun, was die Regeln des Anstands und die Gesetze der Stadt verletzt.«

»Wir hatten eine Genehmigung für unsere Aktion.«

»Aber Nacktheit –«

Robin wollte mit Vater Evans in diesem Moment wirklich keine Diskussion beginnen. »Ich bezweifle, ob Sie jemals wieder eine Wilde Jagd erleben werden. Diese Covenstatt wird sich wahrscheinlich auflösen.«

»Wenn ich jemals gebraucht werden sollte –«

»Vielen Dank, Vater.«

Die Prozession zog weiter, eine tanzende Schlange von Lichtern, gelegentlich von halblautem Gesang begleitet. Die Sargträger ganz vorne sangen ständig, um in Bewegung zu bleiben. Der Felsen-Coven war entschlossen, sie den ganzen Weg zu tragen. Diese Leute waren ein auf schwere Arbeiten spezialisiertes Team, hielten die Wege und Straßen auf dem Anwesen instand, gruben Baumwurzeln aus, flochten Hauswände und bauten Hütten, transportierten Holzbalken. Jedoch mußte sich in dem Sarg eine Last befinden, die sie weit heftiger niederdrückte als der schwerste Baumstumpf.

Auf ihrem Weg lockte die Prozession mehr und mehr Menschen aus ihren Behausungen, bis es den Anschein hatte, als nähme jeder in der Stadt, der nicht auf der Seite von Bruder Pierce stand, an der Prozession teil.

»Sind noch Kerzen da?«

»Dad!«

»Connie hat mich angerufen. Es ist eine schlimme Sache, mein Sohn.«

Robin konnte nicht antworten. Seine Mutter war auch mitgekommen. Sie und Ivy gingen hinter den beiden Männern.

Sie gingen durch das Haupttor auf das Anwesen, das für diese Gelegenheit geöffnet worden war. »Mein Sohn, wer war sie eigentlich wirklich?«

»Sie war schon seit langem zu uns unterwegs. Wir gehörten zu ihr.«

Der große alte Wald, der das Anwesen von Maywell trennte, strahlte den ewigen Frieden der Natur aus. Kleines Getier machte sich zwischen den Bäumen bemerkbar, und große Schwingen huschten vorbei.

Als sie zum Haus kamen und daran vorbeizogen, war die Prozession etwas gedrängter geworden, zum einen, weil noch mehr Menschen hinzugekommen waren, und zum anderen, weil der Felsen-Coven, der sich vorne mit dem Sarg abmühte, allmählich langsamer geworden war.

Das Haus war völlig dunkel.

Es dauerte einige Zeit, bis Robin Constance auf der Vorderveranda stehen sehen konnte. Um sie herum hatten die Raben sich in ungewöhnlichem Schweigen verteilt. In ihrer schwarzen Robe und Kapuze hätte sie eine Statue sein können, die im Licht des Mondes sogar etwas unheimlich wirkte. Sie hob den Kopf, und Robin glaubte, sie wäre im Begriff, etwas zu sagen. Doch dann trat sie vor. Sie schloß sich den Menschen an, und Robin war ihr dafür sehr dankbar.

Die Mitglieder der Coven hatten am Berghang aus windgeschützten Kerzen einen Weg ausgelegt, wobei sie jede Kerze sorgfältig zwischen Steine gestellt hatten, um die Brandgefahr auszuschalten. Trotzdem war es ein mühseliges Vorwärtskommen, und nicht jeder war genügend auf diese Wanderung vorbereitet. Einige Stadthexen stürzten am Weg und blieben zurück. Sie gesellten sich zu den anderen, die sich auf den Feldern versammelten, und während Robin dem rauhen Pfad folgte, hörte er sie gemeinsam einen Gesang anstimmen.

Vorne kämpfte der Felsen-Coven sich mit seiner Last weiter. Als Robin zum Feenstein gelangte, war der Sarg bereits darauf gestellt worden. Die Leute hatten einen Ring aus Kerzen darum gebildet, der im Wind knisterte und Spiegelbilder der Trauernden flackernd auf die polierte Oberfläche des Sarges zauberte. Die Hexen bildeten einen Kreis. Die Stadtleute hinter ihnen, die es bis hierher geschafft hatten, blieben stehen oder setzten sich.

Tiefe Stille trat ein. In der Ferne stöhnte und ächzte der Wind und ließ seine Stimme als vielfaches Echo in den Endless Mountains erklingen.

Der Mond stand hell und hoch inmitten der Sterne. Robin schaute hinauf, und die lebendige Eindringlichkeit seines Blickes zur Erde flößte ihm Furcht ein. Heute nacht, dachte er, ist der alte Mond ein Auge in die Ewigkeit.

Kapitel 24
Requiem für eine Hexe

Ein Begräbnis wie dieses hatte es in der Covenstatt bisher noch nicht gegeben. In der Stille bewegte sich etwas wie ein schwarzer Blitz, dann sprang Tom hoch und stand auf dem Deckel des Sarges.

Seine Augen waren so stechend, daß Robin ihren Blick nur für einen kurzen Moment ertragen konnte. Sie glühten grünlich, und sie fragten, klagten beinahe an.

Constance Collier schritt vorwärts, bis sie vor dem Sarg stand, Auge in Auge mit der großen, starrenden Kreatur, die sich darauf duckte. Der Wind ließ ihre Robe knallend flattern. Sie sprach mit klarer, sanfter Stimme auf Tom ein.

»O Großer Irusan, König der Katzen, Bewacher der Tore des Todes, bringe diese Tochter des Lebens sicher durch die düsteren Gefilde. Nimm sie auf in deine zeitlose Gnade und führe sie in das reinigende Wasser. Betrachte wohlwollend den Abstieg der Lebenden, o Großer Gott, wie sie zurückkehren in dein Land der Dunkelheit und des Gelächters.«

Sie wandte sich um. »Robin. Komm her.«

Er mußte sich innerlich einen Stoß geben, um sich ihr – und der Katze – zu nähern. Tom schien auf doppelte Größe angewachsen zu sein, die Spitzen seiner Fellhaare leuchteten bläulich, und seine Klauen gruben sich in den Sargdeckel. »Du sollst die Beschwörung vornehmen, junger Mann«, sagte Constance.

»Die Beschwörung?«

»Ruf Ama. Die Dunkle Mutter.«

Constance stand hinter ihm, ein schwankendes Gespenst, ihr Atem rasselte, ihre rechte Hand nestelte ständig am Tuch ihrer Robe herum. Der Wind war seit ihrer Ankunft auf dem Berg stärker geworden. Nun schien er seine Reserven zu mobilisieren und überschüttete sie mit einem mächtigen kalten Atemhauch. Die Kerzen knisterten und verloschen, die Flammen wurden von dem mächtigen Hauch fortgerissen.

Robin war für diese Gelegenheit nicht richtig angezogen; ihm war kalt. Jeans und ein Pullover waren niemals dazu gedacht, Schutz vor dem Atenhauch der Wesen zu bieten, die sich jetzt dem Kreis der Trauernden näherten.

Er durchforstete seine Gedanken, aber er konnte sich an keine vertraute Art der Beschwörung Amas erinnern. Sie war der Aspekt der Göttin, welcher für die abgeernteten Felder und die Winterpause zuständig war. Sie war außerdem die Hüterin der Geheimnisse.

So gut er es vermochte, erfand er eine Beschwörung. »Ich rufe dich, brache Mutter. Ich rufe dich, Ama der leeren Äcker. Ich rufe dich, geheimnisvolle Mutter. Nimm deine Tochter und führe sie durch des Todes kaltes Reich, du Sanfte, in das weite Land des Sommers.« Seine Stimme klang brüchig und schwankend vom Wind. Die Gesichter der Umstehenden waren vom Mond verwandelt worden, der mehr als zur Hälfte voll über den Bergen hing. Sehr schwach, von tief unten aus dem Tal, konnte Robin den Gesang der anderen Trauernden hören:

»Silbernes Wasser aus dem Himmelsrund
Ströme dahin, ströme dahin,
Bis ich kenne den wahren Grund,
Bis ich kenne den wahren Grund.«

Das Lied der Sorge. Es war an diesem Ort noch nicht sehr oft gesungen worden.

Plötzlich ergriff Vater Evans das Wort. »Darf ich noch etwas hinzufügen, Connie, für unsere anderen Begleiter?«

»Natürlich, Al.«

»Es kommt aus dem Buch Der Prediger Salomo. Betrachtet es als eine Botschaft meines Gottes an den euren.« Er neigte den Kopf. »Zur Zeit, wenn die Hüter im Hause zittern, und sich krümmen die Starken, und müßig stehen die Müller, weil ihrer so wenig geworden sind, und finster werden, die durch die Fenster sehen, und die Türen an der Gasse geschlossen werden, daß die Stimme der Mühle leise wird, und man erwacht, wenn der Vogel singt, und gedämpft sind alle Töchter des Gesangs.

Wenn man auch vor Höhen sich fürchtet und sich scheut auf dem Wege; wenn der Mandelbaum blüht, und die Heuschrecke beladen wird, und alle Lust vergeht, denn der Mensch fährt hin, da er ewig bleibt, und die Klageleute gehen umher auf der Gasse.

Ehe denn der silberne Strick wegkomme, und die goldene Schale zerbreche, und der Eimer zerfalle an der Quelle, und das Rad zerbrochen werde am Born.

Denn der Staub muß wieder zu der Erde kommen, wie er gewesen ist, und der Geist wieder zu Gott, der ihn gegeben hat.«

Danach trat für längere Zeit Stille ein.

Bis Constance wieder die Stimme erhob. »Laßt uns die Geschichte von der Herabkunft der Göttin erzählen. Bewahrt sie wohl in eurem Geiste, denn jeder von uns wird ebenfalls über diese Grenze gehen.«

Robin hatte diese Geschichte immer als freudige Botschaft zum Sabbat gehört. Er fing an: »Der Herr der Fliegen, Gottvater und Tröster, stand vor dem Tor zum Großen Schweigen.«

Alle Hexen antworteten: »Und die hohe Frau kam zu ihm, um zu erfragen des Todes Geheimnis; also unternahm sie die Reise durch das Tor zum Nutzen derer, welche denn sterben mußten.«

»Zieht euch aus, mit Juwelen geschmückte Dame, denn die Kälte ist kalt und Eure Knochen sind Knochen.«

Leise, sanft begann Tom zu heulen. Nur in den seltensten Fällen tut eine Katze das: wenn sie in großer Not ist und in tiefer Nacht.

Constance fuhr fort, ihre Stimme ein leiser Hauch unter seinem hohen Schrei. »So überantwortete sie ihre Kleider der Erde und wurde mit der Erinnerung des Sommers gegürtet und schritt so mit offenen Augen in die leere Stimme des Abgrunds.

Sie gelangte vor den Tod in der Nacktheit ihrer Wahrheit, und von solcher Schönheit war ihre Nacktheit, daß der Tod niederkniete und als Geschenk ihr zu Füßen das Schwert des Wechsels legte.«

Die Hexen seufzten gemeinsam mit dem Wind, und eine sprach für sie alle: »Unser ist der Glaube an den Wind, unser ist das Rufen in der Nacht.«

»Dann küßte der Tod die Füße des Sommers und sagte: ›Gesegnet seien die Füße, welche dich über den Pfad des Eiskönigs geführt haben. Ich will sie lieben und mich an ihnen wärmen.‹«

Die Hexen machten jetzt das Geräusch von raschelnd fallendem Schnee.

»Aber der Sommer liebte die Blaue Stunde nicht, sondern fragte ihn: ›Warum schlägst du mit Frost meine Blumen?‹«

Die Hexen summten jetzt eine Melodie ohne Worte. Die Stadtleute hinter ihnen sahen sich gegenseitig verwundert an, denn so einen Laut hatten sie noch nie gehört. Hoch und doch schwingend, voll und dabei voller Lachen und voll der Sorge, die wir alle kennen, die aber in keiner menschlichen Sprache eine Bezeichnung kennt.

»›Hohe Dame‹, sagte der Tod, ›hilflos bin ich, wenn das Netz der Zeit fällt. Was zu mir kommt, kommt. Und alles was geht, geht. Laßt mich auf Euch liegen.‹«

Das Summen wurde lauter und verschmolz mit der Stimme der Katze.

»Die Dame sagte nur: ›Ich bin Sommer.‹«

»Dann peitschte der Tod sie, und Sturm kam auf und Ascheregen.«

Das Summen brach ab. Tom duckte sich, als wollte er jeden Augenblick an Constance's Gurgel springen. Sie stand vor ihm, den Kopf hocherhoben, während der Wind ihre Robe blähte.

»Und sie äußerte ihre Liebe in der fruchtbaren Stimme der Biene, und der Tod war selig vor ihr.«

»Und nun das Geheimnis der Geheimnisse: Liebe den Tod, du, die du das Portal des Mondes finden wirst, die Tür, die zurückführt ins Leben.«

Alle zusammen: »Schenke uns, o Sommer, die fünf Küsse der Auferstehung. Sei gesegnet.«

Constance hatte die Kapuze zurückgeschlagen. »Sei gesegnet.« Sie schaute sich um. »Cernnunos bläst sein Horn diese Nacht, meine Kinder. Ihr vom Felsen-Coven, holt sie am Morgen und begrabt sie in den Bergen.«

»Aber die *Leannan* läßt uns nicht den Stein passieren.«

»Das Gesetz ist für die Bestattung aufgehoben. Sie wird dort gewünscht.« Sie ergriff Robins Hand. »Ihr vom Wein-Coven, werdet ihr heute nacht über sie wachen?«

»Ich werde es tun«, gelobte Robin. Die anderen Mitglieder des Wein-Covens schlossen sich ihm an. Sie standen dicht beieinander, während das Ende der Prozession sich seinen Weg hinab zwischen den Felsen suchte. Schon bald war der letzte Laut der sich entfernenden Menge in der Nacht untergegangen.

Alle wurden still bis auf den Wind und das Rascheln von Tom, der im trocknen Gebüsch herumschlich. Der Coven faßte sich bei den Händen.

Erst als Wisteria mit leiser Stimme sagte: »Seht mal, dort drüben am Vogelbeerstrauch«, dachte Robin an das Feenvolk. Dabei waren sie die ganze Zeit da gewesen und hatten alles aufmerksam verfolgt. Er sah sie jetzt, dunkle kleine Gestalten, die sich aus dem dichten Busch herausstahlen. Ihre Jacken und Mützen reflektierten das Mondlicht kaum.

Robins Herz begann zu hämmern. Ein Frösteln durchlief seinen Körper. Er streckte die Hand aus und fand die Hände seiner Gefährten, die auf seine gewartet hatten.

Die Feen und Elfen kamen näher, mindestens ein Dutzend, und blieben keine drei Meter vor dem Coven stehen. Sie trugen Bogen, nicht länger als dreißig Zentimeter, und Pfeile, die in Robins Augen völlig unbedeutend erschienen.

Aber er wußte genau, daß er sich nicht rühren durfte; diese Pfeile waren absolut tödlich. Constance erzählte, daß sie damit in der fernen Vergangenheit Mammuts gejagt und getötet hätten.

Das Rascheln wurde lauter.

Die Feen rochen kräftig und angenehm und überhaupt nicht wie menschliche Wesen. Trugen sie Bärte oder nicht? Waren sie jung oder alt? Er konnte es nicht erkennen.

Dann fand eine Veränderung statt. War dieser Bereich im einen Moment noch völlig leer gewesen, so schwebte schon im nächsten eine winzige Frau über dem Sarg. Sie reflektierte entweder das Mondlicht oder sie leuchtete selbst. Robin schaute in das Gesicht und sah darin solche Liebe und Freude, daß er wie ein glückliches Kind in die Hände klatschte, ohne es verhindern zu können.

Wisteria streckte ihr zitternde Hände entgegen. Sie streckte die Arme aus und berührte Wisterias Finger. Dann drängten die anderen Mitglieder des Covens sich um den Sarg, und jeder wurde ebenfalls berührt.

Aus dieser Nähe konnte Robin die Perfektion ihres Körpers sehen, das weiche, unirdische Leuchten ihrer weichen Haut. Sie schaute ihm in die Augen. Tausend Empfindungen durchrasten ihn: wahnsinnige, lüsterne Leidenschaft, zärtliche Liebe, Grauen, Wollust, Vergnügen, Lachen, alles in seiner extremsten Form.

Sie öffnete halb den Mund und schloß die Augen und hob ihr Gesicht, um geküßt zu werden. Er zitterte so stark, daß er kaum seinen Kopf ruhig halten konnte. Er kam ihr nahe und tauchte in einen Duft ein, der seine intimsten und intensivsten Erinnerungen weckte. In dem einzigen Augenblick des Kusses kannte er plötzlich seine ganze *lang syne,* von dem Augenblick, in dem er Moom im Wald getroffen hatte, wo sie Walnüsse knackte, bis hin zu der furchtbaren Nacht, in der er hatte mit ansehen müssen, wie die Männer des Bischofs seine Marian gefangengenommen hatten, weiter durch die Trauerhäuser der Jahre bis zu diesem Zeitpunkt.

Ein Rauschen ging durch den Wald, und dann wandte die *Leannan* sich ab und trat wieder ins Dunkel zurück.

Sie schien aufzusteigen, und alle Blicke folgten ihr. Zuerst begriffen sie nicht, was sie sahen. Dann schrie Grape auf. Am Himmel, unvorstellbar groß und die Sterne verdeckend, befanden sich zwei riesige Katzenaugen.

Sie starrten herab, bis die Hexen ihre Gesichter verhüllten und sich zusammendrängten wie Kaninchen unter einem jagdlustig kreisenden Falken.

Es dauerte einige Zeit, bevor jemand sich rührte oder sprach. Nacheinander blickten sie wieder hoch.

Sie waren mit der Nacht alleine.

Robin strotzte vor einer Energie, die alles übertraf, was er je auch nach dem intensivsten Ritual empfunden hatte. Die anderen Covenmitglieder erlebten das gleiche, ihre Augen leuchteten von dem Licht, das dem Körper der *Leannan* entströmt war.

Er wußte, daß er handeln mußte, oder er konnte seinen Plan aufgeben. »Bitte«, flehte er, »laßt uns versuchen, Amanda zu erreichen. Laßt es uns mit dem Kegel der Kraft versuchen.«

Ohne ein Wort des Protestes bildeten sie den Kreis. Sie halfen ihm.

BUCH DREI

DIE SCHWARZE KATZE

Within that porch, across the way,
I see two naked eyes this night;
Two eyes that neither shut nor blink,
Searching my face with a green light.

But cats to me are strange–
I cannot sleep if one is near;
And though I'm sure I see those eyes
I'm not so sure a body's there!

William Henry Davis, »The Cat«

Kapitel 25

Eine einzige Schülerin saß vor ihrer Lehrerin.

Mutter Stern vom Meere vollführte Kapriolen, ihre Tracht umflatterte sie, der Schleier schwebte zu Boden, der nackte hölzerne Kopf wackelte, sie lächelte, als sie hin und her hüpfte, ihre Schülerin kniff und dazu wie ein Papagei schimpfte.

Mandy wurde bröckchenweise weggezwickt und gekniffen. Am schlimmsten war, wie sehr sie sich selbst vermißte!

»Irgendwer«, schluchzte sie, »irgendwer!«

»Wie wär's mit mir?« Bonnie Haver erschien wieder.

»Holt mich hier raus! Irgend jemand, bitte!«

Mutter Stern vom Meere stand klappernd stramm. »Du willst raus? Jawohl! Aus diesem Höllenloch! Klar. Kannst ein Geist sein, hast das Recht dazu. Also, Seele, flieg los!«

Zu ihrer Verblüffung war Mandy frei! Sie trieb wie ein Pollenkorn im Herbstwind, segelte zwischen langen schwarzen Bergketten dahin.

Es waren vertraute Berge.

Die Endless Mountains. Und da war der Feenstein. Mandy tat es im Herzen weh zu sehen, wie die Hexen sich im kalten Wind vor ihrem eigenen Sarg zusammendrängten.

Es war tiefe Nacht in den Endless Mountains. Mandy war mit der Luft eins geworden, blies die Kerzen am Sarg aus, pfiff durch Pullover und unter Roben, streichelte die, welche sie geliebt und verloren hatte.

Sie war da, aber sie war hilflos. So war es also, wenn man ein Geist war.

Ihren Gefährten so nah und doch so fern, empfand Mandy den Verlust als unendliche Qual. Sie konnte kaum einmal innehalten, um ihren Sarg zu berühren, geschweige denn in den Körper zurückzukehren, der darin lag. Sie huschte und wehte hin und her, während die Leute ihre Gebete in die Dunkelheit murmelten. Sie geriet in Robins Nähe, und die Trauer in seinem Gesicht quälte sie unendlich.

»Ich liebe dich«, sagte sie, und der Lufthauch ihrer Worte machte Robin in seinem Pullover frösteln. »Ich bin ganz nahe bei dir. Hörst du mich nicht?«

Er verkroch sich in seine Kleider und zog den Kopf vor den ständigen Böen ein, die der Geistkörper seiner Geliebten waren.

Sie brüllte vor Wut, weil sie sie nicht sehen konnten, doch sie löschte lediglich ihre Kerzen. Dann beruhigte sie sich.

Die Nacht auf dem Berge wurde so still wie ein Schlafzimmer. Sie hörte ihre leisen Stimmen, als sie sich gegenseitig Mut zuraunten. Wie müde und niedergeschlagen sie waren. Ihr Herz litt mit ihnen. Sie war ihnen so nahe, aber doch so hilflos.

Im normalen Leben betrachten wir Geister als etwas Seltenes. Wir wissen nicht, daß jedes Rascheln und Quietschen, jedes Kratzen eines Zweiges am Fenster oder jeder Windseufzer an der Dachrinne von jemandem hervorgerufen wurde, der auf seiner Reise durch die Nacht vorbeigeflogen ist.

Mandy sah auch das erste Hoffnung versprechende Wesen, das sie, seit sie gestorben war, traf: Tom rannte durch den Himmel. Seine Augen waren Sterne, sein Körper das gesamte Firmament, sein Schwanz der Knick in der Milchstraße.

Mandy wollte auf ihren Sarg trommeln, um in ihren Körper zu gelangen. Bitte! Laß mich zu ihnen zurückkehren!

Während sie hin und her huschte, sah sie die *Leannan* mit ihren Wächtern über den Berg kommen. Während sie sich im Vogelbeerstrauch verkrochen, kam Mandy der seltsame Gedanke, daß man die Feen und Elfen als eine Rasse betrachten konnte, die eine Technologie der spirituellen Welt geschaffen hatte, genauso wie der Mensch die physische Welt technologisch erschlossen hatte. Indem sie diesen Zauber anwandte, konnte die Feenkönigin hier herrschen und sich in der Welt der Toten bewegen. Die Wissenschaft, die ihr dies ermöglichte, mußte etwas Unheimliches und zugleich Grandioses sein – Theorien, die als Träume erfahren wurden; Liedfragmente, die die Wirkung von starken Maschinen hatten.

Was sie betraf, so hatte Mandy nicht einmal über sich selbst

Kontrolle. Im einen Moment noch dicht über dem Erdboden, war sie im nächsten schon hoch oben in der Luft. Wischte sie jetzt noch durch Robins Haare, schlängelte sie sich gleich schon zwischen den Steinen hindurch.

Würde die *Leannan* ihn küssen? Sie hoffte es inständig, denn das würde ihm helfen! Sie begann für ihn zu bitten: »Bitte, *Leannan* –«

Dann sah sie in der Nähe ein Puppengrinsen. »Nein, noch nicht, ich will noch nicht zurück!«

»Aber Mandy, dies ist genau der richtige Augenblick.«

»Sie sagten, ich hätte darauf ein Recht!«

»Hattest du auch, aber du hast es vergeudet.«

Kaum spürte sie den süßen Geruch der Hütte in ihrer Nase, da stürzte sie schon durch ihren Lakritzkamin.

Sie war wieder im Schulzimmer der Hölle.

Robin hörte den Wind heulen, hörte seine Stimme als Echo in den Endless Mountains im Norden und sein Seufzen in den gemäßigteren Erhebungen der Peconics im Süden.

Er konnte noch nicht einmal den Kegel der Kraft errichten, so sehr hatte ihn der Kuß der *Leannan* überwältigt. Ihre Schönheit hatte ihn zeitweise jeglicher Vernunft beraubt.

Mehr noch, sie hatte ihn wie ein Blitzstrahl getroffen und schien jede Zelle seines Körpers mit gesteigerter Sensibilität ausgestattet zu haben. Er betrachtete die Welt sozusagen mit verbesserten Augen, und die Welt war nicht mehr so wie sonst. Der Erdboden unter ihm erschien ihm nun wie lebendiges Fleisch. Jeder Stein war ein Auge, jeder Grashalm ein Nervenende. Die Erde war nicht nur lebendig, sie war mehr: Sie war auf schockierende Weise wach. Sie erkannte ihn ebenso wie sie jeden Mann, jede Frau, jedes Kind, jeden Baum und jedes Tier kannte, das auf ihrem weitläufigen Körper wohnte. Und sie beobachtete sie alle, ruhig, ständig wie eine Mutter, die verträumt das Treiben ihrer Kinder verfolgt.

Wisteria begann den Kegel der Kraft aufzubauen, und Robin war ihr dankbar dafür, ihnen allen. Kräftige Hände ergriffen die seinen. Der Coven war zielstrebig und sicher in der Ausübung seiner Rituale; sie waren darin erfahren. Sie errichteten den Kegel mit einer Folge von Lauten, die die Gesänge der langen Töne genannt wurden.

Wisteria stimmte das leise Summen an.

Bald schlossen andere Stimmen sich an, jede war Robin so vertraut, jede gehörte jemandem, der ihm weitaus mehr war als ein Freund oder sogar eine Geliebte. Menschen, die gemeinsam echte Magie praktizieren, kommen sich in einer Art und Weise nahe, die sich mit Worten nicht beschreiben läßt.

Sie sangen in der Stille der Berge, im Wind, unter dem lebendigen Himmel. Robin blickte auf den Mittelpunkt des Kreises, ein Punkt dicht über dem Sarg, suchte den roten Mond, den der Coven manchmal sah, wenn er den Kegel der Kraft errichtete, doch sein Blick verlor sich in der Dunkelheit.

Zuerst verstand Mandy gar nichts. Was waren das für seltsame kleine Gelenke, die ihre Dämonen zusammensetzten – hölzerne Fingerknöchel? Sie bauten Hände, Arme, eine neue Puppe.

Dann schrie sie auf, kämpfte und stemmte sich gegen die Gurte, die sie an ihren Stuhl fesselten. Auf dem Lehrertisch lag ein glänzender, lackierter hölzerner Kopf. Und an diesem Kopf befand sich eine Karikatur ihres eigenen Gesichts.

»Ich könnte niemals so lachen. Ich habe noch nie jemanden so gehaßt, um so lachen zu können.«

»Nein? Wirklich nicht? Wir sind *deine* Dämonen, Mandy. Wir tun alles, was deiner Schuld entspricht. Meinst du, die echte Mutter Stern vom Meere wäre in der Hölle – doch nicht diese gute Frau, sieh selbst!«

Plötzlich erschien in Mandys Schoß ein schimmernder Spiegel, und in dem Spiegel erfolgte eine Explosion der Schönheit, wie sie sie sich niemals vorgestellt hätte, ebenmäßig und kühl und grün, langgestreckte Bergzüge und die perfekte Stimme der Lebensfreude, dann eine junge Frau, die ein Lied sang, nämlich die wahre Mutter Stern vom Meere.

»Sie wird niemals erfahren, daß du sie zu deinem Dämon gemacht hast.« Die puppenhafte Mutter ließ den Mund auf- und zuklappen. »Sie ist eine Heilige! Ich bin deine Sünde, nicht ihre.«

Unter schneidendem Gelächter setzten sie und Bonnie ihre

neue Marionette zusammen. Mandy schaute zu, kraftlos in ihren Gurten hängend.

Mutter Stern vom Meere näherte sich. Sie trug eine Chirurgenmaske. In einer Hand hielt sie eine Metallsäge. »Ich werde dir dein Gehirn herausnehmen und es in diesen Kopf dort einsetzen.« Bonnie klappte den mit einem Scharnier versehenen oberen Teil des Holzkopfes auf. »Überleg mal, ein wahres Wunder moderner Wissenschaft.«

Mandy schaute sich verzweifelt um. Bonnie befand sich jetzt hinter ihr. Kräftige Hände hielten ihren Kopf fest. Mutter Stern vom Meere setzte die Säge in Höhe der Schläfe an.

Das ist nur eine Illusion, dachte sie völlig verzweifelt. Ich habe doch keinen Körper mehr.

Der erste Schnitt drang knirschend durch ihre Haare. Dann ließ eine quälende Migräne – Feuer in ihrem Schädel, Nägel, die mit wuchtigen Schlägen zwischen Gehirn und Hirnschale getrieben wurden – ihr die Tränen kommen und die Nase laufen. Ihre Augen rollten vor Qual mit jedem rhythmischen Zug der Klinge.

Wenn dies erst einmal erledigt war, dann würde sie niemals mehr zurückkehren. Das wußte sie. Sie würde zu einem untrennbaren Teil der Hölle werden.

Sie war sich vage dreier neuer Schülerinnen bewußt, die vor der Klasse die Gelenke der Puppe ausprobierten, die ihren Mund auf- und zuschnappen und ihre Finger klappern ließen.

Irgendwie hatte sie trotz ihrer Qual und ihrer Verzweiflung eine Idee. Was war das Gegenteil von der Wut eines Dämons? Nicht Liebe. Darüber würden sie lachen. Es war Mitgefühl, ein tiefes, überfließendes, aufrichtiges Mitgefühl. Sie würde das Feuer ihrer eigenen Schuld damit ersticken.

Sie sammelte alle ihr noch zur Verfügung stehende Energie und zwang sich zu denken, Worte zu formen, zu sprechen: »Ich vergebe euch«, sagte sie. »Ich vergebe euch allen!«

Das Hin und Her der Säge hörte auf.

Die Mädchen, die mit der Puppe gespielt hatten, ließen diese fallen und starrten sie an, die Augen glasig.

Bonnie ließ ihren Kopf los.

»Verdammt«, sagte Mutter Stern vom Meere.

»Ich vergebe euch, und ich – ich liebe euch. Ich liebe euch, ganz gleich, was ihr mir antut.«

Stille trat ein. Dann brach Mutter Stern vom Meere in schallendes Gelächter aus. »Das alte Klischee! Liebe deinen Nächsten! Was für ein Unsinn!«

Aber sie hatte die Säge weggeworfen.

»Bindet mich los!«

Bonnie näherte sich gehorsam. Kurz darauf war Mandy frei. Sie erhob sich, drehte sich um.

In den Augen, die sie beobachteten, glitzerten Tränen. Sie alle waren ein Teil von ihr, jede einzelne, ganz gleich, was aus ihnen geworden war.

»Es tut mir leid.« Das war alles, was sie sagen konnte. Seiner Schuld den Rücken zu kehren, ist nicht so schwierig. Immerhin waren die Taten begangen, waren die Verfehlungen eingestanden worden. Sie begriff nun, daß sie sich von ihrem Vater und ihrer Mutter abgewendet hatte, als sie sie in ihrer Not hätte in die Arme schließen können. Aber die Vergangenheit war erledigt. Sie brauchte diese Dämonen nicht mehr, um von ihnen bestraft zu werden. Mutter und Dad waren tot. Alles Gute, was sie geleistet hatte, reichte nicht aus, um die Wunden ihres Lebens zu heilen. Jede Anstrengung, die sie für sie unternommen hätte, wäre vergeblich gewesen. Was sie jedoch hatte lernen müssen, war, daß sie es wenigstens hätte versuchen sollen.

Und diese Lektion hatte sie gelernt. Sie konnte die Wut im Herzen von Mutter Stern vom Meere nur mit einem Strom des Mitgefühls aus ihrer eigenen Seele lindern. Mitgefühl, Toleranz gegenüber dem anderen Selbst. Ich habe Fehler gemacht, und nun habe ich dafür bezahlt. Sie verließ das Klassenzimmer der Dämonen.

Hinter ihr erhob sich ein lautes Heulen und Klappern von Puppengelenken. Sie ging jedoch weiter. Sie alle waren zu bedauern, aber sie konnte ihnen nicht helfen, doch sie würde niemals die Teile ihres Selbst vergessen.

Als sie durch den Wald wanderte, schwankten und zitterten die Baumstümpfe und schienen ihr zuzuwinken, sie solle doch näher kommen.

Der Tod gab niemals auf.

»Ich verlasse euch. Ich kann euch nicht helfen.«

Bald gelangte sie ans Ende des schrecklichen Waldes. Ihr Herz schlug heftig, ihr Geist jubilierte.

Das Panorama vor ihr war so grenzenlos, so außerordentlich ehrfurchteinflößend, daß sie beinahe das Gleichgewicht verlor.

Jenseits der unklaren Grenze dieser Welt der Toten rotierte eine ganze Galaxis, deren Sterne in Farben leuchteten, die zu wundervoll waren, als daß man sie hätte benennen können. Das Licht der Sterne ist ihre Stimme; ihre Sprache ist die Farbe dieses Lichts.

Die Erde, eine kleine grüne Kugel, ruhte in einer riesigen, verwitterten Hand. Böse, und von einer Größe, die alle Vorstellungen sprengte.

Ich bin die Hand. Die Hand, die nimmt.

Wohin sie sah, zogen andere Sternenreiche dahin. Hunderte Milliarden flammender Körper kreisten in den Bahnen ihrer Zeit und bewegten Planeten und lebende Wesen und Ströme und Stürme.

Die Stimmen der Sterne erklangen in Abendgebeten, denn für das gesamte Universum war der Abend angebrochen.

Ich bin die Hand.

Aber nicht nur das. Der Tod ist auch die Wiedergeburt. Während sie Leben nimmt, gibt sie es gleichzeitig dem Land zurück. Der Frühling entspringt dem Winter; die Rose senkt ihre Wurzeln in das verfaulte Fleisch der Spitzmaus.

Sie mag die Hand sein, die nimmt, aber sie ist auch das kleine Mädchen, das einen Weg entlangläuft, gesäumt von Fliederhecken, unter würdigen alten Eichen, die miteinander raunen, während sie an neuen Schößlingen im reinsten Grün vorbeieilt.

Sie konnte auf der Erde unter ihr keine Einzelheiten erkennen. Sie wußte noch nicht einmal, worauf sie möglicherweise stand. Sie war einfach hier, Millionen von Meilen mitten im Weltraum, verirrt, gestrandet.

Dann hörte sie einen vertrauten menschlichen Laut, das unendlich ferne Flüstern eines Gesangs.

Der Coven. Aber wie konnte sie sie hören – von ihrem

Standort aus war die Erde nicht viel mehr als nadelspitzengroßes Leuchten in der Nacht.

Wenn sie sie hören konnte, dann bestand vielleicht sogar die Möglichkeit, daß sie sie auch fand. Hinter ihr lag der Tod, vor ihr die ganze Unendlichkeit des Alls. Sie tat das einzige, was sie in dieser Situation tun konnte: sie sprang. Sie schwebte hinaus und hinab, darauf vertrauend und hoffend, daß sie schon am richtigen Ort landen würde.

Eine vertraute mädchenhafte Stimme erklang in ihrem Ohr: »Ich werde dich begleiten. Ich werde schon auf dich warten, wenn du landest. Ich bin der Tod, und du wirst mir nicht entkommen.« Das Mädchen mit der fehlenden Hand schoß davon und hinterließ am Himmel lediglich eine flammende Spur.

Genau wie im Augenblick des Todes verspürte Mandy nun das gleiche Gefühl des endlosen, bodenlosen Stürzens. Sie versuchte, sich mit Hilfe ihrer Willenskraft in Richtung des Gesanges zu bewegen. Dort war ihr Zuhause.

Hoch über dem Kreis der Hexen raste ein Meteor durch den Himmel und wanderte als leuchtender Funke vor dem Gesicht des Mondes vorbei. Seit zwei Stunden bemühten sie sich, und noch immer war der Kegel nicht erschienen. Alle paar Sekunden wurde der Gesang der Langen Töne unterbrochen, wenn Ivy sich räusperte. Grape fröstelte. Schon vorher hatte Wisteria einen Hustenanfall gehabt.

Der Wind drückte und drohte und forderte. Jedesmal, wenn eine weitere eisige Woge ihn einhüllte, mußte Robin keuchen, und jedesmal unterbrach er für einen winzigen Augenblick den Gesang.

Aber er gab sich Mühe, sie alle bemühten sich, und als alles genau richtig war, klang der Gesang sehr sehr stark. Es war ein Ton, der Wind und Wasser war, das Rumoren der Erde in den Tiefen einer Erzgrube, das bedrohliche Schweigen eines Vogels, der während der Nacht auf Jagd geht.

Erneut sammelte Robin sich für einen weiteren Versuch. Er holte tief Luft und schloß die Augen und stieß dann einen Ton aus der Tiefe seines Bauches aus.

Ich bin die Hand.

Die Stimme gehörte nicht Mandy, aber sie schwebte dicht über dem Sarg. »Wer bist du?« fragte Grape flüsternd.

Ich bin die Hand, die nimmt.

Es war eine eisige, bittere Stimme. Robin sang weiter, von Angst gequält. An diesem Morgen war etwas in den Kreis des Wein-Covens eingedrungen und hatte Mandys Geist verdrängt. Dieses andere Wesen war ein kleines, verstümmeltes Mädchen gewesen, das für einen kurzen Moment um das Pentagramm herumgehüpft und dann davongeeilt war. War sie nun zurück?

Die Angehörigen des Covens sangen voller Verzweiflung und bemühten sich, den Kreis für Mandy freizuhalten.

Ein Schneesturm tobte den Hang des Berges hinab. Mandys Geist, ihr Herz, ihr gesamtes Sein waren nun auf eine einzige Sache konzentriert: den Kreis zu finden.

Wisteria kauerte sich zusammen. Grape und Ivy lehnten sich aneinander. Sogar gefaltete Hände waren kalt geworden. Der Mond hatte längst den Scheitelpunkt seiner Himmelsbahn durchwandert. Es kamen keine Meteore mehr, die diesem frostigen Bemühen den Hauch des Wunderbaren hätten verleihen können. Der Gesang der Langen Töne wurde schwächer, aber noch immer war der Kegel der Kraft nicht erschienen.

Robin suchte den Himmel nach einem anderen Zeichen ab und lauschte auf ein weiteres Wort.

Aber da war kein Laut, und das einzige Licht am Himmel kam vom Mond und von den Sternen.

Magie ist nichts anderes als die Physik einer anderen Realität, sagte er sich. Das ist natürlich einleuchtend. Die Physik war ihm zu Diensten, wann immer er es wünschte. Aber der Kegel der Kraft wollte einfach nicht erscheinen. Magie. Ermutigte sie einen jetzt, so versuchte sie schon im nächsten Moment einen davon zu überzeugen, daß sie nicht existierte.

Wenn es sich um Physik handelt, dann ist es eine verdammt umgekehrte.

Robin hätte die Katze sehen können, wie sie den Himmel durchquerte. Er hätte auch die Hexe vor dem Mond vorbeifliegen sehen können. Er hätte auch eine Botschaft hören können.

Sie erklang erneut, sehr, sehr schwach: »Bitte...« Das war alles.

»He! Hat das sonst noch jemand gehört? War das nicht Mandys Stimme?«

»Sie ist da.«

»Moom moom moom moom moom moom moom moooom!«

O ja ich höre euch ja ich höre euch in den nächtlichen Bergen. Und ich sehe euch. Dieses Mal bin ich nicht gesandt worden, und ich kann nicht zurückgeholt werden. Ich bin aus eigener Kraft hergekommen.

Mandy steuerte auf das schwache Leuchten zu, welches den Kreis des Wein-Covens markierte. Sie war wieder ein Geist, doch nun lenkte und half der Kreis ihr. Der Wind der Dämonen trieb sie nicht mehr von ihrem Kurs ab.

Tom erschien erneut und peitschte mit dem Schwanz. Als sein Blick den Mandys traf, kam sie abrupt zum Halt. Noch nie hatte sie etwas derart Drohendes gesehen. Es gab für sie keine Möglichkeit, an dem Kater vorbeizukommen, jedenfalls noch nicht in diesem Moment.

Nach dem einzigen schwachen Schrei hatten die Hexen nichts mehr gehört. Immer wieder hatten sie versucht, durch ihren Gesang eine weitere Reaktion hervorzurufen, und sich dabei am Ende verausgabt.

Bis auf Robin schlief der gesamte Wein-Coven. Robin stand auf, um festzustellen, wie spät es war. Der Monduntergang war bereits vorüber, und nur noch die Sterne leuchteten am Himmel. Er legte eine Hand auf den Sargdeckel und betrachtete die Sternkonstellation, die sich in dem polierten Holz widerspiegelte. Der Große Bär, Ursa Major, das Symbol des weiblichen Mutes.

Im Osten hellte der Himmel sich unmerklich auf.

Robin fragte sich, mit welcher Stimmung er den Tag begrüßen würde. Oder die anderen Mitglieder des Covens, wenn sie alle steif und klamm nach ihrer kalten Nachtwache aufstanden und sich erinnerten, wie sehr sie sich angestrengt hatten und wie gründlich sie gescheitert waren.

Ein Laut aus dem Sarg ließ ihn zusammenzucken. Er riß seine Hand hoch, als wäre der Sargdeckel glühend heiß. Wieder erklang das Geräusch, lauter sogar. Es klang wie ein Rappeln, der Vorbote eines Donners, ein Gurgeln.

Robins Finger glitten unwillkürlich zu den Verschlüssen. Er dachte, daß irgend etwas mit der Leiche geschah. Er öffnete den Sarg.

Im schwachen Licht sah er sie, klar und rein, wie sie in ihrem zerknitterten Seidenkleid dalag, die Füße steckten in glänzenden Gucci-Pumps. Aber ihr Gesicht – er war von ihrer Schönheit wie erschlagen. Daß ein solches Wesen nur ein Mensch war, erschien ihm jenseits aller Möglichkeit. Ein tiefes, ersticktes Schluchzen entrang sich seiner Kehle.

Wenn Liebe töten konnte, dann sollte sie ihn jetzt töten. Vielleicht wären sie im Tode wieder vereinigt.

Sie seufzte erneut, und nun begriff er den Ursprung der Geräusche – Leichengas.

Wehmütig schloß er den Deckel wieder und wandte sich ab. Er ging auf den Vogelbeerstrauch zu, als eine Bewegung in seinem Schatten ihn verharren ließ. Dann erkannte er, daß die Feen zurückgekehrt waren. Überall standen sie, und nicht nur fünf oder sechs, sondern Dutzende und Aberdutzende, die Männer in schwarzen Jacken, die Frauen in dunkelgrünen Kleidern, und überall Kinder, winzige zu Streichen aufgelegte Wesen, die zwischen ihren Eltern herumliefen.

Es waren mehr als einige Dutzend; er konnte sie sogar auf den fernen Bergkämmen sehen, wie sie die nackten Felsen bevölkerten und sich im Schatten der Büsche und Bäume verteilten.

Sie waren gekommen, um ihr im Rahmen irgendeiner eigenen düsteren Zeremonie die letzte Ehre zu erweisen. Nicht einmal Constance war je bei einem Feenbegräbnis zugegen gewesen. Wer wußte schon, welche Rituale sie pflegten?

Der Sarg ruckte. Um ihn herum klatschten die Feen und Elfen Beifall und lachten lauthals.

In diesem Moment wußte Robin, daß es kein Begräbnis war.

Er hatte plötzlich Angst. Geheimnisvolles ging an diesem Ort vor, und er hatte nicht einmal bemerkt, wie es angefangen hatte. Eine Woge der Energie, kitzelnd und elektrisch, ließ seine Haare vibrieren. Er erschauerte und wandte sich um.

Der Sarg war noch geschlossen. Aber dann schien ein Schrei Robins Kehle zu sprengen, ein Ruf verblüffter Freude: Auf dem Sarg saß Amanda Walker.

Er fiel auf die Knie, er konnte nicht sprechen, konnte es kaum ertragen, sie anzuschauen. Sein Geist war kein wilder Strudel von Gedanken, er füllte sich auch nicht mit jubilierender Freude. Im Gegenteil, Robin wurde innerlich ganz ruhig.

Er hörte ein Scharren, als sie vom Sarg herunterstieg.

»Robin?«

Eine Art Anfall erfaßte ihn. Er konnte überhaupt nichts dagegen tun, daß er vornüber fiel. Seine Fäuste zuckten hoch zu seiner Brust, ein Laut zwischen einem Grunzen und einem Stöhnen drang zwischen zusammengebissenen Zähnen hervor. Er wußte genau, was alles geschah, erlebte es jedoch aus der Entfernung, als fände das Geschehen auf einer Theaterbühne statt.

Sie hockte sich vor ihm nieder und nahm sein Gesicht in die Hände. Ihre Berührung war wunderbar lebendig wie die der *Leannan*. Er wollte etwas sagen, konnte es aber nicht. »Ich bin da«, sagte sie.

Seine Gefühle kannten kein Halten mehr. Er hob den Kopf und schrie seine Freude heraus. Überall um ihn herum sangen die Feen, und es war ein Geräusch wie vom Sprudeln eines kleinen Baches.

Wisteria erwachte. Sie lächelte, und sie lächelte weiter.

Dann schlug Ivy die Augen auf. Als sie Mandy sah, schrie sie laut genug auf, um die Berge bis nach Pennsylvanien erzittern zu lassen.

Dieser Schrei weckte alle anderen außer Grape. In ihrer Aufregung bemerkten sie nicht, daß Grape zusammengekauert liegenblieb.

Amanda umarmte einen nach dem anderen, und nachdem sie jeden an sich gedrückt hatte, waren er oder sie sicher, einen frischen Wärmehauch in ihrem Körper zu spüren. Als sie ihre Hand in die Robins schob, erfüllte ihn tiefe Dankbarkeit. »Laß uns hinuntersteigen«, sagte Amanda. »Wir müssen die Trauer der anderen so bald wie möglich unterbrechen.«

Erst als sie zum Aufbruch bereit waren, bemerkte Ivy Grape. »Robin, hilf mir. Man glaubt es kaum, aber Grape schläft noch.«

»Nein«, ergriff Amanda das Wort. »Ich fürchte, sie ist tot.« Robin blickte in Amandas Augen, doch nur für einen kurzen Moment. Man konnte sie nicht beschreiben. Sie waren ganz einfach entsetzlich.

»Sie ist nicht tot, Amanda, sie ist nur – Grape! Grape!«

Die Leiche fiel um. Sie war bereits kalt und steif. Plötzlich waren die Feen überall. Einer machte irgend etwas mit Robins Knie und brachte ihn dazu, sich von Grape zurückzuziehen.

»Sie sollen sie mitnehmen.«

»Sie – warum ist sie gestorben?«

»Sie hat sich für mich geopfert. Der Tod läßt sich nicht betrügen.«

Robin trat ganz nah an Amanda heran. Er wollte sie küssen, aber er wagte es nicht, obgleich sie ihm so süß und reizvoll erschien wie eh und je. Das erste Licht kroch nur zögernd über den Himmel, als der Coven sich in Richtung Dorf auf den Weg machte. Der Osten war bereits gelblichgrün, Saturn eine Laterne im letzten blauen Schein der Nacht. Während sie umhergingen, legten die Feen Grape in den Sarg, der einmal Amanda gehört hatte, und trugen sie weit in die Berge hinein.

»Erweist ihr die Ehre und freut euch mit ihr«, sagte Amanda.

Während des Abstiegs vom Berge erfüllte sie alle plötzlich ein großes Glücksgefühl, und sie begannen zu singen.

»Mit einem Hei! und der Sonne
Mit einem Hei! und der Sonne
Fühlen wir uns völlig frei
Sind wir schon morgens wach dabei!«

Tom beobachtete alles mit einem Funkeln der Liebe in seinen grünen Augen. Er lag dort, wo die Nacht noch am westlichen Himmel verharrte.

Sein Blick löste sich von der triumphalen Prozession, wanderte am Rande des Collier-Anwesens vorbei und weiter in die frühmorgendliche Stadt. Er suchte einen bestimmten Wohnwagen hinter einem ganz bestimmten Tempel und verharrte auf einem Gegenstand in der Pyjamatasche des schlafenden Bruder Pierce. Dieser Gegenstand enthielt den Schlüssel zum Ende des Dramas, zur letzten Konfrontation.

In der Tasche herrschte Bewegung. Noch jemand, außer Amanda, hatte den Gesang als eine Art Leitstrahl benutzt. Die Eigentümerin der Hand war ebenfalls zurückgekehrt. Da von ihrem physischen Körper nichts übrig war außer der Hand, konzentrierte sie all ihre Energie darauf.

Sie lernte schon, das alte, tote Fleisch zu benutzen. Langsam, beständig, schloß die tote Hand sich und öffnete sich wieder, dann schloß sie sich erneut.

Bruder Pierce schlief weiter.

Die Hand öffnete sich. Die Hand schloß sich. So wie die Liebe Amanda zu neuem Leben verholfen hatte, so belebte der Haß die Hand. Wenn Haß sichtbar gewesen wäre, dann wäre er in Gestalt eines ermordeten Mädchens in einem blauen Kleid aufgetaucht.

Oder als Abadon, die Skorpion-Wahrheit der Offenbarung.

Ich bin die Hand, die Hand, die nimmt.

Der sichtbare Teil, der in der Tasche des Predigers ruhte, öffnete und schloß sich, öffnete und schloß sich mit einem trockenen, knisternden Geräusch. Dann berührte sie den Prediger und streichelte ihn.

Sie weckte ihn nicht, aber sie ließ ihn aufseufzen.

Kapitel 26

»Sind Sie sicher, daß der Sarg offenbleiben soll?«

Bruder Pierce wurde allmählich wütend über den Bestattungsunternehmer. Diese Frage war während der letzten halben Stunde mindestens sechsmal gestellt worden. »Seine Brüder und Schwestern in Christus wollen von ihm Abschied nehmen.«

»Aber ich kann nichts mit ihm tun.«

Der Mann wollte einfach nicht begreifen. »Dieses ganze Theater mit Wachs und Puder und was sonst noch alles – wir halten nichts davon.«

»Ich muß ihm die Arme brechen. Sie können ihn nicht so lassen, mit den Fäusten vor seinem Gesicht.«

»Sie machen überhaupt nichts mit ihm! Lassen Sie ihn so, wie er ist.«

»Jetzt hören Sie mal zu, Bruder Pierce, ich habe schließlich einen Ruf zu verteidigen. Und ich lasse nicht zu, daß jemand mit solchen Brandwunden in seinem Sarg liegt und in diesem Zustand betrachtet werden kann! Er riecht sogar verbrannt! Nein, Sir, das ist völlig undenkbar.«

Bruder Pierce betrachtete Fred Harris. Der typische Kleinstadtkrämer. Episkopaler. Die Tochter eine Hexe. Wahrscheinlich sogar selbst ein Hexenfreund. Zu schade, daß er der einzige Bestattungsunternehmer in Maywell war. »Ich will, daß die Leute sehen, was diese Hexen mit einer reinen christlichen Seele anstellen können! Sie müssen es sehen!« Der arme Mann hatte furchtbar gelitten. Es sollte sein Testament sein, es durfte nicht umsonst geschehen sein.

Harris seufzte. »Laut offizieller Version war sein Tod ein Unglücksfall. Wenn er nicht mit dem Benzin herumhantiert hätte –«

»Sie waren nicht dort. Sie haben es nicht gesehen –« Bruder Pierce brachte sich selbst zum Schweigen. Fast hätte er zuviel gesagt. Bislang wußte niemand genau, was dort draußen mit Turner passiert war. Die Hexen hatten im Büro des Sheriffs keine allzu genaue Personenbeschreibung geben können. Simon hatte seine eigenen Männer nicht zur Verschwiegenheit anhalten müssen. Man konnte darauf vertrauen, daß die kleine Tempelgemeinschaft in Situationen der Gefahr eng zusammenhielt. Er schaute dem Beerdigungsunternehmer in die mißtrauischen Augen und betete stumm, daß der Herr seine hungernde Seele mit soviel Gnade überschütten möge, daß er seinen Haß auf gute christliche Menschen verlor. Was für ein Segen wäre es, wenn der Stein vom Grab seines Herzens herunterfallen würde und wenn Jesus Christus in ihm auferstehen würde wie eine Lilie im Frühling.

Harris bedachte ihn mit einem scharfen, prüfenden Blick. Simon griff in seine Tasche, berührte die Hand. Sie war dort, um ihn daran zu erinnern, daß er voller Sünde war und daß er trotz all seiner Gebete der schlimmste Sünder überhaupt war. Der Mord an diesem kleinen Mädchen konnte niemals gesühnt werden, aber trotzdem war er entschlossen, in seinem Leben nur noch Gutes zu tun. Danach würde er mit Freuden in die Hölle hinabfahren, die er voll und ganz verdient hatte. »Wir lieben Sie, Bruder Harris, und wir wollen, daß Ihr Bestattungsunternehmen einen guten Ruf hat. Aber wir lieben auch Bruder Turner, und wir können sein Martyrium nicht richtig würdigen und die Messen feiern, wenn es unter Schminke verborgen ist.«

Harris berührte scheu den Sarg mit einem Respekt, der vor einem Augenblick noch nicht dagewesen war, dachte Simon. »Trotzdem wird der Sarg diese Räume geschlossen verlassen, Bruder Pierce. Was Sie mit ihm tun, wenn Sie ihn in die Kirche gebracht haben, ist allein Ihre Sache, schätze ich.« Mit diesen Worten schloß er den Deckel über der verkohlten Leiche.

Bruder Pierce blieb bei dem Sarg. Er konnte dem Toten wenigstens durch seine dauernde Anwesenheit die letzte Ehre erweisen.

Harris' beide Assistenten rollten den Sarg in den Cadillac-Leichenwagen der Bestattungsfirma. Simon haßte Leichenwagen, die so schwarz und einsam waren wie der ganze weite Himmel. Er umschlang die Hand mit seinen Fingern. Im Laufe der Jahre hatte sich das Gefühl der Schuld, das mit dieser Berührung einherging, sich in ein wohliges Gefühl verwandelt. Wenn er seine Strafe am

Ende erhalten würde, wäre er bereit dafür und würde sie dankbar empfangen. In den Schacht zu stürzen, wäre eine Erleichterung.

Auf der Fahrt zum Tempel mußte er wieder an den Unfall denken. Das Feuer war regelrecht auf den armen Turner übergesprungen. Es hatte ihn eingehüllt. Er sah es wieder vor sich, rot und häßlich, wie es sich auf dem ganzen Mann ausbreitete. Er sah die Qual in Turners Gesicht, die Verwunderung, den Schrecken, und vor allem die Verzweiflung und Trauer.

Dann kam Simon ein schauerlicher Gedanke. War es nicht Turner gewesen, der als erster die Alraunwurzel aufgehoben hatte? Natürlich, klar, Turner. Er mußte von dem bösen Fluch darin angesteckt worden sein.

Schweiß brannte plötzlich in Simons Nacken. Er krampfte die Hand zusammen und massierte sie. Konnten Flüche wandern, durch den grauen Himmel springen und sich, unter Umständen, auf den Tempel übertragen?

Vor seinem geistigen Auge sah er aus jedem Fenster seiner Kirche Flammen schlagen, und er hörte das Prasseln des Feuers und das Pfeifen des Windes und die grauenvollen Schreie seiner darin gefangenen Gemeinde. Eine gigantische, mißgestaltete Alraunwurzel drückte gegen die bebende, sich nach außen biegende Tür und versperrte so seiner Kongregation den Ausweg.

»Bruder Pierce!«

»Hmmm – ja, was ist?«

»Sind Sie okay?«

»Natürlich.«

Sie setzten die Fahrt fort. Simon zitterte am ganzen Leib und war in Schweiß gebadet. Was hatte er getan, daß sie ihn angesprochen hatten? Hatte er geschrien, vielleicht gestöhnt? Ja, das war es wahrscheinlich gewesen. Er mußte gestöhnt haben.

»Ich trauere um meinen Bruder.«

»Sie haben mein Mitgefühl.«

Simon war erleichtert, als sie endlich den Tempel erreichten. Er verfolgte, wie sie den Sarg aus dem Leichenwagen holten und ihn durch die großen Doppeltüren im Heck auf den Katafalk rollten. »Das reicht. Ich kann ihn alleine in den Tempel bringen.«

Als sie endlich losfuhren, war er unendlich froh.

Er schaute sich gerührt in dem Tempel um, betrachtete die Bankreihen, die er in einer geschlossenen presbyterianischen Kirche in Compton erstanden hatte, die Kanzel, die einmal als Rednerpult in einem Konferenzraum gedient hatte und die er für elf Dollar bei einer Hausrat-Versteigerung des Maywell Motel gekauft hatte, die Wurlitzer-Orgel, für die sie den vollen Preis bezahlt hatten, und die Farbe und das nachgemachte Buntglas und alle die anderen Beweise der harten Arbeit des Volkes Gottes.

Keinerlei Bilder, es sei denn, man zählte das leere Kreuz vor den Bänken dazu. »Wir tragen sein Bild in unseren Herzen, Brüder und Schwestern, das ist der Anfang und das Ende der Bilder vom Herrn, unserem Gott.«

Im Tempel war es kalt. Er überprüfte seine Uhr. Noch eine Stunde bis zur Beerdigung. Er ging zum Thermostat und drehte ihn hoch auf siebzig Grad Fahrenheit. Sobald die ersten Leute kamen, wäre es ausreichend angenehm und gemütlich. Es gab keinen Grund, warum die Ölrechnung in einem Herbstmonat höher ausfallen sollte als vierhundert Dollar, jedenfalls nicht bei all der Körperhitze, welche die Kongregation erzeugte.

Er schob den Katafalk in den vorderen Teil des Tempels. Seine Beerdigungen waren immer sehr schlicht und brauchten im Grunde überhaupt keine Vorbereitung. Simon erbat sich anstelle vom Blumengrüßen Spenden an den Tempel, so daß er sich nicht mit Kränzen herumschlagen mußte. Für einen Moment faltete er die Hände und dachte daran, wie Gott auf seinem Thron im Himmel saß. Gott im Himmel. »O Herr, laß mich stets nach deinem Wohlgefallen handeln. Ich bitte dich darum, denn ich liebe dich aus tiefster Seele.« Er neigte den Kopf. »Ich schäme mich, Herr, um Hilfe zu bitten. Ich weiß, in deinen Augen bin ich schlecht und nichtswürdig, aber ich kämpfe hier unten in meinem Jammertal. Hilf nicht mir, sondern hilf meinem Volk. Schenke ihnen die Kraft, die meine Leute brauchen, um sich von den Hexen zu befreien.«

Die Hand kam ihm fast warm vor, während er betete. Sie

half ihm so sehr. Ohne die Hand wäre er verloren gewesen. Er hätte nie gewußt, was er tun sollte. Die Hand war seine Führerin.

Er erinnerte sich an sie, weiß wie Milch, wie sie an ihrem glatten Arm hing, mit zuckenden Fingern, abgekauten Nägeln und schmutzig vom Spielen. Sie war ein Bild von einem Kind, so schön. Sie war zu ihm gekommen, hatte ihren Kaugummi aufgeblasen und knallen lassen, war mit der Zungenspitze über ihre Zähne geglitten und hatte ihn mit jenem stetigen herausfordernden Blick betrachtet.

Wenn er doch nur nicht so verdammt trübsinnig und einsam gewesen wäre. Als sie sich an ihn gekuschelt hatte, hatte er sie gleich an Ort und Stelle im Besuchszimmer des Waisenhauses umarmt, hatte ihr die weichen Haare gestreichelt und in ihre runden blauen Augen geschaut. »Holen Sie mich hier heraus«, hatte sie gemurmelt. »Das ist das schlimmste Loch.«

»Das kann ich nicht, Kleines, ich bin nur Sozialarbeiter.« Sie hatte ihm ihr Gesicht zugewandt, und er hatte gedacht, daß sie wahrscheinlich ein Engel war, trotz ihres Kaugummis.

»Adoptier mich, Simon«, hatte sie geflüstert.

»Aber Kleines, das kann ich nicht. Ich habe nicht genug Geld, um ein Mädchen ordentlich großzuziehen.«

»Simon, in den Akten wäre ich deine Tochter, aber in Wirklichkeit wäre ich deine Frau.«

Er erinnerte sich an den Geruch ihres Atems, süß und sinnlich.

Sie hatte Dinge mit ihm angestellt, Dinge, die ihm derart angenehme Gefühle vermittelten, daß er wie gefesselt in dem Sessel lag. Nie zuvor hatte er etwas derart Schönes erlebt und empfunden. Es war so gut gewesen, daß er geglaubt hatte, er müsse sterben.

O Herr, ich bin dein Diener, und du bist das Königreich und die Kraft und die Herrlichkeit!

Nachher war er auf sie so furchtbar wütend gewesen, sie hatte seine Seele mit diesen schönen weißen Händen verdammt. Sie hatte ihn ausgelacht und ihren Kopf übermütig in den Nacken geworfen, und er hatte ihren Hals gepackt und ihre Luftröhre zerquetscht, und plötzlich war ihr weißes, perfektes Gesicht verzerrt und blau angelaufen gewesen.

O Gott, er hatte sie nicht mehr dazu bringen können, wieder zu atmen. Ihr Hals war dort, wo seine Hände ihn umschlossen hatten, violett gewesen, und sie hatte danach gegriffen, und ihre Augen hatten sich verdreht, und sie war auf der Stelle gestorben.

Er hatte versucht, ihr Luft in die Lungen zu blasen, sie künstlich zu beatmen, aber sie wollte nicht wieder zum Leben aufwachen, und so hatte er plötzlich vor einer Leiche gestanden.

»Herr, bitte, ich darf nicht mehr daran denken!« Wenn es so weiterginge, dann würde er irgendwann wieder zur Flasche greifen, die er in seinem Wohnwagen hatte. Es dauerte kaum eine halbe Stunde, bis die Gläubigen erschienen. Ein großzügiger Drink würde ihm einen klaren Kopf bescheren.

Er ging zurück zu seinem Wohnwagen. Obwohl er gewöhnlich nicht viel trank, hatte sich der hintere Teil seines Wohnwagens mit leeren Flaschen gefüllt. Er konnte sie schließlich nicht gut wegwerfen.

Nicht daß er den Anschein erwecken wollte, ein Abstinenzler zu sein. Doch ein Prediger mußte ein Vorbild sein. Daher behielt er seine Trinkgewohnheiten für sich und nahm auch nach dem kleinsten Drink stets ein paar Pfefferminzdragees.

Das Öffnen einer neuen Flasche war immer ein kleines Fest. Er trank nur guten Whisky. Zwölf Jahre alt, so weich wie ein Hasenohr. »Herr«, sagte er immer, »vergib mir, was ich mir nicht versagen kann.« Er nahm einen kräftigen Schluck. Schon bald breitete sich in seinem Körper ein Gefühl der Zufriedenheit aus. »Ich danke dir, o Herr, für dieses Geschenk.« Er kniete auf dem Fußboden des Wohnwagens. »Ich danke dir für deine Güte.«

Da war er nun, ein Prediger, der Jesus Christus für seinen Schnaps dankte. Das war etwas, das einen echten Gottesmann hätte schallend lachen lassen.

Er legte sich auf sein Bett und nahm sich erneut vor, die Laken zu wechseln. Er hatte keine Haushilfe – er ließ niemals Fremde in seine Behausung.

Er holte die Hand hervor. Sie lag auf seiner Handfläche, klein und komplex, ein Ding aus zugreifenden Winkelhaken. Ein abgeschnittenes Ding. Und dabei doch nicht abgeschnitten. Irgendwie immer noch lebendig.

Wahrscheinlich war der Tod im Grunde gar nichts. Das Ende. Sicher, es gab einen Gott, aber Gott kümmerte sich auch um nichts. Gott war so unendlich weit weg. Der Himmel befand sich jenseits des Firmaments – und das war zu grenzenlos, als daß man es jemals durchmessen könnte.

Er blickte schnell auf die Hand. Hatte sie sich nicht gerade bewegt, genau in dem Moment, als er dachte, wie unendlich weit das Firmament war.

Manchmal glaubte er, die Hand könnte ihm etwas zuflüstern.

Er hätte ihr das Messer geben und ihr zeigen sollen, wie sie einem Menschen damit die Kehle durchschneiden könnte, so daß das Blut in einem pulsierenden Strom hervorsprudelte, und sie hätte dann seine Haare wegstreichen und seinen Kopf ein wenig drehen können und – zipp. Sie hätte es getan. Sie hätte alles für ihn getan.

»Ich bin die Vernichtung!«

Er würde ihnen bei der Beerdigung einheizen. Mal sehen: Wie viele Turners waren da? Betty und – was – zwei Kinder? Drei insgesamt. Mehr als genug Trauer für eine wirkungsvolle Show.

Die Veränderung in der Art und Weise, wie das braune Leder der Hand das Licht reflektierte, erschreckte ihn. Er sah genau hin. War das eine kaum merkliche Bewegung, oder war es nur ein Lichtreflex?

Er legte die Hand auf den Fußboden neben seinem Bett und holte die Bibel unter seiner Koje hervor. Er würde eine Lesung halten, würde mit Versen aus dem vierten Buch Mose beginnen, dann käme der 116. Psalm und schließlich, als letzter und wichtiger Teil, die Abadon-Passage aus der Offenbarung, Vers 9. Dann würde der Trauerzug zum Stadtfriedhof auf der anderen Seite des Collieranwesens wandern.

Er würde den Zaghaften im Herzen Feuer geben, er würde die Verderbtheit mit stetiger Hitze austreiben.

Er würde die Verderbtheit der Hure in der Flammenhölle

verbrennen, und zum Schluß käme die Vernichtung der Erde, welche diese Stadt infiziert hatte und welche wie eine Tatze mit langen Klauen an ihren gottesfürchtigen Herzen zerrte.

Eine weitere Bewegung ließ ihn wieder die Hand anstarren. Was er sah, schockierte ihn. Sie war immer geschlossen gewesen. Das Ding war trocken. Und doch, wie eine Blüte in der Nacht, hatte sie sich geöffnet. Er berührte sie verwundert, dann hob er sie hoch. Sie war offen genauso steif wie in geschlossenem Zustand.

Er küßte die Handfläche.

Lang lag er da und inhalierte ihren trockenen, leicht organischen Duft und erinnerte sich an den salzig-süßen Duft des Lebens und litt Qualen hilflosen Bedauerns.

»Bruder?«

Er verstaute die Hand in der Tasche, während er vom Bett hochsprang. War so viel Zeit vergangen? »Es tut mir leid, Schwester Winifred, ich hatte mich für die Messe ausgeruht. Dabei muß ich eingedöst sein.« Er strich sich die Haare zurück, spritzte sich Wasser ins Gesicht und lutschte Pfefferminzdragees, während Schwester Winifred an der Wohnwagentür wartete.

Ein Ausdruck tiefen Glücks lag in ihrem Gesicht. »Bruder«, sagte sie, während sie zum Tempel ging. »Können wir etwas für die tun, die noch auf dem Parkplatz stehen?«

Er straffte sich. »Moment mal? Soll das heißen, daß wir regen Zulauf haben?«

Sie nickte, ernst und erfreut zugleich. Bruder Pierce achtete darauf, nicht seine Freude zu zeigen. Gut an dieser Hexenangelegenheit war, daß sie für die Menschen wirklich eine Inspiration darstellte. Ein Mann hatte sein Leben verloren, aber der Herr hatte ihn aufgenommen, und so war sein Opfer nicht umsonst gewesen.

»Wissen Sie, was Sie tun, Schwester? Sie stellen den Lautsprecher unseres Filmprojektors draußen auf die Treppe. Und lassen die Türen offen. Sie werden uns dann hören. Sie werden das Wort Gottes vernehmen.«

Scheu und so schnell, daß er es kaum bemerkte, berührte sie die Ausbuchtung der Hand in seiner Tasche. Er war schockiert und wich zurück. In ihrem Gesicht lag ein wissendes Lächeln. »Lobe den Herrn«, flüsterte sie. Glaubte sie etwa, daß er erregt war?

Das Licht im bis auf den letzten Platz besetzten Tempel erfüllte ihn mit neuer Energie. Er war glücklich, sehen zu dürfen, wie aufmerksam diese Gesichter an diesem Tag waren und welche Aufrichtigkeit in den Tränen lag. Es stimmte ihn demütig, die Blicke der Versammelten auf sich zu spüren, als er zu seiner Kanzel hinaufstieg.

Er ließ seinen Blick von Gesicht zu Gesicht wandern und nickte den weinenden Familienangehörigen der Turners zu. Einstweilen war der Sarg noch verschlossen. Er würde ihn erst nach der ersten Lesung öffnen. »Wir haben uns hier versammelt, meine geliebten Brüder und Schwestern, um im Königreich Gottes Beistand zu suchen, denn der, welcher uns mit seiner Liebe umgibt, wird uns auch in unserer Not trösten.«

»O ja«, kam die Antwort von einigen.

»Denn ein Mann ist gestorben, und er war ein guter Mann! Ja, er war ein guter Mann!«

»O ja!«

»Und dieser Mann starb durch den Fluch der Alraune, den Fluch, den die Hexen gegen uns ausgestoßen haben, und er verbrannte im Feuer ihrer bösen Herzen.«

»O ja!«

»Ich sage euch: Wir werden seinen Tod rächen, denn das Volk des Herrn wird nicht zulassen, daß die bösen Kräfte der Hexenkunst unter ihnen wirken und heranwachsen, so wie Krebs sich ausbreitet, denn in dieser Kongregation wirkt die Kraft seines heiligen Namens, und wir verfügen über die Mittel, um den Krebs des Bösen auszumerzen.«

»Wir können ihn heilen!«

»Ich erinnere mich an die Worte im Heiligen Buch, die Worte im vierten Buch Mose, wo Gott aus dem Munde Balaks sprach und sagte: ›Wer kann zählen den Staub Jakobs und die Zahl des vierten Teils von Israel? Laßt mich den Tod der Rechtschaffenen sterben, und soll mein Ende so sein wie seins!‹ Und ich sage euch, ja ich sage euch, ich würde mich sofort zu ihm gesellen, wenn ich glaubte, daß wir dann von der Qual dieser Hexen erlöst wären! Oh, diese Beschwörer und diese Teufel reiten auf Höllenpferden durch unsere Straßen, und sie verbrennen die Väter unserer Häuser, denn sie sind das Feuer des Bösen!«

»Lobet den Herrn, preiset seinen Namen!«

»Nun bitte ich euch, daß ihr euch gegenseitig den Kuß des Friedens gebt, und dann werde ich den Sarg öffnen, und ich sage euch, Betty Turner, du wirst vortreten und deinen Ehemann umarmen, und jedes deiner Kinder wird es dir nachtun, denn ihr alle müßt sehen und euch einprägen, welches furchtbare Werk die Hand Satans zu tun imstande ist. Und nun nehmt Abschied von eurem Bruder.«

Etwas bewegte sich in seiner Tasche. Und in seinem Geist glaubte er, eine geflüsterte Zustimmung zu hören. Es war die Hand des kleinen Mädchens, die aus verschiedenen Gründen abgeschnitten worden war. Er sagte sich, daß er es getan hatte, um eine genaue Identifikation zu verhindern.

Nein, er erinnerte sich zu gut an das Werk des Messers. Es war ein Vergnügen gewesen, es hatte ihn erregt, es war verdorbene schwüle Lust gewesen, einen Teil ihres weichen Körpers an sich zu nehmen...

Sie war jetzt nicht mehr weich. Sie war zu einem Instrument der Werke des Herrn geworden. Gelobt sei die Hand, möge sie ihn mit ihren gekrümmten braunen Fingern die verdiente Strafe zukommen lassen.

Er stieg hinunter zum Katafalk. Der Sargdeckel ließ sich leicht anheben. Er spürte geradezu, wie die Leute die Hälse reckten, um besser sehen zu können, er konnte ihr Keuchen, ihre erstickten Schreie hören. Bruder Turner lag in seinem Sarg, ein geschwärzter Klotz, der Schädel kahlgebrannt, die verkohlten Fäuste lagen auf seiner Brust. Die Augen waren halb geschlossen, die Lippen offen. Er war den Erstickungstod gestorben, seine Lungen waren versengt.

»Die schöne nackte Hexe wird genauso brennen wie er, in der stetigen Glut der Reinigung.«

Es war bereits alles in der Planung. Simon stieß keine sinnlosen Drohungen aus. Er würde den verschiedenen Bruder rächen und gleichzeitig die Seelen der Hexen reinigen.

Morgen abend schon würde er ihr elegantes Backsteinhaus

mit den eleganten weißen Säulen niederbrennen, genau die Art von Haus, in dem in Houston der reiche Abschaum lebte. Dann würde er die Frau ergreifen, die mit den zarten weißen Händen und dem schimmernden Haar, die, welche die Straßen von Maywell mit ihrem nackten Ritt besudelt hatte, und er würde sie in ihrer Nacktheit fesseln und sie vor den Augen der Leute verbrennen.

Dann würde er den Hexen befehlen, sich zu zerstreuen. Zu verschwinden. Gott will euch hier nicht mehr sehen.

Die Hand berührte ihn so vertraut, so intim, daß er beinahe aufgeschrien hätte – wie damals vor langer Zeit in Houston.

»Betty Turner, tritt vor und umarme deinen Ehemann!«

»Oh, bitte, ich – wir können es nicht!«

»Du kannst und du mußt, denn das ist der Wille Gottes! Ich rufe euch alle auf, helft ihr und ihren Kindern, auf daß sie den Mut haben! Tretet vor und umarmt euren Bruder, ein jeder von euch, umarmt ihn und berührt sein gepeinigtes Fleisch und wisset, welches Übel die Hexen dem Leib des Lammes zufügen!«

Schwester Winifred war die erste. Das war mal eine beherzte Frau. Sie zuckte zurück, als sie ihre Wange an das tote Gesicht legte und sie das trockene Knistern und Kratzen an ihrem Gesicht spürte. Im Mittelgang auf und ab gehend, rief Simon:

»Hier ist die Geduld der Heiligen, hier sind die, welche die Gebote Gottes einhalten und den Glauben an Jesus Christus verteidigen! Helft ihnen, gebt ihnen die Kraft!«

Das Schluchzen der Turners und das Füßescharren der Gläubigen, die sich dem Sarg näherten, erfüllte den Tempel.

»Und ich vernahm eine Stimme vom Himmel, die zu mir sprach: Schreibe, gesegnet sind die Toten, welche im Herren sterben: Ja, sagte der Heilige Geist, sie sollen sich ausruhen von ihrer Arbeit; und ihre Werke werden ihnen folgen.«

Betty Turner schlug die Hände vors Gesicht. »Mach ihn zu«, weinte sie. »Bitte, schließe ihn!«

»Und ich schaute und erblickte eine weiße Wolke, und auf der Wolke saß jemand wie der Menschensohn und trug auf dem Kopf eine goldene Krone und in seiner Hand war eine scharfe Sichel.«

Einige von den Männern begannen den offenen Sarg in den hinteren Teil der Kirche zu schieben, damit mehr Gläubige den toten Heiligen umarmen konnten.

»Und ein anderer Engel erschien auf dem Altar, der Macht hatte über das Feuer; und er rief dem zu, welcher die scharfe Sichel hatte, und sagte: Schneide mit deiner Sichel und sammle die Weintrauben auf der Erde; denn ihre Trauben sind reif.«

Unter den Gläubigen begann ein leises Klatschen. Simon nickte Winifred zu, die an der Orgel saß und sie leise erklingen ließ. ›Gather at the River‹ hieß das Lied. Es war am besten, sich immer an die einfachen, vertrauten Melodien zu halten, dachte Bruder Simon Pierce immer. So fand man am ehesten einen Weg in die Seelen und Herzen der Versammelten.

Er war zufrieden mit der Intensität der Gefühle unter seinen Anhängern.

Diese Beerdigung würde den Männern den Mut verleihen, den sie am nächsten Abend brauchen würden. Es brauchte mehr als seine leidenschaftlichen Predigten, um diese Männer dazu zu bringen, noch einmal den Hexen gegenüberzutreten.

Harris gab von der Tür her ein Zeichen. Er wartete mit seinem Leichenwagen; der Stadtfriedhof wurde bei Einbruch der Dunkelheit geschlossen.

»Wir wollen den Psalm 116 beten, Brüder und Schwestern, wenn wir hinausgehen in die Dunkelheit, um das Fleisch zum Staub der Erde zurückkehren zu lassen.«

Er stimmte den Psalm an.

»Das ist mir lieb, daß der Herr meine Stimme und mein Flehen hört.«

Sie schoben den Sarg in den Leichenwagen. Simon fuhr mit den Turners im Wagen mit. Betty, eine attraktive Frau, gab sich völlig ihrem Leid hin, ihre Brüste hoben und senkten sich rhythmisch unter ihrem schwarzen Kleid, ihr Lidschatten rann ihr über das Gesicht. Sie hatte eine goldblonde Hure von einer Tochter und einen Sohn mit Sommersprossen und sandfarbenem Haar, dessen Gesicht trotz seiner Trauer gläubig strahlte. Simon betete weiter, als der Wagen sich in Richtung Friedhof in Bewegung setzte.

»Stricke des Todes hatten mich umfangen, und Ängste der Hölle hatten mich getroffen; ich kam in Jammer und Not.«

Betty Turner lehnte ihren Kopf an Simons Schulter. »Es tut mir leid, daß ich ihn nicht umarmen konnte. Aber es ging wirklich nicht, und jetzt werde ich ihn nie wiedersehen.«

Simon ergriff ihre Hand.

»Der Herr behütet die Einfältigen; wenn ich unterliege, so hilft er mir.

Sei nun wieder zufrieden, meine Seele; denn der Herr tut dir Gutes.«

Betty Turner atmete seufzend ein. Die Augen ihrer Tochter verschleierten sich. »Bitte, Liebes, fang nicht wieder an«, sagte Betty. »Sonst muß ich auch wieder weinen.«

»Sucht Trost im Wort Gottes«, sagte Simon. »Der Herr sagt auch: Der Tod seiner Heiligen ist wertgehalten vor dem Herrn. Dein Ehemann war ein Heiliger, liebe Schwester. Ein Heiliger!«

Das Gesicht des Sohnes verdüsterte sich. Simon vermutete, daß ihm jetzt der Umfang ihres persönlichen Leids bewußt wurde. Daß das Leben mit Turner ziemlich schlimm gewesen war, daran zweifelte Simon nicht. Turner war ein versoffener, rotgesichtiger Mistkäfer von einem Mann, mit fettigen Haaren, so gemein wie ein Schwein und doppelt so fett.

»Es sage nun Israel: Seine Güte währet ewiglich.«

»Bruder Pierce«, fragte die Tochter, »kennen Sie die ganze Bibel auswendig?«

Simon lächelte. Es war eine so simple, unschuldige Frage von diesem lieben, zarten Kind. Wie konnten Lippen so rot oder Augen so blau oder Hände so unendlich zart sein? Er wehrte sich gegen die aufflammende Gier und zwang sich, seinem Gesicht einen zarten Ausdruck zu geben.

Die Hand rührte sich.

Er wand und drehte sich, aber sie hielt ihn weiterhin fest. Er mußte seine ganze Willenskraft einsetzen, um die Frage des Mädchens zu beantworten. »Ich kenne sie etwa zur Hälfte. Jeden Tag lerne ich einen neuen Vers.«

»Gibt es irgend etwas«, fragte der Junge, »weswegen wir auf unseren Dad stolz sein können?«

»Willy!«

»Entschuldige, Mom.«

»Es gibt, mein Sohn, im Psalm 119 einen Vers, der folgendermaßen lautet: Das ist mein Trost in meinem Elend; denn dein Wort erquickt mich. Die Stolzen haben ihren Spott an mir; dennoch weiche ich nicht von deinem Gesetz. Herr, wenn ich deines Strafgerichts gedenke, so werde ich getröstet. Wir alle müssen es genauso halten, mein Sohn.«

Der Junge ließ sich das durch den Kopf gehen. »Darf ich«, fragte er, »zusehen, wenn Sie die Hexe verbrennen?«

»Also hör mal! Wer hat denn behauptet, daß er so etwas tun will?«

Simon spürte, wie ihm plötzlich eisig kalt wurde. Er hatte bisher kaum über seine Ideen und Ziele gesprochen, und da hörte er sie aus dem Mund eines Kindes. In der Kongregation wurde offensichtlich ausführlich über ihn geredet. Manchmal fragte er sich, wer in Wirklichkeit der Führer dieser Gemeinschaft war – er selbst oder jener unfaßbare Geist der Gruppe. »Ermahne deinen Jungen nicht zu streng, Schwester Turner, denn aus einem Kind könnte auch die Stimme des Herrn sprechen.«

Als der Wagen anhielt, war es bereits recht dunkel geworden. Betty Turner ließ sich zurücksinken. »Ich weiß nicht, wie ich das alles überstehen soll! Ich habe Angst vor der Beerdigung!« Sie starrte Simon mit angstgeweiteten Augen an. »Man kann ihn unmöglich einen guten Menschen nennen. Er hat getrunken. Er hat uns geprügelt. Er war faul und hat mich betrogen. Er hat uns nichts hinterlassen. Aber er war ein Mensch.« Sie schaute aus dem Heckfenster ins Sonnenlicht, das noch immer auf den Felsen des Stone Mountain lag. »Diese Hexen haben ihn umgebracht, als er gerade mit allen Mitteln versuchte, sich selbst zu retten. Wissen Sie, dieser Mann wollte wirklich im Geiste des Herrn leben. Aber das Fleisch ist schwach.«

Sie und ihr Sohn und ihre Tochter, alle mit Tränen in den Augen, stiegen aus dem Wagen und folgten dem Sarg ihres toten Vaters zu seiner Grabstätte.

Mindestens hundert Fahrzeuge waren gekommen. Bruder Pierce trat ans Grab heran, das von Harris' Leuten mit künstlichem Rasen geschmückt worden war und neben dem ein

Seil für den Sarg lag. Simon sah, daß er die größte Trauergemeinde in der Geschichte des Tempels auf die Beine gebracht hatte. Das war wunderbar, aber es hieß auch, daß es in der Menge Spione geben konnte, Hexen und Leute, die vom Sheriff hergeschickt worden waren.

Na schön. Er würde niemandem drohen, würde noch nicht einmal von der Vision erzählen, die er gehabt hatte, von jener jungen nackt auf einem Pferd sitzenden Hexe, die mitten in einem Feuer lag, und sie kann nicht entkommen, und sie brennt, und ihre Schreie hallen durch die Nacht. Und für ein paar wenige Minuten ist Simon glücklich. Und es sind diese paar Minuten, in denen er die Sünde des armen, fehlgeleiteten Mädchens besiegt.

Er konnte nur mit sich selbst im Frieden leben, so entschied er, wenn er eine Seele zum Himmel aufsteigen ließ.

Sie hatte in der Nacht wie eine Göttin geleuchtet. Amanda mit den langen flatternden Haaren. Natürlich war sie es gewesen. Er hatte das Haar gesehen, als sie mit ihrem verrückten Onkel im Tempel gewesen war. O ja. Der Onkel war jetzt tot, tot in dem Sarg, den sie aus seinem Haus getragen hatten.

Der Deputy hatte gemeint, sie wäre es gewesen, die in dem Sarg lag, aber er irrte sich. Sie war jung und perfekt. Nein, er war es. Wenn jemand den Sarg ausgraben würde, dann fände er den alten Hurenbock von einem Wissenschaftler darin.

Simon stand in der zunehmenden Dunkelheit inmitten der Menschenmenge. Der Sarg befand sich hinter ihm und war bereit, in die Erde herabgelassen zu werden. Betty Turner stand zu seiner Rechten, ihre Tochter zu seiner Linken, der Sohn neben der Tochter. Simon begann die vertrauten Zeilen aus Genesis 3 zu rezitieren:

»Im Schweiße deines Angesichts sollst du dein Brot essen, bis daß du wieder zu Erde werdest, davon du genommen bist.«

Er hielt inne. Die Hand fühlte sich jetzt warm an und schwerer, als sie in all den Jahren jemals gewesen war. Sie fühlte sich lebendig an. Er schaute nach unten, doch die Ausbuchtung seiner Tasche war die gleiche wie eh und je. Am besten wäre es, alles seiner Nervosität zuzuschreiben und dann zu vergessen. Die Hexen hatten ihm tatsächlich einen kleinen Schrecken eingejagt.

»Jeder weiß, warum wir hier sind. Wir sind hergekommen, um einen der unseren zu beerdigen. Und wir sind hergekommen, um etwas zu verkünden, was die Hexen niemals vergessen dürfen. Wir kennen euch, und in uns brennt der Haß auf das Böse in euch, Söhne und Töchter Satans. Denn auf euren Stirnen steht geschrieben: Und sie hatten Schwänze wie Skorpione, und in ihren Schwänzen waren Stachel. Und sie hatten einen König über sich, welcher der Engel des bodenlosen Abgrunds ist, und sein Name lautet Abadon.« Er zeigte über den dunklen Schatten des Grabhügels hinweg auf den sich verdunkelnden Berg.

Er verharrte schweigend und stand mit ausgestrecktem Arm da.

Sollten die Spione erraten, was das bedeutete. Seine Leute wußten es. Es bedeutete: morgen abend und Feuer.

Er legte den Schalter um, der den Sarg nach unten sinken ließ, dann griff er in die Tasche, um sich zu überzeugen, daß mit der Hand alles in Ordnung war.

Worauf sie ihre warmen, lebendigen Finger mit seinen verschränkte.

Kapitel 27

Auf ihrem Weg den Berg hinab hatte Amanda zum ersten Mal ganz bewußt die Beschaffenheit und das Gewicht menschlichen Fleisches gespürt. Jeder Muskel und jedes Gelenk war völlig steif. Die Leichtigkeit der Bewegung, die sie in der anderen Welt erlebt hatte, wurde durch ein schwerfälliges Kriechen ersetzt, das ihr höchst unnatürlich vorkam. Physisches Leben bedeutete eine erstaunliche Einengung. Nie zuvor hatte sie eine Ahnung von den Auswirkungen des Körpers auf die Seele gehabt: nämlich sie in einer sterblichen Hülle gefangenzuhalten.

Das letzte Stück bis zum Haus mußten sie sie tragen. Sie

hatte tief und traumlos geschlafen. Geweckt wurde sie durch das Flüstern der aufgehenden Sonne. Sie konnte ihr Licht ins Zimmer eindringen hören. Es ergoß sich auf den Fußboden und färbte die Damastvorhänge ihres Bettes gelb. Sie schlüpfte unter der Decke hervor und teilte die Vorhänge, um den goldenen Glanz hereinzulassen.

Die Qualität des Lichts erinnerte sie daran, wo sie gewesen war, und vor allem, was sie dort erfahren hatte. Der ganze geheime Karneval marschierte vor ihrem geistigen Auge auf. Es war unglaublich schön, eine Reihe von Bildern, die voller Bedeutung waren. Da waren die Schrecken, Bonnie und das Dämonenmädchen Abadon und, natürlich, Mutter Stern vom Meere. Da waren auch ihre beiden flüchtigen Eindrücke vom Himmel, und in der Rückschau hatten sie auf sie einen größeren Eindruck hinterlassen als ihre lange Reise durch ihre eigene Schuld. Die wenigen Augenblicke in dem alten Hinterhof ihrer Kindheit erstrahlten in ihrer Erinnerung im hellsten Licht, das man sich vorstellen konnte, in einem Licht, das sowohl physisch als auch emotional illuminierte. Zu wissen, daß sie diesen Lichtkreis verlassen hatte, verursachte ihr tiefes Leid. Sie warf sich in ihrem Bett hin und her und erlebte dabei ihren Körper als ein Gewirr von Eisenketten.

Dann war da ein kurzer Eindruck vom wahren Schicksal der Mutter Stern vom Meere, von ihrem eigenen Himmel. In ihr hatte ein großer und leidenschaftlicher Geist gesteckt, der sich bemüht hatte, mittels der reinen Willenskraft die Seelen der Mädchen zu retten, die sie unterrichtete. Hatte sie gewußt, daß sie zu deren Dämon geworden war, zur Richterin über ihre Schuld?

Ja, sie wußte es, und auf diesem Wissen gründete der Palast ihres Glücks. Denn sie wußte auch, daß sie sie mit den sicheren Instrumenten versah, mit denen sie sich nach ihrem Tode durch die Windungen ihres Gewissens kämpfen konnten. Sie stützten sich auf ihre Erinnerungen an ihre strenge, unbeugsame Lehrerin, als sie starben, um ihre Seelen für den Himmel zu reinigen. Weil sie sie hatten, ging ihnen die Arbeit schnell von der Hand. Um ihnen diesen unendlichen Segen zu schenken, hatte sie für sich die Liebe auf

Erden geopfert und einen einsamen Tod auf sich genommen.

Sie verstand jetzt das Schweigen des Lazarus. Wie konnte man nach dem Himmel mit Hilfe der Luft einer so trüben Welt wie dieser seine Stimme erheben? Und sie hatte nur die Randbezirke sehen können und nicht das ganze Strahlen und Leuchten. Sie empfand richtige Schmerzen, als würde die Luft durch das Verlangen ihrer Lungen aufgezehrt und als würde ihr Blut von einem Hunger kochen, der noch über die Gier der Sucht hinausging.

Sie wollte nichts anderes, als sich zu einer kleinen Kugel zusammenrollen und darauf warten, daß sie wieder zurückkehren konnte.

Ein Schatten beulte den Baldachin über ihr aus. »Tom?«

Er rührte sich nicht. Er schnurrte auch nicht. Sie empfand ihn jetzt, nachdem sie ihn ohne seine Tarnung gesehen hatte, als beängstigend. Sie wünschte, sie könnte ihm danken, aber sie wußte nicht wie. Sie konnte ihm wohl kaum, sagen wir, eine kleine Maus anbieten.

Sie betrachtete ihre glühende Nacktheit. Ihr Körper mochte zwar schwer und grob wirken, aber sie konnte ihn noch immer lieben. Das Blut sang in ihren Adern, ihre Haut prickelte unter dem Kontakt mit der Luft. Sie berührte ihren Oberschenkel und spürte die elektrisierende Spannung zwischen Fleisch und Fleisch.

Da war auch noch etwas anderes, nämlich ein neues und objektiveres Empfinden für die Welt ringsum. Sie sah die Covenstatt als eine winzige Exzentrizität des Lebens, eine Ausnahme und eine letzte Zuflucht magischen Denkens. In ihrem eigenen Geist konnte sie die blauen Bereiche der Logik und die hellen Formen sehen, welche die innere Welt ihrer eigenen Magie definierten. Sie hatte zu einem größeren Teil ihres Geistes Zugang gewonnen, als sie vorher geahnt hatte. Ihre Aufmerksamkeit füllte diesen unendlichen neuen Raum. Darin sah sie Constance, die mit tiefliegenden, ängstlichen Augen zu ihr aufschaute. Und sofort erkannte sie Constance. Dieses Kennen war nicht verbal auszudrücken, sondern es war total. Diese Erfahrung hatte einen starken emotionalen Effekt auf sie. Ohne genau sagen zu können, wie es dazu kam, verstand sie plötzlich die geheime Bedeutung dieser tragischen und rätselhaften Gestalt.

Constance starrte sie an, und es war für sie ein Schock, feststellen zu müssen, daß es eine gemeinsame Erfahrung war. Irgendwie waren sie miteinander verbunden. Dann sah Amanda Ivy, dann Kate, dann Robin. Seine Liebe stand in seinen Augen als duftender Glanz. Er näherte sich diesem Zimmer und brachte mit sich seine Unschuld und seine Hilflosigkeit. Sie wollte für ihn sorgen, wollte ihn beschützen. Aber bis auf Constance bemerkte niemand etwas von ihren prüfenden Blicken. Sie waren noch nicht fähig, bei diesem anderen Licht etwas zu erkennen.

Draußen vor dem Bett erklang eine leise Stimme. »Amanda?«

Sie schob die Decken zurück und streckte den Kopf in das volle Sonnenlicht. Neben ihrem Bett stand Robin, so wie sie es schon erwartet hatte. Augenblicklich wußte sie auch, was ihm Sorgen bereitete. Ihr Herz öffnete sich ihm. »Schau mich an«, sagte sie.

Er hob den Kopf. Daß er sich abgewiesen vorkam, war leicht zu erkennen. Nach seiner ersten Freude über ihre Rückkehr hatte er angefangen, sie mehr und mehr als unerreichbare und fremdartige Erscheinung zu betrachten. Es gab nichts, was sie tun konnte, außer ihm zu zeigen, daß sie ihn wertschätzte und nötig brauchte. »Bitte«, sagte sie, »küß mich.«

Ein harmloser Kuß.

Demnach war er weniger von Angst erfüllt als vielmehr verärgert. »Robin?«

»Dein Frühstück ist fertig.«

Sie sprang aus dem Bett und schlüpfte in ihre Robe, welche sie säuberlich gefaltet auf der Lehne des großen blauen Sessels fand. »Robin, ich liebe dich.«

»Danke schön. Ich liebe dich auch. Wir alle tun es.«

Sie verspürte in sich eine gewisse Schärfe, einen salzigen Geschmack. »Ich meine, ich liebe *dich.*« Sie sah ihn an. »Palmen-König.« Wußte er überhaupt, wie lange ihre Verbindung schon währte, in wie vielen Leben sie zusammen getanzt hatten? Nein, nicht so richtig. Es war ihm zwar mitgeteilt worden, aber sein Bewußtsein hatte sich in einen fernen Winkel seines Geistes zurückgezogen und war von den dunklen Vorhängen des Zweifels und der Verwirrung verhüllt. Das Problem mit der Logik ist es, daß sie nur ein Teil des Geistes ist. Bei ihm wie auch bei allen anderen, außer bei Constance, war es ein großer, zentraler Wall, der sie alle dazu verdammte, nur das Geradlinige und das Erwartete zu sehen.

Sie sah, daß die Menschheit sich genauso verhielt wie die Saurier. Die Reptilien hatten sich für den physischen Überwuchs entschieden auf Kosten jeder anderen Weiterentwicklung und waren deshalb untergegangen. Ähnlich hatte die Menschheit seit ihrem Anbeginn stets alle Teile des Geistes bis auf die Logik unterdrückt, bis diese mentale Entwicklung sie auszulöschen drohte.

Logik ist nützlich, um Häuser zu bauen, aber sie kann einem kein glückliches Leben schaffen, und sie kann den Menschen auch nicht in die Lage versetzen, das Heilige und den Reichtum der Erde zu erkennen. Sie kann nicht dafür sorgen, daß er mit seinem eigenen Blut empfindet, wie schmerzhaft es ist, das Land zu mißhandeln. Wir leben in Maja, der Welt der Illusion. Für das meiste, was wir haben, besteht überhaupt kein Bedarf, jedenfalls nicht für die vielfachen Erscheinungsformen verschiedener Grundstoffe, die wir im Laufe der Zeit entwickelt haben.

Wir haben eine Zivilisation aufgebaut, die wie Gift in der Erde wirkt oder wie ein tödlicher Virus oder wie eine sich explosionsartig entwickelnde Krebsgeschwulst.

Amanda sah all das so deutlich, und sie sah auch, daß die Covenstatt winzig sein mochte – es waren schließlich nur ein paar Menschen –, aber weil sie sich gegen den furchtbaren, fundamentalen Fehler der Menschheit auflehnte, war sie unglaublich wichtig. Möge die Idee der Covenstatt, reichhaltig und offen und unbehelligt vom Hunger der konsumierenden Gesellschaft, sich in der Welt ausbreiten und den Menschen von seinem eigenen Geist befreien und aus der furchtbaren Hypnose wecken, die die menschliche Rasse ausradieren wird, wenn sie noch länger anhält.

»Amanda!«

Robins Stimme unterbrach ihre Gedanken. Sie atmete heftig und hatte plötzlich einen starren Blick. »Entschuldige. Es ist alles in Ordnung. Ich war nur ganz weit weg.«

In seinem schwarzen Sweatshirt und seinen ausgewaschenen Jeans und seinen lehmbeschmierten Arbeitsstiefeln vornübergebeugt dastehend, konnte er nicht verlassener aussehen. »Kann ich mir gut vorstellen.«

»Nein, ich meine – o Robin, ich habe gerade an etwas gedacht.« Wie konnte sie ihm die Wunder erklären, die sie jetzt erlebte? Die Nebel über ihren Visionen hatten sich gelichtet. Ihr waren die Menschen jetzt als magische Architekturen von unglaublicher Schönheit offenbar geworden, und er war es ganz besonders.

Sie ging zu ihm, umschlang seinen widerstrebenden Körper mit den Armen. »Bitte küß mich.« Sie öffnete halb den Mund und wartete, wobei sie sich an die gierige Leidenschaft der Küsse erinnerte, die sie auf dem Höhepunkt der Wilden Jagd ausgetauscht hatten.

Er hielt sie steif und unbeholfen fest.

»Ich bin nur ein Mensch, Robin.«

»Ich weiß das. Es ist nur – ich sah dich –«

Sie legte ihm einen Finger auf die Lippen. »Du weißt nicht, was du gesehen hast.«

»Und wie ich es weiß. Du warst tot!«

Was konnte sie tun, um ihn wieder zu ihr zurückzuholen? Niemand konnte natürlich und locker mit einem Wunder verkehren.

Sie erkannte, während das stärker werdende Sonnenlicht ihr Blut in Wallung brachte, daß sie alle so oder ähnlich reagieren würden. »Das letzte, was ich brauche, ist eine allgemeine Huldigung. Ich bin immer noch ich, Robin. Und ich liebe dich genauso wie zuvor. Oder nein, das ist gelogen.«

»Das kann ich mir denken.«

»Ich liebe dich millionenfach mehr. Mehr als du dir überhaupt je vorstellen kannst.«

Sein Gesicht bekam einen verschlossenen Ausdruck. Wie dumm von ihr, so etwas zu sagen! Aber jetzt waren die Worte heraus. Sie kreisten in der Luft und versetzten sein gesamtes Ich in einen Zustand düsterer Verzweiflung. Er begann sich zu wünschen, daß die Diskussion möglichst bald beendet sein möge, damit er wieder hinaus auf die Felder gehen konnte. »Ich will dich nicht von der Ernte abhalten«, sagte sie.

»Du kannst sogar meine Gedanken lesen. Was bist du, Amanda?«

Die gleiche Frage hatte sie Constance gestellt. Diesmal klang diese Frage in ihren Ohren sehr bitter. »Ich weiß, daß ich dich liebe.«

»Ich meine, was ist mit dir passiert? Was hast du herausgefunden?«

Sie fragte sich, wie sie es jemals erzählen könnte. Wenn der Tod wirklich das ist, was man jeweils daraus macht, dann gab es kaum etwas zu sagen. »Irgend etwas ist da draußen«, sagte sie. Er hob die Augenbrauen. »Überraschung ist wichtig. Das kann ich nicht leugnen.«

Robin streckte ihr die Hände entgegen. Sie ging zu ihm, aber sie fand wenig Trost in seiner unbeholfenen, nervösen Umarmung.

»Erzähl's mir trotzdem.«

»Da gibt es eine andere Welt. Sie entsteht aus dem Geist, wenn er vom Körper befreit ist. Wenn du stirbst, dann wirst du dein Gewissen treffen, das auf dich wartet. Das kann nicht lügen. Wenn du dann leidest, dann tust du es, weil du es so wolltest. Wenn du in Hochstimmung gerätst, dann geschieht das nur, weil du bereit bist, die Freuden des Himmels anzunehmen.«

»Und bin ich bereit?«

Sie konnte so leicht in seine Seele blicken. Ebenso wie bei ihr schien seine Schuld, die er auf sich geladen hatte, sehr gering zu sein. Er war sich nicht sicher, ob es richtig gewesen war, seine Eltern zu verlassen, und er machte sich Sorgen, weil er nicht in der Lage sein würde, für sie zu sorgen, wenn sie alt waren. Sie schob ihre Hand in seine. »Du solltest wieder zu deinen Eltern gehen. Wichtig ist für deine Entwicklung, daß du begreifst, was du tatsächlich für sie empfindest.«

»Wir verstehen uns mittlerweile ganz prächtig.«

Sie hörte die Lüge. Aber es war nicht an ihr, ihn dafür zu tadeln. Er mußte alleine seinen Weg finden. »Robin, ich muß dir soviel erzählen. Ich habe unsere gemeinsame Vergangenheit durchlebt.«

Er hörte ihr kaum zu, so intensiv beschäftigte er sich mit dem, was er als ungeheure Distanz zwischen ihnen empfand. Aber sein Selbst hörte zu und blickte voller Spannung aus seinen Augen. »Darf ich es wissen?« fragte er. Das Gift in dieser Stimme, so überdeutlich, kam ihr lächerlich vor, aber sie lachte nicht.

»Du hast den Namen Robin nicht durch Zufall bekommen. Das war schon früher dein Name. Wir waren vor langer Zeit einmal ein Liebespaar, als ich noch ein Haus im Wald hatte.«

Wie sie sich in den warmen Sherwood-Nächten geliebt hatten, wenn die Katze von einem Ast aus zusah und die Sterne über den Baumwipfeln ihre Bahnen zogen.

»Ich erinnere mich nicht.«

Sie wußte jedoch, daß das eine Lüge war. Er erinnerte sich, und das sehr gut. Sie erkannte es in seinen Augen. »Der Holzpalast? Die Feen? Das Erscheinen des Sheriffs von Nottingham?«

»Willst du etwa behaupten, daß ich Robin Hood war?«

»Ja. Du warst Robin Hood.«

Er sah sie mißtrauisch an. Dabei lächelte er schwach.

»Du warst es wirklich.«

Er brach in schallendes Gelächter aus, und als das geschah, schien am Ende die Mauer zwischen ihnen einzustürzen. Er küßte sie unbekümmert, und in seinen Küssen steckte der wahre Hunger eines Seins auf der Suche nach einem anderen Sein. »O Amanda, ich bin so froh, daß du zurückgekommen bist! Wir haben es die ganze Nacht versucht, wir haben den Kegel der Kraft errichtet, aber nichts schien uns weiterzuhelfen. Ich strengte mich wie ein Wahnsinniger an, und ich war überzeugt, dich verloren zu haben. Dann kam die *Leannan*, und eine kleine Weile später warst auch du da!« Er bedeckte ihr Gesicht jetzt mit Küssen, und es waren Küsse der Leidenschaft. »Du bist so schön, ich liebe dich so sehr, ich glaubte, ich könnte ohne dich nicht leben!«

Sie überließ sich seinen Umarmungen. Sie gingen zum Bett, und sie zog ihm die Hose und die Unterhose aus und öffnete für ihn ihre Robe. Dort, in der Abgeschiedenheit des verhangenen Bettes liebten sie sich heftig und gierig und lachten dabei ausgelassen. Sie öffnete sich ihm und ließ ihn nach dem Zentrum ihrer Lust suchen.

Als er sich verströmt hatte, blieb sie auf einer Stufe der Ekstase, die so intensiv war, daß sie für einen kurzen Moment weggetreten war. Anschließend war es so, als würde ihr Bauch vibrieren und die Anwesenheit neuen Lebens verkünden.

Sie hatten in diesem Moment ein Baby gezeugt, das wußte sie. Aber das gehörte in eine andere Phase ihres Lebens in der Covenstatt. Einstweilen wollte sie ihren Zustand jedoch geheimhalten.

Eng umschlungen lagen sie einige Zeit wach. Sie verfolgte seinen Samen auf seiner Reise, spürte, wie er sich durch die Eileiter kämpfte, ein wirbelndes Inferno in der Dunkelheit, bis am Ende ein helles Blitzen von ihm die Eizelle erreichte und ein Licht aufflammte, das zu singen schien. Sie lächelte, nun im Zustand ihrer Frauenschaft, unendlich schön. »Kannst du ein Geheimnis bewahren?«

»Natürlich.«

Sie sah, wie schwach seine Fähigkeit dazu entwickelt war. Ein Geheimnis zu bewahren ist eine der schwierigsten Übungen. »Drei Tage mußt du es für dich behalten. Meinst du, du schaffst das?«

»Klar, komm schon, erzähl.«

»Du hast es geschafft«, sagte sie. »Ich bin gerade schwanger geworden.«

Seine Augen weiteten sich. »Wie –«

»Ich habe es gespürt. Alles.«

Er stürzte sich in einer Aufwallung wilder Leidenschaft auf sie. »Ich hatte vor dir Angst, meine Geliebte. Ich hatte Todesangst, aber du hast mich davon geheilt. Irgendwie hast du mich geöffnet.«

»Du hast dich selbst geöffnet. Als du gesehen hast, daß es immer noch genug Raum gab, um zu lachen.«

Er preßte seinen Mund auf ihren. Sie berührte und streichelte ihn überall und fühlte jeden wundervollen Zentimeter von ihm.

Robins Kuß dauerte an, wurde heftiger, tastender und suchender im Wunder ihrer gemeinsamen Verbindung.

Am Ende kuschelte er sich an sie. Ein Flüstern drang über seine Lippen, das so leise war, daß man es kaum verstehen konnte... ein Gedanke. »War er nur dunkel, der Tod, meine ich? Hast du mir die Wahrheit gesagt?«

Sie umarmte ihn und drückte ihn an sich. »Du kannst in Kürze große Wunder erwarten.«

Er richtete sich halb auf, stützte sich auf einen Ellbogen. »Ich kann es noch immer nicht glauben. Du bist tatsächlich wieder zum Leben erwacht. Das ist eine wissenschaftliche Tatsache. Und du hast Erinnerungen, weißt um die Welt der Toten. Das ist unglaublich.«

Sie mußte ihm verzeihen; er hatte nicht gewollt, daß sie sich einsam fühlte. »Je besser man sich selbst kennt, ehe man stirbt, desto besser ergeht es einem.«

»Gibt es dort eine moralische Ordnung? So etwas wie Sünde? Gibt es eine Hölle?«

»Was moralische Ordnungen angeht, so treffen wir unsere eigene Wahl. Wir sind unsere eigenen Richter. Und wir irren uns nie.«

»Demnach kann man sagen, daß wenn Hitler glaubt, daß er Gutes tut, in den Himmel kommt? Stimmt das so?«

»Nach dem Tod enden alle Illusionen. Wir lernen uns selbst so kennen, wie wir sind. Ich glaube, ich habe Hitler kurz gesehen.«

»Im Himmel?«

Die Erinnerung war derart quälend, daß sie fast aufgeschrien hätte. »Nein.«

Toms Kopf erschien zwischen den Vorhängen. Für einen kurzen Augenblick schauten die beiden im Bett ihn einfach an. Er war viel zu weit vom Fußboden entfernt, und er hing ganz sicher nicht vom Baldachin herunter.

»Steht da draußen vielleicht ein Stuhl?« fragte Robin nervös.

»Nicht, daß ich wüßte.«

Tom streckte seine Zunge heraus und leckte sich genüßlich die Schnurrhaare.

»Er muß dann – er ist bestimmt –«

»Ich glaube, das ist seine Vorstellung von einem Scherz. Laß dich dadurch nicht verwirren.«

»Die Katze schwebt in der Luft, und du sagst mir, ich soll mich nicht aufregen! Verdammte Katze!«

Statt dessen kam Tom herein und schlug in der Luft Purzelbäume.

»Ich glaube, er freut sich und feiert.«

Er schwebte vorbei und auf der anderen Seite zwischen den Vorhängen hindurch hinaus.

Robin schwieg einige Zeit. Ein- oder zweimal wollte er etwas sagen. Dann schüttelte er den Kopf. »Soweit ich mich entsinnen kann«, meinte er schließlich, »magst du Pfannkuchen.«

»Das stimmt.«

»Möchtest du jetzt welche haben?«

Sie sah ihn mit einem liebevollen Ausdruck an. »Aber immer.«

Sie zogen sich an, und sie bürstete ihre Haare und wusch sich das Gesicht, und sie gingen hinunter in die Küche. Sie hatte erwartet, dort Licht und Geschäftigkeit vorzufinden, aber der Raum war kalt.

»Sie sind alle unten im Dorf«, erzählte Robin. »Sie haben für dich ein Fest vorbereitet. Wie du dir sicher vorstellen kannst, herrscht hier einige Aufregung. Nur der Wein-Coven hat dich richtig begrüßt.«

»Ich kann mich kaum daran erinnern, wie ich den Berg hinuntergekommen bin. Ich war furchtbar müde.«

»Du bist gegangen wie ein Zombie.« Er zögerte bei seinen eigenen Worten, dann schaute er weg, als hätte er unüberlegt irgendeine Mißbildung von ihr im Spott erwähnt.

Die beiden gingen hinaus in den Morgen.

In Simons Kongregation gab es mehr als nur einen Kriegsveteranen. Sein Ruf war von nicht weniger als sieben Veteranen gehört worden, drei von ihnen junge Stahlarbeiter, die auf unbefristete Zeit von ihren Jobs beurlaubt waren. Alle waren während des Vietnamkrieges in moderner Infiltrationstechnik ausgebildet worden.

Auf Betty Turners Bitte hin wurde die Kommandozentrale

in ihrem Heim eingerichtet. Simon saß vor seinem Behelfstisch im Wohnzimmer, das in ›Operationsraum‹ umbenannt worden war.

»Ich hab' die Funkgeräte, Bruder«, sagte Tim Faulkner. Er stellte einen großen Karton auf den Fußboden. »Genau das, was der Arzt uns verschrieben hat. Drei tragbare CB's, alle auf den gleichen Kanal eingestellt.«

Charlie Reilly kam mit einer Landkarte hereingepoltert, die er entrollte und an einer Wand befestigte. »Hilf mir mal, Tim, ich will das Ding ankleben.«

Simon hatte noch nie eine solch genaue topographische Karte gesehen. Sie zeigte überaus detailliert die Geländeformationen in braunen Linien auf verschiedenfarbigem Hintergrund.

»Das ist die aktualisierte National Guard-Karte des Maywell-Quadranten«, erklärte Reilly. Er und Tim Faulkner hatten die Karte endlich an der Wand fixiert.

Sie verlieh dem Hauptquartier einen militärischen Eindruck. Simon genoß die ruhige und professionelle Atmosphäre. Er hatte sich bemüht, nicht an die zum Leben erwachte Hand zu denken. Dabei war sie nahezu das einzige, woran er überhaupt denken konnte. Entweder war es ein Wunder, das er verkünden mußte, oder es war ein Fluch, vor dem es sein Volk zu schützen galt. Aber was war es?

»Davis ist unten im County-Gerichtsgebäude«, meldete Deputy Sheriff Peters, »und besorgt die Grundrißzeichnungen des Collier-Hauses. Sobald wir die haben, können wir die Operation anrollen lassen.«

Eddie Martin meldete sich zu Wort. Er trug einen grünen Kampfanzug der Armee und eine Tarnweste. »Ich möchte zu einer Missions-Analyse mit detaillierten Operationsbefehlen kommen. Und ich möchte nicht, daß jemand mit Waffen oder Benzin herumhantiert, der davon keine Ahnung hat. Wir sind schließlich keine Bande von Arschlöchern. Wir sind organisiert, wir haben eine Struktur, und das Recht steht auf unserer Seite. Also sollten wir auch danach handeln.«

Selbst Simons ursprüngliche Männer hatten an Format und Effizienz gewonnen. Er brauchte nur wenig mehr zu tun als zuzuschauen. Die Existenz des Märtyrers hatte seine

Leute mit der Gnade Gottes gesegnet. Wie er diese Menschen liebte, aufrichtig, hingebungsvoll, mit seiner ganzen Seele. Sie würden sich selbst und auch den Hexen helfen. Sollten die armen Menschen in diesem Leben leiden, damit sie im nächsten ihr Glück fänden. Nur eine einzige Person unter ihnen würde nicht in den Himmel aufsteigen. So groß war seine Freude und seine tiefe, innere Trauer, daß Simon stumm weinte, während die Tränen kalt über seine Wangen rannen. Er saß vornübergebeugt an seinem Kartentisch und berührte nervös den Inhalt seiner Tasche.

Im Hexendorf herrschte großes Gedränge. In der Mitte stand ein großer runder Tisch, der mit allen möglichen Speisen beladen war. Menschen umstanden ihn oder saßen auf dem Boden. Als Amanda und Robin hereinkamen, setzte eine allgemeine Unruhe ein, die sofort wieder erstarb.

Amanda war nicht überrascht, Constance als traurigen Schatten ihrer selbst in einer Ecke sitzend anzutreffen. Sie brauchte viel Unterstützung und Bestätigung. Ihr Schicksal hatte sie ereilt, für Amanda sichtbar als ein knisternder, brennender Finger, der genau auf den Mittelpunkt des Schädels der alten Frau zeigte.

»Connie?«

Als Constance ihrem Blick begegnete, wußte Amanda sofort, daß auch sie sich dessen bewußt war.

Nach einem Leben zwischen den Welten hatte die alte Frau Angst vor dem Tod. Connies schwarze Raben saßen in einer stummen Reihe im Dachgebälk über ihr.

Amanda suchte sich durch die stumme, gaffende Menge einen Weg zu ihrer Wohltäterin. Sie ließ sich vor ihr auf dem Erdboden nieder. »Connie, wie kann ich dir helfen –«

»Ich habe vor dem Tod keine Angst. Es sind die Schmerzen.« Sie sah Connie in ihren Qualen, sah, wie ihre Raben herumflatterten, die Schwingen von blauen Flämmchen gesäumt.

»O Connie!«

»Sprich leise!«

»Kannst du es nicht aufhalten? Es muß doch eine Möglichkeit geben, ganz bestimmt.«

»Wenn mein Feuer brennt, werde ich dasein. Nichts kann daran etwas ändern.«

Das begriff Amanda. Je näher die Zukunft der Gegenwart entgegenrückte, desto mehr Möglichkeiten wurden wahrscheinlich. Am Ende wurden sie unausweichlich.

Connie lächelte und bot ein Bild der Traurigkeit. »Die Natur fordert ihr Recht, Amanda.«

»Ja, Connie. Du kannst dich jetzt auf mich stützen. Du kannst mir all deine Ängste schildern. Nichts bleibt mir verborgen.«

Constance schien in sich zusammenzusinken. In ihren Augen lag eine unglaubliche Dankbarkeit. »Ich brauche dich. Ich habe dich schon seit vielen Jahren gebraucht.«

Sie hätte die alte Frau auf der Stelle in die Arme gechlossen, doch eine Frau kam heran und bot Amanda eine Schüssel voll süßem Joghurt an, wobei sie sich ständig verbeugte. Constance machte ein sehr trübseliges Gesicht. »Es braucht einen unabhängigen Geist, um Magisches zu bewirken. Sie werden nicht mehr lange Hexen sein, wenn sie zu deinen Anhängern werden, junge Frau.«

»Das möchte ich nicht.«

»Natürlich nicht! Sie staunen über dein Wissen vom Tod, aber sie alle haben die gleichen Informationen in ihren Herzen. Wir vergessen sie lediglich für eine Weile; daher nutzt nicht das schlechte Erinnerungsvermögen eurer Mitkämpfer aus.«

»Ich versuche, es nicht zu tun.« Anstatt die Frau dort zu lange herumdienern zu lassen, nahm sie die angebotene Schale und leerte sie, während der gesamte Io-Coven, der die Molkerei betrieb, voller Stolz zuschaute. »Es liegt in der menschlichen Natur, die Bestätigung durch die Prinzen zu erhalten«, sagte sie. »Deshalb sind königliche Familien gezwungen, so viel Zeit bei Inspektionen zuzubringen. Ich kann sie lehren, mich nicht als königliche Person zu betrachten.«

»Sie sollen Ehrfurcht vor einem haben, aber sie sollen auch ihre eigenen Entscheidungen treffen. Es wird schwer, vor allem dann, wenn man weiter schauen kann als sie. Aber sie müssen aus ihren eigenen Fehlern lernen.«

»Ich weiß. Wir können die Menschen nicht alles lehren. Sie müssen ihre Erfahrung machen.«

Constance griff unter ihr Kleid und holte ein geschwärztes, altes Strumpfband hervor. »Das ist deins«, sagte sie. »Ich habe es für dich aufbewahrt.« Und so, ohne große Zeremonie, erhielt sie das Strumpfband der Jungfernschaft. Sie erkannte es von früher und nahm es an. Das Leder war sehr, sehr alt und so schwarz wie Kohle. Der Haken war aus Knochen. Schwach, als wäre es ein Echo, erinnerte Amanda sich an Moom. Mooms Gelächter, Mooms Schmerzen und Mooms Mut. Sie hatte sechs Kindern das Leben geschenkt und war gestorben, ehe sie fünfzehn war.

Moom hatte zwei Strumpfbänder besessen. Desgleichen Marian. »Wo ist mein anderes Strumpfband, Connie?«

Constance winkte ab. »Ein Raub der Flammen in der Zeit Innozenz' VIII.« In dem Zimmer war es stickig, der Geruch nach Speisen überwältigend. Zwei Kinder, Ariadne und Feather, knieten tatsächlich nieder, als sie einen Teller Pfannkuchen brachten.

Amanda wußte, daß sie handeln mußte, und zwar schnell, um zu verhindern, daß sie regierende Gottkönigin wurde. Es war bei den Hexen schon richtig, eine Königin zu haben, aber sie durfte nicht mehr sein als die erste unter gleichen.

Sie hielt das Strumpfband hoch. »Das wurde mir gegeben. Es gehört der Covenstatt, und es darf nur von einer initiierten Priesterin getragen werden. Habe ich recht?«

Zustimmendes Murmeln ertönte.

»Wunderbar. Führt mich ein, wie ihr es bei jedem Lehrling machen würdet. Und wenn ihr mich wählt, dann werde ich das Strumpfband nach Möglichkeit immer tragen.« Sie dachte an Moom, die jede Frau zerfetzt hätte, die versucht hätte, sich in den Besitz des Strumpfbandes zu bringen. Und Marian, für die das Sakrileg des Abnehmens geradezu unvorstellbar war. Sie steckte es in die Tasche und schüttelte Connie die Hand. »Willst du etwas vom Tisch, Connie?«

»Nein.« Ihre Stimme sank ab. »Du weißt ja, was ich durchmache.«

»Ja, Connie.«

»Ich wünschte, du könntest mich festhalten.«

»Das werde ich, Connie, wenn wir alleine sind. So lange du es von mir wünschst. Ich werde bei dir sein, Connie, selbst bis zu deinem endgültigen Ende.«

»Ich komme mir ohne das Strumpfband so seltsam vor! So traurig.«

Sie ergriff Connies Hand, drückte sie für einen kurzen Moment. Der Moment schien sich zwischen ihnen zu vertiefen. So sehr sie Connie getröstet hätte, diese Zeit gehörte der Covenstatt. »Wenn ich nicht zu dem Tisch hinübergehe und mich selbst bediene, werde ich noch gefüttert werden.«

»Das brauchst du nicht. Geh hin, und tu deine Pflicht.«

Da waren Kannen voll Apfelwein und etwas Blaubeersaft. Aber keine ganzen Beeren. Schade. Amanda hatte sie in den Büschen gesehen, fett und köstlich aussehend. Da waren Pfannkuchen und Kürbispasteten und Mus, mit Kräutern und Honig zubereitet, große Laibe dunklen Brotes und Käse aus der Milch der weißen Ziege. Da waren Kannen mit Sahne und Milch und duftendem Tee. Scheiben von Hirams Schinken. Lange bevor sie alles gekostet hatte, war es Amanda gelungen, wenigstens ihren Heißhunger zu stillen. Ihr Körper wollte seine neuerliche Verbindung mit dem Leben bestätigen, und das tat er, indem er aß.

Sie wanderte durch einen Nebel stummer, faszinierter Blicke. »Ich habe seit gestern morgen nichts gegessen«, sagte sie. »Wenn ihr wieder mal jemanden von den Toten aufweckt, dann vergeßt nicht, ihm zu essen zu geben. Er kommt auf jeden Fall mehr oder weniger hungrig zurück.«

Ein kleines nervöses Lachen, so lahm wie ihr Versuch, die Spannung zu mildern. Connie legte sanft eine Hand auf Amandas Arm und zog sie beiseite. »Lerne eine Lektion von Marian. Sie war als Königin sehr klug. Sie wußte, wie man ohne Härte herrscht und regiert, ohne Angst einzuflößen. Doch auch wenn sie mit den Kindern verstecken spielte oder mit den Männern Pferderennen veranstaltete, vergaß niemand, daß sie die Königin war. Es ist ein Trick, Amanda, die erste und zugleich ebenbürtige zu sein.« Dann sagte Connie etwas, das Amanda beunruhigte. »Es ist eine Illusion, genauso wie der Frieden und das Glück dieses Augenblicks eine Illusion sind.«

»Was meinst du?«

»Geh hinaus und schau dir den Himmel an. Sieh mit deinen neuen Augen.«

Amanda erhob sich, erklärte Robin, er solle zurückbleiben, und ging alleine in das stille Dorf. Eine Rauchsäule stieg aus dem Schornstein des Schwitzhauses auf.

Als ihre Blicke den Rauch bis in den Himmel verfolgten, wäre sie beinahe vor Schreck und Grauen rückwärts hingefallen. Sie schaute auf zu einem riesigen Bein, das mit schimmerndem schwarzen Fell umhüllt war. Es war so mächtig, daß man es beinahe gar nicht hätte erkennen können.

Sie schaute an dem vibrierenden, muskulösen schwarzpelzigen Bogen entlang auf die riesige Brust etwa tausend Fuß über ihr und direkt in das grinsende Gesicht der größten und bedrohlichsten schwarzen Katze, die sie je gesehen hatte.

Und Tom erwiderte diesen Blick. Zwischen ihnen fand eine spontane Kommunikation statt, intensiver als im gesprochenen Wort. Tom war zugleich ein Teil dessen, was die Covenstatt bedrohte und was sie beschützte. Das Ziel der *Leannan* bestand darin, die Hexen zu prüfen. Das Ziel der anderen Finsternis, die von Bruder Pierce kontrolliert wurde, bestand darin, sie zu vernichten, so wie sie alles vernichten wollte, was der Menschheit die Chance zum Überleben und Wachsen einräumte.

Diese *Samhain* war in der Tat eine Jahreszeit des Lernens und Sterbens.

Das, was die Covenstatt bedrohte, war viel größer als Tom. Es überragte ihn, diese immense Präsenz des Hasses, der von Maywell aufstieg und über den Himmel fegte und dabei seine Kraft aus dem unermeßlichen Herzen des Bösen und aus all den anderen Herzen von Männern und Frauen gewann, die töten wollten, was sie nicht verstanden, und die alles ablehnten, was nicht ihrem Geist entsprungen war. Sie sah es ganz deutlich, obgleich es vor ihr zurückwich. Das, von dem Bruder Pierce und solche wie er besessen war, nährte sich aus der Angst und haßte sowohl den Menschen als auch Gott.

»Dieser lange mittlere Korridor legt die Taktik nahe, die Vordertür aufzubrechen und mit den Benzinsprühern bis zur Küche vorzudringen. Dann sehen wir zu, daß wir rauskommen. Nach einem entsprechenden Funksignal nimmt der Feuertrupp den gleichen Weg. Die Zünder versehen wir mit Zwei-Minuten-Timern. Sobald der Komplex in Flammen aufgeht, sind wir schon etwa dreihundert Meter davon entfernt und fast am Waldrand.«

»Lieber wäre es mir, wenn ihr drei Minuten zur Verfügung hättet«, sagte Bruder Pierce. Er wollte keinen zweiten Turner.

»Wenn wir zu lange warten, riechen sie am Ende die Dämpfe.«

»Wie viele Leute insgesamt halten sich dort eigentlich auf?« wollte Bill Peters wissen.

Bob Krueger antwortete: »Es gibt einundzwanzig Pendler nach Philly und New York. Außerdem betreiben sie eine verdammt gut in Schuß befindliche Dreihundert-Hektar-Farm ausschließlich mit einfachen von Hand zu bedienenden Werkzeugen. Ich denke, sie haben nicht weniger als siebzig Leute, die dieses Land bearbeiten. Hinzu kommen Kinder, woraus sich eine wahrscheinlich ziemlich genau zutreffende Schätzung von einhundertdreißig Personen ergibt.«

Bill massierte sich mit seiner rechten Hand die Wange. »Wo, zum Teufel, leben die denn?«

»Sie sind dort draußen«, meinte Eddie Martin. »Sie müssen es sein. Wir haben dreiundzwanzig Häuser in der Stadt als von Hexen bewohnt identifiziert, aber die Hexen vom Anwesen wohnen dort nicht, sonst würden wir sie ja jeden Tag zur Farm hinausziehen sehen.«

Bill wies auf den Grundrißplan. »Ganz bestimmt wohnen sie nicht in diesem Haus. Es sei denn, sie klebten wie die Sardinen aufeinander.«

»Möglich wäre es aber schon. Außerdem glaube ich nicht, daß es uns stören sollte.«

»Es könnte uns aber stören. Wir müssen wissen, wo diese Menschen sind. Wir sind zu sechzehn Leuten. Gegenüber hundert haben wir überhaupt keine Chance. Wenn wir nicht vorsichtig sind, werden wir am Ende noch geschnappt, oder mit uns geschieht etwas Schlimmes. Bei diesen Leuten sicherlich kein Wunder.«

Simon dachte an das Niederbrennen des Hauses und senkte die Augen, wobei er erneut den Herrn um eine starke führende Hand anflehte. Sie waren Hexen, und sie mußten schlecht sein, aber war es seine Aufgabe, ihnen die Strafe zu verkünden? Er war versucht, einfach zu erklären, der ganze Angriff würde abgebrochen, und der Herr habe ihm eine bessere Idee eingegeben.

Unglücklicherweise schwieg der Herr, und Simon hatte keine bessere Idee. »Bitte, Herr«, rief er in seinem Herzen, »hilf mir nach deinem Willen. Hilf mir, o Herr.« Doch der Herr schwieg weiterhin. Die Planung wurde fortgesetzt.

Amanda blickte zu der Kreatur über ihr auf. Ihre großen Augen starrten sie funkelnd an. Sie wartete, und Amanda hatte das Gefühl, daß nur noch wenig Zeit blieb. Aber was verlangte er von ihr, daß sie tun sollte?

Sie blickte in die Augen. Sie waren zu wissend, um ihr Sicherheit zu vermitteln, aber sie waren auch sehr, sehr gut. Irgendwo lag in ihnen sogar Humor. Schnell kauerte er sich hin.

Amanda kam nach. Sie konnte das riesige Gesicht über dem Dorf erkennen, hörte das Atmen und vernahm sogar das feuchte Schmatzen der Lidschläge. Sie konnte spüren, daß er sie rief. Trotz seiner furchteinflößenden Macht konnte er ohne sie nicht erfolgreich sein.

»Wie kann ich helfen? Bitte sag es mir.«

In seinen Augen sah sie Männer durch dunkle Straßen rennen, sie sah Benzinfässer und hochwallende orangefarbene Flammenwände, und sie hörte Constance gepeinigt aufschreien.

»Kannst du sie nicht aufhalten, Tom?«

Dann sah Amanda in den funkelnden Augen der Katze die gesamte Covenstatt in Flammen stehen. Sie war so entsetzt, daß sie einen Satz nach hinten machte und hinstürzte.

Sie starrte in den Morgenhimmel. Und tatsächlich, wovor sie sich fürchtete, es war wirklich da. Genau über dem

Hexenhaus schwebte ein flammender Finger genauso wie der, welcher Constance bedroht hatte.

Amanda kehrte in das Haus zurück und nahm einen tiefen Schluck Apfelwein. Menschen versammelten sich um sie und begannen sie nacheinander zu küssen. Sie küßte sie alle, weiche Lippen von Frauen, schmale Lippen von Männern, feuchte Lippen von Kindern. Sie küßte sie so offen und intim, wie sie Robin geküßt hatte, und teilte mit allen ihren Atem.

Einige gingen schweigend und schockiert von dannen.

Niemand außer Amanda und Constance sah die Finger, und Constance blieb in ihrer Ecke, wo sie von Zeit zu Zeit mit dem Kopf zuckte, als wollte sie versuchen, sich unter dem Wesen hervorzuwagen, das in der Luft über ihr zischte und fauchte.

Aber das war nicht der Fluchtweg. Amandas Geist schlug sich mit diesem Problem heftig herum. Das war der Grund, warum sie zu ihrem Volk zurückgeschickt worden war. Sie war gekommen, um ihre Lebensweise zu retten.

Es schien keine bestimmte Richtung zu geben, in die man sich hätte wenden können. Sie spürte, daß sie ebensogut versuchen könnte, den Lauf des Amazonas zu ändern, anstatt auf das Schicksal Einfluß zu nehmen, das über der Covenstatt hing.

Sie kannte das Gefühl, das sie jetzt erfüllte, sie kannte es nur zu gut. Es war absolut und blind. Sie kämpfte dagegen, aber es wollte nicht weichen. Ihre Angst lag wie Eis in den Tiefen ihres Bauchs, ließ alles erstarren und die Hoffnung einfrieren. Sie konnte Bruder Pierce wie durch ein Gewölbe der Nacht sehen, sein Geist gepeinigt, zu allem entschlossen. Er personifizierte die animalische Angst des Menschen vor dem Unbekannten. Es gab soviel Haß und Ignoranz. Sie hatte keine Macht dagegenzusetzen.

Aber sie brauchte Macht. Irgendwie mußte sie die Covenstatt beschützen. Sie sah Bruder Pierce alleine im Zentrum seiner Umnachtung stehen. In seiner Hand hielt er eine Fakkel, und Feuer flackerte in seinen Augen.

Kapitel 28
Die Nacht auf der Oberfläche eines Sterns

In der Stille des Nachmittags wanderte Amanda alleine zu den Ruinen des Feendorfs. Sie wollte ungestört sein, um über die Probleme der Covenstatt nachdenken zu können. Tom hatte ihr übermittelt, daß man dem Schicksal nicht entfliehen könne. Sie mußten über sich ergehen lassen, was vor ihnen lag, oder darin umkommen.

Sie stieg auf einen Hügel, wie Jungfrau Marian es vor langer Zeit getan hatte, und schaute über ihr Reich. Ein kleiner schwarzer Stein bot sich an. Er war von der Zeit geglättet, ein Ding, das zu Sanftheit gealtert war.

Darin konnte sie die Zeiten spüren, die er überdauert hatte, Äonen, die zu Seufzern vergangen waren. Der Stein war weise, und er hatte eine Botschaft für sie.

Der Stein sagte: Du mußt das Feuer umarmen.

Amanda sah, wie die Covenstatt von hungrigen roten Flammen verschlungen wurde.

Die Blätter, die Pflanzen raschelten in einer eiligen Windböe. »Handle«, flüsterten sie, »handle!«

Das Geheimnis ist...

Sie sah die Pferde im Stall auskeilen, als ihre Mähnen zu rauchen und sich zu kräuseln begannen.

Die Feenkönigin sprach: »Dies ist das Geschick der Nacht: Sei gewarnt, daß die Kinder der Feen hier einst tanzten, aber jetzt tanzen sie nicht mehr. Der Dämon hat in verschiedenen Zeiten auch verschiedene Erscheinungsformen, doch er tötet immer auf die gleiche Weise. Er ist der Hammer der Hexen.«

»Wie halte ich ihn auf? Sag mir wie!«

Für einen Augenblick sah sie die *Leannan*, wie sie in einem Dickicht stand. »Ich weiß es nicht. Wenn ich es wüßte, dann könnte mein Feenreich diesen Ort zurückfordern, aber wir können es nicht.«

»Warum nicht? Was steht gegen euch?«

Es erfolgte keine Antwort.

Lange saß Amanda da, die Augen geschlossen, und

lauschte, wie ihr Körper funktionierte und wie der Wind das trockene Gras kämmte. Der Körper mochte schwer und grobschlächtig sein, aber er war so wunderbar real. Einmal gekostet, ließ sich das Leben des Fleisches niemals vergessen.

Zerstörung, Kriege, Feuersbrünste...

Hatte Bruder Pierce keine göttliche Erscheinung?

Als sie die Augen wiederaufschlug, wunderte sie sich, wie lang die Schatten geworden waren. So viele Stunden, so wenig Zeit.

Ihr Volk war gekommen. Die Leute bildeten um den Fuß des Hügels einen Kreis. Sie riefen ihren Namen. »Amanda, Amanda, Amanda, Aman, da!«

Es bewegte sie zutiefst, das Wort für ihren Geruch und Geschmack und für ihr Aussehen zu hören. Moom war davon ebenso bewegt worden, und Marian.

Du mußt handeln, hatte der Wind gesagt.

Aber wie?

Der Stein klärte sie auf. Bilder, Worte, Gedanken strömten durch ihren Geist. Sie sah den gesamten riesigen Mechanismus der Unterdrückung. Sie hatte ihren Ursprung nicht nur in dem sorgenvollen Herzen von Bruder Pierce, sondern in den faden, lieblosen Geistern der fundamentalistischen Gesetzesgeber im Kongreß, die die Hexenkunst bekämpften, und in den Geistern ihrer Anhänger, die im Dunkel der Nacht die Hexen verfolgten. Es schien, als wären sie von einem großen Bewußtsein besessen, das ihren Wunsch, Gutes zu tun, pervertierte und eine schwarze Hand auf ihre Augen legte.

Dann zeigte der Stein ihr das Schicksal anderer Hexen in der Welt, den entweihten Einhornwald in Georgia, der vor laufenden Fernsehkameras von fundamentalistischen Christen verwüstet wurde, wobei dieser Akt sensationslüstern im Abendprogramm gesendet wurde. Sie sah Oz, eine Hexe in Mexiko, die in einem ›christlichen‹ Fernsehprogramm verleugnet wurde, und mehr: Sie sah den ruhelosen, forschenden Haß, der diese neue Verfolgung der Alten Religion beseelte, die beredten Männer in ihren eleganten Anzügen, wie sie im Kongreß diskutierten, und den sich ausbreitenden

Wahnsinn aller Brüder Pierce dieser Welt und die Traurigkeit in den Herzen aller, während sie zum auferstandenen Herrn beteten, während ihr Haß sie an den Dienst für den dunklen Meister kettete, dessen Namen die *Leannan* nicht nennen wollte.

Dann sah sie die Zukunft, wie sie sehr wohl sein könnte, eine Zukunft so schlimm, daß sie sie noch nicht einmal mit Constance teilen durfte. Sie sah Gefängnisse voller Hexen, Stahlgitter und vergewaltigende Wächter und lange, quälende Gesetze in den schimmernden Digitalbüchern von morgen, und sie sah das Glimmen verkohlter Trümmer an den Orten, wo einmal Versammlungsplätze der Hexen gewesen waren.

Sie wußte mit stählerner Klarheit und mit sanftem Herzen, was sie zu tun hatte. »Bring mich zu den Kindern«, sagte sie. »Sie sollen mich einführen.«

Ivy sagte: »Amanda, das ist nicht die Art und Weise, wie wir es tun sollten. Du sollst willkommen geheißen werden, aber nicht eingeführt. Der Tod hat dich eingeführt. Und die Ehre gebührt dem Wein-Coven.«

Robin sagte: »Wir haben alles geplant. Wir haben wirklich ein wunderschönes Ritual gefunden.«

Sie kehrte ins Dorf zurück.

Leute bereiteten sich auf das Ritual vor, welches beim Mondaufgang im Steinkreis abgehalten werden sollte, den die Covenstatt für ihre wichtigeren Rituale benutzte.

Ein eher von Angst bestimmtes Ritual wäre nicht das Richtige. Wenn die Kinder sich ein Ritual ausdachten, dann mußte es einfach und vergnüglich sein und stark und voll von wahrer Magie.

Auf einem kleinen Holztisch in der Mitte des Kreises lagen Ivys Athamen, Becher, Strick und Geißel, die traditionellen Geräte der Initiation.

Eine Gruppe von sechs Leuten band dekorative Weizengarben, um den Altar damit zu schmücken. Eine Krone aus Vogelbeerenzweigen war für Amanda geflochten worden.

»Windwanderer, würdest du für mich die Kinder zusammenholen?«

Er blickte von seiner Arbeit auf. Tagsüber arbeitete er in einer Werbeagentur. Sein ziviler Name lautete Bernie Katz. Er betreute den Kinder-Coven. »Sie sind auf halbem Wege zwischen hier und dem Berg. Sie veranstalten gerade eine Schnitzeljagd.«

»Das macht es noch einfacher. Such den Spurenleger.«

Er wanderte durch das Dorf und rief nach Ariadne. Sie war eines der Mädchen im mittleren Alter, ein fröhliches Kind von elf Jahren mit braunen Augen und einem munteren Lächeln. Amanda erinnerte sich daran, wie sie ähnlich einer ägyptischen Sklavin mit dem Teller voller Pfannkuchen vor ihr gekniet hatte.

Eine perfekte Wahl für die Hohepriesterin der Initiation.

Bald kam sie herbeigerannt, wobei der grüne Rock um ihre Beine schlug und die Haare hinter ihr her flatterten. Sie kam heran, die Augen weit aufgerissen, und schaffte es so eben noch, am Rand des Kreises stehenzubleiben. »Er ist noch nicht geweckt«, sagte Amanda. »Komm nur herein.«

Hinter ihr, sich herandrängend, waren die restlichen Kinder der Covenstatt, insgesamt achtundzwanzig Kinder.

»War das Spiel schön?«

Ariadne nickte. Sie atmete schwer. »Bis zum Feenstein und wieder den Berg hinunter.«

Amanda erinnerte sich an Grape, die am Stein für immer von ihnen gegangen war. In der Covenstatt hatte es kurz nach Einbruch der Dunkelheit eine leise Feier gegeben, aber sie hatten sie dazu nicht geweckt. Was war mit Grape geschehen? Wanderte auch sie, wie Amanda, jetzt in unwirtlichen Gefilden?

Die *Leannan* meldete sich wieder in Amandas Geist, diesmal mit bissiger Stimme. »Sie ist im Land des Sommers. Sie ist völlig glücklich.« Amanda erschrak, als sie die Stimme so nahe bei sich hörte. Sie war wie der Wind oder eine erinnerte Melodie. Jeder hätte sie hören können, wenn er gewußt hätte, wonach er hätte lauschen sollen.

Amanda sprach zu den Kindern. »Kommt und setzt euch alle um mich herum. Ich möchte, daß ihr etwas Bestimmtes tut.« Sie drängten sich um sie, ein Gewimmel von Sommersprossen und Schmutzstreifen und großen Augen. »Na schön, dann hört einmal zu. Ich werde eingeführt, nachdem wir dem Schwitzhaus einen Besuch abgestattet haben.«

»Du bist doch schon die Jungfrau.« Dies kam von einem ernsten Jungen mit dunklen Haaren und einem schmalen, konzentrierten Gesicht.

»Aber ich bin noch kein Mitglied eurer Covenstatt. Ich gehöre nicht zu euch, noch nicht. Erst müßt ihr mich einführen. Und ich möchte, daß ihr Kinder das tut als besonderen Gefallen, den ihr mir erweist.«

Sie starrten sie an und warteten auf mehr.

»Ihr müßt eine Priesterin auswählen.«

Es blieb still.

»Kommt schon, besprecht es. Wollt ihr Ariadne? Oder vielleicht jemand anderen?«

»Ich möchte Feather«, erklang eine leise Stimme.

»Moment mal«, sagte Ariadne, »das darfst du nicht sagen. Du bist Feather!«

»Ich bin eine bessere Hexe, Ariadne, das weißt du auch.«

»Aber du kannst dich nicht selbst wählen! Das ist nicht fair. Ich bin die Hohepriesterin des Kinder-Coven.«

Feather war ein Mädchen mit einem verstohlenen Lächeln und dem Glanz früher Reife.

»Ich möchte auch Feather haben«, sagte ein Junge.

»Ariadne«, widersprach ein anderer. »Sie soll es sein.«

»Feather ist hübscher.«

»Ariadne hat sich im vergangenen Monat aus dem Sumpf gezogen.«

»Na schön, Kinder«, sagte Amanda, »ihr könnt ja wählen. Wer für Ariadne ist, hebt die Hand.«

Sie zählte vierzehn erhobene Hände.

»Und nun, wer für Feather ist.«

Ebenfalls vierzehn. Beide Mädchen hatten für sich selbst gestimmt. Amanda konnte sich kein besseres Ergebnis wünschen. »Na schön, dann macht ihr beide es eben zusammen. Wer von euch kennt sich in den Altardingen am besten aus?«

Ariadne wies mit einem Kopfnicken auf Feather.

»Dann wird Feather erste Priesterin sein. Wollt ihr bei euch einen Priester aussuchen?«

Sie berieten sich flüsternd und lachten gelegentlich, als sie die Namen der Jungen durchgingen.

»Wir wollen Robin«, erklärte Feather.

»Robin? Meint ihr den erwachsenen Robin?«

»Man sollte stets von seinem Geliebten eingeführt werden, wußtest du das nicht?«

»Ich habe über die Hexenkunst noch eine ganze Menge zu lernen.« Aber noch während sie die Worte sprach, wußte sie, daß es nicht stimmte, was sie sagte! In Marians Erinnerung war ein großer Teil der Lehre zu finden über die Kräuter und die Beschwörungen und die Dinge des Waldes. Von Moom kam der Kern, der allem innewohnte, die Gesänge und die Tänze.

Jemand schlug den Gong des Schwitzhauses. Amanda suchte mit den Kindern den großen Vorraum des Gebäudes auf. Rauch stieg aus beiden Kaminen auf, und die Holzverschläge bedeckten die Fenster. Die erwachsenen Hexen versammelten sich am Eingang zu dem Gebäude, hängten ihre Kleidung auf und zogen die Arbeitsschuhe aus.

Lange Schatten schoben sich unter den Bäumen hervor und krochen um Gebäudeecken, während die Hexen das große Haus betraten. Der Dampf war schwer vom Aroma des Waldes, das von feuchten Kräutern herrührte, die man auf heißen Steinen ausgebreitet hatte.

Amanda ging nackt in die Mitte des Raumes und legte sich auf eine der langen Bänke. Die Kinder suchten zuerst die Steinbecken auf und drängten sich hinein und kreischten und lachten, als sie sich gegenseitig mit Seife und Wurzelbürste attackierten.

Amanda betrachtete sie, die vom Feuer gezeichneten Kinder. Warum mußte es so viel Haß auf ein solches Glück geben?

»He, Faulpelz!« Sie blickte abrupt auf. Ivy schickte sich an, sie von der Bank herunterzuschieben. »Mach mir mal etwas Platz, Jungfrau.« Ivy streckte sich neben ihr aus. »Ich verstehe, was du mit der Einführung durch die Kinder bezwekken willst«, sagte sie. »Es ist eine gute Idee.« Sie lachte. »Eine Menge Covenmitglieder aus der Stadt und sogar einige Christen wollen kommen. Wir hatten eine Prozession rund um das ganze Anwesen geplant, bei der du auf einem Pferd reiten solltest.«

Jetzt war es an Amanda, schallend zu lachen. »Das ist doch nicht dein Ernst!«

»Nicht ganz.« Sie bedachte Amanda mit einem ernsten Blick. »Du kannst einem schon den Atem verschlagen. Die Katholiken nennen dich ein Wunder. Ich denke, die Episkopalen sind eher für eine medizinische Erklärung. Aber alle sind sich einig, daß du etwas Ungewöhnliches bist.«

»Ich bin nur ich.«

Ivy lächelte sie an. »Sehr viele Leute sagen, daß du tot bist. Und nun bist du wieder am Leben und läufst herum. Natürlich ist das schon etwas beängstigend.«

Amanda dachte an den Finger am Himmel. »Ich bin auch nicht annähernd so mächtig, wie du glaubst.«

»Red keinen Unsinn.«

Im Plätschern des Wassers bei den Kindern ertönte plötzlich ein Flüstern. »Beeil dich, Amanda, jede Sekunde zählt!«

»Sicher doch, *Leannan*, es ist doch genug Zeit.«

»Nein. Es ist keine Zeit mehr.«

»Ich glaube, wir sollten sie warnen«, sagte Deputy Peters. Seine Augen waren gerötet, sein Gesicht war verschwitzt. Simon betrachtete ihn wachsam. Bill Peters war so verflucht ängstlich. Allein der Tonfall seiner Stimme konnte schon bewirken, daß die Leute jeden Mut verloren.

»Das können wir nicht, Bill, wir würden einen Kampf riskieren.« Eddie Martin war sicherlich mehr nach Simons Geschmack. Stark, entschlossen sah er aus, als würde er dem erstbesten, der ihm in die Quere kam, die Seele aus dem Leib prügeln. Seine Frau hatte sich einmal in einer privaten Sitzung über ihn beklagt. »Sie hängen an ihm«, hatte Simon ihr erklärt. »Im Großen Buch heißt es, daß der Mann an seiner Frau hängen soll.« Danach hatte sie erwidert, »nicht die Frau an ihrem Mann. Ihr Männer lest den Text sowieso immer nur rückwärts. Und außerdem hängt er nicht an mir. Er brüllt herum.« Ein anständiges Mädchen; Simon hatte sich bemüht, sie freundlich abzufertigen. Er hatte sie gesegnet und ihr geraten, ihre Sorgen in die Hände Gottes zu legen.

»Wir reden hier über Mord, Freunde! Mein Gott, wenn wir einhundertdreißig Menschen verbrennen – das Risiko dürfen wir nicht eingehen, wir wären verrückt!«

Simon hörte zu, tat es gleichzeitig aber auch wieder nicht. Die Versammlung war schon einige Zeit im Gange, und er hatte eine Ahnung, daß sich am Ende eine Lösung ergeben würde, ganz gleich, was er dazu zu sagen hatte.

In letzter Zeit ertappte er sich immer öfter dabei, wie er mehr und mehr in seine Vergangenheit schaute, als brächte die herannahende Krise ihn wieder zu seiner alten Schuld zurück und zu der Hand. Er hatte sie nur ein paar Tage gekannt, aber er hatte Tausende detaillierter Erinnerungen an sie, wie sie gelacht und welche Hoffnungen sie gehabt hatte und was ihr Spaß gemacht hatte. Sie wollte Rechtsanwältin werden, und am liebsten hatte sie Double Bubble-Kaugummi. Er erinnerte sich daran, wie sie sprach, an ihre Ideen und Gewohnheiten, an ihre Wut und Bitterkeit über ein Schicksal, das sie nicht steuern konnte, und daran, wie sehr sie sich gewünscht hatte, festgehalten zu werden.

Er wurde durch Eddie Martins Stimme wieder in die Gegenwart und die Versammlung zurückgerissen. »Passen Sie mal auf, Deputy, wir reden hier über etwas, das getan werden muß! Diese Stadt hat Krebs. Wenn man den Krebs loswerden will, dann nimmt man eine Fackel und brennt den Krebs einfach aus.«

»Ich sage euch, wenn wir das Haus verbrennen, dann wird der alte Williams ganz schön wütend werden, aber am Ende streicht er sowieso die Segel. Aber wenn ein Mensch draufgeht, dann läßt er die Staatspolizei antanzen, und innerhalb einer Woche sitzt jeder von uns im Knast.«

Simon meldete sich leise zu Wort: »Du sollst nicht dulden, daß eine Hexe lebt.«

Eddie Martin schlug mit der Faust auf den Tisch.

Lastende Stille trat ein.

»Aber es heißt auch: Hegt keine bösen Absichten gegen euern Nächsten. Wir müssen sie bestrafen, damit sie vernünftig werden, und wenn sie umdenken, dann können wir sie immer noch lieben.«

Füße scharrten. Einige husteten. Simon spürte, daß sie ihn

nicht richtig verstanden, und das war traurig. Er kannte die Wahrheit über das Christentum, seine tiefe innere Anständigkeit und Toleranz. Warum kam es nicht so heraus, wenn er predigte? Er konnte es sich nicht erklären. Aber nun saßen sie da. Würde Jesus sich bei dieser Versammlung wohl fühlen?

Bob Krueger schlug einen Kompromiß vor: »Wir bereiten alles vor, dann ziehen wir uns bis fast zur Straße zurück, klar? Dann feuern wir ein paarmal mit dem Gewehr in die Luft. Das müßte jede verdammte Hexe von hier bis in die Hölle aufwecken. Sie werden Zeit genug haben, aus dem Haus zu fliehen, werden aber keinen von uns schnappen können. Oder uns sehen.«

»Das ist eine gute Idee«, meinte Deputy Peters.

»Abstimmen«, sagte Eddie Martin.

Ein Unentschieden kam heraus. Eddie schaute Simon lange an. »Sie müssen jetzt die Entscheidung treffen, Bruder.« Wenn er nun gegen Eddies Wünsche stimmte, wie würde er es aufnehmen?

»Ich muß erst den Ratschlag des Herrn erflehen.«

In diesem Moment kam Mrs. Turner mit zwei Pizzakartons herein. Ihr Sohn folgte mit einem Sechserpack Bier. Von Fröhlichkeit war nichts zu spüren, als die Männer zu essen begannen. Simon hatte noch nie an einer Schlacht teilgenommen, aber er konnte sich vorstellen, daß die Männer sich am Abend vor einem Einsatz so fühlen mußten.

Während sie sich auf das Essen stürzten, verließ Simon den Raum, um privat ein Gebet zu sprechen. Unglücklicherweise folgte Eddie Martin ihm. Sie gingen gemeinsam in die Garage. Eddie schäumte vor Wut. »Ich bin nicht zufrieden, Bruder Pierce. Sieben haben gegen mich gestimmt. Sieben Feiglinge!«

»Sie nennen sich selbst anständig.«

Eddie sog zischend die Luft ein. »Wie nennen Sie es denn, Bruder?«

Nun, das mußte sehr vorsichtig geregelt werden. Er wollte weder das eine noch das andere Lager der Gruppe verlieren. »Bruder Martin, ich denke, wir sind im Namen des Herrn tätig, und wir tun seine Arbeit in seinem Weinberg. Ich vertraue auf seine Weisheit.«

»Ich vertraue auch auf seine Weisheit. Deshalb müssen wir die Dinge ja auch auf die harte Art und Weise regeln. Wir müssen sie verbrennen. Wir müssen dafür sorgen, daß die Überlebenden verschwinden und niemals zurückkommen – falls es überhaupt irgendwelche verfluchten Überlebenden gibt.«

»Williams war schon bei mir gewesen und hat alle möglichen Fragen über den armen Bruder Turner, möge er in Frieden ruhen, gestellt. Wenn die Hexen sterben, wird er nicht den geringsten Zweifel haben, wer es getan hat. Und das wird dann ein Verbrechen von nationaler Bedeutung sein. Wir erscheinen als die Bösen, und sie werden aussehen wie Märtyrer.«

»Wir sind im Begriff, ein Haus anzuzünden, das rund eine Viertelmillion Dollar wert ist. Wahrscheinlich mehr. Williams wird auf jeden Fall seine Fragen stellen.« Eddie Martin trat dicht an Simon heran. Er roch vom Waffenreinigen noch nach Maschinenöl. Seine Augen waren blutunterlaufen. »Ich sage Ihnen, was wir tun sollten. Wir wollen jede einzelne dieser Schlampen schnappen und das Ungeziefer, das sie als Männer haben, und eine öffentliche Hinrichtung veranstalten. Und wenn Williams dann herumschleicht – dann schießen wir ihm den Schädel weg. Ich tue es selbst und wäre sogar stolz darauf!«

Das war zuviel, und Simon wußte es. Noch nie hatte er einen Ausdruck wie den in Eddie Martins Augen gesehen. »Mäßigen Sie sich, Bruder.«

»Warum? Wissen Sie denn nicht, daß mehr als die halbe Stadt auf Ihrer Seite steht? Klar wissen Sie das! Es gibt sogar ein paar Episkopale, die etwas dagegen haben, daß die Stadt-Coven sich in ihrem Keller treffen. Und Katholiken, die sich über den Ritt der Nackten aufregen. Zur Hölle, jeder Gesetzeshüter außer dem Sheriff selbst stimmt für Sie. Und Tom Murphy, der Major der Staatspolizei oben in Elsemere, der leitet doch das ganze verdammte County. Er war schon einige Male bei uns im Tempel. Ich hab' selbst gesehen, wie der Mann mit Ihnen gemeinsam gebetet hat, Bruder Pierce.«

Was Eddie sagte, entsprach der Wahrheit. Je mehr die Hexen sich an die Öffentlichkeit wagten, desto mächtiger wurde Simon. Er wußte das, aber er hatte keine Ahnung, wie er mit dieser Situation zurechtkommen sollte. Wenn er dafür stimmte, die Hexen zu warnen, verlor er Eddie und seine sechs Helfer. Wenn er sich gegen die Warnung aussprach, würde er sicherlich die Stimmen der anderen verlieren.

Aber sie riskierten es, ein Verbrechen von außerordentlicher Grausamkeit zu begehen, das nirgendwo in der Bibel gerechtfertigt wurde. Oder etwa doch? ›Du sollst nicht dulden, daß eine Hexe lebt.‹

Eddie war schon lange genug hier draußen. Simon wollte sich mit dieser Frage an Gott wenden. »Wo Menschenleben eine Rolle spielen, Bruder Martin, muß ich erst beten. Bitte laßt mich für ein paar Minuten alleine.«

Nachdem Eddie gegangen war, kniete Simon neben dem alten Dodge-Kombi mit dem Gesicht zur Garagentür nieder. Eine zerfledderte Spielpuppe lag zwischen ihm und der Tür auf dem Erdboden. Ihr Kopf war aufgerissen, wahrscheinlich ein Unfall beim Spielen. Er bemerkte dann, daß eine Reihe anderer Puppen in einem Regal in der Nähe der Tür lagen, alle mit ramponierten Köpfen, die repariert werden mußten. Im Turner-Haus schien es ziemlich heftig zuzugehen.

»O Herr«, flüsterte er, »bitte hilf mir jetzt. Es steht in meiner Macht, die Hexen in das Feuer deiner göttlichen Gerechtigkeit zu schicken. Hör mich an, o Herr, und lasse mich wissen, was ich tun soll.« Er kniete dort und starrte die Puppen an. Bald taten ihm die Knie auf dem harten Betonboden weh. »O Herr, schicke mir nur ein kleines Zeichen.«

Da war nichts. Simon kniete noch eine Weile, während sein Geist weiter betete. Schließlich, traurig darüber, daß seine Not den Herrn kaum zu interessieren schien, begann er sich zu erheben. In diesem Moment hörte er etwas Seltsames – ein Miauen auf der anderen Seite der Garagentür. Er lugte um den Wagen herum.

Der Laut erklang wieder, diesmal viel lauter. Er konnte über den Wagen hinweg nichts erkennen. Aber als er drunter schaute, sah er gut genug.

In der Garage befand sich ein schwarzer Panther.

Noch als er sich erhob, segelte er lautlos über die Motorhaube des Wagens und versperrte ihm den Weg. Da stand er, mächtig, kompakt, mit seinem geknickten Schwanz peitschend, sein heiles Ohr in seine Richtung gespitzt.

Er war wie vom Donner gerührt. Es gab in Maywell keine Panther. »Hilfe!«

Er knurrte, sprang und schnappte nach seiner Kehle. Er trieb ihm fast die gesamte Luft aus den Lungen. Dann stand er über ihm. Simon konnte es nicht fassen.

Ein Panther mit grauenvollen Augen, lachend und grün und grausam. »Helft mir!«

»Wir kommen!«

Die Männer drängten sich durch die Tür und blieben geschockt stehen. Der Panther hatte Simon umgerissen. Er wußte, daß er ihn jeden Augenblick töten würde.

»Was, zum Teufel –«

»Holt ein Gewehr. Er zerreißt mich jeden Augenblick!« Er konnte seinen Atem riechen, ein Gestank wie von faulem Fleisch. Er versuchte, sein Zittern unter Kontrolle zu bekommen, denn das schien die Raubkatze zu erregen. Sie atmete immer schneller und überschüttete ihn mit ihrem fauligen Gestank.

Plötzlich jaulte die Katze auf. Irgend etwas Unsichtbares zerrte an ihrem mächtigen Hals und riß ihren Kopf von Simon weg.

Nun, Gott sei gepriesen, jetzt verstand er. Die Katze war ein Hexenfluch, und der Herr beschützte ihn davor.

Seine Männer drängten sich an der Tür. Sie hatten Gewehre, aber Simon wußte, daß Kugeln diesem Panther nichts anhaben konnten. Er war ein Geistwesen, das mußte es sein – trotz des zerfetzten Ohrs und des geknickten Schwanzes.

»Tut was!«

Als die Hähne gespannt waren, zuckte der Panther mit keinem Auge. Statt dessen riß er den Rachen auf und wollte sich in Simons Halsschlagader verbeißen. »O Gott!«

Er stand röchelnd da und kam nicht an ihn heran. Simon konnte die Umrisse riesiger Finger sehen, die sich in den Hals des Tieres krallten. Ein unermeßliches dunkles Etwas stand hinter ihm und hielt ihn zurück.

Das Bizarre der Situation erfüllte ihn mit Entsetzen. Ein Schuß explodierte über seinen Schreien.

Die riesige Katze sprang senkrecht in die Luft und stieß einen Wutschrei aus. Und die schattenhafte Gestalt sprang gleich hinterher.

Simon richtete sich auf. Er tastete seinen Hals ab. Keine Verletzung. »O mein Gott«, sagte er. Sein Herz raste, das Blut jagte durch seine Adern.

»Er hockt oben im Gebälk«, sagte Tom Faulkner leise. »Niemand rührt sich.« Er richtete den Strahl seiner Taschenlampe ins Dunkel direkt über Simon, der noch immer auf dem Erdboden saß.

Tom schrie als erster. Dann stimmte Bill Peters ein und schließlich brüllten sie alle, wichen dabei zur Tür zurück, und Simon selbst kroch über den Boden, versuchte auf die Beine zu kommen und war zu entsetzt, um seine Bewegungen richtig zu koordinieren.

Das einzige, was oben zu sehen war, waren ein Paar Augen und ein breites Katzengrinsen. Dann schlossen die Augen sich, und das Grinsen verblaßte.

»Es ist verschwunden«, rief Eddie Martin. »Das verdammte Ding hat sich einfach aufgelöst.«

Die Lichtstrahlen von einem halben Dutzend Taschenlampen bestätigten, daß die Garage leer war.

»Das, meine Freunde, war das, was man einen Hexenfluch nennen würde. Preiset den Herrn, aber dieses Wesen wurde uns aus den Tiefen der Hölle geschickt! Und der Herr selbst hat mich davor bewahrt. Der Herr hat mich gerettet. Halleluja, ich habe die Hand Gottes gesehen.«

Nun wußte Simon genau, was Gott wollte.

Du sollst nicht dulden, daß eine Hexe lebt!

Kapitel 29
Tochter des Mondes

»Als wir noch Kinder waren, versuchten wir uns vorzustellen, wie der Tod wohl sein würde. Wie eine Explosion, sagte ein kleines Mädchen – ich glaube, sie hieß Nancy. Nichts, sagte ein Junge. Er ist im Krieg gefallen. So wie er den Tod beschrieben hat, ist wohl klar, daß er ein ziemlich fantasieloser Langweiler war.«

»Connie, du mußt auf andere Gedanken kommen.«

Constance' Antwort war recht bitter. »Vielen Dank, Amanda. Ich brauche von jemand Älterem und Weiserem Rat. Aber ich danke dir.«

»Ich bin nur gekommen, um dich zu meiner Einführung einzuladen.«

»Aha. Und in was? Ins Feuer?«

»In die Covenstatt.«

»Ich schaffe es einfach nicht, dieses Wesen zu verscheuchen; es ist größer als ich!«

»O Connie!«

»Hab' kein Mitleid mit mir, du junges Ding! Du solltest dir selbst leid tun. Auch du bist am Ende. Wir alle sind es. Die gesamte Covenstatt ist so gut wie tot.«

»Connie, bitte!«

»Ich sage nur die Wahrheit. Hier, nimm einen Schluck.« Sie wollte Amanda die Flasche Madeira reichen, dann starrte sie sie für einen Moment unverwandt an. »Alte Frauen können sich mit fast allem betrinken.« Sie lachte. »Irgend etwas liegt in der Luft. Riechst du es nicht? Verbranntes Haar?« Sie stand vom Bett auf und kam zu Amanda, legte ihr den Kopf auf die Schulter. Amanda umarmte sie. »Ich habe keine Angst vor dem Tod, sondern nur vor dem Sterben. Ich will nicht verbrennen.« Sie stöhnte und vergrub sich in Amandas Bluse. »Du bist so jung und warm und stark. Aber sei schlau. Selbst du kannst ihm nicht widerstehen.«

»Ich muß die Covenstatt retten.«

»Ja. Deshalb bist du auch gestorben. Du hast alle Tests bestanden. Du hast die Kraft und die Weisheit.« Sie zitterte. »O Amanda, ich habe solche Angst.«

Constance war für sie immer eine Quelle der Kraft und der Zuversicht gewesen. Mitzuerleben, unter welcher Angst die alte Frau litt, war an sich schon beängstigend. Aber Amanda behielt ihre Empfindungen für sich. Sie hielt Constance fest. »Die Covenstatt wird weiter bestehen.«

»Die Covenstatt soll vom Feuer geprüft werden. Erinnere dich daran, daß die *Leannan* genauso für dich wie auch gegen dich ist. Wenn die Covenstatt sich als schwach erweist, dann wird sie sicherlich untergehen.«

Verglichen mit dem, was sie mit Mutter Stern vom Meere und mit Bonnie durchgemacht hatte, erschien ihr der Angriff durch Bruder Pierce überhaupt nicht so schlimm. Schließlich war er lediglich ein Einfluß von draußen, der auch draußen wirkte. Ihre Dämonen waren ihrer eigenen Seele entsprungen. »Wir werden nicht sterben. Ich bin stärker als Pierce.«

Connie klammerte sich an sie. »Du bist zu uns gekommen als kriegerische Jungfrau, um die Hexen durch die Zeit der Verfolgung zu führen. Die Fundamentalisten werden an Macht ständig zunehmen, und sie sind direkte Sendboten der Finsternis.« Sie schluchzte. »Sie sind so unschuldig und so betrogen. Bruder Pierce kann durchaus scheitern. Du bist stark. Aber was ist mit dem nächsten und mit dem nach ihm und dann mit dem, der darauf folgt? Wirst du immer noch stark sein, in zehn Jahren, in zwanzig Jahren? Wirst du im Gefängnis stark sein oder im Exil? Was ist, wenn du deine Freiheiten verlierst, dein Recht auf eine faire Gerichtsverhandlung, dein Recht auf einen vorschriftsmäßigen Prozeß? Glaube mir, Amanda, für die Hexen bricht eine finstere Zeit an, und wir waren noch nie nötiger als jetzt.«

»Ich habe keine Angst.«

Connie drückte sie fester an sich. »Dann alle Macht für dich, Jungfrau. Ich weiß nicht, woher du deinen Mut nimmst.«

»Nun, zum einen bekomme ich ihn aus der Tatsache, daß ich vernünftig bin.« Sie löste sich von Constance und nahm den Telefonhörer ab. Sie wählte die Nummer des Sheriffs. »Sheriff Williams bitte.«

»Wer möchte ihn sprechen?«

»Bestellen Sie ihm nur, es sei äußerst wichtig.«

Er kam an den Apparat.

»Sheriff, hier ist Amanda Walker.«

»Oh! Ich habe von gestern abend gehört, Amanda, ich war zutiefst bewegt. Leider kann ich nicht bei Ihrer Begrüßung dabeisein; ich traue meinem Deputy nicht mehr, und ich muß mich in der Nähe meines Büros aufhalten.«

»Das ist jetzt nicht so wichtig. Ich rufe Sie an, um Ihnen mitzuteilen, daß die Covenstatt in Gefahr ist.«

»Ich weiß das. Simon Pierce ist hinter Ihnen her.«

»Ich möchte, daß Sie jeden in der Stadt, dem Sie trauen können, zum Deputy machen und ihn mit allen Waffen, die Ihnen zur Verfügung stehen, heute abend herschicken. Es haben sich bereits einige Leute zur Teilnahme an der Einführungsfeier angesagt, aber die werden nicht ausreichen.«

»Ich alarmiere wohl besser die Staatspolizei.«

»Tun Sie das, wenn Sie sich davon etwas versprechen. Aber lassen Sie Ihre Leute heute abend nicht später als bis neun hier auftauchen. Ich möchte, daß alle Zufahrten bewacht werden.« Sie schaute zu Constance, die dösend auf ihrem Bett saß und jeden Augenblick zur Seite zu kippen drohte. »Und ich möchte, daß Sie Connie persönlich beschützen. Ich möchte, daß Sie die ganze Zeit mit ihr in einem Zimmer sind, haben Sie verstanden?«

»Ich bin schon unterwegs.«

»Sheriff, vielen Dank. Ich liebe Sie. Ich liebe Sie alle so sehr.« Sie legte den Hörer auf. Wo war die kleine, schüchterne Künstlerin von vor einer Woche geblieben, die so gerne Bilder von geträumten Elfen malte? Wenn sie den Rest ihres künstlerischen Lebens damit verbrachte, ein Porträt von der *Leanna* zu malen, und dabei auch nur ein Zehntel ihrer Schönheit einfing, dann wäre ihrer Karriere größter Erfolg beschieden. Oder wenn sie Tom so malte, wie er war, oder Raven, wie er einst gewesen war.

Aber jetzt war nicht der Zeitpunkt, darüber nachzudenken. Sie mußte ins Dorf zurück und sich ihrer rituellen Einführung unterziehen.

Während sie Connie zum Schlaf bettete, wünschte sie sich, sie könnte die Frau wenigstens von einem Teil ihrer Angst erlösen. Zu wissen, wann man sterben muß, ist schon eine schlimme Sache, aber gleichzeitig auch zu wissen, daß man im Feuer umkommen wird, ist noch weitaus schlimmer.

Der Gong ertönte. Amanda arrangierte die Decke um Connies Kinn, küßte sie auf die Stirn und verließ leise das Zimmer.

»Ich sage euch, wir machen uns spät auf den Weg. Dann erwischen wir sie alle im Schlaf.«

»Nein, früh. Dann überraschen wir sie.«

»Wenn sie noch nicht schlafen? Sie werden überall herumlaufen. Im Haus wird es von ihnen wimmeln.«

»Sie sind draußen auf den Feldern. Es ist Erntezeit, und sie haben noch eine ganze Menge Felder, auf denen das Getreide noch nicht gemäht ist.«

Seit der Erscheinung in der Garage wurde in der Gruppe heftig diskutiert. Wieder sah Simon diese Augen. Trotz der Hilfe des Herrn war er verängstigt. In Maywell geschahen tatsächlich übernatürliche Dinge. Der Kampf gegen die Hexen war zu weit mehr geworden als zu einem Instrument, um die Loyalität seiner Anhängerschaft zu gewährleisten. Die christliche Gemeinschaft selbst stand in dieser Stadt auf dem Spiel. Die Hexen konnten echte, lebendige Dämonen mit grünen Augen und Pantherkörpern erscheinen lassen.

Der Dämon war furchtbar gewesen, aber Gott hatte bewiesen, daß er stärker war. Simon war ebenfalls ein Sünder, natürlich, aber sein eigenes Verbrechen mußte neben den Verbrechen der Hexen, die bereit waren, Höllenwesen auf die Erde zu rufen, vor Gott gering erscheinen. »Wir müssen sie vernichten!«

Ein mehrstimmiges Amen.

Der Pieper, den Deputy Peters an seinem Gürtel trug, begann sich zu melden. »Ich muß mal im Büro anrufen«, sagte er. Jeder schwieg, als er sich im Büro des Sheriffs meldete. Er sagte ein paar Worte, lauschte, legte auf. Er sah die Versammelten an, sein Gesicht war blaß. »Mir wurde gerade befohlen, bis neun Uhr im Büro zu erscheinen. Ich habe die ganze Nacht Dienst in der Zentrale.«

»Er will Sie unter Kontrolle halten.«

»Was bedeutet, daß er einen Verdacht hat. Aber er rechnet erst später damit. Nach neun Uhr.«

Bruder Pierce ergriff das Wort. »Damit ist es entschieden. Wir ziehen los, sobald die Sonne untergegangen ist. Wir beeilen uns und schlagen gnadenlos zu.«

Eddie Martin rollte seine Landkarten zusammen. Andere Männer begannen, ihre Ausrüstung zusammenzusuchen.

Anschließend sprach Bruder Pierce mit allen ein letztes Gebet.

Die Sonne sank dem Horizont entgegen. Die gesamte Covenstatt und viele ihrer Freunde und Anhänger drängten sich um Amanda, bis auf die Kinder, die in dem Kreis saßen, den sie geformt hatten. Robins und Ivys Vater Steven war da und der episkopale Geistliche und Vater Evans.

Sie wollten als Vertreter des Christentums anwesend sein, um die Hexen daran zu erinnern, daß sie jederzeit in den Schoß der Kirche zurückkehren könnten. Amanda akzeptierte das. Zusammen waren sie mit insgesamt zwanzig Besuchern gekommen.

Während der letzten Stunde hatte der Kinder-Coven angestrengt und lautstark gearbeitet, um das Ritual zu entwikkeln. Ariadne und Feather standen jetzt mitten im Kreis, Robin hinter ihnen. Das große Schwert der Covenstatt lag auf dem Erdboden vor den beiden Mädchen. Ariadne hielt die Stricke, Feather die Geißel. Robin nahm das Anthamen von dem kleinen Tisch, den sie als Altar benutzten, und benutzte es symbolisch, um den Kreis zu öffnen, damit Amanda eintreten konnte.

Die Christen begannen das Ritual mit einem Segenswunsch. »O Herr«, betete Vater Evans, »lasse das Licht in ihre Herzen ein, und lasse deine Hand ihnen den Segen erteilen.«

Im gleichen Augenblick, in dem die Sonne den Horizont berührte, trat Amanda in den Kreis. Schon vor ihren Erlebnissen in der Welt der Toten hatte sie den Kreis als einen symbolischen Ort betrachtet. Aber die Symbole der einen Welt sind die konkrete Realität der anderen. Sie erinnerte sich deutlich an den Kreis mit dem Kessel und an Connie, wie sie darin rührte und ihre Gebete sprach. Der Kessel, voller Energie von den Beschwörungen, die über ihn gesprochen worden waren, war so real wie ein Fels gewesen, während die darum versammelten Menschen nur als vage, tanzende Schatten erschienen.

Robin trat vor, zwischen die beiden Mädchen. Alle drei ließen ihre Roben zu Boden sinken. Amanda machte es ihnen nach. Die vier standen jetzt nackt in der kalten Luft. Amanda spürte, wie sie eine Gänsehaut bekam. Wegen der Kälte blieben die restlichen Coven-Mitglieder bekleidet. Steven stand außerhalb des Kreises und betrachtete seinen Sohn. Vater Evans machte ein nachdenkliches Gesicht.

Feather reichte Robin ein Blatt Papier, auf dem ein Dutzend verschiedene Kinderhände mit einem roten Stift etwas aufgeschrieben hatten. Robin las:

»Dies ist die Forderung des Coven:

Bewahre stets unsere Geheimnisse bei dir;
Zeig uns den Weg, doch wenn du es nicht kannst, dann bleib lieber hier.

Schärfe auch deine innere Sicht,
Auf daß du dem Kreis schenkest dein Licht.

Der Kern aller Weisheit wird oft gesucht, aber nicht gefunden.
Er ist allüberall, also schau in die Runde.

Vor Gott und der Göttin leistest du heute deinen Eid
Dann gehörst du zu uns für alle Zeit.

Wirst du dieser Forderung nachkommen?«

Amanda nickte. »Ich will.«

Feather ergriff das Wort. »Dann knie nieder und empfange unser Pentagramm.« Sie reichte Amanda einen fünfzackigen Stern aus Silber, der von einem goldenen Kreis umgeben war. »Sprich mir nach: Ich habe die Forderung des Coven vernommen. Vor der Göttin und vor Gott und vor allen Weisen schwöre ich, daß ich sie mir stets zu Herzen nehmen werde.«

Amanda spürte die Nähe der Hexen, die Kraft der Kreise und die Nähe der *Leannan*. Voller Freude leistete sie den Schwur.

Der Gong der Covenstatt ertönte.

Robin nahm das Stück Papier, auf dem die Forderung aufgeschrieben worden war, und verbrannte es in einer kleinen goldenen Schüssel. »Rauch und Feuer, laßt diese Worte ewig werden. Durch Wind und Luft und Erde soll es geschehen!«

Er kam herüber und kniete neben Amanda nieder. Feather stand hinter ihr, und Ariadne kniete auf der anderen Seite. Sie bildeten einen Kreis, Ariadne und Robin verschränkten ihre linken Hände vor ihren Knien und ihre rechten Hände hinter ihrem Kopf. Feather legte darauf ihre Hände. Die drei sprachen gemeinsam: »Willst du der Göttin und dem Gott alles geben, was sich zwischen diesen Händen befindet, und zwar ohne Einschränkung und ohne zu zögern?«

»Ich werde es tun.«

»Dann sprich uns nach: Ich bin ein Kind von Erde und Sonne, ich bin die Tochter des Mondes.«

Amanda sprach diese Worte nach.

»Ich liebe den Planeten meiner Geburt und den Stern meines Lebens und den Mond, der mir mein Menschsein geschenkt hat.«

Amanda wiederholte auch das.

Der gesamte Kreis sprach nun: »Nach unserem Willen und der Güte der Göttin wünschen wir, daß alle Kräfte der Kunst in deinen Körper Eingang finden, und vor allem das geheime Wissen unseres Covens.« Ihre Stimmen sanken zu einem Flüstern herab. »Seid wie die Tiere. Ihre Einfachheit macht die Wut gering, ihre Liebe unerschöpflich.«

Schweigen trat ein.

Amanda konnte den Wind in den Büschen und die silbernen Rufe der Vögel des Abends hören.

Von hinten erklang Feathers Stimme: »Erhebe dich. Ich werde dich jetzt als Hexe zeichnen.« Sie nahm Kräuteröl, das nach Rost und Pfefferminz roch, und zeichnete damit ein X auf Amandas Lippen. »Gesegnet sei der Mund, der von seiner Liebe zur Erde redet.« Und sie zeichnete Amandas Brüste. »Gesegnet sei das Herz, das mit jedem Schlag von seiner Liebe zum Leben kündet.« Dann zeichnete sie Amandas Scham. »Gesegnet seien deine Lenden, die der Welt das Leben geschenkt haben.«

Amanda dachte an das Leben, das in ihr heranwuchs. Nur winzig erst, aber es war bereits da. In der Dunkelheit ihres Leibes blühte es heran.

Ariadne nahm die Geißel. »Dies ist die Forderung der Erinnerung.« Sie schlug Amanda auf das Gesäß, gerade fest genug, daß es leicht stach. »Denk daran, daß du Staub bist und dorthin zurückkehren wirst.« Erneut schlug sie sie. »Denke immer daran, daß du zum Coven gehörst und ihn niemals verlassen wirst.« Erneut berührten die Stricke Amandas Fleisch. »Denke immer daran, daß du die Tochter des Mondes bist.«

Dreimal ertönte der Gong noch, und seine Stimme hallte von den Felsbastionen des Stone Mountain wider.

»Denk mal«, sagte Feather, »jetzt bist du eine echte, lebendige Hexe.« Sie lächelte. »Und das ist offiziell.«

Der Kinder-Coven tanzte um sie herum, lachte und umarmte sie. In der Nähe begann eine Harfe zu spielen. Als der Rhythmus immer eindringlicher und schneller wurde, lockte sie erst, dann forderte sie die Anwesenden zum Tanz auf.

Sie drehten sich herum und herum, Amanda und Robin und die Kinder, während die anderen Hexen und ihre Gäste sich außerhalb des Kreises anschlossen. Die Harfe spielte und brachte das Blut in Wallung. Der Mond, fett und rot, stieg am violetten Himmel hoch.

Der letzte von Simons Männern erkletterte die Mauer und ließ sich in das Buschwerk dahinter fallen. »Wir sind da«, flüsterte Simon den anderen zu. »Laßt uns gehen.«

Eddie Martin machte die Vorhut. Hintereinander huschten sie an der Mauer entlang und hielten Ausschau nach der Straße, die vom Haupttor aus in das Anwesen hineinführte. Die Dunkelheit war nahezu vollkommen, und trockene Zweige strichen über Simons Gesicht und kratzten ihn. Sie mußten in einem noch jungfräulichen Wald gelandet sein. Die Bäume waren riesengroß und schienen jederzeit bereit zu sein, sie zu zerquetschen.

Fünfzehn Männer waren es, in drei Gruppen zu je fünf aufgeteilt. Die erste Gruppe hatte Eddie den Sperrtrupp getauft. Deren Aufgabe bestand darin, jegliche Störung auf dem Weg auf das Anwesen auszuschalten. Die zweite Gruppe war der Feuertrupp. Drei von ihnen trugen Benzin in Sprühflaschen, die je fünf Gallonen faßten. Die anderen beiden Männer waren für die Zeitzünder verantwortlich. Die letzte Gruppe war der Unterstützungstrupp, und zu dem gehörte auch Simon. Ihre Aufgabe bestand darin, ein paar hundert Meter hinter den anderen zu bleiben, um für Deckung und Ablenkung zu sorgen und – wenn nötig – das feindliche Feuer auf sich zu ziehen.

Obgleich die Sonne soeben erst untergegangen war und der Mond mittlerweile aufging, war der Wald so dunkel, daß Eddie von Zeit zu Zeit seine Taschenlampe aufblitzen lassen mußte. Simon, der bei seinen Männern war, war nicht überrascht, als er feststellte, daß er Angst hatte. Die hatten sie alle. Irgendwie ließ die Angst die Arbeit des Herrn noch wichtiger erscheinen.

Vorne ertönte ein leiser Ruf. Die Straße war gefunden. Die Gruppe kam zusammen. Simon fror und war, was den weiteren Weg betraf, ziemlich durcheinander. Glücklicherweise hatten Eddie Martin und die anderen einen recht guten Orientierungssinn. Sie wußten genau, wo sie waren und was sie tun mußten.

»Okay, kommt mal alle her.« Die kleine Gruppe, die sich um Eddie drängte, kam sich vor wie eine verschworene Gemeinschaft. »Wir müssen jetzt schnell handeln. Es ist durchaus möglich, daß wir bereits beobachtet werden.«

Simon sprach schnell ein stummes Gebet. »Herrgott im Himmel, dein Wille geschehe.« Er sagte es immer wieder, als sie weitergingen. Die Hexen waren menschliche Wesen, das konnte er nicht aus seinem Bewußtsein verdrängen. Er berührte die Hand.

»Sperrtrupp vorne und Mitte.« Eilige Bewegung und halblautes Scharren zwischen den schattenhaften Gestalten.

»Uhrenvergleich. Okay, ihr bekommt zwei Minuten Vorsprung, dann folgt der Feuertrupp. Geht los!«

Sie eilten davon, wobei ihre Schritte von dem Laubteppich gedämpft wurden, der die Straße bedeckte. Ein kurz aufflakkernder Lichtpunkt markierte ihr Vorwärtskommen. »Dieser verdammte Faulkner«, murmelte Eddie wütend, »er kann die Lampe nicht in Ruhe lassen!« Bald piepte seine Uhr. »Okay, Feuertrupp marsch.« Während sie in die Dunkelheit eintauchten, stellte Bob Krueger seine Uhr. Er war stellvertretender Anführer des Unterstützungstrupps. Simon überließ ihm gerne das Kommando. Stellte man ihm eine Kanzel zur Verfügung, konnte Simon sogar weiße Rüben zum Tanzen bringen, während er jedoch bei militärischen Manövern keine gute Figur machte. 1962 war er bei der Musterung aus Gründen durchgefallen, die bekanntzugeben die Musterungsbehörde sich aus irgendwelchen Gründen weigerte.

Kurz danach stellte Simon fest, daß sie eine kleine Anhöhe hinaufmarschierten. Der Geruch des Waldes war nahezu überwältigend. Die Anwesenheit der Hexen in Maywell hatte Simon für alles Teuflische sensibilisiert, und dieser Wald war ganz eindeutig mit dämonischen Kräften verseucht.

Weiter und weiter gingen sie und immer tiefer in den Wald hinein. Simon konnte die unsichtbaren Wesen sehen, die sie umkreisten. Er mußte an sich halten, sonst hätte er einem der Männer das Gewehr entrissen und hätte angefangen, um sich zu schießen.

Als sie den Gipfel der Anhöhe erreichten, die sie erstiegen hatten, veränderte die Schwärze vor ihnen sich und hellte sich dann auf. Sie näherten sich dem Ende des Waldes.

»Was, zum Teufel, ist das?«

»Still!«

»Irgend etwas bewegt sich.«

Simon konnte nicht unterscheiden, wer da redete, aber er konnte ein langsames, schweres Scharren und Schleifen hören. Es drang aus dem Wald.

»O Gott!«

»Seid still.«

Ein Lichtstrahl tastete sich voraus.

Dort war nichts. Das Licht bewegte sich nach links, dann nach rechts, wieder nach links. Dann sah Simon es: eine Steinstatue von einem breitschultrigen Mann, knapp einen Meter groß, ein kraftvoller kleiner Kerl mit einem drohend verzerrten Gesicht.

»Es ist eine Art Talisman. Geht daran vorbei.«

Sie setzten ihren Weg fort. Simon drehte sich nur ein einziges Mal um. Er hätte den Schatten des Wesens sehen können, das sich langsam über die Straße bewegte.

»Okay, halt«, sagte Krueger. Sie standen am Rand einer Weide. Nun trennten sie nur noch ein paar hundert Meter freies Feld vom Haus.

Der Mond stand in den Baumwipfeln. Er goß sein fahles Licht auf die Szenerie unter sich: leere, brachliegende Felder, die von einer Straße durchschnitten wurden. Und auf der Straße zwei Ansammlungen dunkler Gestalten mit ein paar hundert Metern Abstand zueinander, die mit stetiger Geschwindigkeit unterwegs waren.

»Okay, Leute, jetzt seid ihr an der Reihe. Zieht los.«

Der Unterstützungstrupp marschierte davon. Simon spürte das Mondlicht wie einen lebendigen Finger in seinem Nacken. Die Dunkelheit war schlimm gewesen, aber das war noch schlimmer. »O Herr«, betete er, »dein Knüppel und dein Stock –«

In der Ferne begannen Krähen zu schreien. Ihre Stimmen zerschlugen die Stille und hallten das Tal hinauf und hinab. Simon duckte sich regelrecht. Er erinnerte sich an diese verdammten Vögel, und irgend jemand hätte eher daran denken sollen. Während des nackten Rittes in jener Nacht hatten sie die Hexen durch ihre wilden Hackangriffe gerettet.

Der Lärm wurde immer stärker, als der Unterstützungstrupp das Haus erreichte. Die Krähen hüpften und flogen aufgeregt im Vorgarten herum, aber sie griffen nicht an. Als Simon die Veranda betrat, spürte er die magisch aufgeladene Präsenz des Hauses.

Zwischen den eleganten Säulen hindurch konnte er erkennen, daß die Haustür offenstand. Aus dem Schatten dahinter wehte der durchdringende Geruch nach Benzin heraus.

Kapitel 30

Nach der Initiation zog die Gruppe sich in die Scheune zurück. Teppiche waren auf dem Boden verteilt worden, und im offenen Kamin brannte ein Feuer. In dem Raum war es warm, und er wurde von den Flammen in ein heimeliges Licht getaucht. Weihrauch verfeinerte die Luft. Ein Mitglied des Wein-Covens spielte auf der Panflöte, deren lange, süße Töne in der Stille zu schweben schienen. Die christlichen Delegationen hatten sich verabschiedet. Nach der Zeremonie waren ihre Fahrzeuge langsam über das Farmgelände weggefahren. Um der Sicherheit der Hexen willen hätte Amanda es vorgezogen, wenn sie noch geblieben wären, doch bei dem, was jetzt kam, durften sie nicht Zeuge sein.

Amanda hätte niemals geglaubt, daß es innerhalb einer so großen Menschenschar einen derartigen Grad von Intimität geben konnte. Sie alle liebten sich innig. Dies war die Basis, auf der ihre Gemeinschaft sich gründete. Wie jemand in einer solchen Sanftheit und Zärtlichkeit etwas Bedrohliches sehen konnte, entzog sich Amandas Verständnis. Und doch wäre auch sie früher von dem Bild schokkiert gewesen, das sich ihr jetzt bot.

Obgleich es ein Akt war, an dem viele Menschen beteiligt waren, war er so ausgesprochen privat wie eine Hochzeitsnacht.

Robin lag neben Amanda, eine Hand auf ihrem Oberschenkel und die Augen geschlossen. Sie drehte sich auf die Seite und betrachtete ihn. »Schläfst du?«

»Kaum.«

»Robin. Ich bin so glücklich.«

Er küßte sie auf die Wange. »Du gehörst jetzt zu uns.«

»Das fühle ich.«

»Wegen dir gab es, als du damals herkamst, Meinungsverschiedenheiten. Zwei Coven dachten sogar ernsthaft daran, die Covenstatt zu verlassen.«

»Welche Meinungsverschiedenheiten denn?«

»Darüber, ob du eine Außenseiterin bist.«

»Aber ich bin keine Außenseiterin.«

Er lächelte sie an, beugte sich zu ihr hinüber und begann, sie zu küssen.

Sie konnte um die meisten Leute im Raum einen schwachen, farbig schillernden Glanz erkennen. Wo die Lichthöfe der Paare sich berührten, leuchtete ein Blau von atemberaubender Schönheit. Sie erinnerte sich an diese Farbe: So sah der Himmel im Land des Sommers aus. Liebe, so begriff sie nun, war mit dem Tod so eng verbunden, daß beide wie ein altes, verheiratetes Ehepaar waren, das sich in aller Ruhe und Gelassenheit umarmte.

Amanda schaute Robin an und genoß seinen Anblick. »Du hast den Kegel der Kraft errichtet. Ohne dich hätte ich niemals zurückgefunden.«

»Das war das Werk des Wein-Covens.«

»Jeder hat es gemacht, alle. Wenn du eine Hexe bist, dann ist alles, was du tust, in irgendeiner Form Magie. Die Kunst der Weisen ist gleichzeitig die Kunst, die wahre Beziehung zwischen der Menschheit und der Erde auszudrücken.«

»Und die wäre?«

»Ich kann Magie genausowenig erklären wie ein japanischer Mönch sich über Zen äußern kann. Jeder Mensch ist ein Hologramm der gesamten Rasse. Jeder enthält alles. Das ist die Grundlage der Magie. Und die Erde ist keine tote Kugel aus Felsgestein. Sie ist wach, sie denkt, sie weiß, daß wir hier sind. Und auch das ist Magie.«

»Warum läßt mich diese Vorstellung frösteln?«

»Die Erde gibt genau das zurück, was sie selbst bekommt.« Für einen kurzen Augenblick schwieg sie. »Die Menschheit soll wie ein einziges lebendes Wesen funktionieren, sozusagen das Gehirn des Planeten. Statt dessen sind wir alle verstreut, und jeder folgt seinen persönlichen Wünschen und Ambitionen. Die Erde wird darüber selbstsüchtig, und sie wird diese Selbstsüchtigkeit an uns zurückgeben. Man muß die Erde als Ganzes fühlen, desgleichen die Menschheit. Lösen wir uns von den Illusionen. Unterschiede, Ideologien, Ängste, alles verschwindet. Der Haß vergeht mit den letzten Spuren der Illusion. Nur die Liebe bleibt.« Sein Ausdruck war völlig leer.

»Spürst du es? Die Liebe, die Leidenschaft?«

»Ich kann mir kaum vorstellen, wie deine Wahrnehmungen aussehen mögen.«

Eine Unruhe kam über sie. Wie konnte eine so einfache Sache für ihn so unklar sein? Aber wie hatte es denn mit ihr noch vor einer Woche gestanden? Sie hatte das, was sie gelernt hatte, in die Welt mitbringen müssen. Aber nicht jetzt. Es war noch eine Menge zu erledigen. Bruder Pierce und seine Leute würden kommen, sobald die Nacht hereingebrochen war, dessen war sie sich sicher.

Und doch, vor ihrem geistigen Auge sah sie ihn durch den Wald wandern, sah, wie er sich in der Dunkelheit dem Haus näherte, als ob er schon längst da war.

Aber es war nicht viel später als acht Uhr. Wahrscheinlich produzierte sie schon Bilder, die erst in die tiefe Nacht gehörten. Bestimmt waren sie noch nicht da, wenn noch die letzten Reste der Dämmerung den Himmel erhellten. Bald würde der Sheriff kommen, dann wäre die Gefahr gebannt. Dennoch hörte sie das zischende Feuer, das noch immer über der Covenstatt flackerte. Allein der Gedanke daran ließ sie sich die Fingernägel in die Handfläche graben. Wenn alles in Ordnung war, warum streckte die Gefahr immer noch ihren Finger aus?

Robin spürte nichts von alledem. Sie erwiderte sein Lächeln, wobei sie sich die ganze Zeit völlig einsam vorkam. Sie allein begriff genug, um diesen Ort zu schützen. Sie war sehr unruhig.

Draußen ertönte ein dumpfer Knall, augenblicklich gefolgt von einem tiefen, stetigen Dröhnen. Amanda schreckte auf, hob den Kopf. »Nein, sei still. Es ist nur ein Düsenflugzeug.«

Sie sah Feuer.

Jemand begann zu summen. Andere nahmen den Ton auf, und bald war der ganze Raum mit einer sanften, menschlichen Musik erfüllt. Es war der Klang von über hundert Menschen, die alle miteinander verheiratet waren. Für eine Weile schien es, als wäre diese Ehe noch bedeutsamer als die Covenstatt, daß sie für immer fortdauerte, die ganze Erde überdeckte und alles mit einschloß – Luft, Steine, Pflanzen, alle lebende und sonstige Materie und alle Menschen, deren Herzen zueinanderkommen konnten.

Als das Summen erstarb, blieb das Dröhnen. Es war lauter geworden und wurde nun von unheimlichen Knistergeräuschen unterbrochen.

Amandas Kehle war plötzlich wie zugeschnürt, ihr Atem kam in langen, keuchenden Zügen. Jeder im Raum wußte sofort, was es war. Irgendwo auf dem Anwesen war ein großes Feuer ausgebrochen.

Menschen sprangen angsterfüllt auf und rannten nackt zur Tür. Ein Fehler, und Amanda reagierte sofort. »Stopp! Ihr alle!« Sie erstarrten, wandten sich um, die Gesichter spiegelten ihre Gefühle wider. »Erst müssen wir unsere Kleider anziehen. Wir geraten nicht in Panik.«

»Ich glaube, es ist das Haus«, sagte Robin, während er in seine Jeans schlüpfte.

Amanda zog Jeans und Sweatshirt an und schob ihre Füße in ihre Stiefel. Sie war unter den ersten, die durch die Tür eilten.

Rote, flackernde Lichtreflexe tanzten über die Abhänge des Stone Mountain. Aus der Richtung des Haupthauses leuchtete ein dichter Funkenregen herüber. Qualm wirbelte in den Nachthimmel. »Connie!«

Während sie rannte, kam Amanda sich wie eine Närrin vor. Warum hatte sie nicht auf die Warnungen ihres Geistes und ihrer Ohren gehört? Sie war der Verlockung des Augenblicks erlegen. Verzweifelt rannte sie über die Hügel. »Connie!«

Flammen schlugen aus jedem Parterrefenster und leckten über die Backsteine. Hinter den Fenstern im oberen Stockwerk leuchtete es.

Qualm schoß aus den Kaminen. Funken schraubten sich wie Girlanden in den Himmel.

Sie hatte nie zuvor begriffen, wie groß die Entfernung zwischen dem Haus und dem Dorf war. Sie rannte und rannte und schien doch nicht näher zu kommen. Die Luft wurde ihr knapp, und ihre Beine begannen zu schmerzen.

Schließlich erreichte sie die Grenze des Kräutergartens. Der Geruch von Rauch lag schwer in der Luft. Holz und etwas anderes.

Benzin.

»Ihr bringt sie um! Ihr bringt sie um!«

Connies Krähen flatterten unaufhörlich um das Haus herum und schrien grauenvoll, wenn sie durch die Flammen segelten. Als sie Amanda entdeckten, kamen sie heran und flatterten und kreischten über ihrem Kopf. Sie rannte direkt zur Küchentür.

Eine sengende Hitzewolke warf sie zurück. Die Küche stand in Flammen. Dahinter wogte das reinste Feuermeer. Auf diesem Weg kam sie nicht ins Haus hinein. »Connie!«

Sie rannte zur Vorderfront.

Flammen waren die Säulen des Säulengangs emporgeklettert. Die Haustür selbst war verschwunden. Sie konnte hineinschauen, sah die schwarzen Konturen der Möbel in der Halle. Noch während sie hineinsah, stürzte ein Stück Decke in die Halle und ging in einem Funkenregen unter.

Sie wich zurück, schirmte dabei ihr Gesicht ab. Robin kam herbei, gefolgt von einem Dutzend anderer Leute. Drei von ihnen eilten davon, um den Gartenschlauch anzuschließen.

Die Krähen warfen sich immer wieder gegen das Fenster von Connies Schlafzimmer. »Sie ist dort drin, Robin!«

Sein Arm legte sich um ihre Taille.

Sie riß sich los. »Ich werde nicht zulassen, daß sie in den Flammen umkommt!«

»Aber es gibt doch keine Möglichkeit –«

Wenn sie doch nur den Sheriff gebeten hätte, schon um acht zu kommen anstatt erst um neun. Tausend Wenns und Abers gingen ihr durch den Kopf, und zur Hölle mit allen. Sie würde ihr Bestes tun. Andere versuchten aus der Bibliothek zu retten, was zu retten war. Eine Gruppe suchte im Geräteschuppen nach einer Leiter. Sie versuchten gar nicht erst, die Leiter aus dem Keller nach oben zu holen. Amanda begann, an der Dachrine emporzuklettern. Die Backsteine dahinter waren schon fast zu heiß, als daß man sie hätte berühren können. Qualm kräuselte sich aus einigen Ritzen.

Die Wand blähte und wölbte sich, als wollte sie jeden Moment einstürzen, und das Regenrohr war lose. Amanda kletterte weiter, Hand über Hand, wobei ihre Füße kaum in der Lage waren, sie vor einem Zurückrutschen zu bewahren.

»Amanda, halt! Das ist zu gefährlich!«

Gegen das wackelnde Regenrohr kämpfend, setzte sie ihren Weg nach oben fort. Neben ihr leckten aus dem Parterrefenster dichte Flammenzungen. Sie konnte bereits riechen, daß ihre eigenen Haare versengt wurden. Ein paar Meter höher warfen die Krähen sich wieder und wieder gegen ein Fenster. Sie spürte, wie ihr etwas Kaltes über den Rücken rann und sah auf den Backsteinen in ihrer Umgebung Wasser verdampfen. Sie versuchten, sie mit dem Gartenschlauch zu schützen.

Was für eine Närrin sie doch war, daß sie alles nicht vorher genau organisiert hatte! Anstatt die Zeit mit Ritualen und anderen Zerstreuungen zu vergeuden.

Sie befand sich jetzt auf gleicher Höhe mit dem Fenster. Die Krähen flatterten wie wahnsinnig in einer Wolke von Gestank nach versengten Federn. Sie streckte einen Arm aus und versuchte die Finger unter die Kante des Fensterrahmens zu schieben. Sie hatte kein Glück, es war zu eng. Sie kletterte ein Stück weiter. Wasser überrieselte sie und machte alles gefährlich glitschig. Aber daran dachten ihre Gefährten nicht. Sie hatten nur Angst, daß sie im Feuer umkam.

Wie konnte jemand glauben, daß irgendwelche menschlichen Wesen ein solches Grauen verdient hatten? Sie hämmerte mit ihrer eigenen freien Hand gegen die Glasscheibe. »Connie! Connie!«

Langsam, widerstrebend gab das Glas nach. Immer wieder schlug Amanda dagegen. Schließlich liefen die ersten Bruchlinien über das Glas.

Das Regenrohr gab ein knirschendes Geräusch von sich. Amanda spürte, wie sie nach draußen schwang, von der Wand weg. »Sie fällt herunter«, brüllte Robin. »Du sollst sofort herunterkommen!«

Das Glas zerschellte. Amanda entfernte die Splitter aus dem Rahmen und, indem sie sich in den Fensterrahmen hineinlehnte, konnte sie sich auf den Fenstersims ziehen. Die Krähen flogen an ihr vorbei in das Zimmer.

Connie lag im Bett und hatte die Hände andächtig unter ihrer Brust gefaltet. Ihr Gesicht war völlig entspannt. Flammen züngelten bereits durch die Dielenbretter. Die Türöffnung war ein einziger Feuervorhang. Und während Amanda das

Schauspiel verfolgte, fing die Bettwäsche mit einem lauten Knall Feuer.

Die Krähen jagten wie wahnsinnig in dem Zimmer umher und verwandelten sich in qualmende, lodernde Meteore in der überhitzten Luft dicht unter der Decke. Mit schrillen Stimmen ihre Not hinausschreiend, versuchten sie Connie mit ihren Körpern zu schützen.

»Connie, wach auf!«

Die Kombination der Krähenschreie und Amandas Rufe bewirkten es endlich. Connies Augen öffneten sich. Für einen langen Moment starrte sie einfach nur an die Decke, welche im Licht der Flammen in der Tür leuchtete. »Connie, komm her zu mir! Schnell!«

Ihre Blicke fanden Amanda. »Sei keine Närrin. Du kannst mich nicht vor meinem Schicksal bewahren. Verschwinde von hier.«

»Dann komm mit.«

Sie richtete sich im Bett auf, und als sie das tat, geschah mit ihr etwas Grauenvolles. In dem Raum knapp über Betthöhe mußte sich eine Schicht überhitzter Luft gebildet haben. Ihre Haare standen auf einmal lichterloh in Flammen.

Sie schrie und begann auf ihre brennende Kopfhaut einzuschlagen. Dann sprang sie auf den Boden. Ihre Augen waren weit aufgerissen, die Lippen gaben die zusammengebissenen Zähne frei. »Göttin!«

Ihre gesamte obere Körperhälfte ging in Flammen auf. Sie tanzte. Sie gab bellende Geräusche von sich. Urin sprühte um sie herum. Dann stürzte sie zu Boden, brennend wie eine Fackel. Ihre Beine trommelten auf den Boden, ihre Arme winkten träge.

Ein weißglühender Stein der Trauer und Wut traf Amanda mitten ins Herz. Robin versuchte mit seinem Schrei das Brüllen des Feuers zu übertönen. »Beeil dich, Amanda! Die Wand stürzt gleich ein!«

Die aufgeregten Stimmen und die Hitze bewirkten, daß sie sich von Connie abwandte. In wenigen Sekunden würde das Zimmer ein flammendes Inferno sein. Um zu vermeiden, daß sie selbst ebenfalls Feuer fing, mußte sie auf allen vieren kriechen.

Sie erreichte das Fenster, kletterte hinaus und schwang sich zum Regenrohr hinüber. Mit einem Knirschen löste es sich von der Wand. Der Erdboden unter ihr führte einen wilden Tanz auf. Stücke brennenden Teers vom Dach regneten um sie herum wie Meteore zu Boden. Wenn sie nicht schnellstens von dort verschwand, dann würde sie zur lebenden Fackel.

Dunkle Gestalten rannten vor dem Hintergrund der Flammen umher. Die Gartenschläuche richteten sich hastig auf sie. Grauenvolle Schmerzen zuckten durch ihre Schulter. Irgendwo an ihr züngelten Flammen, aber sie konnte sie noch nicht einmal selbst ausschlagen, sonst hätte sie ihren Halt am Regenrohr verloren.

Flammen wallten nun aus dem Fenster von Connies Zimmer. Über dem Fenster war das Dach ein Flammenmeer.

Die Gartenschläuche hatten das Feuer auf ihrer Schulter löschen können, doch ein weiteres Stück brennenden Teers traf ihren Arm. Sie schrie gequält auf. Das Regenrohr begann zu brechen. Sie bereitete sich auf einen Zehn-Meter-Sturz zum Erdboden vor.

Dann schlangen sich Arme um sie, kräftige, muskulöse Arme.

Robins und Ivys Vater. »Steven!« Er stand an der Spitze der höchsten freistehenden Leiter, die sie hatten finden können. Mühsam das Gleichgewicht haltend und ächzend vor Anstrengung trug er sie nach unten.

Dann wurde sie von vielen Menschen aus der Gefahrenzone gezogen. Sie schaffte es, auf die Beine zu kommen und mitzulaufen, und keinen Augenblick zu früh. Mit einem lauten Dröhnen und Zischen sackte die ganze Seitenfront des Hauses um.

Sie zogen sich bis weit in den Kräutergarten zurück, ehe sie sich umwandten. Das Haus war ein einziges Inferno.

Dahinter blinkten rote Lichter. Die freiwillige Feuerwehr der Stadt rückte an.

Die Hexen beruhigten sich und schwiegen. Es gab nichts mehr, was sie hätten tun können, und auch den Feuerwehrleuten blieb nichts anderes zu tun, als dafür zu sorgen, daß das Feuer nicht auf die Felder und den Wald übergriff. Sie brachten ihren Wagen im Vorgarten zum Stehen und begannen, Schläuche auszurollen.

Amanda spürte Tränen auf ihren Wangen. Sie war weniger traurig als vielmehr voll bitterer Gefühle und unglaublich wütend auf sich selbst, weil sie so sorglos gewesen war. Trotz deutlichster Hinweise und Warnungen hatte sie Bruder Pierce und seine Anhänger unterschätzt.

Sheriff Williams kam herbeigerannt, seine Pistole in der Faust. Seine Augen funkelten wie irr. »Haben sie sie erwischt? Ist sie tot?«

Ihre Gesichter verrieten ihm alles. Er ließ die Pistole fallen, sank auf die Knie und bedeckte mit zitternden Händen sein Gesicht. »Ich liebe dich, Constance! Ich liebe dich! O Göttin, hilf mir!«

Steven umarmte Amanda, und Robin küßte ihr Gesicht, küßte es wie ein Verhungernder. Seine Augen verrieten noch die schreckliche Angst, die er ausgestanden hatte, als sie in dem Haus war.

Ivy kam herbei und tupfte eine Salbe auf ihren Arm und ihre Schulter. »Am Arm sicher dritten Grades«, murmelte sie. »Aber keine allzu große Fläche.«

Die Salbe half.

Vater Evans war zurückgekehrt und die meisten anderen, die an der Einführungsfeier teilgenommen hatten. »Mein liebes Kind, es tut mir ja so leid für euch alle. Ich will nur, daß ihr wißt, daß es nicht meine Leute waren, die das getan haben! Ich habe ihnen erklärt, daß ihr nicht böse, nicht schlecht seid, daß ihr ganz einfach verschiedene Dinge anders tut, als wir es gewohnt sind.« Er schaute zu den Ruinen des Hauses hinüber. »Bitte vergib ihnen, Herr, die das hier getan haben.«

»Das war Simon Pierce«, sagte Sheriff Williams. »Ich werde den Mann für den Rest seines Lebens einsperren! Und ich werde seinen Tempel auflösen, weil er eine Gefahr für die öffentliche Sicherheit darstellt!«

»Tun Sie das«, sagte Amanda. Ihr Herz war voller Wut und Haß auf diejenigen, die die Covenstatt bedrohten. Sie hatte die Absicht, Maywell zu einem sicheren Ort für die zu machen, die sie liebte. Sie hatten genauso das Recht auf freie Ausübung ihres Glaubens wie jeder andere, und diese Freiheit sollte ihnen nicht versagt werden.

Nach seinen Worten hatte der Sheriff den Kopf gesenkt und sein Gesicht in den Händen vergraben. Er stand schwankend und schweigend da. »Sheriff Williams«, sagte sie. Sie legte ihm einen Arm um die Schultern. »Kommen Sie. Wir brauchen Sie jetzt.«

»Sie ist tot! Ich habe sie geliebt. Fünfzig Jahre lang habe ich sie jeden Tag meines Lebens geliebt. Sie war eine wunderbare Frau. Eine unserer größten.«

»Ich weiß, wie sehr Sie sie geliebt haben. Und ich habe davor die größte Achtung.«

»Ich hoffe, daß sie glücklich ist. Ich habe volles Vertrauen, daß sie es ist.«

»Ich weiß, wohin sie gegangen ist«, sagte Amanda. »Ich kann Ihnen versichern, daß sie glücklich ist.«

»Sie –«

»Ich weiß es.«

»Das bedeutet mir unendlich viel. Danke, daß Sie mich beruhigt haben.« Er schwieg einen Augenblick lang. »Ich erinnere mich an ihren ersten Coven. Damals, 1931 war es. Wir waren noch Kinder! Zum Teufel, ich war noch nicht mal zwanzig. Das war der Apfelbaum-Coven. Wir trafen uns immer an einem Holzapfelbaum am Rande des Waldes.« Er zeigte hinaus in die Dunkelheit. »Hobbes und sie und Jack und ich und fünf oder sechs andere. Es war alles sehr geheim.« Er hielt inne. Seine Schultern bebten. »Sie war so schön. Wissen Sie, ihre Haut schimmerte wie Perlmutt. Ich war ihr verfallen. Ganz und gar. Seitdem habe ich immer auf ihrer Seite gestanden.« Er umarmte sich selbst. »Was mich betrifft, so war sie die personifizierte Göttin.« Eine lange Stille trat ein. Dann: »Oh ... es war alles so schlimm ... es kamen furchtbare Zeiten! Hobbes –« Der Sheriff schluchzte. »Warum konnte sie nicht friedlich hinscheiden? Warum mußte sie im Feuer umkommen?«

»Ich sah, wie es geschah. Sie wußte es nicht einmal. Sie hat überhaupt nichts gespürt.« Es war besser, wenn sie die Wahrheit für sich behielt. Sie brauchte diesen Mann, um alles zusammenzuhalten. Er war für sie alle jetzt sehr wichtig.

Er holte etwas aus der Tasche. »Die habe ich immer als Sorgensteine bei mir«, sagte er und wog einen kleinen Gegenstand in der Hand. »Für mich sind Probleme ein Stück Feuerstein.« Er warf den Stein. »Was die Erde bindet, niemand findet!«

Er holte tief Luft und verdrängte seine Trauer, jedenfalls vorläufig. »Okay, gehen wir an die Arbeit. Kann ich von Brandstiftung ausgehen?«

Robin ergriff das Wort. »Das gesamte Parterre ging auf einmal in Flammen auf. Und außerdem haben wir Benzin gerochen.«

Der Sheriff ging zu seinem Wagen. Er sprach in sein Funkgerät. »Hier ist Williams. Constance Collier ist soeben in einem durch Brandstiftung verursachten Feuer ums Leben gekommen. Ich will, daß Sie Ihren Bruder Pierce suchen und ihn einsperren, bis ich wieder zurück bin, um ihm ein paar Fragen zu stellen.«

»Unter welcher Anschuldigung?«

»Vorsätzlicher Mord! Und jetzt bewegen Sie Ihren Arsch!« Er klemmte das Mikrofon wieder in seine Halterung am Armaturenbrett. »Ich hätte diesen verdammten Peters schon vor Monaten abservieren sollen.« Er schüttelte den Kopf. »Wer hätte gedacht, wie verrückt die tatsächlich sind. Wie verdammt verrückt!«

Das Haus bestand nun aus fünf noch stehenden Kaminen und zwei verkohlten Säulen. Der Rest war glühender Schutt.

Amanda dachte an die Schätze, die mit Connie verlorengegangen waren. Die Bibliothek bestand jetzt nur noch aus zwei Stapeln angesengter und wassertriefender Bücher. Die prachtvolle Ausgabe von Hobbes' *Feenreich* war nicht dabei.

Steven hielt sich in Amandas Nähe. Sie vermutete, daß er sich genauso wie sein Sohn zu ihr hingezogen fühlte. »Danke«, sagte sie und gab ihm einen Kuß auf die Wange. Sie schmeckte dort seine Tränen.

Robin umarmte sie und drückte sie an sich.

Amanda begriff, daß die gesamte Covenstatt sich um sie versammelt hatte. Für einen kurzen Moment hatte sie Angst, aber dann kamen ihr die unzähligen Jahre ihrer Erfahrung zu Hilfe. Im Namen aller Hexen sagte sie:

»Wir haben einen Verlust zu beklagen. Einen schrecklichen Verlust. Aber ich möchte, daß ihr alle nicht an das denkt, was uns genommen wurde, sondern an das, was Constance Collier uns gab, ehe sie sterben mußte. Und an das, was wir nach ihrem Willen tun sollen. Was sie von uns verlangen würde, wenn sie noch unter uns weilte. Wir alle wollen trauern. Am liebsten würde ich mich unter irgendeinem Felsen verkriechen und für eine Weile einfach vergessen, daß diese Welt existiert.

Aber das können wir nicht tun. Niemand von uns kann das. Connie wäre ganz schön verärgert, wenn wir so handeln würden. Wir müssen diese Covenstatt retten, und das tun wir am besten, indem wir sie vor weiterem Schaden zu schützen versuchen. Und damit fangen wir hier und jetzt an. Ich glaube nicht, daß wir davon ausgehen können, daß Pierce Ruhe gibt, bevor hier alles zerstört ist.

Wir können auch nicht davon ausgehen, daß er von hier verschwunden ist. Jeder von uns schwebt in Gefahr. Daher möchte ich, daß jeder Coven dafür sorgt, daß bekannt ist, wo jedes seiner Mitgleider sich zu jedem Zeitpunkt aufhält. Niemand trennt sich von den anderen.« Sie gab Sheriff Williams ein Zeichen. »Ehe wir alles organisieren, stellen Sie bitte fest, ob irgend jemand fehlt. Schaut euch um. Sind alle da?«

Eine allgemeine Geschäftigkeit setzte ein. »Die Nachtfalken gehören zur freiwilligen Feuerwehr. Sie sind drüben bei der Pumpe.«

»Bis auf die Nachtfalken? Gut. Nun soll jeder, der mit einer Pistole oder einem Gewehr umgehen kann, vortreten.« Etwa ein Drittel der Coven-Mitglieder, die meisten davon aus der Stadt, versammelten sich um Amanda und den Sheriff. Im allgemeinen besaßen die Stadthexen Feuerwaffen. Was es an Waffen in der Covenstatt gab, das war im Haus untergebracht. »Vereidigen Sie sie als Deputies.«

»Das habe ich getan, ehe ich hierherkam, wie Sie es am Telefon verlangt haten. Ich war gerade damit fertig, als der Brandalarm kam. Wir hatten die Absicht, etwas früher herzukommen, nur um auf Nummer Sicher zu gehen.«

Es tat weh, das zu hören. Doch Amanda fuhr fort. »Ich denke, wir sollten uns teilen. Die Hauptgruppe wird ins Dorf gehen, einige Leute sollten sich bewaffnen. Und holt Feuerlöscher aus dem Wagen. Sie haben sicherlich welche. Die Strohdächer würden in Sekundenschnelle in Flammen stehen, wenn es unseren Freunden gelänge, mit einer Fackel an sie heranzukommen. Ich möchte, daß der Felsen-Coven bei mir bleibt.«

»Wenn jemand schießt, dann nur aus Notwehr und zur Selbstverteidigung«, sagte Sheriff Williams.

Die meisten Coven-Angehörigen machten sich auf den Weg zum Dorf. Amanda sah ihnen nach. Das Mondlicht spiegelte sich auf ihren Waffen und war noch zu erkennen, als sie selbst schon überhaupt nicht mehr zu sehen waren.

»Der Rest soll die Covenstatt bewachen. Das heißt: das Haupttor, den Eingang in der West Street in der Nähe des Blaubeerbusches und die alte Straße durch den Friedhof.« Sie ließ sie sich in Ruhe selbst organisieren und ging hinüber zum Pumpenwagen. Zwei Feuerwehrmänner saßen auf dem Trittbrett und tranken Kaffee. »Wie lange wollen Sie noch bleiben?«

»Bis wir sicher sein können, daß das Feuer nicht wieder aufflackert. Also wahrscheinlich die ganze Nacht, denn das Feuer war ziemlich groß.«

»Gut. Achtet auch auf den Horizont. Vor allem in Richtung der Felder und zum Dorf hin. Die Leute, die dieses Feuer entfacht haben, sind vielleicht noch nicht ganz fertig.« Nach diesen Worten kehrte sie zum Sheriff zurück.

»Amanda«, sagte er, »ich wünschte, ich könnte Sie davon überzeugen, daß es für Sie besser wäre, sich in der Stadt zu verstecken, bis ich Pierce hinter Schloß und Riegel habe.«

Das stand völlig außer Frage. »Ich kann die Covenstatt nicht verlassen.«

»Ich weiß das. Ich habe ja nur mal laut geträumt.«

»Robin und Ivy, laßt uns zum Dorf zurückkehren. Dort gehöre ich hin.«

Sie gingen auf dem Pfad durch den Kräutergarten und tauchten in das Dunkel zwischen den Feenhügeln ein. Der Mond stand halbhoch am Himmel.

Auf dem Weg weinte Amanda leise und heimlich. Ohne

ein Wort griffen Ivy und Robin nach ihren Händen und drückten sie.

Im Dorf war es sehr still.

»Wo sind die alle?« fragte Ivy und stand ratlos zwischen den Hütten. »Hallo!«

»Beweg dich keinen Millimeter. Wage nicht mal zu atmen.«

Die Stimme klang hart und ängstlich und gemein. Ein Mann trat zögernd zwischen zwei Hütten hervor. In einer Hand hielt er eine Schrotflinte. Eine Taschenlampe flammte auf und ruhte für einen Moment auf Amandas Gesicht. Ihre Kehle verengte sich, ihre Zunge lag dick wie ein Fremdkörper in ihrem Mund. Sie war gefangen worden, mitten in ihrem eigenen Dorf.

»Nun, sieh mal an, wen wir da geschnappt haben«, sagte eine andere Stimme. Sie war schrecklich anzuhören, wahnsinnig, aber zugleich mächtig, grausam, aber zugleich auch wieder einschmeichelnd. Sie erinnerte sich gut daran. Der Haß trat vor in Gestalt eines Mannes, der lachte. »Der Rest eurer Leute steht drüben in der Scheune unter Bewachung«, sagte Bruder Pierce. Er war Alis von den Alesianern, er war der Bischof von Lincoln.

Die anderen Männer brachten die drei Wach-Coven ins Dorf. »Sieht so aus, als hätten wir euch endlich alle erwischt«, sagte Bruder Pierce. »Wir haben abgewartet und euch beobachtet. Wir wußten, daß ihr in unsere Falle tappen würdet.« Er gab ihnen ein Zeichen, sich zu den anderen in der Scheune zu gesellen, doch als Amanda sich anschickte, loszugehen, legte er ihr eine Hand auf die Schulter. »Nicht du, junge Frau. Du kommst mit mir. Ich muß dir erst eine Lektion erteilen.«

Bruder Simon Pierce legte Amanda einen Strick um den Hals, verknotete ihn und führte sie durch die Dunkelheit zum Hang des Stone Mountain.

Kapitel 31

In der Dunkelheit stolperte Amanda und fiel hart auf ihren versengten Arm. Der Schmerz entlockte ihr einen unwillkürlichen Schrei. Sie hatte nicht schreien wollen, hatte eigentlich den Weg schweigend zurücklegen wollen.

Nichts wurde ihr von dem Mann, der ihre Schwäche sah, an Hilfe zuteil. Er stand über ihr, das Gewehr quer vor der Brust haltend, ein Turm im Mondlicht. Sie blickte zu dem glänzenden Gesicht auf, zu den Amethystaugen. Erinnerte auch er sich an andere Zeiten, in denen er andere Rollen gespielt hatte... Wußte er von der Verbindung zwischen ihnen beiden, von ihrer langen Beziehung? In gewisser Weise war er genauso die dunkle Seite ihres Geistes wie Tom es bei der *Leannan* war.

Hatten so wenige von ihnen es geschafft, so viele Hexen zu fangen? Für einen Moment erschien es nahezu unmöglich, selbst wenn man den Vorteil der Überraschung bedachte.

Dann sah sie die Hilfe, die sie hatten.

Sie war als dünne Rauchsäule sichtbar, die neben ihm schwebte, das handlose Mädchen und noch etwas anderes; auf den ersten Blick sah sie nur die blaue Spitze und auf den zweiten träge klickende Scheren.

»Abadon.«

»Das ist eines der Worte Gottes. Benutz es ja nicht, um einen Bann auszusprechen!« Er schwang drohend sein Gewehr. »Ich blase dir auf der Stelle das Gehirn aus dem Schädel!« Sie kämpfte ihre Panik gerade so weit nieder, daß sie keinen Laut von sich gab.

Das geisterhafte Mädchen flüsterte ihm ins Ohr, und nach einem Moment redete er wieder. »Eines muß ich dir noch sagen, Hexenfrau, was du dir merken solltest. Steh auf.« Sie erhob sich.

Es mußte doch eine Möglichkeit geben, irgendwie an ihn heranzukommen. »Wissen Sie eigentlich, was an dem, was Sie in Ihrer Tasche haben, dran ist? Sicher wissen Sie das. Sie redet ja mit Ihnen.«

Er schlug ihr auf den Mund. Der Schmerz traf sie wie ein

aufzuckender gelber Blitz. So gut es ging, schluckte sie ihre Wut herunter.

Sie konnte ihm nur für einen kurzen Moment in die Augen schauen. Leid und Not standen darin, nicht Haß. Sie wagte es kaum sich vorzustellen, wie sehr dieser Mann leiden mußte.

Sie erinnerten sie an andere Augen – an die von Mutter Stern vom Meere. Sie waren wie seelenlose Knöpfe, die Augen einer verschmähten Puppe, die Augen der Schuld. Die Stimme der *Leannan* erklang wie ein Murmeln des Windes: »Denk daran, daß Mutter Stern vom Meere ein Teil von dir ist. Denk daran, daß sie deine Schuld verkörpert.« Die Stimme verwehte, und Amanda dachte über die Botschaft nach. Wenn sie sich von ihrer eigenen Schuld befreien konnte, dann müßte es ihr auch gelingen, diesen Mann freizusprechen. Verfügte sie über die Entschlossenheit, jemanden zu lieben, der ihr so weh getan hatte und im Begriff war, ihr noch schlimmere Schmerzen zuzufügen? Sich gegen ihn zu wehren, würde ihr jetzt nicht mehr viel helfen. Sie konnte es nur noch mit Liebe versuchen.

»Du kommst jetzt mit mir, und zwar schnell. Wenn ich nicht innerhalb einer Stunde wieder ins Dorf komme, werden meine Männer euren runden Kuhstall in Brand stecken; und alle Teufel in dem Schuppen und ihre Kinder werden verbrennen. Beweg dich, wir sollten jetzt weitergehen.«

Die Nacht wurde zunehmend kälter. Amanda erschauerte und setzte sich mit schnellen Schritten in Bewegung. Tränen verschleierten ihr die Sicht. Sie hämmerte sich ein, ruhig zu bleiben, aber es fiel ihr sehr schwer. Sie waren noch nicht sehr weit aufgestiegen, als er wieder seine rauhe Stimme erhob. »Bleib stehen.«

Er trat hinter sie. Sie spürte, wie er näher kam, spürte auch das Gewehr zwischen ihren Körpern. Sein Atem fächelte über ihren Nacken.

»Was weißt du von Zauberei?«

»Sie gehört dazu.«

»Wenn es so etwas geben sollte, einen schwarzen Panther oder eine wandelnde Statue oder so etwas, dann lasse ich deine Leute verbrennen. Und auch du wirst dann im Feuer sterben, und zwar ganz langsam und genüßlich. Hast du verstanden?«

Sie entdeckte Tom im Dickicht am Fuße des Stone Mountain, sah ihn dank seiner vom Mond erhellten Augen. Sie machte keine Anstalten, ihn zu rufen.

Sie erwartete, daß er Bruder Pierce an die Kehle sprang, um ihn zu töten, oder wenigstens eine riesige Gestalt annahm, um ihm Angst einzujagen.

Toms Blicke waren auf sie gerichtet. Er hechelte.

Lange herrschte Schweigen zwischen ihnen. Dann näherten Pierce' Lippen sich ihrem Ohr. »Paß mal auf, du und ich, wir haben ein Problem. Meine Leute sind ziemlich aufgebracht, sie wollen Blut sehen.«

»Ihr habt Constance Collier verbrannt!«

»Das war ein Zeichen des Herrn.«

Sie hatten sich Tom jetzt ein Stück genähert. Amanda konnte seine geduckte Gestalt zwischen den Felsen erkennen. Jeden Augenblick würde er springen.

Noch näher kamen sie heran. Nun konnte sie sogar im Mondlicht ausmachen, wie sein Schwanz zuckte. Sie machte einen schnellen Schritt vorwärts, damit er genügend Platz hatte, um zu springen.

Aber dann geschah etwas, was den Sprung verhinderte. Es passierte schnell und erwies sich als wirkungsvoll: Eine nadelspitze Klaue des Geistermädchens zuckte auf Tom zu und wischte haarscharf an seinen Augen vorbei. Mit einem Schrei flüchtete er in die Dunkelheit.

»Was, zum Teufel –«

»Da war nur eine Katze. Ich hab' sie gesehen.«

»Nur eine Katze! Ihr habt eine ganze Menge Katzen, nicht wahr?« Nachdem er für einige Sekunden das Gebüsch beobachtet hatte, setzte Pierce seinen Weg fort und stieß sie mit dem Kolben seines Gewehrs weiter. Angst breitete sich in Amanda aus. Haß dominierte über Liebe. Die Blume stirbt immer. Jede Geburt führt zum Tode. Vielleicht war das die wahre Lektion, die der Sabbat sie lehrte. *Samhain* bezieht sich auf die Tragödie des Sterbens, nicht auf das Weiterleben in der Geistwelt.

Wie schon bei anderen letzten Reisen suchte Amanda

Trost im Himmel. Das Firmament über ihr erinnerte sie daran, daß sie am Ende sowieso Frieden finden würde. Es waren schon schlimmere Dinge als dies geschehen, und auch schönere Dinge, und genau wie bei jeder Freude hatten auch das Leid und die Sorgen irgendwann mal ein Ende. Niemand wird je alle Geheimnisse der Sterne kennen, wird von allen Welten erfahren, die kamen und gingen.

Sie befanden sich auf halbem Wege zum Feenstein. Trotz seines Zögerns wußte sie, daß sie schon bald wieder brennen würde und daß er das Feuer entfachen würde. Es war für sie beide eine grausame Heimkehr. Seine Schuld tauchte neben ihm auf, und er sah sie noch nicht einmal. Das kleine ermordete Mädchen starrte ihn an, aber er war blind für ihre kindlichen Blicke. In ihrer Gestalt konnte Amanda auch die flakkernden Konturen des blutroten Skorpions ausmachen, die Gestalt Abadons. Sie erschien als furchtbar gefährliches Wesen, diese Kreatur. War dies etwa ein Sendbote einer realen und letzten Hölle, von der sie bisher nichts geahnt hatte? Abadon war keine Erfindung von Bruder Pierce' Schuld. Er führte sein eigenes, unabhängiges Leben. So wie er sie ansah, so zwingend, so... wachsam, vermittelte er die Gewißheit, daß er schon bald ihre Seele verschlingen würde.

Der Wind überfiel sie, als sie die felsige Kuppe erreichten. Amanda begann, unkontrolliert zu zittern. Ein Sweatshirt bot keinen Schutz vor Kälte.

Der Wind seufzte in den kahlen Bäumen und pfiff über die Steine. Doch so sehr sie sich auch anstrengte, sie konnte keine Stimme ausmachen. Da war nur der Frieden ihrer Ruhelosigkeit, als er seinen eigenen geheimen Wegen folgte.

Ein Stück voraus, im Mondlicht schwach leuchtend, gewahrte sie den Feenstein und davor den Vogelbeerstrauch.

»Dann geh mal an die Arbeit, Schätzchen.«

»Was soll ich tun?«

»Feuerholz sammeln! Hier oben ist es ja teuflisch kalt.«

Also zwang er sie, ihren eigenen Scheiterhaufen aufzuschichten. Würde er sie auch zwingen, ihn anzuzünden? Ein Zittern machte sich in ihr breit, erfaßte ihre Haut und das Fleisch, aus dem schon bald zischend das Fett austreten würde. Der Tod auf dem Scheiterhaufen war eine Qual, jenseits des Auffassungsvermögens derer, die ihn nie hatten erleiden müssen. Ihre Beine wehrten sich, indem sie schwer wurden, ihre Hände, indem sie sich versteiften. Die Äste und Zweige, die sie sammelte, schienen wie Klauen an ihr zu hängen.

Vorher hatte sie sich ihm stets widersetzt. Verfügte sie nun über genug Liebe, um diese böse Kreatur mit darin einzuschließen?

»Sie können sich von Ihrer Schuld befreien«, sagte sie verzweifelt und ohne viel Hoffnung. »Ich könnte Ihnen helfen.« Sie wußte, daß er das kleine Mädchen ermordet hatte, sie konnte es in seinen Augen sehen, für immer dort fixiert, dieser eine Augenblick, der sich ständig als Reflexion wiederholte. »Sie wird Ihnen vergeben, Simon. Sie hat Ihnen bereits verziehen.«

»Woher, zum Teufel, weißt du das? Der Satan muß es dir erzählt haben!« Der Kolben seines Gewehrs pfiff durch die Luft, dann flog sie gegen den Feenstein, und ihr Feuerholz regnete auf sie herab. »Heb's schon auf! Pack es auf den Stein. Ich will, daß das Feuer überall zu sehen ist. Es ist ein Zeichen Gottes für die Menschen, daß sie endlich vom Satan befreit sind!«

Sie kroch umher und sammelte die Äste und Zweige ein. Ihre Seite, wo er sie getroffen hatte, schmerzte, desgleichen ihre Schulter und ihr Arm, wo sie sich versengt hatte. Der Schmerz wurde fast übermächtig.

Sie mußte ihn irgendwie überzeugen. Eine andere Hoffnung hatte sie nicht. »Simon –«

»Halte den Mund und sieh zu, daß du fertig wirst!«

Stärker noch als der Haß war seine Furcht. Rein äußerlich haßte er die Frauen, doch in seinem Innern haßte er die Frau in sich selbst. Und grundsätzlich haßte er das Leben.

Fehler, Rechtfertigungen und Schuld sind zentrale Verbindungen zum Bösen. Schließlich hatte sie einen hinreichenden Stapel Buschwerk und Feuerholz zusammengetragen. »Komm her, Hexe!«

Sie ging zu ihm hin. Sie blickte ihm furchtlos in die Trostlosigkeit seiner Augen.

Ich sitze in der Falle, erzählten diese Augen. Und dafür hasse ich dich.

Der Wind wisperte, zischte um den Feenstein. *Ich bin die Hand, die nimmt.* Die rohe Kraft seiner eigenen Schuld öffnete die steife Faust in Bruder Pierce' Tasche, öffnete sie und ließ sie mit knochigen Fingern seinen Oberschenkel umklammern.

Eine Frage, voller Grauen, nahm in Pierce' Augen Gestalt an. Sie konnte sehen, wie das Mondlicht sich in ihnen spiegelte wie auf zwei braunen Glaskugeln.

»Ich könnte Sie befreien, Simon. Ich habe die Macht, Sünden zu vergeben.«

Seine Augen verengten sich. »Du bist verrückt.«

»Die Hand lebt. Ich kann sehen, wie sie sich in ihrer Tasche bewegt. Und nicht nur das, ich kann auch sehen, woran sie hängt – an einem kleinen Mädchen, das Sie vor langer Zeit kannten.« Sie sprach leise und versuchte, ihn mit ihrem Tonfall zu beruhigen. Vorsichtig tastete sie sich an ihn heran. »Stellen Sie sich dem Übel, das Sie ihr angetan haben, und Sie werden Vergebung erfahren.«

»Übel, das *ich* getan habe? Wir sind wohl kaum hergekommen, um über meine Schuld zu reden, oder? Du bist die Hexe, die Zauberin, die Anbeterin des Satans.« Er schnaubte und versuchte, sie seinen ganzen Spott spüren zu lassen. »Du bist das fleischgewordene Schlechte.«

»Ich bin nur eine Frau. Aber was Sie in der Tasche haben, könnte das fleischgewordene Schlechte sein.«

»Halt den Mund, Hexe!«

»Um Himmels willen, Simon, Sie laufen mit der Hand eines ermordeten Kindes herum. Sie können mir doch nicht erklären wollen, was gut ist und was nicht.«

Er schaute sie voller Mißtrauen an. »Sie wissen so verdammt viel«, murmelte er. »Sie sollten lieber rübergehen und sich auf das Feuerholz legen.«

Dieser schreckliche Befehl weckte in ihr wieder die schlimmsten Erinnerungen: das Gefühl des Käfigs, der Moom beherbergt hatte, die Art und Weise, wie die Käfigstangen sich gebogen hatten, aber nicht zerbrochen waren; an die furchtbaren drei Minuten, die Marians Feuer gebraucht hatte, um durch das Holz zu ihr hinzukriechen, dann die betäubende Qual, als es zuerst ihre Füße berührte.

Sie sagte sich, daß sie sich in ihr Schicksal fügen mußte. Sie wußte, daß nach dem Tod diesmal auf sie der Sommer wartete. Sie konnte seine Luft bereits riechen, und sie hörte schon die Musik. Dennoch ließ der Befehl sie hilflos zu Boden sinken. Ihr Geist mochte sich mit ihrem Schicksal abgefunden haben, doch ihr Körper wehrte sich dagegen, aus eigener Kraft sich in diese Folter zu begeben. »Es tut mir leid.«

Er grub seine Finger in ihre Haare und schleifte sie zum Scheiterhaufen. »Streck die Arme hoch.« Als er ihre Handgelenke packte, durchzuckte die Erkenntnis sie wie ein Schock. Sie sah jetzt die Schuld, die er auf sich geladen hatte.

»Sie haben das kleine Mädchen ermordet und ihre Hände abgeschnitten, damit sie nicht identifiziert werden konnte. Dann haben Sie eine Hand für sich behalten. Das stimmt doch, oder?«

»Ich bin ein Mann Gottes! Wie kannst du es wagen, meiner zu spotten?«

»Sie könnten immer noch aus allem herauskommen.«

»Du bist eine verlogene Hexe, und du wirst brennen!«

Er kreuzte ihre Handgelenke und wickelte einen langen Strick darum. Dann schlang er Draht um ihre Füße.

Sie erinnerte sich daran, wie sie als Marian den Wolken nachgeschaut hatte. Das gleiche würde sie jetzt mit den Sternen tun.

Er zog den Strick fest. So lange er ihn straff hielt, konnte sie sich wehren und aufbäumen, so viel sie wollte, aber sie konnte ihm nicht entkommen.

Und noch während er alles vorbereitete, konnte sie die Verzweiflung in seinen Augen sehen. Rein äußerlich mochte seine Persönlichkeit sie hassen, mochte sie daran interessiert sein, sie auf dem Scheiterhaufen zu verbrennen, doch im Grunde verabscheute er, was er zu tun im Begriff war. Sie sah plötzlich eine vage Vision, in der sie den Stone Mountain hinablief und vor ihm floh. »Sie wollten mich gehen lassen. Warum haben Sie es sich anders überlegt?«

»Wie kommt es, daß du so viel von mir weißt? Niemand auf der Welt weiß das, was du weißt.«

Sie erinnerte sich daran, wie Connie auf ihren brennenden Kopf eingeschlagen hatte.

Warum verbrennen sie uns? Sie wollen die Finsternis bannen.

Und Moom denkt: »Aber ich bin die Dunkelheit. Ich schenke der Dunkelheit Leben. Was von mir kommt, kommt von dort. Babys kommen aus der Dunkelheit.«

Die Stimme Grapes: »Ich warte auf dich, Amanda. Diesmal wirst du nicht durch die Unterwelt wandern. Du wirst nach Hause kommen.«

»Hör mit dem seltsamen Gemurmel auf! Ich habe dich gewarnt, keinen Hexenzauber!«

Sie spürte, wie die Seele die Erinnerungen sammelte, die sie auf ihre Reise mitnehmen würde, und an der Tür verharrte, die aus dem Körper hinausführt. »Göttin«, flüsterte sie, »öffne sie schnell, sobald das Feuer brennt. Bitte laß mich nicht lange leiden.«

Er zog die Schlinge um ihre Hände noch strammer. Ihre Hände schwollen von dem Druck an. Anfangs gab sie keinen Laut von sich. Doch dann atmete sie mit einem unfreiwilligen Seufzer aus. Gleich darauf begann sie zu schluchzen. »Sie haben ein Kind getötet, Simon. Aber Sie können Buße tun, selbst für eine solche Tat. Ich kann Ihnen helfen, diese Buße zu tun.«

»Ich bin nicht schuldig! Vor Gott, sein Name sei gepriesen, bin ich nicht schuldig!«

Er schaute sie an, fixierte ihre Augen. »Könntest du mir wirklich helfen?«

»Natürlich könnte ich das! Natürlich!«

Der Druck der Schlinge ließ nach. Bei der Göttin, er ließ sie frei. Dann stieß er einen langen Seufzer aus, straffte die Schlinge wieder und legte sie mit dem Rücken auf das trokkene Laub und die Äste.

Ihre Enttäuschung ließ sie in Tränen ausbrechen. Trotz ihres Leids versuchte sie, ihn zu verstehen, versuchte sie zu erkennen, wo der Schlüssel zu seiner Not lag. Er wollte ihre Hilfe, das erkannte sie deutlich. Aber warum hinderte er sich selbst daran, sie anzunehmen?

Dann erhaschte sie einen Blick in die Hölle, die er für sich selbst geschaffen hatte. Er wäre für immer in seiner Schuld gefangen. Es war erstaunlich, daß er noch immer nicht den Schatten seines Dämons sehen konnte, das gespenstische Kind; denn je mehr Haß Simon in sich aufbaute, desto realer wurde sie. Von überall hörte man das Scharren der langen Beine und Füße Abadons.

Er war das erste menschliche Wesen, das sie kennengelernt hatte, das sich selbst zu einer ewigen Hölle verdammt hatte.

Tom kauerte am Horizont, riesig in den Bergen, seine schwarze Gestalt wie eine Wolkenbank über den Felsklippen. Er starrte sie aufmerksam an.

Amanda versuchte weiterhin, an Simon heranzukommen. »Das Kind wird Ihnen gestatten, Buße zu tun.«

Er schaute ihr ins Gesicht. Sein Atem roch nach Pizza. »Es tut mir leid, daß ich das getan habe. Ich – plötzlich hat sie mich angefaßt, und es hat sich so gut angefühlt, und plötzlich – o Gott, dann lag sie da und war tot. Ein Kind und tot.«

Er schlug die Hände zusammen und starrte Amanda an. Sein wahres Ich schien ihr zuzurufen: »Hilf mir, laß nicht zu, daß ich mir das antue. Hilf mir!«

Das Klicken der Scheren Abadons mischte sich mit dem Windrascheln der Vogelbeerzweige.

Amandas straff gefesselte Arme taten ihr so weh, daß sie sich zwingen mußte, nicht laut aufzuschreien. Es gab für sie nur eine Möglichkeit, sich zu retten: Sie mußte diesen Mann retten.

»Ich schnitt ihr die Hände ab und warf die Leiche in einen Fluß. Ich konnte nicht zulassen, daß man sie identifizierte. Aber es tut mir leid, so verdammt leid.« Selbst seine Not war häßlich.

»Sie brauchen nicht unter Ihrer Schuld zu leiden. Sie können sie erleichtern, wenn Sie den Mut dazu haben.«

»Ich habe solche Angst«, flüsterte er. »Ich verdiene die ewige Verdammnis für das, was ich getan habe.«

»Sie verdienen, was Sie sich selbst als angemessen vorstellen. Ihre Schuld kann getilgt werden, Simon. Binden Sie mich los, und wir reden darüber.«

Für einige Zeit rührte er sich nicht. Immerhin fand in ihm ein heftiger Kampf statt, jedenfalls schien es so.

Sie hoffte inständig, aber als ihre Blicke sich wieder trafen, erfüllte das Mitleid, das sie in seinen Augen sah, sie mit Verzweiflung. So würde er sie nicht anschauen, wenn er sich entschlossen hätte, ihr die Freiheit zu schenken. »Du hast recht, das alles ist für mich sehr schlimm. Es macht mir kein Vergnügen, Leute leiden zu lassen. Eigentlich würde ich nichts lieber tun, als dich freizulassen. Aber dann würde ich eine richtige Sünde begehen. Du brauchst die Qual, die ich dir antun will. Ich erspare dir das Feuer Gottes, indem ich dich in meinem verbrenne. Sieh mal, du begreifst nicht, daß ich damit eine gute Tat begehe. Wenn du tot und im Himmel bist, dann wirst du mir dankbar sein. Fünfzehn Minuten Qual werden dir das ewige geistige Feuer ersparen.«

Mit einem kaum wahrnehmbaren faszinierten Lächeln im Gesicht ließ er sein Feuerzeug schnippen. Amanda wandte sich ab. Ihr Magen verkrampfte sich, ihr Leib zog sich um das winzige Leben zusammen, das darin heranwuchs.

Sie dachte an die Covenstatt. Dies sollte also ihr letzter *Samhain* sein. Wo hatten sie einen Fehler gemacht? Warum hatten die Zauberkräfte sie verlassen?

Mit einem Klicken und einem gelblichen Flackern, dann einem weiteren Klick flammte Simons Feuerzeug auf. Er schirmte die tanzende Flamme mit den Händen ab, dann hielt er sie an einige trockene Blätter am Rand des Scheiterhaufens.

»Ich bete mit dir, solange ich kann.«

»Löschen Sie es!«

»Sowie das Feuer brennt, laß ihre Seele gereinigt werden, o Herr.«

Sie versuchte, sich wegzurollen, aber sie konnte es nicht. Sie wand sich und stöhnte. Sie erinnerte sich an Marians Tod und konzentrierte sich auf den Himmel. Der Sommer wartet schon, sagte sie sich. Die Flammen wechselten ihre Farbe von Blau zu Orange und begannen im Wind zu tanzen. Als der erste Hitzeschub sie erreichte, war das Feuer selbst etwa noch zehn Zentimeter von ihrem Oberschenkel entfernt.

Das kleine Mädchen kam in diesem Moment ganz nahe

heran. Es war verblüffend, daß Simon sie noch immer nicht sehen konnte. Amanda schaute sie direkt an. Ihre Augen waren so ruhig, so wissend, so wütend. Im Mondlicht konnte Amanda die Sommersprossen auf ihrer Nase erkennen.

»Sie glauben, Sie fahren in die Hölle, nicht wahr, Simon? Sie meinen, es gebe für Sie keinen Ausweg. Aber da ist ein Weg.«

Interesse flackerte in Simons Augen auf.

Das Feuer kam näher. Er straffte die Schlinge, bis sie glaubte, ihre Arme würden brechen. Sie begann in dem dichten Rauch zu husten. Sie konnte in den Flammen das Holz glühen sehen. Funken stoben zum Himmel, wann immer sie sich bewegte.

»Simon! Der Herr möchte, daß Sie in den Himmel kommen. Das wünscht er sich bei jedem, nicht wahr?«

Die Hitze nahm rasch zu.

»O Herr, im Namen dieser deiner Tochter erflehe ich deine Gnade und Vergebung in diesem Augenblick ihrer Qual. Möge dein läuterndes Feuer sie von den Sünden der Erde reinigen.«

Tom ging außerhalb des vom Feuer geschaffenen Lichtkreises auf und ab. Sie schrie ihn an. »Bitte hilf mir!«

Simon befeuchtete seine trockenen Lippen. In seinen Augen spiegelte sich das Feuer. Die Hitze an ihrem Oberschenkel wurde zur Qual. Ihre Kleider begannen stellenweise zu qualmen. Simon wurde plötzlich von einem Zittern heimgesucht.

»Sie haben Gott gebeten, mir zu vergeben, dabei sind Sie es, der seine Vergebung nötig hat. Sie sind der Sünder, Simon. Die Hand ist der Beweis dafür.«

»Ich bin das Licht –«

»Sie sind nicht besser als alle anderen! Verängstigt und mit Schuld beladen und in die Irre geleitet. Jetzt löschen Sie das Feuer und werden Sie wieder ein Mitglied der menschlichen Rasse!«

»Ich habe sie getötet. Ich gebe es zu, natürlich. Ich gestehe es. Aber was nutzt es, sie ist deshalb noch immer tot.«

»Es sind schon schlimmere Sünden verziehen worden.

Wenn Sie den Mut dazu haben, können Sie Buße tun – um der Liebe aller Heiligen willen, ich fange Feuer!«

Der Wind sorgte dafür, daß die Flammen ihre Hüfte streichelten. »Ich bitte Sie, ich flehe Sie an, löschen Sie es!«

»Es tut mir leid, so unendlich leid!«

Amanda krümmte sich. Es mußte doch einen Weg geben, diesen Mann zu überzeugen. »O bitte!« Jeden Augenblick würden die Flammen sie einhüllen.

Im Feuerschein war Simons Gesicht das eines kleinen Jungen. Sie wand sich hin und her, bäumte sich auf, sie schrie.

Indem er sie beobachtete, veränderte sich plötzlich sein Gesichtsausdruck. Etwas Neues stahl sich hinein, etwas, das sie vorher noch nicht bei ihm gesehen hatte, so etwas wie Mitleid vielleicht. »Die Hand ist –«

»Schuld. Ihre Schuld. Aber Sie können für Ihre Verbrechen Buße tun. Ich kann Ihnen zeigen, wie!« Die Flammen leckten an ihren Beinen entlang.

»Ich kann nicht! Niemals werde ich es sühnen können!«

»Löschen Sie das Feuer! Das ist ein Anfang!«

Die Flammen erreichten ihre Bluse.

»Oh, machen Sie es aus! Löschen Sie!«

Er schwankte, seine Hände streckten sich nach ihr aus, dann zuckten sie wieder zurück. Die Hitze schien ihn zurückzutreiben.

»Sie wären frei, Simon! Frei von Ihrer Schuld!« Ihr Körper wollte sich geschlagen geben, wollte die Qualen des Feuers bereitwillig ertragen, doch sie mußte es weiter versuchen. »Überlegen Sie doch, Simon. All die Jahre haben Sie keine ruhige, friedliche Nacht mehr gehabt! Dabei könnten auch Sie Frieden finden, Simon!«

»O Gott –« Er brach in Tränen aus. Dann setzte er sich in Bewegung, eine Hand schirmte sein Gesicht ab, und plötzlich lockerten die Fesseln sich, und sie konnte aufspringen, konnte sich zur Seite rollen, sich befreien.

Schmerzen tobten in ihrer Brust und in ihrem Bein, aber es gelang. Sie war frei, sie lag nicht mehr im Feuer, und Simon Pierce kniete vor der Glut, suchte in seiner Tasche herum und holte etwas Kleines und Seltsames hervor, die Hand, tot, aber mit Flecken lebendiger Haut bedeckt.

Er umschloß sie mit seinen beiden Händen.

Amanda wich zurück, denn neben ihm geschah etwas, das jenseits allen Begreifens lag. Die Luft war plötzlich mit dem Geräusch eines Seufzens erfüllt, so als würden tausend Kinder nach ihrem Zuhause jammern, und dann erschien nach und nach ein kleines, zwölfjähriges Mädchen an der Stelle.

Ein kleiner, dunkler Schatten huschte zu dem Vogelbeerstrauch. Feen und Elfen waren anwesend, vielleicht sogar die *Leannan*.

Das Mädchen drehte sich im Feuerschein. »O nein«, sagte er. »Oh, Betty. O nein!«

Das Mädchen drehte sich im Feuerschein. Ihre Hände, beide wieder an ihrem Körper, hielt sie gespreizt. Sie lachte nicht.

»Du mußt mir vergeben, Liebling. Es war eines dieser Verbrechen aus Leidenschaft, wie es so schön heißt. Aber du bist tot, Liebling. Bitte, ich will dich nicht so sehen! Du bist tot!«

Ein mächtiger Wind erhob sich, fuhr aus dem Himmel herab und brüllte mit seiner donnernden, wütenden Stimme jedes Schimpfwort in jeder menschlichen Sprache.

Die Wut des ermordeten Kindes raste über die Landschaft und sprang wie ein Echo von Tal zu Tal. Simon krümmte sich vor ihr, die laut genug schrie, um Felsen zu zerschmettern.

Dann trat wieder Stille ein, nur gefüllt mit seinem rasselnden Atem. »Sie ist der Teufel! Herr, o Herr, sie ist der Teufel, der mich verfolgt!«

»Ich bin nicht der Teufel«, widersprach sie. »Ich habe dich geliebt, wirklich und wahrhaftig.« Sie zog sein Gesicht hoch, drehte es, damit er ihr in die Augen schaute.

Amanda konnte Abadon erkennen, der sich im Körper des Kindes verbarg, bereit, hervorzubrechen, ihn zu packen und in die Hölle hinabzuziehen. Sie mußte ihm helfen. »Sie sind schuldig, Simon, aber nicht in alle Ewigkeit. Niemand ist auf ewig schuldig!«

Ein Dröhnen erklang wie von mächtigen Glocken in den Höhlen des Berges. Bei jedem Schlag flatterte ein Schwarm ungelebter Tage mit Mottenflügeln vorbei. Das Leben, das dem Mädchen versagt worden war, die schönen Nächte, die mühsamen Tage, die unglaublichen Schmerzen der Geburt, wieder der alte Schatten und das weite Feld der Erfahrung, alles tauchte auf und versank wieder und löste sich zu einem Meer der Schatten auf.

Simon sah, was er ihr geraubt hatte, und Abadon begann sich in ihrem Körper zu regen. »Sie wird ein anderes Leben, viele Leben leben. Sie hat genug Zeit.« Er sank nieder, bedeckte seinen Kopf und stieß einen Laut aus, zu lang und zu tief für einen Seufzer. »Betty«, flüsterte er, »Betty, Betty, Betty. Ich kann dir dein Leben nicht zurückgeben, Betty. Ich kann dir nicht zurückgeben, was ich dir genommen habe.«

»Simon, denken Sie doch daran, wie viele Menschen anderen das Leben genommen haben. Millionen. Nehmen Sie Ihre Schuld an und sühnen Sie sie, aber tun Sie nicht so, als wäre es schlimmer, als es in Wirklichkeit ist.«

»Sühne? Meine Sühne ist die ewige Hölle.«

»Ihre Sühne ist das, was sie sich wünscht, und sie wird Sie nicht bis in alle Ewigkeit verfluchen. So schlecht sind Sie nicht.«

Er schaute Amanda dankbar an, und in diesem Moment wußte sie, daß er akzeptiert hatte, daß seine Schuld Grenzen hatte.

Aus den Schatten drang eine seltsame Feenmusik, nicht von der Harfe, sondern ein schrillerer, härterer Klang wie von Trommeln und Glocken und Schlaghölzern. Die Musik ließ Simon neugierig zum Vogelbeerstrauch hinüberblikken.

Aber dort war nichts zu sehen, nicht für sein untrainiertes Auge. Amanda sah es jedoch.

Er keuchte. Eine zitternde Hand fuhr nach oben, um über seine Haare zu streichen, während seine Pistole, vergessen, zu Boden fiel.

Draußen in der Dunkelheit richteten die Feenmusiker ihre Hörner auf. Sie erzeugten keinen Laut, den man hätte hören können, doch Amanda konnte es um sie herum in der Luft spüren. Simon preßte die Hände auf die Ohren und krümmte sich nach vorne. Weiß und fein wie Seide fielen seine Haare herab.

Er stieß einen Laut aus, der wie ein Ächzen des Windes

klang. Das Fleisch löste sich von seinen Knochen, seine Fingernägel wuchsen rasend schnell in die Länge. Seine Augen sanken ein, und seine Hände krümmten sich zu Klauen.

Amanda erinnerte sich daran, wie er im Tempel auf sie gezeigt und einen furchtbaren Vers aus dem Buch der Offenbarung gerufen hatte: Sie sprach diese Worte laut, aber ihre Stimme klang leise: »Und sie hatten Schwänze wie der Skorpion, und in den Schwänzen da waren Stachel. Und sie hatten einen König über sich, welcher der Engel ist des bodenlosen Abgrunds, und sein Name ist Abadon.«

Die Hörner erzeugten mächtige dumpfe Geräusche, welche ihm die Jugend raubten. Er fiel nach vorne und war schon jetzt kaum mehr als ein furchtbar altes Skelett.

Das Mädchen murmelte ein Wort des Bedauerns, fing ihn auf und wiegte ihn im Arm. In ihrem Gesicht lag so etwas wie ein Ausdruck der Zufriedenheit. Daß sie ihm seine Hölle bestimmte, würde am Ende sie beide von ihrem Leid befreien, sie von ihrer Wut und ihn von seiner Schuld.

Amanda konnte das Schnappen des Skelettkiefers hören, das nicht lauter war, als wenn jemand mit dem Finger über die Zähne eines Kammes strich.

Das Mädchen schleppte seine Last hinüber zum Feenstein und mitten in die Schar der Feen, die die Hänge der Berge bevölkerten.

Als Tom schließlich auftauchte, wollte Amanda ihn zuerst begrüßen, doch dann stieg in ihr eine brennende Wut hoch. »Du alter Kater, warum hast du mir nicht geholfen?« Sie schaute hinaus in die Dunkelheit und verfolgte die Schatten der sich entfernenden Feen. »Und ihr, warum habt ihr so lange gewartet?«

Sie wußte es natürlich. Sie hatten sich Bruder Pierce so lange nicht nähern können, wie er sich die ewige Verdammnis gewünscht hatte, denn sie konnten nicht Teil seines Hasses sein. Es war eine Ironie, daß seine Abscheu vor sich selbst ihn am Ende vor totaler Vernichtung bewahrt hatte. Sobald er die letzte Spur seines guten Kerns gefunden hatte, konnte er sich selbst nicht mehr für alle Ewigkeit verdammen. Erst dann konnten sie Teil seines Gerichts über sich selbst werden.

Amanda verfolgte den Weg des Mädchens, das mit seiner Last in die Berge hinaufstieg. Während es dahinschritt, veränderte das Mädchen sich. Es wurde wie Rauch, dann verfestigte es sich wieder, bis es die *Leannan* war, die über die Schluchten und Grate eilte und dabei einen ungewöhnlich zusammengeschrumpften Mann im Arm trug.

Als sie begriff, daß das Geistkind gleichzeitig die Feenkönigin gewesen war, wußte sie, daß der letzte Test vorbei war. Sie alle waren im furchtbaren Feuer der Leannan geläutert worden. Die Kraft und das Wissen, das Amanda übermittelt worden war, stellten ihre Waffen in der herannahenden Zeit der Verfolgung dar, von der Bruder Pierce nur den Anfang gemacht hatte.

Sie schickte sich an, vom Berg herabzusteigen, und dachte an die anderen Hexen. Ihre Verletzungen ließen sie nur langsam vorankommen, und während sie dahinschritt, hörte sie Schüsse und das Brüllen größerer Tiere, dazu Rufe und schließlich Schreie so schrill wie der Wind in Drähten. Schmerz oder nicht Schmerz, es gab nur eines für sie zu tun. Sie rannte los und eilte, so schnell sie konnte, den Pfad hinab. Ihre Verletzungen protestierten, und der Schmerz raubte ihr fast das Bewußtsein, aber sie rannte weiter.

Sie schaute sich nach Tom um, der ihr durch das Unterholz vorausgeeilt war. »Hilf uns«, schrie sie. »Hilf uns!« Er war jedoch nirgendwo zu sehen.

Furchtbare Bilder vom Mord an ihren Leuten huschten durch ihren Geist. Sie sah, wie Kate erschossen wurde und Robin brannte und Ivy brannte, und die ganze Covenstatt lag in Trümmern, und in den Ställen gerieten die Tiere wegen des Feuers in Panik.

Als sie das Dorf betrat, verschwamm ihr Blick vor Schmerz und Erschöpfung. Sie brauchte schnellstens ärztliche Hilfe.

Eine furchtbare Stille hatte sich auf die Covenstatt gesenkt. Das Dorf stand stumm da, eine Ansammlung schwarzer Schatten. Sie sah niemanden.

Sie näherte sich der Scheune.

Ein schwacher Laut drang heraus – Gesang, leise und traurig. Wenigstens waren die Menschen noch am Leben.

Aber der Klang ihrer Stimmen verriet alles: Sie bereiteten sich darauf vor, zu sterben.

Sie blickte in die Gasse zwischen den Hütten. Wo waren die Männer von Bruder Pierce? Es war keine Seele in der Nähe.

Dann gewahrte sie Tom. Er duckte sich und starrte hinüber in die Schatten neben dem Schwitzhaus. Er war riesig und angsteinflößend, ein mächtiger schwarzer Löwe mit fliegender Mähne und goldenen Augen. Er hatte die Größe eines Automobils. Vor ihm drängten sich die Männer von Bruder Pierce.

Tom gähnte. In der Nähe begann die Harfe der *Leannan* zu spielen. Es war seltsam, sich vorzustellen, wie sie gerade mit Simon durch die Berge eilte, dann die Harfe in der Dunkelheit spielte und zugleich in Toms Gestalt herumschlich. Amanda liebte die *Leannan Sidhe,* und die Wärme in ihrem Herzen ließ die Musik noch süßer klingen. Heißt das, daß Gott einsam ist? Ist das der Grund, warum wir existieren?

Amanda sah, was hier geschehen war. Nachdem ihre Nützlichkeit sich erwiesen hatte, hätte die Leannan es auch mit den Männern von Bruder Pierce aufnehmen können. Hätte sie es wirklich gekonnt? Vielleicht hatte sie nicht das Recht; vielleicht war auch noch nicht der Zeitpunkt ihres Sterbens angebrochen.

Tom schaute Amanda an und schlug mit seinem geknickten Schwanz. Seine rosige Zunge erschien für einen kurzen Moment zwischen seinen Zähnen, und er leckte sich über die Schnurrbarthaare. Sie hob eine 30er Pistole vom Erdboden auf. Sie war leergeschossen, und dann versuchte sie es mit einer Schrotflinte. Zwei Patronen steckten noch im Magazin. Als sie damit auf die Männer von Bruder Pierce zielte, sprang Tom in einem Funkenschauer hoch und verwandelte sich wieder in einen Kater. Dann schloß er die Augen und gab das erste Schnurren von sich, das Amanda bei ihm gehört hatte.

Sie riß die Tür zur Scheune mit einem Freudenschrei auf. »Wir sind frei! Wir haben gesiegt!« Robin riß sie in seine Arme.

Es folgte ein längerer Zeitraum, in dem die Menschen sich umarmten, sich gegenseitig festhielten, sich darüber freuten, am Leben zu sein, aber auch der Toten gedachten. Sheriff Williams wurde gerufen, und die Männer von Bruder Pierce wurden ins Countygefängnis transportiert.

Die Stille der Nacht umhüllte das Dorf und brachte der erschöpften kleinen Gruppe endlich Ruhe.

Was Bruder Pierce betraf, so wurde am nächsten Tag vom Sheriff und von der Staatspolizei eine Suche organisiert. Nichts wurde gefunden, nicht die geringste Spur.

Einige Wochen lang wurden Brunnen abgesucht, und der Maywell Pond wurde durchkämmt. Auch die Berge wurden in die Suche mit einbezogen.

Tom begleitete die Suchmannschaften, und sein Schwanz tanzte im hohen Gras, seine Ohren lauschten auf jedes Geräusch.

Aber nichts war zu hören, nichts wurde gefunden.

Simon Pierce tauchte nicht wieder auf.